注册金融分析师系列

主编 金程教育金融研究院

基于Excel & VBA的高级金融建模

李斯克 程黄维 洪 波 唐彦斌 编著

注册金融分析师系列编委会

主编
金程教育金融研究院（WWW.GFEDU.NET）

编委会成员
汤震宇、吴 轶、洪 波、李斯克、程黄维、
何 旋、单晨玮、马军生、薛 隽、徐寒飞、
李 鑫、刘小莉、吴 沂、华 潇、曹 平、
张恒锐、陈 琪

复旦大学出版社　www.fudanpress.com.cn

内容提要

本书是金融理论与现实之间的一座桥梁，它提供了用电子表和VBA解决一般财务金融模型问题的具体操作过程，说明了每个模型的每个步骤是如何用Excel和VBA来求解的。

通过本书的学习，读者可以将所有金融模型用Excel和VBA实现。这些模型覆盖了整个金融领域，包括金融工程、风险管理、财务分析、投资估值等。本书在纵览金融领域的基础上，将资产定价中的假设、数学问题、数值方法和Excel的解法连接起来，总结出一般性规律，然后详细介绍如何应用Excel中的宏和函数或者VBA来实现股票、期权和债券等的定价与计算。

PREFACE 前言

市场风云变幻多端，单凭直觉和经验来做投资决策，风险极大。随着现代投资组合管理理念的形成，Excel 工具在现代金融领域的应用越发普遍，从资产定价到组合管理，从投资策略到风险管理，Excel 和 VBA 的组合降低了实际工作中的数据处理量，大大提升了对数据的处理效率，并加深了我们对于一些规律的深入认识，并有助于金融决策。

正如我们所熟知的那样，"二八定律"普遍存在。在 Excel 的应用方面，80%的使用者仅使用 Excel 中 20%的功能；这一现象造成很多人认为，像 Excel 这样的电子制表软件不能满足高级技术和数值分析领域的需要。事实上，通过有效的 Excel 和 VBA 函数结合，Excel 已经在金融的各个领域广泛应用，从股票计算、期权定价，到债券计算。

为此，如何将各种金融理论知识与 Excel 完美地结合，是摆在我们面前的一项重要任务。经过多年的教学与研发，我们整理并编写了这本《基于 Excel & VBA 的高级金融建模》，从基础的数据录入开始，"手把手"式带领读者进入金融建模的世界，通过介绍 Excel 常用的统计工具，导入基于金融理论的基础知识，并逐步实现金融的定价模型和分析方式，全面而通俗地展现了由 Excel 电子制表软件实现金融模型的过程。在纵览金融领域的基础上，将资产定价中的假设、数学问题、数值方法和 Excel 的解法连接起来，总结出一般性规律。希望此书能够帮助读者提高金融实务的应用技能，真正地以"感性"的方式体会"理性"金融之美。

本书共分九个章节，分别吸取了知名金融机构金融课程，包括著名商学院 MBA 选修课的精髓内容，结合在实际金融操作中最常用到的各类模型进行讲解。本书第一章为 Excel 金融建模基础，教会您如何实现数据、图表的应用和函数的应用，以及 VBA 的知识；第二章详细介绍 Excel 的数据分析功能，包括单变量求解、规划求解、回归分析以及蒙特卡洛技术;第三章详细介绍货币时间价值概念在 Excel 中的应用;第四章为公司理财的应用,重点讲述最新的数据模拟财务报表分析、公司战略决策、资本结构(杠杆分析)等;第五章为债券与久期,重点关注债券定价以及久期等如何通过 Excel 来实现;第六章详细介绍现代投资组合理论以及各种绩效评估模型;第七章重点介绍各种利率模型以及固定收益产品定价模型;第八章我们重点讲述衍生产品的定价模型,包括远期、期货期权等;第九章我们创新性地加入了风险管理的知识以及各种风险管理模型在 Excel 中的实现。

  金融建模是一门"金融艺术",既具挑战,也不乏趣味,从中更能感悟"逻辑之美"。我们希望通过本书,能帮助读者从中受益,并充分体会"驰骋 Excel 空间"的乐趣。本书的出版得到了金程教育金融研究院各位老师及研究员的大力支持,他(她)们通过多年实践和探索,总结了一系列 Excel 和 VBA 使用技巧,彼此之间真诚分享、无私奉献,促成了本书的出版,在此表示衷心感谢。同时,本着高度严谨和负责的精神,我们对全书进行了反复审阅与校订,但由于时间和编者水平的限制,难免有不当甚至错误之处,恳请读者批评指正。

  我们铭记、感谢并祝福那些曾与我们一起努力、正在一起努力和将要一起努力的志同道合的人!

金程教育金融研究院
2012 年 5 月

CONTENTS 目 录

1 Excel 金融建模基础 ... 1
1.1 金融建模概述 ... 1
1.1.1 金融建模的方法论 ... 2
1.1.2 金融模型的结构 ... 3
1.2 数据的录入与运算 ... 4
1.2.1 输数据的导入 ... 4
1.2.2 数据的格式化及数据排序 ... 8
1.3 图表应用与数据透视表 ... 14
1.3.1 Excel 内置图表和数据透视图的区别 ... 14
1.3.2 图表选用的一般原则 ... 15
1.3.3 图表格式设置 ... 16
1.3.4 数据透视图的格式设置 ... 22
1.4 内置函数与自定义函数 ... 34
1.4.1 内置函数概述 ... 34
1.4.2 内置函数的使用 ... 35
1.4.3 函数的语法 ... 37
1.4.4 常用函数 ... 37
1.4.5 嵌套函数 ... 41
1.4.6 函数检查 ... 41
1.4.7 公式审核 ... 42
1.4.8 公式循环引用 ... 42
1.4.9 函数与 VBA 的比较 ... 44

1.5 分类汇总及常用函数的应用 ········· 44
1.5.1 分类汇总概述 ········· 44
1.5.2 分类汇总功能的使用 ········· 45
1.5.3 sumif 函数和数据库函数 ········· 45
1.5.4 条件求和功能 ········· 45
1.5.5 sumproduct 万能函数 ········· 45
1.6 数据查找 ········· 46
1.6.1 Excel 内置查找功能 ········· 46
1.6.2 编辑/查找功能 ········· 47
1.6.3 Excel 常用的查找类函数 ········· 47
1.7 数据筛选 ········· 51
1.8 VBA 简介 ········· 51
1.8.1 Visual Basic for Application 是什么 ········· 51
1.8.2 Excel 环境中基于应用程序的自动化的优点 ········· 52
1.8.3 认识 Excel 宏 ········· 53
1.8.4 宏的安全性 ········· 60
1.9 Visual Basic 编辑器的使用 ········· 61
1.9.1 使用 Visual Basic 编辑器的工具栏 ········· 61
1.9.2 浏览代码 ········· 63
1.9.3 工程资源管理器 ········· 64
1.9.4 属性窗口 ········· 64
1.9.5 使用对象浏览器 ········· 65
1.9.6 设置编辑器选项 ········· 66
1.10 介绍几类 Excel 中重要的金融应用函数 ········· 67
1.10.1 货币时间价值相关函数 ········· 67
1.10.2 NPV & IRR ········· 68
1.10.3 固定收益类函数 ········· 68

2 数量分析工具及其应用 ········· 69
2.1 假设分析工具 ········· 69

2.1.1　单变量求解与方案 ……………………………………… 69
　　2.1.2　模拟运算表 ………………………………………………… 75
　　2.1.3　规划求解 …………………………………………………… 79
2.2　矩阵的应用 …………………………………………………………… 88
　　2.2.1　矩阵在 Excel 中的实现 …………………………………… 88
　　2.2.2　矩阵的基本运算 …………………………………………… 89
　　2.2.3　矩阵的高级运算 …………………………………………… 92
　　2.2.4　矩阵应用的例子 …………………………………………… 98
2.3　基础概率的应用 …………………………………………………… 100
　　2.3.1　生成重要的概率分布和密度函数 ……………………… 100
　　2.3.2　生成单一的随机变量 …………………………………… 102
　　2.3.3　生成两个具有相关性的随机变量 ……………………… 104
　　2.3.4　经典应用 ………………………………………………… 104
2.4　基本统计的应用 …………………………………………………… 108
　　2.4.1　基本的描述性统计函数 ………………………………… 108
　　2.4.2　与频率/累计频率/相对频率相关的应用 ……………… 109
　　2.4.3　分位数函数 ……………………………………………… 114
　　2.4.4　参数假设检验 …………………………………………… 115
　　2.4.5　区间估计 ………………………………………………… 115
2.5　回归分析与方差分析 ……………………………………………… 116
　　2.5.1　回归分析的应用 ………………………………………… 116
　　2.5.2　方差分析 ………………………………………………… 119
2.6　最小二乘法的应用 ………………………………………………… 122
2.7　线性时间序列分析 ………………………………………………… 128
　　2.7.1　检验时间序列的平稳性、自相关性和白噪声 ………… 129
　　2.7.2　AR 自回归模型（AR＝Auto Regression）……………… 131
　　2.7.3　MA 移动平均模型（MA＝Moving Average）………… 134
　　2.7.4　ARMA 模型 ……………………………………………… 135
　　2.7.5　单位根非平稳性及随机游走 …………………………… 135
　　2.7.6　ARIMA（p，m，q）……………………………………… 135

2.8 蒙特卡罗模拟技术 ·· 136
　2.8.1 简介 ··· 136
　2.8.2 由简单的分布函数生成复杂的随机变量
　　　　分布函数 ··· 136
　2.8.3 利用蒙特卡罗模拟技术模拟股票路径 ·················· 137

3 货币的时间价值 ··· 139
3.1 终值和现值 ·· 139
　3.1.1 一笔款项的终值和现值 ································ 139
　3.1.2 不规则现金流的终值和现值 ·························· 142
3.2 现金流及年金的计算 ·· 145
　3.2.1 普通年金的终值和现值 ································ 146
　3.2.2 先付年金的终值和现值 ································ 147
　3.2.3 延期年金的现值 ·· 149
　3.2.4 永续年金的现值 ·· 150
　3.2.5 等值普通年金和等值先付年金的计算 ··············· 150
　3.2.6 等值延期年金的计算 ··································· 152
　3.2.7 已知不规则现金流求等值年金 ······················· 153
3.3 债务偿还表计算 ·· 154
　3.3.1 满期偿还法 ·· 154
　3.3.2 分期偿还法 ·· 155
　3.3.3 偿债基金法 ·· 164
3.4 利息理论在EXCEL的应用 ·································· 165
　3.4.1 折旧方法 ··· 165
　3.4.2 诚实信贷 ··· 169

4 公司理财的应用 ··· 171
4.1 公司报酬与风险 ·· 171
　4.1.1 风险识别和风险衡量 ··································· 171
　4.1.2 风险与报酬的关系 ······································ 174

4.1.3　风险报酬 ··· 175
4.2　财务报表分析 ··· 177
　　4.2.1　上市公司的主要财务报表 ····························· 177
　　4.2.2　财务报表的主要分析方法 ····························· 178
　　4.2.3　财务报表的结构分析 ································· 180
　　4.2.4　财务报表的趋势分析 ································· 184
　　4.2.5　财务报表的比率分析 ································· 186
　　4.2.6　杜邦分析系统 ······································· 194
4.3　投资项目评价 ··· 196
　　4.3.1　现金流量预测 ······································· 196
　　4.3.2　投资项目的评价指标 ································· 198
　　4.3.3　独立项目的投资决策 ································· 204
　　4.3.4　互斥项目的投资决策 ································· 207
4.4　资本成本与资本结构 ······································· 212
　　4.4.1　资本成本的含义 ····································· 212
　　4.4.2　资本成本的计算 ····································· 213
　　4.4.3　加权平均资本成本 ··································· 216
　　4.4.4　杠杆原理 ··· 217
　　4.4.5　MM 资本结构理论 ···································· 219
　　4.4.6　资本资产定价模型(CAPM) ····························· 222
4.5　公司估值 ··· 224
　　4.5.1　公司常用的估值方法 ································· 225
　　4.5.2　市盈率法 ··· 226
　　4.5.3　现金流贴现模型(DCF 模型) ···························· 226
　　4.5.4　企业价值评估综合案例 ······························· 230
4.6　经济附加值模型 ··· 241
　　4.6.1　经济附加值模型的概念 ······························· 241
　　4.6.2　EVA 指标的基本计算公式 ····························· 241
　　4.6.3　EVA 计算项目的调整 ································· 244
　　4.6.4　经济附加值在公司价值评估中的应用 ··················· 247

4.6.5　EVA 在公司业绩评估中的应用 ………………………… 248
　　4.6.6　市场增加值(MVA) ……………………………………… 251

5　债券与久期　　253

5.1　债券的定价 ……………………………………………………… 253
5.2　利率期限结构 …………………………………………………… 254
　　5.2.1　由市场价格导出的期限结构 …………………………… 254
　　5.2.2　利率的期限结构模型 …………………………………… 258
5.3　固定收益债券含权定价 ………………………………………… 258
　　5.3.1　利率二叉树的结构 ……………………………………… 259
　　5.3.2　构建利率二叉树 ………………………………………… 260
　　5.3.3　为不含权债券定价 ……………………………………… 264
　　5.3.4　为可赎回债券定价 ……………………………………… 265
　　5.3.5　期权调整利差(OAS) …………………………………… 267
5.4　债券的久期与凸度 ……………………………………………… 270
　　5.4.1　债券的利率敏感性度量——久期 ……………………… 270
　　5.4.2　由久期测度的价格变化 ………………………………… 272
　　5.4.3　债券凸度 ………………………………………………… 275
　　5.4.4　由久期和凸度共同测度的价格变化 …………………… 276
　　5.4.5　含权债券的久期与凸度 ………………………………… 278

6　投资组合管理与业绩评估模型　　279

6.1　效用函数与无差异曲线 ………………………………………… 279
6.2　投资者的风险偏好与风险溢价的计算 ………………………… 280
6.3　现代投资组合理论(MPT)及均值—方差模型 ………………… 282
6.4　最优投资组合 …………………………………………………… 285
　　6.4.1　有效组合的规划求解方法 ……………………………… 286
　　6.4.2　带约束的有效前沿 ……………………………………… 288
　　6.4.3　资本市场曲线(CML) …………………………………… 289
　　6.4.4　最优组合的理论求解 …………………………………… 291

6.5 单指数模型 ……………………………………………… 291
   6.5.1 单指数模型介绍 …………………………………… 291
   6.5.2 组合的分散理论 …………………………………… 293
   6.5.3 β 系数的估计 …………………………………… 294
   6.5.4 利用单指数模型确定有效组合并决定
        有效边界 …………………………………………… 295
6.6 资本资产定价模型(CAPM)和套利定价模型(APT) …… 297
6.7 投资组合的业绩评价 …………………………………… 298
   6.7.1 收益率计算 ………………………………………… 298
   6.7.2 投资组合业绩评估模型 …………………………… 300
   6.7.3 业绩归因分析模型 ………………………………… 303

7 固定收益类产品的估值模型　307

7.1 利率期限结构 …………………………………………… 307
7.2 到期收益率计算 ………………………………………… 309
7.3 单因素利率模型 ………………………………………… 311
   7.3.1 单因素模型(One Factor Model) ………………… 312
   7.3.2 Vasicek 模型 ……………………………………… 313
   7.3.3 CIR 模型 …………………………………………… 315
   7.3.4 无套利模型 ………………………………………… 316
7.4 固定收益债券估值 ……………………………………… 316
7.5 固定收益债券含权定价(可转换债券的估值) ………… 317

8 期权、期货及衍生品定价模型分析　318

8.1 衍生品简介 ……………………………………………… 318
8.2 远期合约及其价值模型 ………………………………… 319
   8.2.1 远期合约 …………………………………………… 319
   8.2.2 远期合约定价 ……………………………………… 320
8.3 期货合约及其定价模型 ………………………………… 321
   8.3.1 期货合约 …………………………………………… 321

8.3.2 定价模型 …… 322
8.4 期货价格与交付日现货价格趋同性的原因 …… 322
8.5 期货合约价值 …… 323
8.6 二叉树模型 …… 323
8.7 期权定价模型 …… 325
    8.7.1 欧式期权 …… 325
    8.7.2 美式期权 …… 328
    8.7.3 BS定价公式及期权的希腊字母Greeks的计算 …… 330
    8.7.4 希腊字母的图像(Greeks Curve) …… 331

9 风险管理 …… 335

9.1 市场风险度量 …… 335
9.1.1 久期 …… 335
9.1.2 理论凸度与有效凸度 …… 338
9.1.3 久期与凸度的应用与比较 …… 340
9.1.4 基点价值的计量 …… 341
9.1.5 溢价、平价与折价债券的利率风险度量指标与期限的关系之重要结论 …… 342
9.1.6 几个重要的债券投资组合策略(Bullet、Barbell、Ladder)的风险特性 …… 344
9.1.7 权益类金融工具的风险度量 …… 345
9.1.8 期货风险管理的基本应用 …… 348
9.1.9 期权的组合策略 …… 353
9.1.10 外汇风险管理 …… 357

9.2 信用风险度量 …… 359
9.2.1 基本概念介绍 …… 359
9.2.2 交易对手信用风险管理 …… 360
9.2.3 信用敞口缓释工具 …… 364
9.2.4 违约率与违约期限结构 …… 365
9.2.5 信用评级模型 …… 366

9.2.6 市场隐含违约率模型(Market Implied Model) …………… 373
9.2.7 损失率估计 …………………………………………………… 377
9.3 操作风险度量 …………………………………………………… 379
9.3.1 操作风险概念介绍 …………………………………………… 379
9.3.2 操作风险识别 ………………………………………………… 379
9.3.3 损失分布 ……………………………………………………… 380
9.4 VaR的计量与应用 ……………………………………………… 385
9.4.1 VaR的基本概念与方法论介绍 ……………………………… 385
9.4.2 分析法(参数法) ……………………………………………… 386
9.4.3 历史模拟法(Historical Simulation) ………………………… 394
9.4.4 蒙特卡罗模拟法(结构蒙特卡罗模拟 Stucture Monte Calo Simulation) …………………………………… 398
9.4.5 VaR的应用 …………………………………………………… 402
9.5 压力测试 ………………………………………………………… 404
9.5.1 历史情景法 …………………………………………………… 405
9.5.2 假设情景法 …………………………………………………… 406
9.6 经济资本与监管资本 …………………………………………… 406
9.6.1 经济资本与监管资本的计量 ………………………………… 406
9.6.2 经济资本的分配 ……………………………………………… 408

后记 …………………………………………………………………… 410

1 Excel 金融建模基础

Excel 是很强大的数据处理分析工具。Excel 可以对数据进行分类汇总、制作图表，通过函数对数据进行处理和计算、最优求解等。因此，充分利用 Excel 的功能可以大大方便工作，提高效率。本章将通过实际案例向读者介绍 Excel 在数据分析处理方面各项功能的使用，这也是将来 Excel 应用的基础。

1.1 金融建模概述

金融建模是金融分析领域里极为重要的技术。金融建模的用途在于将金融分析中涉及的各种因素和各因素间的关系抽象为数据和公式，通过对数据和公式的改变和调整来模拟各种金融现象，从而发现金融现象中的规律，解决金融问题。

金融建模不仅是技术工作，也是方法论的体现。熟练掌握 Excel 的操作技术是建模的基础；时刻明确建模的目标、将问题分步合理解决是建模的灵魂所在。因此，金融建模是一项综合性极强的工作，需要缜密的逻辑、敏锐的观察、创造性的思维、坚定的意志、对细节近乎强迫症的关注、高超的 Excel 技能，需要精通金融、财务、经济、税收等很多相关方面的知识，缺一不可。缺少以上任何一个因素，都不可能在金融建模领域有所建树。

如果您觉得自己符合以上的要求，那就恭喜您很有金融建模的潜质，只是需要坚持；如果您觉得自己不完全符合以上要求，但是愿意为之付出巨大的努力，我鼓励您尝试一下，但也不要轻易放弃；如果您觉得完全不符合以上要求，也不愿意付出努力，您也可以学习一下金融建模的方法，毕竟对于拓展自己的思路还是大有裨益的。

学习金融建模的途径只有多练、多思、多学习，没有捷径。需要指出的是，多学习不仅指要学习理论知识,也要向同行、同事学习。每个人都有自己的特长和不足之处,多向他人学习,就能获得他人的长处,弥补自己的短处,这对于金融建模是极为重要的。要精通金融建模必须投入大量的精力。笔者的同事曾经开玩笑说,当你躺在床上能回想起建模中的各个公式、数据、结果时,你就进入状态了。这话很精辟。各位读者不妨拿此标准来检验一下自己的学习投入和收获。

1.1.1　金融建模的方法论

如果你把金融建模当成一项纯粹的技术工作,那你就大错特错了。建模的根本目的在于分析问题和解决问题,那就自然而然地涉及方法论了。建模只是手段,而手段需要方法论来指导,否则再好的手段也无法发挥作用。

金融建模的方法论主要有:定义问题,分解问题,设计问题的多种解决办法,试验办法,评估各种解决办法,实施解决办法,检查和测试解决办法,不断完善解决办法。

定义问题的意义在于明确目标,连目标都不明确的人是不可能建模的。

分解问题很重要,直接决定了建模的成败。在建模中,我们经常会遇到大量复杂、棘手的问题。很多人,尤其是新手在复杂问题前往往会不知从何下手,他们脑海中会浮现出无数问题和解决办法,却又陷入这些问题和解决办法中,毫无头绪。从哲学上讲,复杂问题是由很多简单问题构成的。我们要解决复杂问题,就必须要想出一个个简单问题的简单办法,一下子想出一个复杂的解决办法是不可能的——复杂的解决办法也是由很多简单的解决办法构成的。分解问题的意义在于将复杂的问题变成一个个简单的问题,让我们有可能找到一个个解决简单问题的简单办法。分解问题的意义就在于承上启下。

通常,再简单的问题也会有一个以上的解决办法。希望读者们,包括有一定建模基础的人,尤其是初学者在构思解决办法时能想出一种以上的解决办法。构思多个解决办法的意义不仅在于挑战自我,也在于通过反复思考摸索出最佳的解决办法。

实践是检验真理的唯一标准。到底哪个解决办法好,都要通过实践来检验。通过对解决办法的试验,我们就可以了解各种办法的优缺点,为评估打下基础。通过评估各种解决办法,我们能够总结各种办法的优缺点,坚定实施时的信心和决心,也为以后的建模积累经验。

实施是整个建模的核心,之前的大量工作都要通过这一环节体现,决定了建模的成败。做好这一环节需要仔细、仔细、再仔细。建模的实施阶段通常是繁琐、耗时、费神的,没有坚强的意志和决心是难以完成的。

只要是人做的就会有差错,建模也不例外。一个复杂的金融模型中往往有数以百计的假设条件和公式,难以保证这些假设条件和公式没有任何矛盾、疏漏之处,所以任何金融模型都要经过反复的检查和测试,越多越好。经典的金融模型要经过"检查测试——完善修正——检查测试"的反复循环,这一循环少则数十次,多则成百上千次。一定要记住这句话:建模不难,建一个正确的模型很难。

大家可以从方法论中看出,金融建模是一个庞大、复杂的系统,要掌握这一系统需要付出艰辛的努力,甚至是魔鬼般的训练(笔者的历任上司都推崇魔鬼训练)。

1.1.2　金融模型的结构

金融模型设计的最重要环节是结构设计。模型的评价标准中列于首位的永远是结构。模型结构的含义是模型的条理、可理解性、灵活性。

金融模型通常由输入区、计算区和输出区三部分组成。输入区的作用就是输入模型需要的各种假设条件。之所以将假设条件集中于输入区是为了提高输入的速度,避免遗漏需要修改或输入的条件。计算区,顾名思义,就是完成各种计算的区域。输出区则集中展示模型的各假设条件和计算结果,方便使用者把握模型的关键方面。输入区和输出区分别只占一个工作表,占一个以上工作表,"集中"就无从体现了。计算区往往分布在多个工作表上,这是由计算区的特点决定的。计算区是金融模型的核心部分,常有多个模块组成。不同模块一般分布在不同工作表上,所以计算区会分布在多个工作表上。

模型的条理要求模型的各区域、模块的功能清晰,没有重叠。这就要求我们在建模时做详细的规划,不要设计实际意义不大的模块,将模型的各部分组织好。

模型的可理解性的含义是要让有一定金融建模基础的人能够清楚地明白模型各组成部分间的关系、功能、假设条件。

模型在使用中经常需要修改和调整,灵活性则是修改调整的前提。没有灵活性的模型是没有生命力的,不具备扩展与提升的空间,每一次扩展与提升对它而言都是痛苦的涅槃。

1.2 数据的录入与运算

1.2.1 输数据的导入

（1）Excel 格式数据导入

实践中，经常要在 Excel 文件之间相互导入数据。导入数据的方法是否得当直接影响了导入数据的正确性和效率。

导入 Excel 格式数据的方法通常有以下几种：

● 用复制粘贴的方法导入数据，这种方法最常用。

● 用移动或者复制工作表的方法导入数据，这种方法适用于整个工作表的数据导入。

● 用外部数据导入，需要经常更新来自外部数据源的数据时经常使用此方法。

导入数据常用的快捷键有 Ctrl＋C（复制）、Ctrl＋V（粘贴）、Ctrl＋A（选中整个表格）、Ctrl＋S（保存）等。

（2）Word 格式数据导入

Word 格式文件也是常见的情况。

导入 Word 格式数据通常有两种方法：

● 用复制粘贴的方法。

● 用外部数据导入。

（3）PDF 格式数据导入

PDF 格式数据的导入比较复杂。通常要用软件将 PDF 转换为 Word 格式后，用 Word 格式导入方法。有些 PDF 文件禁止转换使用，需要破解 PDF 的文件保护后才能进行转换。

（4）web 数据导入

利用 web 数据导入功能可以很容易将需要的数据从网页上导入，并且随时更新。

（5）其他格式数据的导入

现在很多金融财务的软件有数据导出功能，利用其自带的数据导出功能，将导出数据的格式设置为 Excel 格式，然后将 Excel 格式导入就可以了。

(6) 数据有效性

数据录入和导入时常会发生输入或者导入错误，比如数据的格式不符合要求、数据值不符合实际情况等。使用数据有效性功能就可以避免这些问题。

我们将通过以下案例来具体说明(1)—(6)的操作方法。

【例 1.1】 有一组中国人民银行的统计数据，分别有 Excel、Word 和 PPT 三种格式。我们分别将三种格式的数据导入 Excel 中。Excel 格式数据如下：

为了保持格式，我们可以采用选择性粘贴。

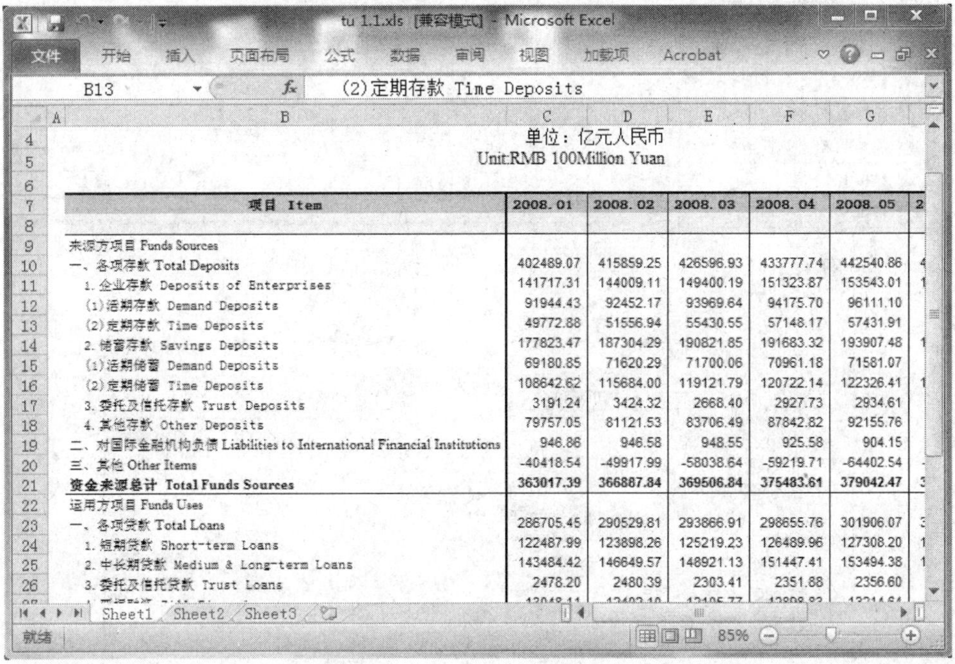

项目 Item	2008.01	2008.02	2008.03	2008.04	2008.05
来源方项目 Funds Sources					
一、各项存款 Total Deposits	402489.07	415859.25	426596.93	433777.74	442540.86
1. 企业存款 Deposits of Enterprises	141717.31	144009.11	149400.19	151323.87	153543.01
(1)活期存款 Demand Deposits	91944.43	92452.17	93969.64	94175.70	96111.10
(2)定期存款 Time Deposits	49772.88	51556.94	55430.55	57148.17	57431.91
2. 储蓄存款 Savings Deposits	177823.47	187304.29	190821.85	191683.32	193907.48
(1)活期储蓄 Demand Deposits	69180.85	71620.29	71700.06	70961.18	71581.07
(2)定期储蓄 Time Deposits	108642.62	115684.00	119121.79	120722.14	122326.41
3. 委托及信托存款 Trust Deposits	3191.24	3424.32	2668.40	2927.73	2934.61
4. 其他存款 Other Deposits	79757.05	81121.53	83706.49	87842.82	92155.76
二、对国际金融机构负债 Liabilities to International Financial Institutions	946.86	946.58	948.55	925.58	904.15
三、其他 Other Items	-40418.54	-49917.99	-58038.64	-59219.71	-64402.54
资金来源总计 Total Funds Sources	**363017.39**	**366887.84**	**369506.84**	**375483.61**	**379042.47**
运用方项目 Funds Uses					
一、各项贷款 Total Loans	286705.45	290529.81	293866.91	298655.76	301906.07
1. 短期贷款 Short-term Loans	122487.99	123898.26	125219.23	126489.96	127308.20
2. 中长期贷款 Medium & Long-term Loans	143484.42	146649.57	148921.13	151447.41	153494.38
3. 委托及信托贷款 Trust Loans	2478.20	2480.39	2303.41	2351.88	2356.60

图 1.1

Excel 能辨认 Word 格式的表格，按照复制/粘贴的操作方法就可以将数据导入。

将 PDF 数据导入时，有时须将 PDF 文件转换为 Word 格式。早期版本的 Adobe Reader 有转换格式的功能，而且能识别 PDF 文件中的表格，可以直接将 PDF 中的表格复制粘贴至 Excel 中。如果所用的 PDF 软件没有转换功能且不能识别表格，就要用软件将 PDF 转换成 Word 格式。比较常用的软件有 Solidconverterpdf 等。

图 1.2

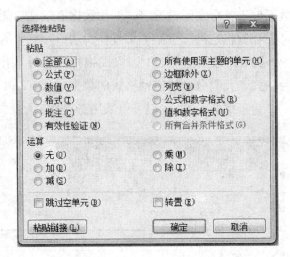

图 1.3

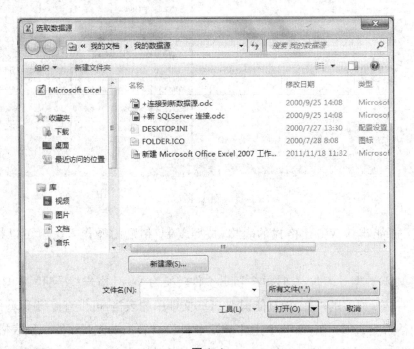

图 1.4

Excel 具有导入外部数据的功能（数据/导入外部数据），可以直接从 Word 文件、Excel、Access 和 Web 中导入数据。使用很方便，只要将文件的路径或者网址输入文件名一栏中就可以了。导入后可以通过外部数据区域属性（数据—连接—属性）来编辑导入数据的各种属性，方便以后的工作。

为了防止他人在修改或者输入数据时，输入不符合要求的数据，可以通过数据/有效性功能对输入单元格的数据进行限制。我们可以通过有效性条件来设置输入数据的条件，数值范围、文本长度、时间格式等都可以成为有效性条件。

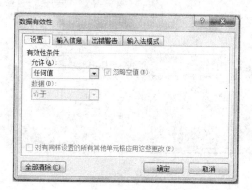

图 1.5

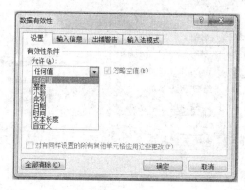

图 1.6

（7）Excel 与 Powerpoint 的数据共享

Excel 与 Powrpoint 的数据共享功能也是较为实用的功能，在对 Powerpoint 所引用的 Excel 数据进行修改时，ppt 文件就可以更新数据。该功能可以通过 Powerpoint 中的开始/粘贴/选择性粘贴/粘贴链接功能实现。

在对 Excel 文件进行修改后，可以通过双击对应表格即可更新 PPT 中的 Excel 数据。

图 1.7

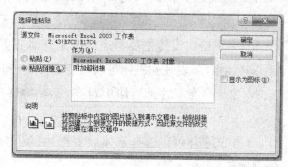

图 1.8

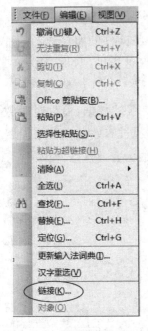
图 1.9

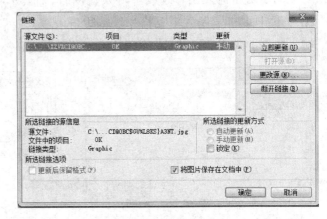
图 1.10

1.2.2 数据的格式化及数据排序

（1）数据格式化的一般原则

数据格式化是 Excel 应用中非常重要的环节，合理、适当的格式设置不仅美化外观，更能方便模型检查。格式化应遵循的一般原则是：整齐统一、色彩淡雅、美观大方、数字靠右。格式设置中常用的快捷键是 Ctrl+1（弹出格式设置对话框）、Ctrl+U（下划线）、Ctrl+I（斜体）、Ctrl+B（粗体）、Ctrl+Shift+％（百分比格式）。

（2）文字格式设置

a）文字格式设置主要考虑的因素有对齐方式、字体、字号、大小写（外文）、特殊形态（加粗、下划线和斜体等）、颜色、背景色和边框等。

b）文字一般靠左或者居中对齐，不要将整列的长段文字居中，否则看上去很凌乱。

c）中文字体可以选择宋体或者楷体；英文推荐 Arial，标题可以用 Garamond（外观优美）。

d) 除标题外,字号应以 9 或 10 号为主,大小既适宜电脑上阅读又适宜打印后阅读。

e) 外文可以全部大写,也可以将每个单词的首字母大写。

f) 特殊形态不宜过多使用,过多使用会使外观显得刺眼。特殊形态可以使用在一些需要突出的文字上,用以体现其重要性或者层次性。

g) 字体颜色应以黑色为主,标题或者关键文字可用灰色或者墨绿色。切忌使用鲜艳的颜色,如深红。鲜艳的颜色不仅刺眼,不利于阅读,也显得轻浮。

h) 标题或者重要内容可以适当使用背景色,背景色应以灰色或者墨绿色为主。

i) 边框的作用在于使表格显得整齐有序、有层次感。边框不宜太粗,也不宜过度使用,否则会在视觉上显得凌乱。

(3) 数字格式设置

a) 数字格式设置考虑的因素比文字格式设置要考虑的多,如日期、自定义格式和数字形态方面的因素。

b) 数字以靠右对齐为主,序号可以居中对齐。

c) 字体以宋体或者楷体为主。

d) 数字字号、特殊形态、颜色、背景色和边框的设置方法和文字的设置方法一样。

e) 日期格式应为 Excel 自带的格式,Excel 的公式可以识别自带格式的日期,方便建模;不要使用"YYYY. MM. DD"这样的日期格式,Excel 的函数无法识别。

f) 数值应有千分位符,方便建模时检查(突出异常小或者大的数据)。小数位数应根据需要设置,不宜过多,否则会使数值在乍看之下显得很大。

g) 自定义格式的优点在于使数字看上去是文字,而实际上还是数值。

(4) 条件格式

格式设置中经常会遇到需要将具有某些特征的文字或数字设置成特殊的格式,而要寻找具有这些特征的数字非常费时费力,或者随着数字的变化,这些特征也会随之变化。在这种情况下就要使用条件格式。条件格式可以把符合一定特征的数字或文字自动设置成一定的格式,如果数字变化后不再符合预设的特征,那么所设置的格式也会自动取消。条件格式通过格式/条件格式设置。

让我们通过以下案例来说明(1)—(4)的操作方法。

【例 1.2】 以下是一个分析师的模型的一部分,该部分使用了很多格式。

从图 1.11 中可以看出,左侧的文字全部靠左对齐,看上去很整齐。英文字体均为 Arial。英文单词的首字母均大写。左侧的大标题均使用了斜体＋粗体＋下划线的形态,其他标题采用了粗体的形态,使各部分层次鲜明。表格中的边框使用很得体,令使用者一目了然。各主要部分之间的空行也恰到好处地区分了表格的各主要组成部分。

	FV1	FV2	FV3
Rent(RNB/sqm/month)	-	392	400
Ecomomic Occupancy	0.00%	23.27%	89.92%
NOI Yield	0.00%	-0.41%	6.58%
NOI Margin		-40.58%	77.42%
Unleveraged Cash Flow			
NOI	-	(3,673,830)	58,695,624
Net Proceeds from Disposition(af loan reprayment)	-	-	448,283,008
Total Cash Flow after Leverage after Tax including Hedge Gain	-	(3,673,830)	504,978,632
Lvveraged Cash Flow			
Project Cash Flow after Leverage before Tax	(260,977,415)	(24,470,527)	476,538,356
Project Cash Flow after Leverage after Tax	(260,977,415)	(24,470,527)	476,538,356
Project Cash Flow after Leverage after Tax including Hedge Gain	(260,977,415)	(24,470,527)	502,335,562
IRR			
Unleveraged IRR	0.00%	0.00%	8.31%
leveraged IRR before Tax	0.00%	0.00%	15.81%
leveraged IRR after Tax including Hedged Gain	0.00%	0.00%	18.21%
leveraged IRR after Tax after Promo	0.00%	0.00%	17.58%
Equity Multiple			
Unleveraged EM	0.00 x	0.00 x	1.17x
leveraged EM before Tax	0.00 x	0.00 x	1.45x
leveraged EM after Tax including Hedge Gain	0.00 x	0.00 x	1.53x
leveraged EM after Tax after Promo	0.00 x	0.00 x	1.51x

图 1.11

表格中的数字均靠右对齐。数字字体均为 Arial。在线框、空行和文字特殊形态的辅助下,数字的层次感已经很清晰明了,所以数字没有采用任何特殊形态。如果数字也采用特殊形态,则会使表格的层次和重点反而不突出——处处重点等于无重点。除百分比和自定义格式的数值外,其他数值均有千分位,使用者可以较容易地发现数值变化的规律。

表格还使用了自定义格式。从图 1.12 中可以看出,虽然显示"FY1"(fiscal year 1),但是单元格里实际上是数值 1。这样格式的数值既美观、清晰,也方便建模时作为模型中的变量使用。自定义格式的设置很简单,如图 1.12 所示,"FY"外有半角双引号,"♯"代表数字。可以通过对♯号的排列,对数字设置各种形态。比如"♯.♯♯"会使数值保留两位小数,"♯,♯♯♯.♯♯"会使数值显示千分位、保留两位小数。

只有通过多实践、多观察、多比较、多总结才能提高格式设置的水平,没有捷径。

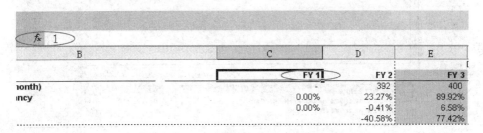

图 1.12

图 1.13

由于模型中假设第三年(FY3)将项目处置,为了突出第三年的数字,模型采用了条件格式。从图 1.14 中可以看出,当处置时间为当时间(E44)为第三年时,单元格背景色就自动设置为灰色。条件格式可以通过格式刷设置,但是使用格式刷时要修改好条件引动单元格的方式(绝对或者相对引用)。图 1.14 中将 K8 单元格设为绝对引用,既锁行也锁列;E44 单元格设置为相对引用列、绝对引用行,即锁行不锁列。

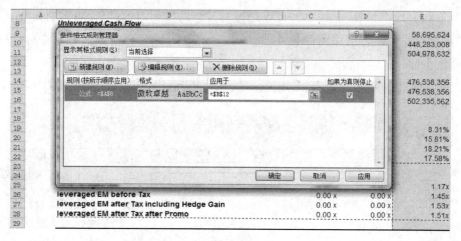

图 1.14

如果要添加一些条件格式时,可以选:【开始】—【样式】—【条件格式】—【管理规则】—【新建规则】,从而可以编辑格式规则,将选定的规则添加到"格式管理器"里面去。

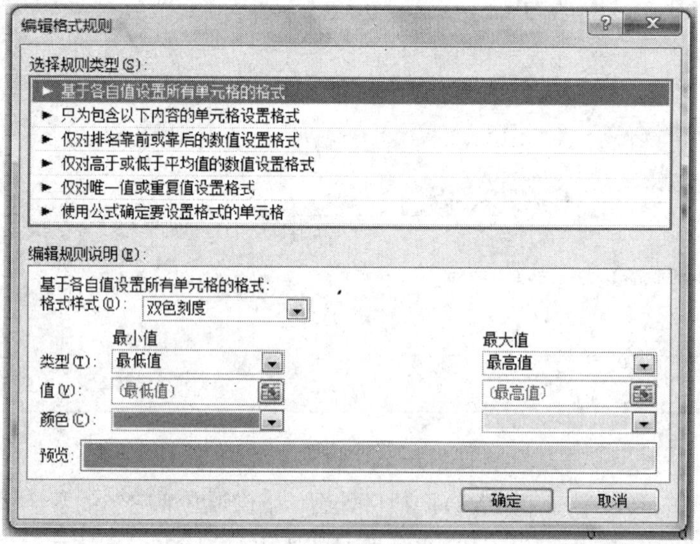

图 1.15

不需要条件格式时,可以把条件格式删除。删除时一定要将曾经设置条件格式的单元格全部选中,否则会出现部分单元格仍然显示条件格式的情况。

图 1.16

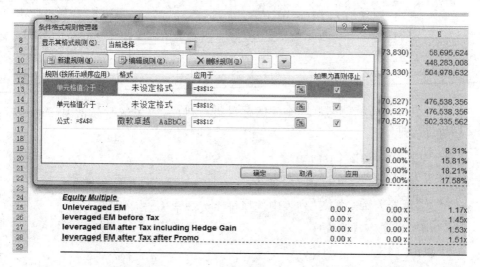

图 1.17

(5) 数据排序的一般原则

排序是为了使数据的排列更有规律,而对数据进行重新组织安排的一种方式。通过数据排序,可以使纷乱的数据展现出规律,方便对其进行观察和研究。数据排序的规则通常包括数字、字母、汉字等。

(6) 数据排序功能的使用

Excel 有数据/排序功能。使用很方便。

我们将通过一个例子来说明排序功能的使用。

【例1.3】 以下是一组某股票一天的交易数据。

表1.1

时间	最新价（元）	涨跌（元）	成交量（手）	成交额（万元）	均价（元）
6220930	22.72	0.49	6 520	1 478	22.66
6220931	22.8	0.57	7 396	1 682	22.7
6220932	22.75	0.52	12 451	2 836	22.74
6220933	22.71	0.48	13 789	3 135	22.74
6220934	22.7	0.47	7 384	1 677	22.73
6220935	22.85	0.62	14 719	3 354	22.75
6220936	22.8	0.57	7 752	1 771	22.76
6220937	22.86	0.63	7 235	1 653	22.77
6220938	22.88	0.65	15 619	3 570	22.78
6220939	22.89	0.66	7 751	1 771	22.79

我们可以对这些数据按照不同的标准进行排序，以了解交易情况。现在对成交均价进行排序：

a) 选中整个表格（Ctrl+A）。

b) 选择"数据"菜单的"排序"命令。

c) 从"主要关键字"下拉列表中选择排序关键字为"均价（元）"。

d) 指定排序方式为降序。

e) 点击"确定"。

我们还可以通过设置排序的选项，以适应各种排序的需要。

1.3 图表应用与数据透视表

1.3.1 Excel 内置图表和数据透视图的区别

Excel 内置图表和数据透视图的主要区别在于，内置图表可以基于任何数据表格建立，而数据透视图必须基于数据透视表建立。此外，内置图表没有分类汇总功

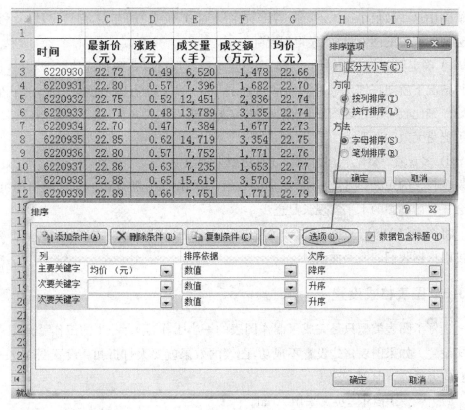

图 1.18

能,而数据透视图有分类汇总功能。

1.3.2 图表选用的一般原则

图表的作用在于使数据的规律更形象,因此图表的选用对于最终数据展示的效果影响很大。图表有很多种类:柱状图、折线图、饼图等等,不同种类的图表有不同的应用范围。以下是一些选用图表的一般原则:

a) 选用图表前,要明确图表所要达到的效果。不少人在选用图表时并不明确自己所达到的效果,以至于在面对众多的可选图表时不知所措,或者逐个尝试图表。这种做法很不可取:既浪费时间,选用的图表往往也达不到预期效果。

b) 图表应适合数据特点。适合数据特点的图表才能将数据展示得恰到好处。比如,有些数值的绝对值很小且门类很多,这样的数据就不太适合使用饼图。因为在饼图中这些数值小得太不起眼,甚至在图上都找不到它的存在,而且大量的小数值会使图表中的图例过多,显得很凌乱。

c) 确定图形前多加斟酌。有时会不止一种图形可以达到相近的展示效果,在这种情况下就要仔细比较不同图形的效果。由于 Excel 有图形预览功能,故我们不妨仔细比较一下相近图形在效果上的差异。千万不要马虎,效果不理想的图形很可能是无效的图形。

d) 多观察、多体会、多总结。要画出效果理想的图形必须多学习别人的长处,多发现自己的短处,多体会不同图形的效果,多总结出一些规律。只有取长补短,才会让自己画图的水平实现长足进步。

将图表与 VBA、函数相结合,还可以制作各种动态图表,即图表显示的数据系列可以根据我们的需要而改变。

1.3.3 图表格式设置

选好了图表类型只是完成了制作图表的一半工作,还有一半的工作就是图表格式设置。如果图表格式设置不成功,图表的效果就要大打折扣。设置图表格式一般应遵循以下原则:

a) 中文采用宋体,英文采用 Arial。

b) 字号为 9—10。

c) 文字颜色以黑色为主,图表背景色以白色或灰色为主,图表颜色不应过于丰富。图表不是靠"炫"制胜,简简单单才是真。

d) 图表中网格线不应过密,网格线与数值不应同时出现,否则图表乍看之下如蛛网般密密麻麻,给读者制造视觉疲劳。

e) 图表刻度适当。比如,通过调节刻度,使柱状图中的柱子错落有致,各柱子间高度上的差异一目了然。

f) 标题、图例标识、单位清楚明了。千万不要忘了标题和单位,没了标题读者会摸不着头脑,没了单位读者就会费时费力地猜测数值的含义。

图表看上去清楚,结构平衡。图表的各组成部分的布局应使图表整体结构平衡、充分均匀地占据图表面积。举例具体说明下图表的选用和格式设置。

【例 1.4】 以下是一组 2008 年中国货币供应的统计表。

表 1.2　货币供应量(亿元人民币)

	2008-1	2008-2	2008-3	2008-4	2008-5	2008-6
货币和准货币(M2)	417 846.17	421 037.84	423 054.53	429 313.72	436 221.60	443 141.02
货币(M1)	154 872.59	150 177.88	150 867.47	151 694.91	153 344.75	154 820.15
流通中现金(M0)	36 673.15	32 454.47	30 433.07	30 789.61	30 169.30	30 181.32

　　首先,我们应明确要通过图表达到的效果。就这组数据而言,我们通常关心的是 2008 年每月货币供应的变化情况。因此,我们要通过图表将货币供应的变化情况形象地展示出来。这步看上去有点多余,很多人会认为画图就要将数据形象地展示出来。事实上,没有这一步,我们很容易在确定图形及其格式上感到困惑和迷茫。确定了所需要的效果后,我们才能时刻牢记理想的图该是什么样的,快速地从"茫茫图海"中选出所需要的图。

　　然后,我们应观察数据的特点。货币供应数据经常逐月波动,折线图可能是个不错的选择。由于 M1 和 M2 之间存在的货币乘数关系,柱状图可能比折线图更能展示这两者之间的关系。但是,最终选用哪种图形取决于两者视觉效果比较的结果。同样有很多人认为此步亦是多余——大不了把一堆图形挨个尝试一遍,观察数据特点真浪费时间。实际上,不观察数据特点更浪费时间——因为图形太多了,老板可能根本没给你挨个试的时间。

　　接下来,就要尝试各种可能的图形。此时的尝试同没有观察过数据特点的观察是不一样的。前者是有的放矢,后者是大海捞针,效率不可同日而语。有人认为既然觉得几种图形都可以实现既定的效果,那就随便来一个。问题就处在"随便"上。如果不对自己有精益求精的要求,那么在 Excel 制作图表上永无进步,也不会做出令人赞叹、极具说服力的图表。

　　我们演示一下图表的过程。

　　我们应预览一下各种图形的效果。在 Excel2010 中软件提供了多种图标模型,其主要的分类和 2003/2007 版的 Excel 中类似,有柱形图、条形图、折线图、饼图、散点图、面积图、圆环图、雷达图、曲面图等,但是在各种类型的情况下,给出了更多的图形实例。

　　在插入/图表下点击右下角的箭头,会出现如下图的"插入图表"选项卡。很明显,在各个图表类型下都有更多的图表表现形式。

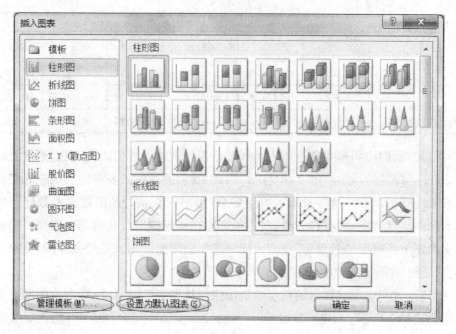

图 1.19

在"选择图表"选项卡的左下方是"管理模板"和"设置为默认图表"两个按钮,管理模板下可以将上述图形类型中没有的类型添加进来,在设置为默认图表下可以将已经选定或者读者自己编辑好的图表类型保存为默认的图表类型,以备下次做图表时使用。

从效果上看,折线图更能形象展示各层次货币供应的变化情况,所以我们选用折线图。在制图时,要记得设置好图表的各种参数,没有各种参数的图表会让人莫名其妙。

从图 1.20、图 1.21 和图 1.22 中可以看到,在选定了图表类型并声称对应图形之后,在"设计"一栏中会出现图表工具功能。其中包括"设计"、"布局"和"格式"三个主要的分类。在"设计"版块中可以观看到各种图标样式,并可能更改坐标轴等内容;"布局"版块下可以根据需求修改图表标题、坐标轴标题、数据标签等;"格式"版块下,分为当前所选内容、形状样式、艺术字样式、排列、大小等内容,可以根据图表需求,更改其中的相关内容。

在 Excel2010 中增添了设置图标区域格式的作用,可以编辑图表区域的相关属性。

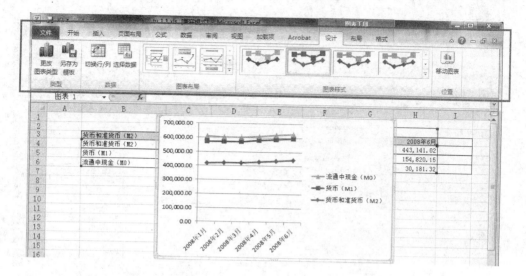

图1.20

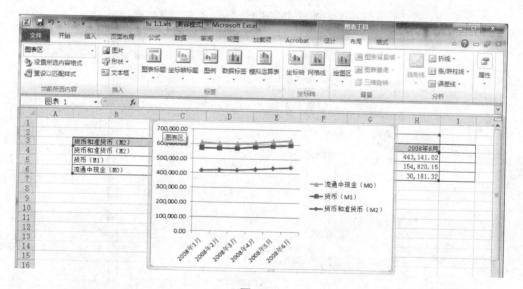

图1.21

将图例置于底部通常可以充分利用图表的面积,使图形占据图表尽可能大的面积,而且布局上也较为均衡。

若数值不是很长,则可以考虑在图表上显示数据点的数值。但是如果数值很长,那么显示出来的效果就很糟糕。

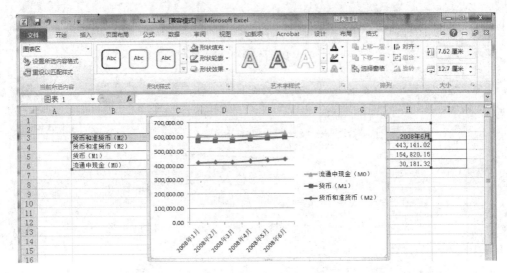

图 1.22

图 1.23

数据表通常可有可无,实践中更倾向于在图形中直接显示数值,而不是单独列示数据表,毕竟图表是为了画"图",而不是罗列数据。

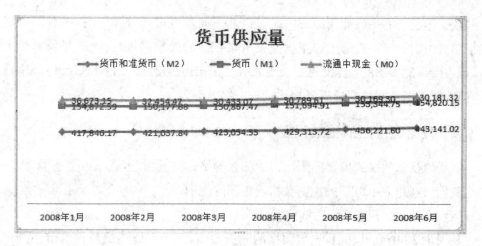

图 1.24

图 1.24 是 Excel 自动生成的图表,显然不符合展示的要求,我们要对其格式进行设置,进一步完善图表(finetuning)。

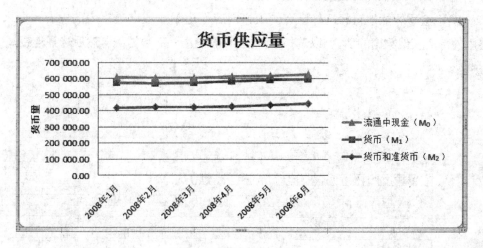

图 1.25

经过完善后,图表较原先清晰很多。此外,可以选择设置绘图区格式,根据自己的需求更改图表的背景颜色,让折线显得更突出,图表更清爽干净。右击绘图区,然后选中绘图区格式可以进入绘图区格式修改界面。

可以看出,我们可以对折线的诸多参数进行设置,包括线形、数据标记、坐标轴、系列次序等常用参数。其他参数基本浅显易懂,这里就不赘述了。

数据透视图的一般使用原则一是可以从不同角度进行分类汇总,并且同时展现在图表中。而要将普通图表根据重新分类汇总后的数据进行调整,可就麻烦多了,基本要重复作图的整个过程。如果要对很多图表进行修改或者修改的频率很高,那么普通图表同数据透视图相比就是一部老爷车。

1.3.4 数据透视图的格式设置

数据透视图的格式设置原则同内置图表的格式设置相近,就不再赘述了。

我们将通过一个例子来说明数据透视图的使用。

【例 1.5】 以下是一组销售数据。

从图 1.26 中可以看出,该组数据的分类很多,对于不同类的数据有着不同的研究意义。因此,我们可以通过数据透视图来从不同角度研究这些数据。首先,通过插入/数据透视图和透视表/数据透视图向导界面。

在图 1.28 中在选择创建数据透视表项后,需选择一个表或区域。一般情况下,Excel2010 会很智能地自行选择已有的表格内容作为制作数据透视表的内容。如果要用外部的其他数据的话,可以选择单选框下的"使用外部数据源",然后选择连接。

订单编号	订货月份	订货日期	发货日期	订货金额	联系人	地址	城市	地区
10400	1月	1997/1/1	1997/1/16	83.93	谢小姐	前进北路746号	南京	华东
10401	1月	1997/1/1	1997/1/10	12.51	王先生	跃进路326号	大连	东北
10402	1月	1997/1/1	1997/1/10	67.88	王先生	津塘大路39号	天津	华北
10403	1月	1997/1/3	1997/1/9	73.79	王先生	铁人路36号	天津	华北
10404	1月	1997/1/3	1997/1/13	155.97	王轩皓	江淮东街746号	天津	华北
10405	1月	1997/1/6	1997/1/22	34.82	黄雅玲	华萃南路276号	温州	华东
10406	1月	1997/1/7	1997/1/13	108.04	方先生	九江西路374号	南昌	华东
10407	1月	1997/1/7	1997/1/30	91.48	徐文斌	湾乡甲路327号	张家口	华北
10408	1月	1997/1/8	1997/1/14	11.26	方先生	幸福西大路237号	昆明	西南
10409	1月	1997/1/9	1997/1/14	29.83	谢丽秋	南京路丁93号	上海	华东
10410	1月	1997/1/10	1997/1/15	2.4	王先生	云南路912号	上海	华东
10411	1月	1997/1/10	1997/1/21	23.65	王先生	天大东路347号	天津	华北
10412	1月	1997/1/13	1997/1/15	3.77	程先生	柳明铺路361号	天津	华北
10413	1月	1997/1/14	1997/1/15	25.66	刘先生	柳园路21号	昆明	西南
10414	1月	1997/1/15	1997/1/30	35.23	宋先生	建设东路378号	广州	东南
10415	1月	1997/1/16	1997/1/31	42.23	王先生	幸福路999号	深圳	东南

图 1.26

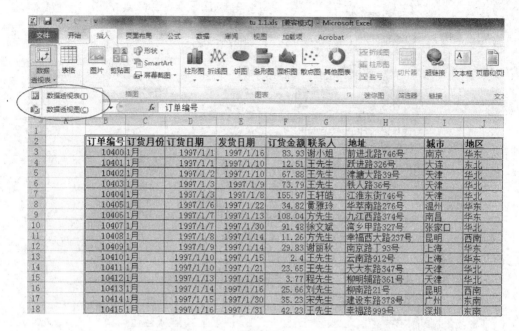

图 1.27

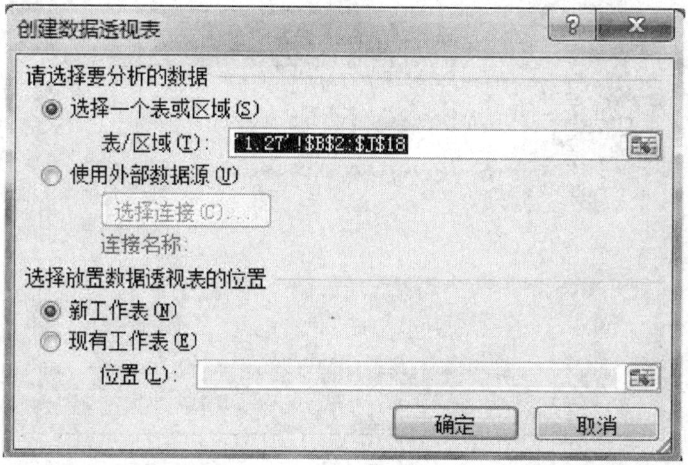

图 1.28

在图 1.29 中可以选择创建新工作表,也可以选择在原有工作表下创建数据透视区域。

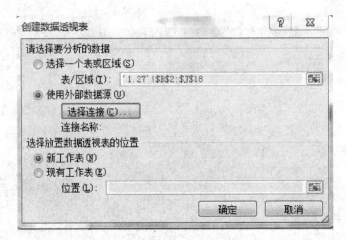

图 1.29

图 1.30

在选择创建数据透视表之后,在工具栏中会出现"数据透视表工具"一栏,其中有"选项"和"设计"两个版块:

图 1.32 是展示了"选项"版块中的所有内容。

1　Excel 金融建模基础

图 1.31

图 1.32

图 1.33 中展示了"设计"版块中的内容。

在设计布局时，我们要考虑所关心数据的方面，即我们希望从何种角度来观察、研究数据。就这组销售交易数据而言，我们通常想统计出各城市、各联系人的销售金额。销售明确了所关心的数据方面，我们就可以动手设置数据透视图的布局了。

对于布局设置我们需要掌握以下内容：

25

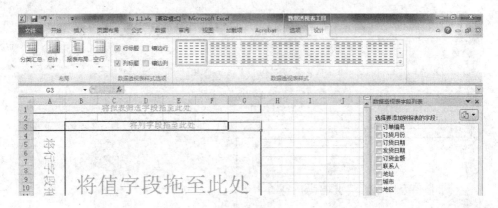

图 1.33

① 拖放到"行"中的数据字段中的每个数据将占据透视表的一行。本例中,若把"联系人"字段拖放到"行"中则数据源中每个联系人将占一行。

② "列"与"行"相对应,放置在"列"中的字段的每个数据将占据数据透视表的一行。本例中,若把"城市"放在"列"中,则每个城市将占据一列。

③ "行"和"列"相当于 X 轴和 Y 轴,由它们确定了一个二维表格。

④ "数据"是进行计数或汇总的字段名称。

数据透视表布局的右半部分列出了数据源中所有的列标题,它们是可以拖放在"行"、"列"、"页"中的字段。设置好的布局如图 1.34 所示:

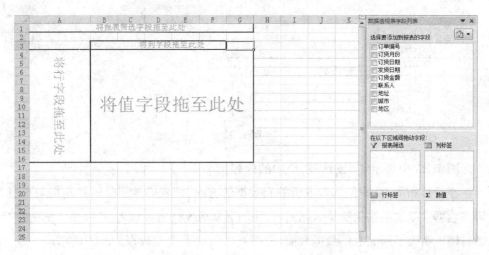

图 1.34

图 1.34 中右侧的是数据透视表的字段列表。当选中左侧的数据透视区域内任一单元格时，右侧的数据透视表的字段列表就出现了，则可以根据我们想要了解的信息，将相应的字段拖动/用复选框选择，显示在左侧的数据透视表区域内。当选中数据透视表之外区域的单元格，则右侧的字段列表就隐藏了(如果不小心关掉了右侧的字段列表，则当选择左侧数据透视区域内的单元格时就可以使其显示出来)，但选择左侧的数据透视区域就可以显示出来。

我们对已有的布局施行：① 将“联系人”拖动到“行”；② 将“城市”拖动到“列”；③ 将“订单金额”拖动到“数据区域”就可以得到图 1.35。

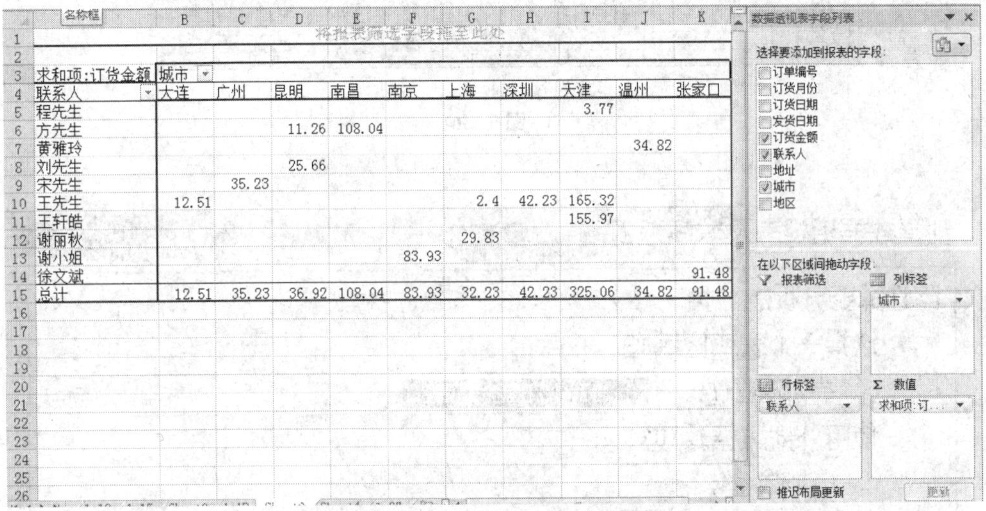

求和项:订货金额	城市									
联系人	大连	广州	昆明	南昌	南京	上海	深圳	天津	温州	张家口
程先生								3.77		
方先生			11.26	108.04						
黄雅玲									34.82	
刘先生			25.66							
宋先生		35.23								
王先生	12.51					2.4	42.23	165.32		
王轩皓								155.97		
谢丽秋						29.83				
谢小姐					83.93					
徐文斌										91.48
总计	12.51	35.23	36.92	108.04	83.93	32.23	42.23	325.06	34.82	91.48

图 1.35

从图 1.35 中可以清晰地得出对应城市的对应联系人各自的订单金额。接下来我们创建这个销售表的数据透视图。

图 1.37 和图 1.38 与之前的数据透视表中的图 1.29 和图 1.30 非常类似，Excel2010 可以很智能地自动选择对应的图表范围。

图 1.39 是创建数据透视图的图表区域和数据透视表字段。选择创建数据透视图后在工具栏中会出现“数据透视图工具”一栏。其中包括“设计”、“布局”、“格式”、“分析”等四个模块。

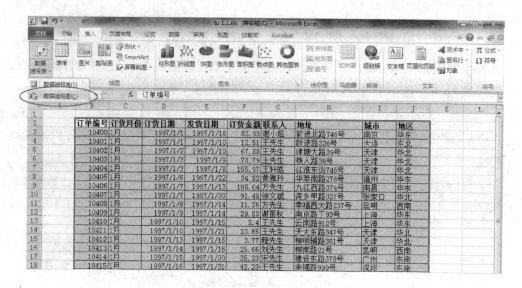

图 1.36

图 1.37

1 Excel 金融建模基础

图 1.38

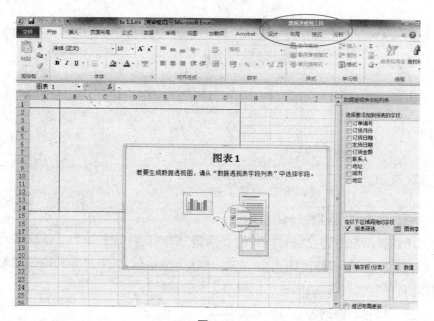

图 1.39

图1.40展示了在数据透视图中设计模块中的相关内容。可以看出，在设计模块中可以选择图标类型、切换表轴或者选择不同的数据透视图类型。在"类型"模块中可以更改目前的图标样式或者将已有的图标保存为模板。"数据"模块中可以切换行列或者选择表格所要表现的数据。在"图表布局"模块中可以选择不同的图表和表轴的搭配情况。在"图表样式"模块中有不同的图标颜色搭配，以及平面/立体的选择，可根据不同的制表需求选择不同的颜色和不同的图像类型。"位置"解决了图表完成后不易移动的问题。

图1.40

完整的数据透视图如图1.44所示。

数据透视图(表)中的数据是"活"的，可以轻松地查看其中每个汇总数据的来源。比如，我们可以通过修改图1.44中的"地区"，显示东北、华北等其他区域的数据。"订货月份"和"城市"也同样可以修改。

我们还可以对数据的汇总方式进行修改。

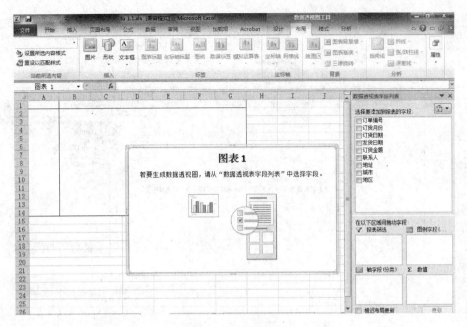

图 1.41　图表布局

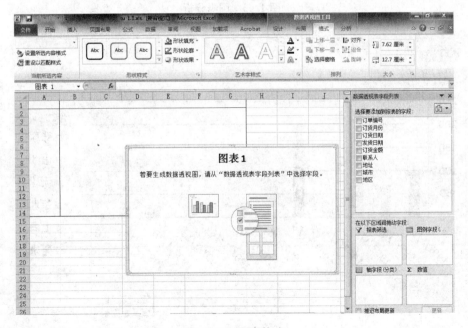

图 1.42　图表格式

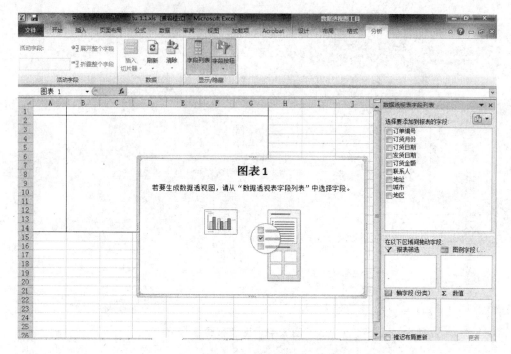

图 1.43　图表分析

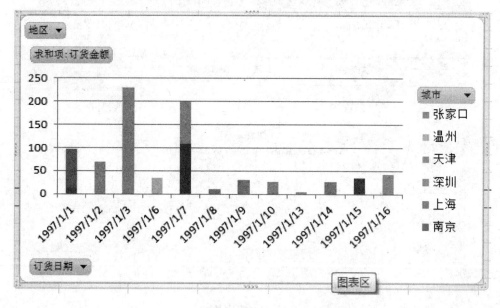

图 1.44

1 Excel 金融建模基础

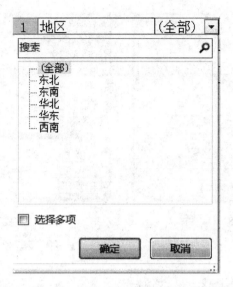

图 1.45

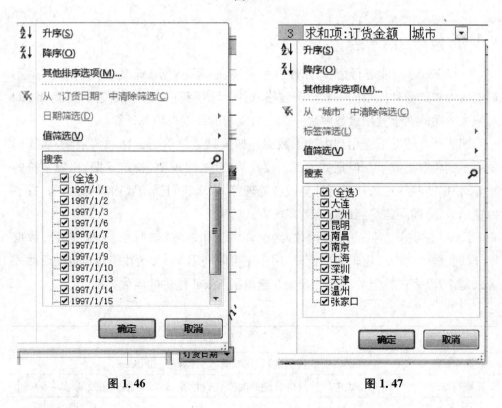

图 1.46　　　　　　　　　　图 1.47

图 1.48　　　　　　　　　　　　图 1.49

1.4　内置函数与自定义函数

1.4.1　内置函数概述

如果 Excel 只能进行运算、制作各种表格、图表、数据处理等,那么 Excel 就不可能成为如此受到推崇的一款电子表格软件。除了我们以上所讲解的功能,Excel 最强大的功能在于利用函数解决一些较为复杂的数据处理和计算。

那么什么情况下会用到内置函数呢?如果只是简单的四则加减乘除,那我们就用不到内置函数了。但是如果我们要计算方差、净现值、特定日期、比较字符的差异、根据某些特定条件进行计算或者处理等,那么我们就需要内置函数了。有了内置函数,上述问题都能以很有效率的方式解决。

Excel 提供了大量的内置函数,涉及许多工作领域,如财务、工程、统计、数据库、时间、数学、文本、逻辑等。此外,用户还可以利用 VBA 函数编写自定义函数或者录制宏,以完成特定的需要。表 1.3 给出了 Excel 提供的函数类别。

表 1.3

分　类	功　能　简　介
数据库函数	对数据表中的数据进行分类、查找、计算等,如 dmax。
日期与时间	对公式中所涉及的日期和时间进行计算、修改及格式化处理,如 edate。

续 表

分 类	功 能 简 介
工程函数	用于工程数据分析和处理。
信息函数	对单元格或公式中的数据类型进行判断,如 isblank。
财务函数	进行财务分析及财务数据的计算,如 NPV。
逻辑函数	进行逻辑判定、条件检查,如 if。
统计函数	对工作表数据进行统计、分析,如 median。
查找和引用函数	在工作表中查找特定的函数或引用公式中的特定信息,如 vlookup。
文本和数据函数	对公式、单元格中的字符、文本进行格式化或运算,如 exact。
数学和三角函数	进行数学计算,如 asin。
外部函数	通过加载宏提供的函数。可不断扩充 Excel 的函数功能。
自定义函数	用户用 VBA 编写,用于完成特定功能的函数。

1.4.2 内置函数的使用

通常有两种方式调用内置函数:直接在单元格中输入函数、shift+F3 都可以进入"插入函数"引导。

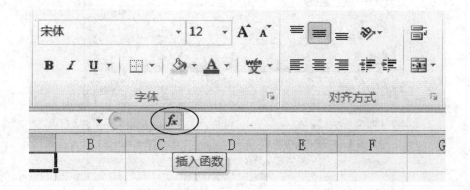

图 1.50

"插入函数"的界面如下,我们就界面的各个部分分别予以讲解:

"搜索函数"一栏中,我们可以输入我们想要实现的目标或者一个函数的模糊印象。比如我们需要输入一个日期函数,但是无法确定到底是哪个函数,我们就可

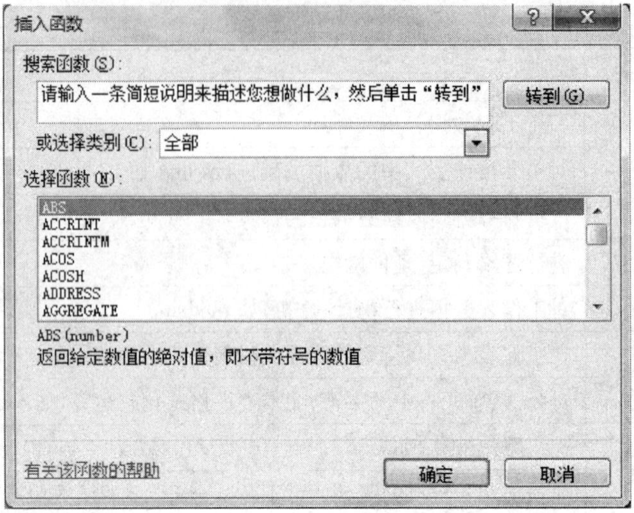

图 1.51

以在"搜索函数"一栏中输入日期,Excel 会筛选出与"日期"相关的函数,然后我们看哪些函数接近我们的需要。

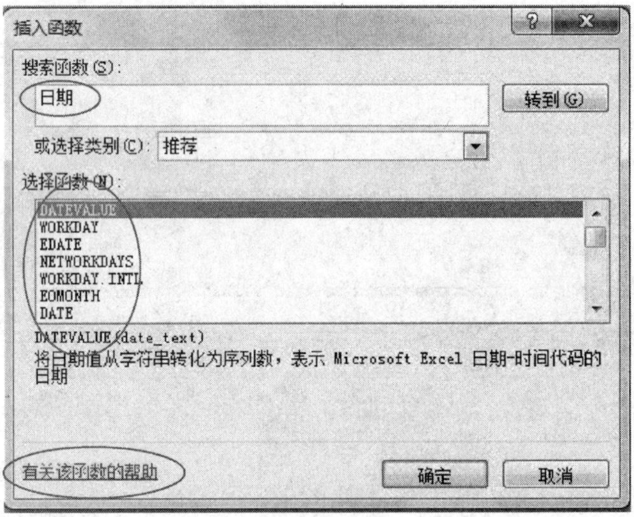

图 1.52

我们还可以从 Excel 中直接获得有关函数的帮助信息。如上图所示,插入函数界面中有"有关函数的帮助"项目。

1.4.3 函数的语法

Excel 的函数结构大致可以分为函数名和参数表两部分,即函数名(参数1,参数2,参数3,…)。

"函数名"表明函数要执行的运算;"参数名"后用圆括号括起来的是参数表,参数表说明函数使用的单元格或数值,参数可以是数字、文本、形如 TRUE 或 FALSE 的逻辑值、数组、形如♯N/A 的错误值,以及单元格或单元格区域的引用等。给定的参数必须能产生有效的值。

函数的参数也可以是常量、公式或其他函数。当函数的参数表中又包括另外的函数时,就成为函数的嵌套。不同函数所需要的参数个数是不同的,有的函数需要1个参数,有的需要2个参数,多的可达30个参数,也有的函数不需要参数,如 today()。

需要注意的是,函数中需要用到多种标点符号,如逗号、括号、引号等。这些标点符号必须是半角符号,Excel 中的函数无法识别全角符号。函数中英文的大小写对函数没有影响,输入时不必考虑。

1.4.4 常用函数

由于条件求和中讲解过 sumif、sumproduct 等函数,这里就不再赘述。Excel 中比较常用的函数有 sum、average、if、and、or、round、时间函数、文本函数、信息函数等。我们将逐一讲解这些函数的使用。

(1) sum 函数

顾名思义,sum 函数的功能就是求和,使用非常简单。语法是 sum(x_1, x_2, …, x_n),x_1, x_2, …, x_n 是需要求和的参数,可以是单元格,也可以是数值。

(2) average 函数

average 函数如 sum 函数一样直截了当——用于计算平均值。语法是 sum(x_1, x_2, …, x_n),x_1, x_2, …, x_n 是需要求平均值的参数,可以是单元格,也可以是数值。

(3) if 函数

if 函数也称为条件函数,它根据参数条件的真假,返回不同的结果。可以使用 if 函数对数值和公式进行条件检测。语法是 if(logical, v1, v2)。参数 logical 是一个条件表达式,即判断是否符合条件,判断结果为真(true)或假(false)。如果判断结果为真(条件成立)，则函数执行 v1；如果判断结果为假(条件不成立)，则函数执行 v2。v1 和 v2 非常灵活，可以是数值、文字、函数、计算公式等。

比如，公式"＝IF(3＜4,正确,错误)"最后的结果是"正确"。因为条件"3＜4"是正确的条件，所以函数返回第二个参数的值。需要指出的是，如果函数返回的参数是字符，则要在字符外加半角双引号，否则函数无法识别这些字符。

if 函数常与 and 函数和 or 函数结合使用。and 函数和 or 函数都是逻辑函数，即用于判断条件是否成立的函数。

and 的用法是 and(x_1, x_2, …, x_n)，其中 x_1, x_2, …, x_n 表示待检测的条件。And 函数表示仅当所有的参数逻辑值都为真，即所有参数都符合条件时，才返回 true，只要有一个参数不符合条件就返回 false。

or 的用法是 or(x_1, x_2, …, x_n)，其中 x_1, x_2, …, x_n 表示待检测的条件。or 函数表示只要有一个参数逻辑值为真，即只要有一个参数符合条件时，就返回 true，所有参数都不符合条件时才返回 false。

通过 and、or 和 if 函数的嵌套，我们可以根据复杂的情况进行计算和数据处理，能帮助我们解决很多问题。

If 函数可以根据多条件进行计算和数据处理，如 if(条件 1,返回值 1);if(条件 2,返回值 2);if(条件 3,返回值 3)，依此类推。If 函数可以判断的条件理论上是无限的。使用 if 函数时需要事先考虑好各种可能的情况，当情况比较多时，最好能以决策树的方式记录下各种情况，然后根据考虑好的各种可能情况编写函数。使用 if 函数时，经常会因为情况考虑不周全或者逻辑过于复杂导致出错，且费时伤神，检查 if 函数时也同样费力。

其实，if、and 和 or 在条件判断并加以计算和处理方面，并不是最方便使用的函数。我们在我校的面授课程中会重点介绍另一种非常直观方便的条件判断函数。该函数非 Excel 内置函数，但是可以完全取代 if、and 和 or 函数，堪称 Excel 建模中的撒手锏。该函数的应用还未得到普及，目前仅在少数金融投资机构中得到应用。这个函数的使用是笔者与几位同事在几年的实践中摸索出来的。

(4) round 函数

round 函数用于返回某个数字按指定位数四舍五入后的数字，用法为 round(number, n)。该函数对数字 number 的第 n 位小数进行四舍五入。当 n 为负数时，函数将从小数点开始向左精确到 n 位。

与 round 函数类似的函数还有 roundup 和 roundoff 函数。它们的语法同 round 函数相同,区别在于 roundup 函数能将第 n+1 位的小数进位至第 n 位。如 roundup(1.523,2)的结果为 1.53。类似地,roundoff 函数能将第 n+1 位的小数舍去,如 roundoff(1.528,2)的结果为 1.52。

(5) 时间函数

时间函数的用途也非常广泛,工作中需要对时间、日期进行计算处理时都要用到时间函数。常用的时间函数有 year、month、day、now、today、eomonth、edate 等函数。

其函数用法分别为:

year(日期),返回日期中的年份。

month(日期),返回日期中的月份。

day(日期),返回日期的日数。

now(),返回电脑系统中的当时日期和钟点。

today(),返回电脑系统中的当天日期,也可以用 Ctrl+;输入电脑系统中的当天日期。

eomonth(日期,n),返回日期的 n 个月后的月末日期。如 emonth(日期,2),日期为 2009-5-14,返回的日期是 2009-7-31。N 为负数时,函数返回的是日期的 n 个月前的月末日期。

Edate(日期,n),返回日期 n 个月后的日期。如 edate(日期,2),日期为 2009-5-14,返回的日期是 2009-7-14。N 为负数时,函数返回的是日期的 n 个月前的日期。

日期可以是数值,也可以是 Excel 能够辨认的格式的日期。需要注意的是,经常有人将日期格式设为"YYYY.MM.DD"格式,Excel 无法识别该格式设的日期,必须将其转换为 Excel 能够识别的格式。

如果单元格没有任何内容,系统默认的年月为 1900 年 1 月 1 日,即 year(空白单元格)返回结果为 1900,month(空白单元格)返回结果为 1,这一问题在条件求和公式中需要尤其注意。为了避免这一问题,在条件求和公式中需要增加 isblank 的判断条件,isblank 函数会在信息函数中介绍。

Excel 内置的时间函数还不止上述所提到的这些,还有计算周数、工作天数、分钟等等的函数,原理很简单,有兴趣的读者可以自己研究一下。

(6) 文本函数

Excel 中也经常涉及文本的处理。Excel 提供了近 30 个文本、字符方面的函数,可用于文本的比较、截取、数字与文本的转换以及数据的格式化。

① right(text,n),用于从 text 文本的右边取出 n 个字符。

② left(text,n),用于从 text 文本的左边取出 n 个字符。

③ mid(text,n,m),用于从 text 文本的第 n 个字符起,取出 m 个字符。

④ replace(text1,n,m,text2),该函数用 text2 替换 text1 文本中的第 n 个位置开始的 m 个字符。

⑤ search(text1,text2,n),该函数从 text2 的第 n 个字符位置开始查找 text2 中是否包含 text1,若找到就返回 text1 在 text2 中的起始位置,若没有找到则返回错误值"♯value!"。

⑥ concatenate(text1,text2,…,text n),用于将多个文本字符合并成一个。如 concatenate("上午","10 点")返回的结果是"上午 10 点"。与 concatenate 函数相同的另一函数是 &。"上午"&"10 点"返回的结果也是"上午 10 点"。

⑦ exact(text1,text2),用于比较两个字符串是否完全相同(区分大小写)。

⑧ value(text),用于将一个代表数值的文本字符串转换成数值。

(7) 信息函数

信息函数用于检测信息的各种状态特征,通常由 is 开头,经常与 if 函数、条件求和函数嵌套使用。表 1.4 列出了几个常用信息函数。

表 1.4

函 数 名	函 数 功 能
isblank	检查单元格是否空白,返回 true 或者 false
isna	检查一个值是否为♯N/A(值不存在),返回 true 或者 false
isnumber	检查一个数值是否为数字,返回 true 或者 false
istext	检查一个数值是否为文本,返回 true 或者 false

函数的应用是 Excel 高级应用阶段的重要内容(另一重要内容是 VBA)。内置函数是函数应用的关键基石,没有对内置函数的熟练掌握,嵌套函数、解决方案、建模根本无从谈起。所谓熟练掌握的具体标准是:精通所有常用函数,能够不需要插入函数的引导功能,直接输入函数及各种参数;对于非常用函数有一定了解,知道非常用函数的功能。

要实现对常用函数的精通没有捷径,只有通过经常使用、总结、比较才能达到。有兴趣的读者可以在空余时间经常浏览各种内置函数,这既可以帮助记忆常用函数,也可以熟悉非常用函数的功能。这个过程很费时费力,但是我们一旦对内置函数了如指掌,将来必能大幅提高我们的工作效率。

1.4.5　嵌套函数

内置函数是一些最为基本的函数,这些内置函数自身能解决的问题还是比较简单的,要解决复杂的问题就要依靠嵌套函数。所谓嵌套函数就是要将一个以上的内置函数同时使用。内置函数与嵌套函数的关系就是砖头和大楼的关系,要通过对各种砖头的组合使用实现各种复杂的功能和目标。这种嵌套无定势,各种嵌套组合均有可能,灵活多变、变幻无穷。嵌套函数是解决方案、建模的基础,能够熟练掌握嵌套函数,我们离设计解决方案就不远了,而建模可以认为是许多解决方案的组合。

嵌套函数的一般原则是:① 明确目标;② 确定实现目标需要的一个以上的内置函数(只需要一个内置函数就不是"嵌套"了);③ 根据可选用的内置函数中设计嵌套方案,可以设计多个嵌套方案,从中选取最适合的方案。

需要指出的是,同一目标往往有多个嵌套方案,但是这些方案往往有各自的优缺点。有的方案直接明了,编写较为方便,却不能应付特殊情况,准确度低;有的方案复杂,不便于编写,但是却能应付很多特殊情况,准确度高;有的方案刚好平衡了编写和应对特殊情况的矛盾;而有的方案既方便编写又能应对各种特殊情况,这种方案当然也是最理想的。最终选取哪个方案取决于实际需要、时间的充裕与否、个人对函数的掌握程度。

由于实际需要、时间的充裕、函数的掌握程度对于每个人和每个实际问题来讲都是不一样的,因此每个人对同一个问题想出的嵌套方案也往往是不同的。这也就决定了嵌套方案的千变万化。但是最好的嵌套方案总是又简单又准确的。提高函数嵌套的水平也没有捷径,只有不断练习、总结、比较才能提高,经验远比理论重要。

1.4.6　函数检查

我们绞尽脑汁想出内置函数和嵌套函数后,还有一件很重要的事情要做——函数检查(double check)。构思出内置函数和嵌套函数只是完成了函数编写工作的一半,函数检查则是另一半。我相信读者中有不少人是很聪明的人,但是再聪明的人也会犯错。笔者在函数编写方面的经验是：只要是人做的，就可能出错，没有人能永远保持一次性正确，所以检查是必不可少的。记得笔者刚开始做建模工作时，常常忽略检查，造成的后果也往往使笔者胆战心惊。笔者至今仍对检查一事高度重视，对自己编写的每个函数都仔细检查，不敢掉以轻心。

检查函数的方法有 5 种：① 直接检查函数，从公式上看其是否存在错误；② 测试各种数值和情况下的计算结果；③ 检查函数计算结果的合理性；④ 相互检查；⑤ 利用模拟运算表测试。

以上 5 种检查方法有各自的优缺点。第一种方法通常用于检查函数的语法，如是否遗漏参数、参数是否符合语法、函数输入是否完整。但是要检查函数逻辑是否完整（即是否考虑到各种可能情况），这个方法就不是最好的。第二种方法对于测试函数的逻辑完整性比较简单实用，但是很难保证将所有情况都进行一遍测试。第三种方法是最为可靠的检查方法，我们可以通过分析计算结果的合理性，如总数、比例、趋势等判断计算结果是否合理，很多分析师将这种方法称为"匡大数"。第四种方法的优势在于检查者会以一个新的角度来审视函数，摆脱了原函数编写者的思维定势，也能较为容易地发现函数中的错误。模拟运算表是 Excel 内置的功能（数据/数据工具/模拟分析/模拟运算表）。模拟运算表可以根据函数中两个变量数值的不同组合计算结果，我们可以通过分析模拟运算的结果判断函数的正确性。

在实践中，我们往往会使用以上 5 种方法的组合来检查函数。一般而言，函数越复杂、结果精确度要求越高，使用的方法就越多。函数经常在使用中得到完善。一个好的函数往往是经过很多次使用、改进后成型的。

1.4.7 公式审核

公式审核是 Excel 内置的功能。公式审核功能是函数检查中的一大利器。公式审核功能可以标示出函数所引用的单元格，否则我们就要用我们的肉眼在 Excel 中寻找函数所引用的单元格，费时费力。

1.4.8 公式循环引用

如果公式引用了自己所在的单元格，不论是直接的还是间接的，都称为循环引用。例如，在单元格 B3 中输入公式"＝1＋B3"，这就是一个循环引用公式。因为该公式出现在 B3 单元格中，相当于 B3 直接调用了自己。出现循环引用时，Excel

会弹出一个对话框,在其中显示出错信息。错误内容大致是:该公式中包含了循环引用,Excel不能计算该公式,如果确定要进行循环引用,单击"确定"按钮。

　　大多数循环引用公式是可解的,计算这类公式时,Excel必须使用前一次迭代(重复公式的计算,直到满足指定的条例才结束指定的条件)的结果来计算循环引用中的每个单元格。如果不改变默认的迭代设置,Excel将在100次迭代后或在两次迭代得到的数值的变化小于0.001时,停止迭代运算。我们可以通过工具/选项/重新计算设置迭代。通常来讲,迭代100次足矣,最大误差则要根据实际的精确度需求进行设置。

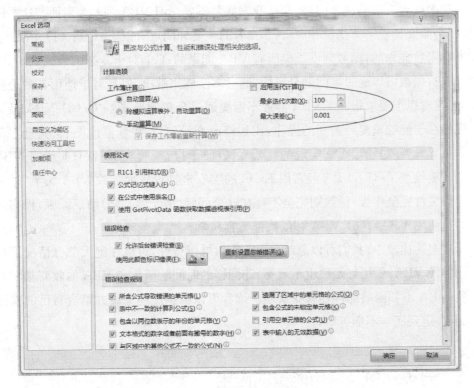

图 1.53

　　虽然Excel有迭代计算功能来解决循环引用问题,但是笔者建议读者不到万不得已不要使用迭代计算。迭代计算有诸多问题,比如同样的公式的数据可能计算出不同的结果(这点很令人崩溃),公式越复杂越容易出现这样的情况;迭代计算运行的时间往往很长,如果模拟运算表牵涉到循环引用,那么运行的时间可能达到数分钟至十几分钟;如果循环引用本身存在问题(如错误地引用了公式所在单元格),则会让我们无法发现并纠正错误。

1.4.9 函数与 VBA 的比较

VBA 也是 Excel 的一个功能,它是 Excel 的内部程序语言,得到很多高级用户的使用和追捧。我们之前提到函数和 VBA 是 Excel 高级阶段应用的两个主要内容,因为通过函数和 VBA 我们可以进行较为复杂的数据处理、建模、解决复杂的应用问题(如建立 HR 管理数据库)。

很多读者会想到这个问题,那么我到底要不要学习 VBA 呢?为了回答这个问题,我们需要比较一下函数和 VBA。二者的主要异同点有以下六点:(1) VBA 能做所有函数能做的,函数则不能做所有 VBA 能做的;(2) 对于复杂的数据处理、建模、模块,函数可以通过将问题分解后,通过多步骤来解决,但是对于使用者的分析能力、逻辑思维要求很高。VBA 常常不需要通过分解问题来解决;(3) VBA 最大的优势在于能够重复一系列的操作,比如修改变量、自动更新修改图表、完全隐藏工作页等,这些是函数无法实现的;(4) 函数便于检查,而 VBA 就只有懂得 VBA 的人才能检查了;(5) VBA 经常因 Excel 的宏安全性设置而导致 VBA 失灵,进一步导致文件完全作废,函数则完全不存在这个问题(由于(4)、(5)两点原因,很多公司禁止使用 VBA);(6) VBA 和函数都不容易学。

从上述比较中,我们可以总结出:函数如果用得好,可以在绝大部分情况下很好地替代 VBA;要用好函数也不容易,花同样的时间学函数和 VBA 的收获其实差不多;VBA 不如函数那样容易受欢迎。读者可以根据上述总结并结合自己的实际情况,决定到底学不学 VBA。

1.5 分类汇总及常用函数的应用

1.5.1 分类汇总概述

分类汇总在金融领域里经常使用。分类汇总对于分析数据至关重要。Excel 有自带的分类汇总功能,我们也可以利用 Excel 自带的函数进行分类汇总。实践中,使用自带函数进行分类汇总由于其公式的方便灵活,更为实用。

1.5.2 分类汇总功能的使用

Excel 的分类汇总功能位于数据/分类汇总。分类汇总功能可以对数据进行计数、求和、平均值、最大值、最小值、乘积、标准差和方差等多种统计。分类汇总功能的缺点在于只能根据单一条件进行汇总。如果要根据一个以上条件汇总,就要进行嵌套汇总,即在汇总的基础上再次汇总,操作较为麻烦。如果要对数据进行计数、求和、乘积、平均值方面的汇总,分类汇总功能的优势就不明显了。

1.5.3 sumif 函数和数据库函数

sumif 函数可以根据单一条件对数据求和。sumif 函数的求和条件既可以是文字,也可以是数值。Sumif 对于单一条件的汇总而言,使用很方便。由于 sumif 是 Excel 自带函数,可以通过复制/粘贴的方式大量复制函数,在建模中很常用。

数据库函数可以根据单一条件对数据进行分类汇总计数、求和、平均值、最大值、最小值、乘积、标准差和方差等多种统计。如 Dsum 可以将符合一个或者多个条件的数据求和。数据库函数的缺点在于操作复杂、不直观、费时,但是较分类汇总功能已方便很多。数据库函数的功能其实可以完全被 sumproduct 函数和数组公式所取代,而且 sumproduct 函数和数组公式的使用较数据库函数方便得多。

1.5.4 条件求和功能

Excel 有自带的条件求和功能(工具/向导/条件求和)。顾名思义,这个功能只能求和。条件求和功能能根据 1 个以上条件求和。Excel 对于这个功能的使用有逐步的引导,使用很方便,但是比较费时。这个功能的实质是数组公式。

1.5.5 sumproduct 万能函数

sumproduct 是 Excel 的内置函数。其本来的功能是将若干长度相等的行/列的数值求和。在建模中,sumproduct 的最大用处是条件求和。在 sumproduct 的函数中嵌入判断条件就可以进行条件求和。

同分类汇总功能相比,sumproduct 操作简便灵活,便于修改,且一个函数就可以实现根据多个条件进行求和的目的。但是 sumproduct 只能用于计数、求和、平均值、乘积,无法如分类汇总功能那样根据条件计算最大值、最小值、标准差和方差等。

同sumif函数相比，sumproduct有百利和一弊。Sumproduct函数可以根据一个以上的条件进行求和，理论上条件数量无限制；sumif函数只能根据一个条件求和。Sumif函数只能求和而不能计数；sumproduct函数除能求和，还能计数。Sumproduct的劣势在于对一个很大区域的数据进行条件求和时，电脑的计算速度会较慢，尤其是进行第一次运算时，这是由sumproduct的计算方式决定的。sumif函数不会碰到计算缓慢的情况。

同数据库函数相比，sumproduct函数的优势在于可以根据一个以上条件进行求和，数据库函数只能根据单个条件求和。数据库函数的使用不直观，修改也不甚方便。数据库函数能根据条件计算最大值、最小值、标准差和方差等，而sumproduct函数不能。

条件求和功能虽可根据一个以上条件求和，但是操作比较费时——每次都要根据引导一步步地操作。如果不掌握数组公式的使用方法，根本无法对已有的条件求和计算公式进行修改，若要修改求和条件，就只能从头来过了。若是掌握了数组公式的使用方法，那么条件求和功能也就毫无价值了。

根据上述的一番比较，我们不难看出，相对于其他的分类汇总功能，sumproduct函数除了不能计算最大值、最小值、标准差和方差等，对大量数据进行初次计算较费时间外，其他方面都优势明显。所以，很多喜欢使用sumproduct函数的人将其称为"万能函数"——在实践中，一个sumproduct函数可以完全取代或者部分取代分类汇总、sumif函数、数据库函数和条件求和功能等多个函数或者Excel内置功能；sumproduct函数无法取代的功能则可以被数组公式取代。

1.6 数据查找

1.6.1 Excel内置查找功能

数据查找是实际工作中的常事，而且往往有各式各样的查找要求。数据查找并非是一项简单的工作，针对不同的查找要求和不同的数据类型，需要采取不同的查找方法，从而有效提高工作效率。

Excel内置的查找功能主要有编辑/查找功能（ctrl＋f）、lookup函数、vlookup（hlookup）函数、match函数、index函数、choose函数、offset函数、数据筛选。可见

Excel 提供了大量的查找方式,我们只要能灵活运用这些查找功能,查找数据就会方便很多。

1.6.2 编辑/查找功能

这是最常用、最简单的查找方式,通过编辑/查找或者 ctrl＋f 可以调用该功能。但是该功能有一大缺陷：如果数据量非常大,该功能可能会无效,即无法找出存在的数据(这一问题在筛选功能中同样存在,有兴趣的读者可以研究一下这个问题)。

1.6.3 Excel 常用的查找类函数

在含有相关信息的表格中,查找类函数可以根据不同的输入信息,检索出其相关的信息。我们将分别介绍以下五个重要的查找类函数：

(1) lookup 函数

lookup 函数的功能是：从给定的向量(单行或单列单元格区域)或数组中查询出需要的数值。其用法为 lookup(x, r1, r2),其中 x 是要查找的内容,它可以是数字、文本、逻辑值或包含数值的名称或引用;r1 和 r2 都是只包含一行或一列的单元格区域,其值可以是文本、数字或逻辑值,r2 的长度(或宽度)必须与 r1 相同,即一一对应。

Lookup 函数在 r1 所在的行(列)中查找值为 x 的单元格,找到后返回 r2 中与 r1 同行或同列的单元格中的值。Lookup 函数有一个比较明显的不足之处：r1 中的内容必须按升序排序,否则 lookup 函数不能返回正确的结果。

(2) VLOOKUP(lookup_value, table_array, col_index_num, range_lookup)

该函数的含义是：在给定表格("table_array")中的最左一列中查找出匹配值,然后返回同一行中指定列("col_index_num")中的数值。在缺省情况下,表格中的第一列是按升序排列的(这就是暗示 range_lookup=1(或 TRUE))。实际上,在这种情况下,最后一个输入参数可以省略。

要查找的值("lookup_value")可以近似(或精确)地匹配表格中第一列的数据,在匹配的基础上找到同一行中指定列的数据,并返回。"range_lookup"参数是一个逻辑值(TURE 或者 FALSE)。表明是进行近似匹配还是精确匹配。如果是 TRUE 或者忽略,则进行近似匹配。如果没有找到完全相匹配的值,就会用(比

"lookup_value"小的)最大值来匹配,如果要找的数比其中第一列中最小的还要小,那么就返回♯NA。如果是 FALSE,VLOOKUP 函数将精确匹配或者返回错误值♯NA。

我们用几个简单的例子来说明:

	A	B	C	D
1	Density	Viscosity	Temperature	
2	0.457	3.55	500	
3	0.525	3.25	400	
4	0.616	2.93	300	
5	0.675	2.75	250	
6	0.746	2.57	200	
7	0.835	2.38	150	
8	0.946	2.17	100	
9	1.09	1.95	50	
10	1.29	1.71	0	

图 1.54

如图 1.54 所示,"=VLOOKUP(1,A2:C10,2)"则表示在 A2:C10 区域中在第一列(A 列)中寻找 1,然后返回第二列(B 列)对应的值,由于 range_lookup 参数被忽略,所以是属于近似查找。比 1 小的最大的数是 0.946,所以返回的是 B 列的 2.17。

再看公式"=VLOOKUP(0.7,A2:C10,3,FALSE)",和上一个公式类似区别在于增加了 range_lookup 参数为"FALSE"表示是精确查找,因为表格中没有准确匹配的数,所以返回♯NA。

(3) HLOOKUP(lookup_value, table_array, row_index_num, range_lookup)

HLOOKUP 的用法与 VLOOKUP 完全类似。只是将列向查找改为行向查找。先查找第一行中的匹配数据,然后返回同一列中指定行的数据。

(4) MATCH(lookup_value, lookup_array, match_type)

该函数返回单一列(或行)中在指定方式下("match_type")与指定数值匹配的数组元素的相对位置。如果 match_type 为 0,函数返回精确匹配的数值位置,不管数组如何排序。如果 match_type 为 1,则返回近似匹配的数值位置,此时需要数组按升序排列。否则,如果 match_type 为 −1,也返回近似匹配的数值位置,但此时需要数组按降序排列。

注意：

① 该函数返回的是匹配数值在数组中的位置，而不是数值本身。

② 返回的是相对位置。

③ 若 match_type 忽略，则默认为 1。

④ 建议 match_type 用 0。

(5) INDEX(array, row_num, colum_num); INDEX(reference, row_num, colum_num, area)

INDEX(array, row_num, colum_num)表示返回指定某个区域中的特定的行列中的数值，如果数组 arrya 是单列或单行，则相应的列参数或行参数都可以省略。

INDEX(reference, row_num, colum_num, area)表示返回指定引用中的第 area 个区域中的特定行列中的数值。请读者在 Excel 中自行尝试。

(6) 用 match 和 index 函数构造灵活的查询

Match 函数提供了比 lookup 函数和 vlookup 函数更多的灵活性，它可以在工作表的一行(列)中进行数据查找，并返回数据在行(列)中的位置。如果需要找出数据在某行(列)的位置，就应该使用 match 函数而不是 lookup 函数。Match 函数的用法三为：match(x, r, f)；其中，x 是要查找的数值；r 可以是一个数组常量，或某列(行)连续的单元格区域，可能包含要查找的 x；f 用于指定 match 的查找方式，可以设定为 −1，0 或 1。表 1.5 给出了这几个取值的含义。

表 1.5　match 函数的查找方式

取　值	函　数　功　能
−1	R 必须按降序排列，查找大于或等于 x 的最小数值
0	R 不必排序，查找等于 x 的第一个数值
1	R 必须按升序排列，查找小于或等于 x 的最大数值

Match(x, r, f)表示在数组或连续的单元格区域 r 中查找 x，并返回 x 在 r 中的位置编号。当 f 为 0 时，进行精确查找，为 1(或 −1)时，进行模糊查找。需要注意的是，match 函数返回 x 在 r 中的相对位置，而不是数值本身。在多数情况下，match 函数的结果并不是所需要的最终答案，而是作为 lookup 函数(vlookup、 hlookup)的第三个参数,或作为 index 和 offset 函数的参数。通过这些函数,最终求得所需单元格的值。

Index 函数的用法如下：index(area, r, c, n),其中,area 是 1 个或多个单元格区域,r 是某行的行序号,c 是某列的列序号,返回指定的行与列交叉处的单元格引用。如果 r 等于 0,则返回整行单元格引用,如果 c 等于 0,则返回整列单元格引用。

当 area 包括多个单元格区域时,n=1 就表示结果来自于 area 中的第 1 个区域,n=2 表示结果来源于第 2 个单元格区域……如果省略 n,表示结果来源于第 1 个单元格区域。

Index(area, r, c, n)的功能是返回 area 中第 n 个单元格区域中的 r 行 c 列交叉处的单元格引用。Index 函数还可以返回单元格区域。

(7) 用 choose 函数进行值查询

Choose 函数利用索引号从参数表中选择需要的数值,用法为：choose(n, v1, v2, ……, vx)。其中,n 是一个整数值,用以指明待选参数的序号,必须为 1—x 之间的数字或者是包含数字 1—x 的公式或单元格引用。如果 n 为 1,函数的值就为 v1；如果为 2,函数返回 v2,其余以此类推。

v1,v2,…,vx 为数值参数,可以是数字、单元格引用,或者已定义的名称、公式、函数或文本。

(8) offset 函数

offset 函数以指定的引用为参照系,通过给定偏移量得到新的引用。返回的引用可以为一个单元格或单元格区域。并可以指定返回的行数或列数。

Offset 函数的用法为：OFFSET(r, rows, cols, h, w)。其中,r 是作为参照系的单元格引用；rows 是相对于 r 在垂直方向上偏移的行数,rows 必须是一个整数,小于 0 时表示向上偏移,大于 0 时代表向下偏移,等于 0 时没有偏移；cols 是相对于 r 在水平方向上偏移的列数,也必须是整数,小于 0 时表示向左偏移,大于 0 时代表向右偏移,等于 0 时没有偏移；h 表示引用区域的行数,必须是整数；w 表示引用区域的列数,必须是整数。

Offset 函数特别适用于对于一系列数据的引用。之前我们讲到的引用函数都是对于单个数据的引用,而 offset 可以用于对一系列数据的引用。该函数在制作图表和建模中有很大的用途。

1.7 数据筛选

有时需要从工作表的数据中找出满足一定条件的几行或几列数据,这就要用到 Excel 的数据筛选功能。数据筛选将工作表中所有不满足条件的数据暂时隐藏起来,只显示那些满足条件的数据行(数据没有丢失)。Excel 提供了两种不同的筛选方式:自动筛选(数据/筛选/自动筛选)和高级筛选(数据/筛选/高级筛选)。自动筛选可以很轻松地显示数据表中满足条件的记录行,高级筛选则能完成比较复杂的多条件查询。

自动筛选的操作非常简单,但是要进行条件比较复杂的筛选,就需要采用高级筛选来完成。高级筛选的首要问题是指出需要哪些数据,也就是说,数据应该满足什么条件。

1.8 VBA 简介

1.8.1 Visual Basic for Application 是什么

直到 1990 年代早期,应用程序自动化还是充满挑战性的领域。对每个需要自动化的应用程序,人们不得不学习一种不同的自动化语言。例如,可以使用 Excel 的宏语言使 Excel 自动化,使用 Word Basic 使 Microsoft Word 自动化,等等。Microsoft 决定让它开发出来的应用程序共享一种通用的自动化语言——Visual Basic for Application(VBA),而不是使用不同的自动化语言。可以认为 Visual Basic for Application 是非常流行的应用程序开发语言——Visual Basic 的子集。实际上,VBA 是"寄生于"Visual Basic 应用程序的版本。VBA 与 Visual Basic 的区别包括如下几个方面:

- Visual Basic 是设计用于创建标准的应用程序,而 VBA 是用于使已有的应用程序自动化。
- Visual Basic 具有自己的开发环境,而 VBA 必须"寄生于"已有的应用程序。
- 要运行 Visual Basic 开发的应用程序,用户不用在他的系统上访问 Visual Basic,因为 Visual Basic 开发出的应用程序是可执行的。而由于 VBA 应用程序是寄生性的，它们要求用户访问"父"应用程序，例如 Excel。

尽管存在这些不同，Visual Basic 和 VBA 在结构上仍然非常相似。事实上，如果你已经了解了 Visual Basic，会发现学习 VBA 非常快。相应地，学完 VBA 会给 Visual Basic 的学习打下坚实的基础。而且，当学会在 Excel 中用 VBA 创建解决方案后，你就已经具备了在 Word、Project、Access、Outlook、FoxPro 和 PowerPoint 中用 VBA 创建解决方案的大部分知识。VBA 的一个关键性特征是从一种 Microsoft 产品或者 Visual Basic 中学到的知识可以相互转化。

VBA 究竟是什么？更确切地讲，它是一种自动化语言，可以用它使常用的过程或者进程自动化，可以创建自定义的解决方案，此外，如果你愿意，还可以将 Excel 用作开发平台实现应用程序。

1.8.2　Excel 环境中基于应用程序的自动化的优点

你也许希望知道可以用 VBA 干什么。使用 VBA 可以实现的功能包括：
- 使重复性的任务自动化。
- 自定义 Excel 中工具栏、菜单和窗体的界面。
- 简化模板的使用。
- 为 Excel 环境添加额外的功能。
- 创建报表。
- 对数据执行复杂的操作和分析。

你以前也许没有想到将应用程序用作开发平台。大多数人考虑开发应用程序时，想到的都是像 Visual Basic 或者 C++ 这样的语言。你希望采用 Excel 作为开发平台有许多原因，这些原因包括：
- Excel 的应用程序功能强大，包括打印、文件处理、格式化和文本编辑。
- Excel 具有大量可供选择的内置函数。
- Excel 提供熟悉的界面。
- 可连接到多种格式的数据库。

如果以前曾经用某种语言编写过程序，你就会知道，一半的工作不得不用来完成一些基本的功能，包括文件的打开和保存，以及剪贴板操作，例如拷贝和粘贴，等等。而这带来了使用应用程序开发解决方案的一个主要的优点，即主应用程序已经具备了各种基本功能。需要做的只是使用它，必须使用 Excel 中包括文件处理、文本编辑和格式化在内的各种功能。

因为是在 Excel 中开发解决方案,所以也必须访问 Excel 的扩展函数库。作为 Excel 用户时所熟悉的所有函数(包括 SUM、IRR、MAX、FV、PMT 和 AVG),在作为 Excel 开发者时都是可用的。

从解决方案的最终用户的角度看,他们是在已经知道如何使用的应用程序上进行工作,因此他们可从中受益。他们对 Excel 的菜单系统、工具栏和工作表区域都很熟悉。正因为如此,他们会立刻对你的自动化解决方案感到满意。

用 Excel 开发解决方案的其他一些优点不是十分明显,例如 Excel 连接数据库的特征。如果在解决方案的窗体中需要对数据库(例如 Microsoft SQL Server 或者 Microsoft Access)进行操作,由于 Excel 可以很容易地做到,所以你也可以很容易地做到。

1.8.3 认识 Excel 宏

宏是指一系列以 Excel 能够执行的名字保存的 VBA 语句。Excel 的宏录制器允许记录一系列的操作,并且将这些操作转换为 VBA 代码。即使当你对编写 VBA 代码已经完全熟练时,也会在工作时使用宏录制器。作为 VBA 开发者,使用宏录制器有两个原因:一个原因是因为使用宏录制器可以节省时间,开发者通常用它来建立应用程序的基础;另一个原因是宏录制器可以用作教学工具,如果你不能确定如何编写一系列的步骤,可以进行录制,再查看代码。

学习 Excel VBA 的一个最有效的方法是利用录制宏的方式录制宏并对宏进行分析。在理解了宏的基础上学习 VBA,可达到事半功倍的效果。对于宏功能,主要包括宏的录制、控制、管理等,现在就让我们一起学习宏的各种功能吧。

(1)录制 Excel 宏

以下将要录制的宏非常简单,只是改变单元格的字体和颜色。虽然有其他方法可以实现这种类型的任务(例如风格、自动套用格式等),但是这一系列步骤为宏录制器提供了很好的示例。请完成如下步骤:

① 打开新的工作簿,确认所有其他工作簿已经关闭(如果它们包含宏或者其他 VBA 代码),以便能够很容易地对录制的宏进行定位和处理。

② 在单元格 A1 中输入你的名字,在单元格 B1 中输入你的姓,在单元格 C1

中输入你居住的城市名,在单元格 D1 中输入你居住的国家名。以上操作为下面的练习提供用来处理的数据。

③ 选中单元格 A1。

④ 选择"视图"、"宏"、"录制宏",显示如图 1.55 所示的"录制新宏"对话框。

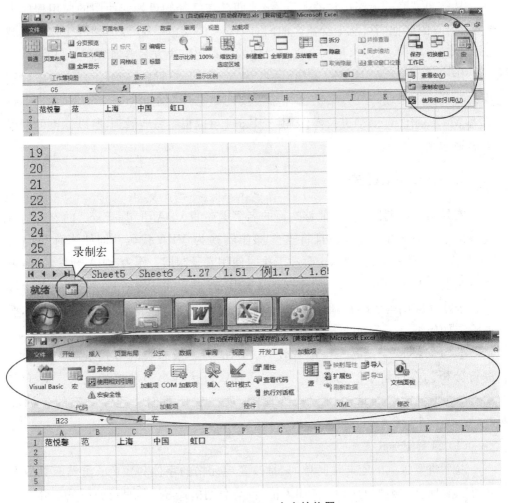

图 1.55　Excel2010 中宏的位置

值得注意的是,如果在打开 Excel2010 中没有显示开发工具一栏,则选择:"文件"—"选项"—"自定义功能区"—勾选右侧"开发工具"。则可以在工具栏中显示出"开发工具"。

1 Excel 金融建模基础

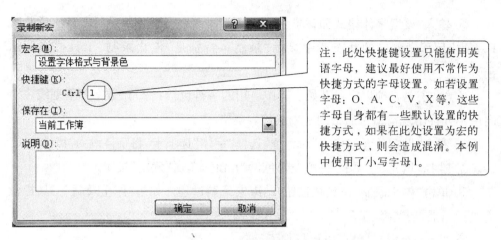

图 1.56 录制新宏对话框

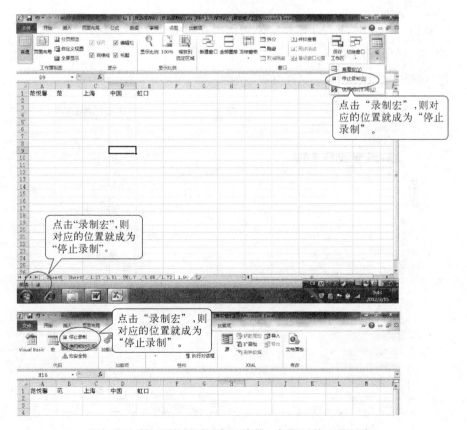

图 1.57 停止录制宏(三者任选其一都可以停止录制宏)

⑤ 输入"设置字体格式和背景色"作为宏名,键入回车开始录制宏。注意此时 Excel 应用程序窗口的状态栏中显示"录制",特别是"停止录制"工具栏也显示出来。

注意:宏名必须以字母开始。其中可用的字符包括:字母、数字和下划线。宏名中不允许出现空格。通常用下划线代表空格。

⑥ 右击"设置单元格格式"对话框,选择"字体"选项卡,将字体设为"黑体"。

⑦ 选择"填充"选项卡,将填充颜色设为红色,单击"确定"按钮。

⑧ 单击"停止录制"工具栏按钮,结束宏录制过程。如果"停止录制"工具栏没有显示出来,请选择"工具"、"宏"、"停止录制"。

录制完一个宏后,就可以执行它了。

(2) 执行宏

当执行一个宏时,Excel 按照宏语句代码在对 Excel 进行"遥控"。

① 选择单元格 B1。

② 选择"视图"—"宏"—"查看宏",显示"宏"对话框。

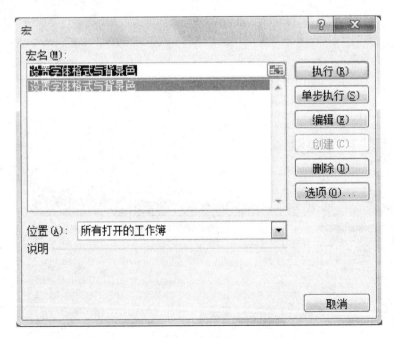

图 1.58 "宏"对话框——选择要执行或者编辑的宏

③ 选择"设置字体格式和背景色",选择"执行",则 B1 单元格的颜色变为红色,字体变为黑体。

④ 选择单元格 C1 和 D1,再次运行宏"设置字体格式和背景色"。尽管最初录制宏时只改变了一个单元格的字体,此时两个单元格的颜色都变为红色,字体变为黑体。

(3) 查看录制的代码

当执行希望保存到宏中的步骤时,Excel 将操作步骤转化为 VBA 代码。要查看生成的代码,可按照如下步骤:

① 选择"视图"、"宏"、"查看宏",显示"宏"对话框。

② 选择"设置字体格式和背景色",单击"编辑",此时会打开 Microsoft Visual Basic 编辑器窗口,如图 1.59 所示。

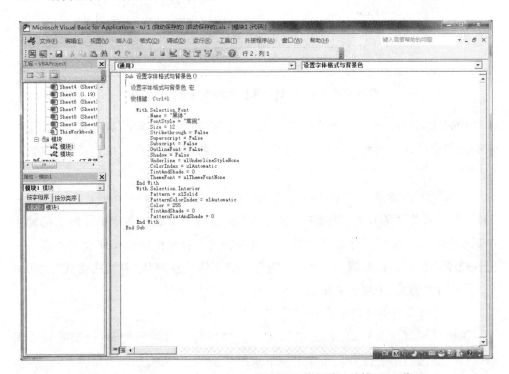

图 1.59 Microsoft Visual Basic 编辑器用来查看和编辑 VBA 代码

Microsoft Visual Basic 编辑器包括几部分组件。在下一节中,将学习到更多有关 Visual Basic 组件的知识。现在应该将注意力集中到显示的代码上。显示的代码应该和下面代码清单 1.1 中的内容相似。

```
Sub 设置字体格式与背景色()
'
' 设置字体格式与背景色宏
'
' 快捷键: Ctrl+l
'
    With Selection.Font
        .Name = "黑体"
        .FontStyle = "常规"
        .Size = 12
        .Strikethrough = False
        .Superscript = False
        .Subscript = False
        .OutlineFont = False
        .Shadow = False
        .Underline = xlUnderlineStyleNone
        .ColorIndex = xlAutomatic
        .TintAndShade = 0
        .ThemeFont = xlThemeFontNone
    End With
    With Selection.Interior
        .Pattern = xlSolid
        .PatternColorIndex = xlAutomatic
        .Color = 255
        .TintAndShade = 0
        .PatternTintAndShade = 0
    End With
```

代码清单 1.1　设置字体格式和背景色过程代码

代码的第一行"Sub 设置字体格式和背景色()"表示了宏的起点和名字，接下来的以单引号开头的行为注释行，表示与宏有关的说明，在本例中包括宏的名字、快捷键。

宏实际工作的部分是从"with"开始的。注意单词"Selection"，Selection 在 VBA 中用来表示突出显示的部分，这就是不论选择一个或者多个单元格宏都能正常工作的原因。你可能注意到的另一点是录制的内容比执行的操作要多得多。你仅仅改变了字体名称和填充颜色，但是所有的字体信息都从"单元格格式"对话框的"字体"和"图案"选项卡中录制下来。

（4）编辑录制的代码

编辑代码可在 Visual Basic 编辑器中直接进行。可添加代码行、删除行或者修改行。要做的第一件事是删除录制下来的多余的行，可按照如下步骤：

① 突出显示以"．Name"开始的行。

② 删除该行。不用担心产生的空行，VBA 忽略空行。

③ 继续删除多余的行，直至过程和下面代码清单 1.2 中代码相同。

```
Sub 设置字体格式和背景色()
'
' 设置字体格式和背景色 宏
'
' 快捷键：Ctrl+1
'
    With Selection.Font
        .Name="黑体"
    End With
    With Selection.Interior
        .Color=255
    End With
End Sub
```

代码清单 1.2

④ 关闭 Visual Basic 编辑器窗口，返回工作簿。

⑤ 在单元格 E1 中输入"test"。

⑥ 选中单元格 E1，运行宏"设置字体格式和背景色"。注意宏运行的结果与删除宏中的多余的代码行之前完全相同。

⑦ 选择"视图"—"宏"—"查看宏"。

⑧ 选择"设置字体格式和背景色"，单击"编辑"按钮。

⑨ 现在，当运行这个宏时，字体设置为"黑体"。编辑这个宏，将字体设置为"宋体"。完成后的宏应该和代码清单 1.3 中代码相似。

```
Sub 设置字体格式和背景色()
'
' 设置字体格式和背景色 宏
'
' 快捷键：Ctrl+1
'
    With Selection.Font
        .Name="宋体"
    End With
    With Selection.Interior
        .Color=255
    End With
End Sub
```

代码清单 1.3

⑩ 关闭 Visual Basic 编辑器窗口。

⑪ 选中单元格 A1,运行"设置字体格式和背景色"宏。现在该单元格的字体变为宋体。

现在可以看到编辑录制下来的宏非常简单。需要对宏进行编辑是因为以下两个原因:其一是在录制宏时出错;另一个原因是希望对宏的功能进行改变。不论是因为哪个原因,总是可用 Visual Basic 编辑器对宏进行编辑。

1.8.4 宏的安全性

基于 Excel VBA 功能的强大性的考虑,它可以带来便利的同时,有可能被人利用对系统和文件进行恶意破坏。对此 Office 设置了四种级别的安全策略来控制宏的运行。通过单击"开发工具"—"代码"—"宏安全性"菜单,你会得到宏安全性的设置对话框,如图 1.60 所示。具体四个安全级别如下:

- 禁用所有宏,并且不通知(L)
- 禁用所有宏,并发出通知(D)
- 禁用无数字签署的所有宏(G)
- 启用所有宏(不推荐;可能会运行有潜在危险的代码)(E)

打开"宏安全",可以看到"信任中心"对话框,其中的宏设置对话框即为相应的宏安全设置窗口。

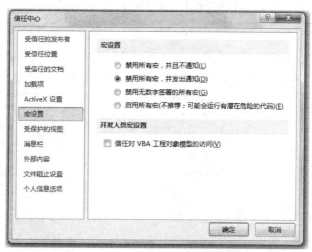

图 1.60 宏安全性的设置对话框

1.9　Visual Basic 编辑器的使用

1.9.1　使用 Visual Basic 编辑器的工具栏

到目前为止，我们仅仅使用了 Visual Basic 编辑器的标准工具栏上的几个按钮。该工具栏上包括最常用的执行命令的按钮。当我们第一次看到工具栏时也许并没有意识到，工具栏按照命令的类型进行了分割。

按钮的第一部分（如图 1.61 所示）是和工作簿有关的，使用它们可以返回 Excel，可以向当前工程中添加项目，可以保存你的工作。

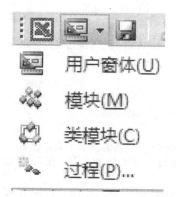

图 1.61　Visual Basic 编辑器的标准工具栏上的"视图 Microsoft Excel"、"插入用户窗体"、"保存"按钮

下一部分按钮（如图 1.62 所示）和编辑功能有关。使用这些按钮可以剪切、复制和粘贴文本。在本部分中还包括一个查找文本的按钮。

图 1.62　Visual Basic 编辑器的标准工具栏上的"剪切"、"复制"、"粘贴"和"查找"按钮

工具栏的第三部分（如图 1.63 所示）包括两个按钮，"撤销删除"和"重复删除"。当进行了错误操作时可能会用到。

图1.63　Visual Basic编辑器的标准工具栏上的
"撤销删除"和"重复删除"按钮

接下来,是称为测试和设计按钮的部分,如图1.64所示。这部分的前三个按钮允许运行、暂停和终止过程的执行,最后一个按钮将用户窗体转到设计模式。

图1.64　Visual Basic编辑器的标准工具栏上的"运行"、
"暂停"、"终止"和"设计"按钮

Visual Basic编辑器的标准工具栏上的下一部分按钮(如图1.65所示)是用于查看Visual Basic编辑器的不同部分。通过这些按钮可以显示"工程资源管理器"、"属性"窗口、"对象浏览器"和工具栏。

图1.65　Visual Basic编辑器的标准工具栏上的"工程资源管理器"、
"属性窗口"、"对象浏览器"和"工具箱"按钮

工具栏上的最后一个按钮是"帮助"按钮,如图1.66所示。本"帮助"按钮和所有Microsoft应用程序中的帮助按钮的作用是一样的。

图1.66　Visual Basic编辑器的标准工具栏上的"帮助"按钮

在使用Visual Basic编辑器时,另一个有用的工具栏是"编辑"工具栏。该工具栏上的工具都可以影响和增强Visual Basic编辑器环境的功能。"编辑"工具栏上的按钮包括：

　　* 缩进　　将选中的文本缩进显示。

　　* 凸出　　将选中的文本凸出显示。

　　* 属性/方法列表　　单击本按钮将显示一个属性和方法的列表。

* 常数列表　显示可用于当前常数的系统常数。
* 快速信息　显示提供语法信息的快速信息框。
* 参数信息　显示可用的参数信息。
* 自动完成关键字　可激活 VBA 的自动完成关键字功能，这样可以只输入保留字的一部分而让编辑器输入剩余的部分。
* 切换书签　在当前行标注书签。书签是为了方便引用而希望标注的代码行。
* 下一书签　移动到下一个书签。
* 上一书签　移动到前一个书签。
* 清除所有书签　从文本中删除所有的书签。

在"调试"工具栏上有：

* 切换断点　在所选代码行设置断点。

1.9.2　浏览代码

用 Visual Basic 编辑器进行工作有一个很好的特征，即如果你对 Microsoft Word 的导航键比较熟悉，则可以加以利用。表 1.6 中列出了部分导航键。

表 1.6　导航键

功　　能	按　　键
行的开始	Home
行的末尾	End
模块的开始	Ctrl+Home
模块的末尾	Ctrl+End
下一个词	Ctrl+→
上一个词	Ctrl+←
下一个过程	Ctrl+↑
上一个过程	Ctrl+↓

如果需要寻找一个特定的单词或者词组，则可以使用 Visual Basic 编辑器的"查找"功能。在"编辑"菜单中，可以找到"查找"命令，也可以单击标准工具栏上的

"查找"按钮,或者按下 Ctrl+F 键。"替换"是对查找功能的扩展,"替换"是用于找到一个单词或者词组的位置,并将其替换为别的文本。按下 F3 键可以执行替换命令。

编辑器的另一项浏览功能是书签。通过书签,可以对文本进行标注以便查找,当对代码进行调试和测试时非常有用。如果估计代码中有较多的错误,可用书签对它们进行标注。也可用书签来标注需要由同组的其他开发人员添加的代码区域,或者用书签标注需要更新或升级的代码区域。

1.9.3 工程资源管理器

工程资源管理器窗口显示工程的分层结构列表以及所有包含并被每一个工程引用的工程项,在工程管理器中,提供了三种工程视图显示方式:查看代码、查看对象、切换文件夹。每个打开的 Excel 文件,对应 VBA 工程都有四类对象:Microsoft Excel 对象、窗体对象、模块对象、类模块对象。如图 1.67 所示:

图 1.67 工程资源管理器窗口

1.9.4 属性窗口

属性窗口主要用来设置对象属性。左侧为属性名,右侧为具体的属性值。属性值可直接输入,也可通过下拉列表进行选择。属性窗口除了可更改工程、对象、模块的基本属性外,更多地用于对用户窗体中各个对象属性的交互设计。如图1.68所示:

图 1.68　对象属性窗口

1.9.5　使用对象浏览器

对象浏览器为浏览工程中所有的可用对象提供了一个易于使用的界面。我们可以查看对象的属性、方法和事件，也可以查看工程所引用的对象库中可用的所有过程和常数。使用对象浏览器有几种方式：

* 单击标准工具栏上的"对象浏览器"按钮。
* 选择"视图"、"对象浏览器"。
* 按下 F2 键。

通过对象浏览器，可以很容易熟悉对象的属性和方法，也可以通过对象浏览器获取帮助。为了熟悉对象浏览器的使用，请完成如下步骤：

① 按下 F2 键显示对象浏览器，如图 1.69 所示。

② 找到 Range 对象并选中它。

③ 滚动 Range 对象可用的方法（在对象浏览器中以函数的方式引用）和属性。

④ 选择 Activate。

⑤ 按下 F1 键。显示"Activate 帮助"主题。

⑥ 关闭帮助窗口。

⑦ 关闭对象浏览器。

图 1.69　对象浏览器分类显示对象、属性、方法和事件

1.9.6　设置编辑器选项

通过"选项"对话框可以对 Visual Basic 编辑器环境进行自定义。通过该对话框，可以控制编辑器的设置、编辑器的格式、常规设置和可连接设置。为了熟悉对"选项"对话框进行的设置，请完成如下步骤：

① 选择"工具"、"选项"，显示"选项"对话框。打开如图 1.70 所示的界面。

② 选择"编辑器"选项卡。"编辑器"选项卡用于对代码和窗口的设置，从其中可以打开和关闭诸如"自动显示快速信息"和"自动语法检测"等选项。

③ 选择"编辑器格式"选项卡。"编辑器格式"选项卡可控制编辑器中不同类型文本的颜色，也可以选择不同的字体风格和字体大小。如果你是在笔记本电脑上工作，也许希望改变编辑器使用的某些颜色，因为在较旧的笔记本电脑上蓝色和

1 Excel 金融建模基础

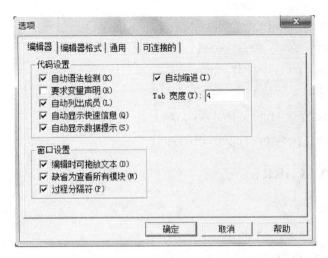

图 1.70 选项对话框

黑色的区别不明显。如果你的视力不够好，可以将显示的文本放大。

④ 选择"通用"选项卡。本选项卡包括影响整个编辑器环境的设置。"窗体网格设置"是用来控制设计用户窗体时是否显示网格的，也可以控制"编辑并继续"、"错误捕获"和"编译"部分的设置。

⑤ 选择"可连接的"选项卡。该选项卡用于控制 Visual Basic 编辑器中各个部分的可连接特性。

⑥ 单击"取消"按钮，关闭对话框。

1.10 介绍几类 Excel 中重要的金融应用函数

1.10.1 货币时间价值相关函数

（1）名义利率与实际利率的互相转换

EFFECT(nominal_rate, npery)

NOMINAL(effect_rate, npery)

（2）货币时间价值计算

FV(rate, nper, pmt, pv, type)

PV(rate, nper, pmt, fv, type)

PMT(rate, nper, pv, fv, type)

RATE(nper, pmt, pv, fv, type, guess)

NPER(rate, pmt, pv, fv, type)

(3) 计算每期支付的利息和返还的本金

IPMT(rate, per, nper, pv, fv, type)

PPMT(rate, per, nper, pv, fv, type)

1.10.2 NPV & IRR

(1) 时间间隔相同

NPV(rate, value1, value2, ...)

IRR(values, guess)

(2) 时间间隔不相同

XNPV(rate, values, dates)

XIRR(values, dates, guess)

1.10.3 固定收益类函数

PRICE(settlement, maturity, rate, yld, redemption, frequency, basis)

DURATION(settlement, maturity, coupon, yld, frequency, basis)

MDURATION(settlement, maturity, coupon, yld, frequency, basis)

请读者用 VBA 函数定义 Convexity 函数。

2 数量分析工具及其应用

2.1 假设分析工具

Excel 处理数据时，常常需要研究当变量在一定范围内变化时，与之相关的公式的结果是怎样的，这时就用到一组为假设分析（What-If）的工具。Excel 中的假设分析包括 4 种工具：单变量求解（Goal Seek），模拟运算表（Data Table），规划分析（Solver），方案管理器（Scenario Manager）。下面通过一个关于分期偿还贷款的实例，逐步深入地对这些工具进行介绍。

2.1.1 单变量求解与方案

首先应该说明，单变量求解与方案之间没有必然联系。因为这两种工具都比较简单，而且使用单变量求解的实例直观说明方案的应用，所以把它们合并在一起介绍。

（1）单变量求解

通过调整一个单元格中的值，使得另一个单元格中的公式（公式中引用前一个单元格）等于特定值的方法叫做单变量求解。在单变量求解过程中，Excel 中不断调整指定单元格中的值，直到另一个单元格中的公式得到满足要求的值为止。如果已知公式的预期结果，而用于确定此结果的输入值未知，则可以使用"单变量求解"功能，通过单击"工具"菜单上的"单变量求解"即可调用"单变量求解"工具。如果把 Excel 中的公式称为"函数"的话，那么在某种意义上，可以称单变量求解过程是"反函数"运算。

下面通过一个分期偿还贷款的实例说明单变量求解的原理和使用方法。

【例 2.1】 贷款金额为 1 000 000.00 元，贷款利率为 5%，贷款年限为 5 年，每年年底偿还一次，到期时全部还清。

① 求每年还款金额为多少？

在单元格 B7 中输入公式"＝PMT（B4，B5，B3）"，计算出每年还款金额为 230 974.80 元，因为是偿还金额，所以函数返回结果为负值，相应的贷款金额为正值。

	A	B	C	D
1	单变量求解			
2				
3	贷款金额	1 000 000.00		
4	年利率	5.00%		
5	贷款年限	5.00		
6				
7	每年还款	¥-230 974.80		
8				
9				

图 2.1

② 假定公司每年最高的偿还能力为 250 000.00 元，要求在贷款期限不变的情况下计算公司可以贷款的最高限额是多少？

③ 如果每年偿还能力为 200 000.00 元，可以贷款的最高限额是多少？

对于问题②和问题③的解决要借助于"单变量求解"功能。先选中每年还款金额所在单元格 B7，从菜单上执行"工具"——"单变量求解"，目标单元格设为 B7，目标值设为－250 000.00 元（因为是偿还贷款，所以是负值），可变单元格为贷款金额 B3，如图 2.2 所示。

点击"确定"后得到计算结果，容许的贷款额为 1 082 369.17 元，如图 2.3 所示。

用同样的方法，可以计算出当每年偿还能力为 200 000.00 元时，容许的贷款最高限额为 865 895.33 元。

上面一共计算了三种情况：第一种是原始方案，贷款 1 000 000.00 元，5 年偿还，利率为 5%，每年偿还 230 974.80 元；第二种是比较乐观的方案，贷款 1 082 369.17 元，5 年偿还，利率为 5%，每年偿还 250 000.00 元；第三种是比较保守的方案，贷款 865 895.33 元，5 年偿还，利率为 5%，每年偿还 200 000.00 元。如果要把这些不同情况保存并进行比较，就可以使用 Excel 中的方案功能。

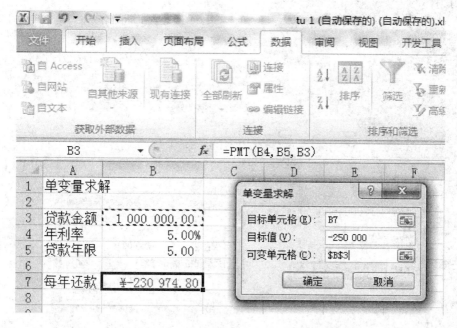

图 2.2

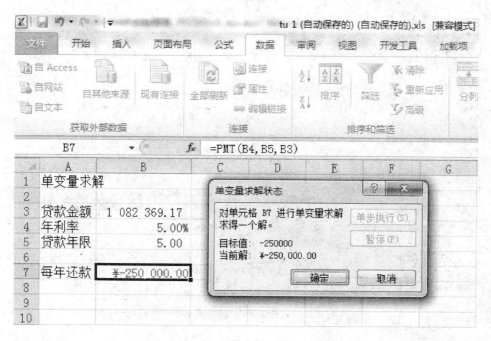

图 2.3

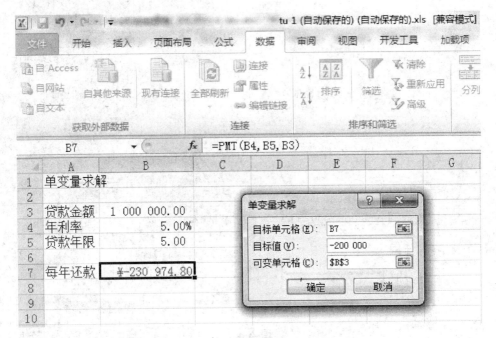

图 2.4

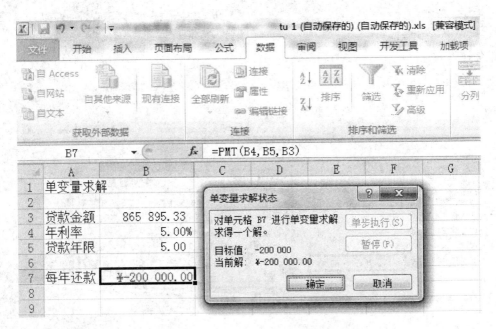

图 2.5

(2) 方案

方案是保存在工作表中并可以进行替换的一组值。可以使用方案来保存工作表中模型输出的不同结果。同时还可以在工作表中创建并保存不同的数组,然后切换到任意方案以查看不同的结果。

① 创建方案。

例如,在上面的分期偿还贷款的实例中,分别计算了不同贷款金额的三种情况,其中后两个是通过单变量求解得到的。可以把 3 种情况分别保存为不同的方案并命名,然后针对不同方案进行对比分析。

原来预定贷款金额 1 000 000.00 元,每年偿还 230 974.80 元;如果每年偿还 250 000.00 元,则可贷款 1 082 369.17 元;如果每年偿还 200 000.00 元,则可贷款 865 895.33 元。可以按每期还款金额的不同把这三种方案命名为初始、乐观和保守方案,并保存在 Excel 工作表中,供以后参考使用。

操作步骤如下,执行"数据"—"数据工具"—"模拟分析"—"方案管理器"命令,弹出"方案管理器"对话框,如图 2.6 所示;点击"添加"按钮,弹出"编辑方案"对话框,如图 2.7 所示;输入方案名称、可变单元格和备注,单击"确定"按钮保存,打开"方案变量值"对话框,如图 2.8 所示;输入可变单元格的值为 100 000.00。单击确定按钮,即添加了初始方案。按照上述步骤依次添加乐观方案和悲观方案。

图 2.6

图 2.7

图 2.8　　　　　　　　　　　　　　图 2.9

当分别保存了上述三种方案后,再打开方案对话框就可以如图 2.9 中的情况所示。这时就可以根据需要随时显示不同方案,进行对比;并可对方案进行编辑、保存、删除、合并等操作。点击"摘要"按钮,还可以生成如图 2.10 所示的汇总报表。

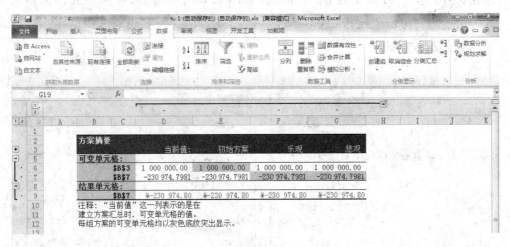

图 2.10

② 合并方案。

如果在多张工作表中使用了方案,则可以把它们合并。当工作表中所有假设分析模型的结构相同时,合并方案将更加容易。所有源工作表的可变单元格都必须引用相应的当前工作表的可变单元格。Excel 将源工作表中的所有方案复制到当前工作表中。

2.1.2 模拟运算表

模拟运算表(Data Tables)是一个单元格区域,用于显示公式中某些值的更改对公式的影响。模拟运算表提供了一种快捷手段,它可以通过一步操作计算出公式在多种情况下的值,同时它还是一种有效的方法,可以查看和比较由某些值的变化所引起的各种不同结果。由于模拟运算表中用于计算公司结果的参量取值是认为确定的,所以这种方法称为"模拟"。在金融财务领域中,敏感性分析是一种非常有用的分析手段。如贷款期限对利率的敏感性,投资评估对贴现率的敏感性、盈亏平衡点对成本的敏感性等。Excel 中的模拟运算表就非常适合于做各种敏感性分析。

将模拟运算表和单变量求解相比较,两者的作用都是了解当可变单元格数据变化时,公式计算结果的变化。但是不同的是,单变量求解是确定公式计算结果以后由 Excel 通过对可变单元格的不同值进行试算,求得满足条件的解;而模拟运算表则是由使用者预先给可变定单元格的一组数据,分别求出公式的值。此外模拟运算表还可以同时分析两个变量同时变化时公式的结果,据此可以将模拟运算表分为单变量模拟运算表和双变量模拟运算表。调用模拟运算表工具的操作方法很简单,执行菜单条上的"数据—模拟运算表"就可以打开"模拟运算表"对话框。

(1) 创建单变量模拟运算表

在使用中,单变量模拟运算表应设计成其输入数值被排在一列或一行中。单变量模拟运算表中使用公式必须引用输入单元格。所谓的"输入单元格",其含义是设定的一组值将通过该单元格在公式中的位置被公式引用,从而引起公式的变化。工作表中的任意单元格都可以用作输入单元格,只要公式中引用了它。

下面仍然使用分期偿还贷款的示例,讲解单变量模拟运算表的创建过程,如图 2.11、图 2.12 和图 2.13 所示。

① 在一行或一列中,输入要替换工作表上的输入单元格的数值序列,本例中

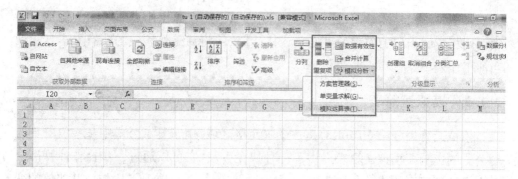

图 2.11

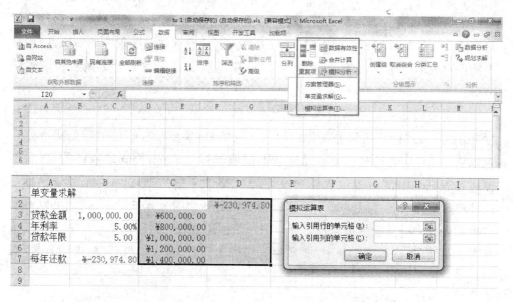

图 2.12

是 C3:C7 的列,其中是设定的贷款金额。

② 如果模拟运算表是列方向的,则在第一个数值的上一行且位于数值列右边的单元格中键入公式,本例中是 D2 单元格的公式"=B7"。

③ 如果模拟运算表是行方向的,则在第一个数值的上一行且位于数值列下方的单元格中键入公式。

④ 选定包含公式和需要被替换的数值的单元格区域,本例中是 C2:D7。

⑤ 在"数据"菜单上单击"模拟运算表"。

⑥ 如果模拟运算表是列方向的,则在"输入引用列的单元格"框中,为输入单元格键入单元格引用,本例中是 B3。

⑦ 如果模拟运算表是行方向的,则在"输入引用行的单元格"框中,为输入单元格键入单元格引用。

按"确定"按钮后,就可以得到如图 2.13 所示的结果。其中 D3:D7 显示的是对应于"贷款金额"取 C3:C7 中的值,按 D1 中公式计算的"每年还款"的值。当模拟运算表创建完成后,再选择 D3:D7 范围内的单元格可以发现,在编辑区出现了"{=表(,B3)}"的信息,这表明在该区域内,通过模拟运算表的计算而生成了数值。

	A	B	C	D	E	F
1	单变量求解					
2				¥-230 974.80		
3	贷款金额	1 000 000.00	¥600 000.00	¥-138 584.88		
4	年利率	5.00%	¥800 000.00	¥-184 779.84		
5	贷款年限	5.00	¥1 000 000.00	¥-230 974.80		
6			¥1 200 000.00	¥-277 169.76		
7	每年还款	¥-230 974.80	¥1 400 000.00	¥-323 364.72		
8						
9						

图 2.13

(2) 创建双变量模拟运算表

双变量模拟运算表中的两组数据使用同一个公式。这个公式必须引用两个不同输入单元格。下面参照示例,讲解双变量模拟运算表的创建过程。上一小节在贷款金额取不同数值的情况下,计算了"每年还款"的金额。如果同时变化"贷款年限",结果会怎样呢? 如图 2.14 所示,仍然保留设定的一组"贷款金额"值。在此基础上再给定一组不同的"贷款年限"值:3 年,4 年,5 年,6 年,然后按如下步骤操作:

① 在工作表的 C9 单元格输入公式"=B7"。

② 在公式下方的同一列中 C10:C14 输入第一组数据——"贷款金额"的不同值。

③ 在公式右边的同一行中 D9:F9 输入第二组数据——"贷款年限"的不同值。

④ 选择包含公式以及数据行和列的单元格区域,即区域 C9:F14。

⑤ 在"数据"菜单上单击"模拟运算表"。

基于 Excel & VBA 的高级金融建模

	A	B	C	D	E	F	G	H
1	单变量求解							
2				¥-230 974.80	模拟运算表			
3	贷款金额	¥1 000 000.00	¥600 000.00	¥-138 584.88	输入引用行的单元格(R):	$B$5		
4	年利率	5%	¥800 000.00	¥-184 779.84	输入引用列的单元格(C):	$B$4		
5	贷款期限	5	¥1 000 000.00	¥-230 974.80				
6			¥1 200 000.00	¥-277 169.76	确定	取消		
7	每年还款	¥-230 974.80	¥1 400 000.00	¥-323 364.72				
8								
9			¥-230 974.80		3	4	5	
10			¥600 000.00					
11			¥800 000.00					
12			¥1 000 000.00					
13			¥1 200 000.00					
14			¥1 400 000.00					
15								

图 2.14

⑥ 在"输入引用行的单元格"框中,输入由行数值替换的输入单元格的引用"B5",即"贷款年限"。

⑦ 在"输入引用列的单元格"框中,输入由列数值替换的输入单元格的引用"B3",即"贷款金额"。

⑧ 按"确定"按钮后,就可以得到如图 2.15 所示的结果。其中 C9:F14 显示的是对应于"贷款金额"取 C10:C14 中的值,贷款年限采用 D9:F9 中的值,按 C9 中公式计算的"每年还款"的值。当模拟运算表创建完成后,再选择 C9:F14 范围内的单元格可以发现,在编辑区出现了"{=表(B5,B3)}"的信息,这表明在该区域内,通过模拟运算表的计算而生成了数值。

	A	B	C	D	E	F
1	单变量求解					
2				¥-230 974.80		
3	贷款金额	¥1 000 000.00	¥600 000.00	¥-138 584.88		
4	年利率	5%	¥800 000.00	¥-184 779.84		
5	贷款期限	5	¥1 000 000.00	¥-230 974.80		
6			¥1 200 000.00	¥-277 169.76		
7	每年还款	¥-230 974.80	¥1 400 000.00	¥-323 364.72		
8						
9			¥-230 974.80	3	4	5
10			¥600 000.00	¥-220 325.14	¥-169 207.10	¥-138 584.88
11			¥800 000.00	¥-293 766.85	¥-225 609.47	¥-184 779.84
12			¥1 000 000.00	¥-367 208.56	¥-282 011.83	¥-230 974.80
13			¥1 200 000.00	¥-440 650.28	¥-338 414.20	¥-277 169.76
14			¥1 400 000.00	¥-514 091.99	¥-394 816.57	¥-323 364.72
15						

图 2.15

(3) 两点说明

由于模拟运算表的计算结果为数组形式,所以应将结果中的所有值转换为常量,便于以后在其他环境下调用。具体操作方法是:

① 在模拟运算表中选中所有计算结果。

② 单击"常用"工具栏上的"复制"按钮,并选中粘贴区域的左上角单元格。

③ 单击"粘贴"旁边的箭头,再单击"数据"按钮。

当要清除模拟运算表计算的结果时,也要按清除数组的方式进行,即选中整个数组进行清除数组的方式进行,即选中整个数组进行清除。

每当重新计算工作表时,也会同时重新计算模拟运算表,而不管它们是否被更改过。若要加速包含模拟运算表的工作表的计算速度,可以更改工作表的"重新计算"选项,使工作表被自动重新计算时不计算其中的模拟运算表。

2.1.3 规划求解

"规划"是一个数学概念,它是指运用微积分和线性代数的方法,在满足一组约束条件的前提下,求出一个多变量函数极值的模型。数学规划是运筹学的一个分支,主要包括线性规划、非线性规划、动态规划和整数规划等。它主要应用在若干约束条件下对有限资源进行合理分配从而使某些关键性指标得到优化这类比较复杂的求解。

在 Excel 中,内置了一套非常强大的数学规划工具,这就是所谓的规划求解。借助规划求解,可求得工作表上某个单元格(被称为目标单元格)中公式的最优值。规划求解将对直接或间接与目标单元格中公式相关联的一组单元格中的数值进行调整,最终在目标单元格公式中求得期望的结果。在创建模型过程中,对规划求解模型中的可变单元格数值应用约束条件,而且约束条件可以引用其他影响目标单元公式的单元格。

运用"规划求解"定义并解答问题。

本节用一个合理规划年度内营销费用的示例来说规划求解的应用。某企业通过对历年的销售数据进行回归分析,发现销售收入与营销费用之间存在固定的对数函数关系。并且回归方程的系数在一年内的不同时期有明显不同。也就是说,在同一年度内不同季度,营销费用对销售收入的贡献是不同的。因此如何在一个年度内的不同阶段合理地分配营销费用,使得全年的利润最大化,就成为一个有现实意义的问题。根据经验数据确定"销售收入"与"营销费用"之间存在如图 2.16 所示的对数关系,其中的系数随着季节的变化而不同:

$$销售收入 = A \times \ln(营销费用) + B$$

其中参数 A、B 按照图 2.16 所示随季节变化:

	A	B	C	D	E
8		一季度	二季度	三季度	四季度
9	A	500 000.00	300 000.00	400 000.00	600 000.00
10	B	40 000.00	20 000.00	30 000.00	50 000.00

图 2.16

此外,有如下公式:

$$直接成本 = 0.75 \times 销售收入$$

$$利润 = 销售收入 - 直接成本 - 管理费用 - 营销费用$$

按照预算,每季度管理费用为 100 000 元,营销费用在 50 000—150 00 元。要求用规划求解的方法计算出各季度的营销费用,使得全年的利润最大。将上述公式和数据输入工作表中,先假定 4 个季度的营销费用都取得最大值 150 000 元,如图 2.17 所示。然后用上面的 3 个公式分别计算销售收入、直接成本和利润,并求出年度合计。

	A	B	C	D	E	F
1		一季度	二季度	三季度	四季度	年度
2	营销费用	150 000.00	150 000.00	150 000.00	150 000.00	600 000.00
3	管理费用	100 000.00	100 000.00	100 000.00	100 000.00	400 000.00
4	销售收入	5 999 195.29	3 595 517.17	4 797 356.23	7 201 034.34	21 593 103.03
5	直接成本	4 499 396.46	2 696 637.88	3 598 017.17	5 400 775.76	16 194 827.27
6	利润	1 249 798.82	648 879.29	949 339.06	1 550 258.59	4 398 275.76

图 2.17

下面用"规划求解"来调整 4 个季度的"营销费用",使得年度总利润最大化。

① 在"数据"菜单上,单击"分析"版块下的"规划求解"命令,打开规划求解对话框,如图 2.18 所示。如果"规划求解"命令没有出现在"数据"菜单中,则需要安装"规划求解"宏程序,安装的方法是执行菜单上的"文件—Excel 选项—加载项—规划求解加载项",选中对话框中的"规划求解",然后确定。

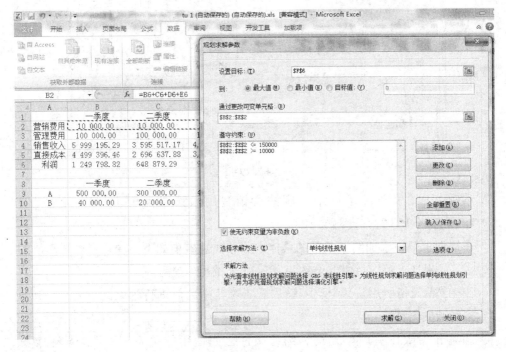

图 2.18

② 在"设置目标单元格"框中,输入目标单元格的引用或名称。目标单元格必须包含公式,本例中为 F6。

③ 若要使目标单元格中数值最大,单击"最大值"按钮。若要使目标单元格中数值最小,单击"最小值"按钮。若要使目标单元格中的数值为确定值,单击"值为"按钮,再在编辑框中键入数值。本例中要求年度利润最大,故选择"最大值"按钮。

④ 在"可变单元格"框中,输入每个可变单元格的名称或引用,用逗号分隔不相邻的引用。可变单元格必须直接或间接与目标单元格相联系。最多可以指定 200 个可变单元格。本例中可变单元格为 4 个季度的营销费用预算 B2:E2。

⑤ 如果要使"规划求解"根据目标单元格自动设定可变单元格的值,单击"推测"按钮。本例中不使用推测。

⑥ 在"约束"对话框中,输入任何要应用的约束条件。添加约束条件的方法如图 2.19 所示。

图 2.19

本例中的约束条件是 4 个季度的营销费用预算要大于 10 000 元并小于 150 000元，即 \$B\$2:\$E\$2≥10 000，\$B\$2:\$E\$2≤150 000。

在规划求解中添加约束条件的具体方法和注意事项如下：

① 在"规划求解"对话框的"约束"下，单击"添加"按钮。

② 在"单元格引用位置"框中，输入需要对其中数值进行约束的单元格引用或单元格区域的名称。

③ 单击希望在引用单元格和约束条件之间使用的关系（"≤"、"="、"≥"、"int"或"bin"）。如果单击"int"，则"约束值"框中会显示"整数"；如果单击"bin"，则"约束值"框会显示"二进制"。

④ 在"约束值"框中，键入数字、单元格引用或名称，或键入公式。

⑤ 若要接受约束条件并要添加其他约束条件，单击"添加"按钮。

⑥ 若要接受约束条件并返回"规划求解参数"对话框，单击"确定"按钮。

注意：只能在对可变单元格的约束条件中应用"int"和"bin"关系。

当"规划求解选项"对话框中的"采用线性模型"复选框被选中时，对约束条件的数量没有限制。对于非线性问题，每个可变单元格除了变量的范围和整数限制外，还可以有多达 100 个约束。

⑦ 单击"求解"选项，如图 2.20 所示，再执行下列操作之一：

若要在工作表中保存求解后的数值，在"规划求解结果"对话框中，单击"保存规划求解结果"；若要恢复原始数据，单击"恢复为原值"。

图 2.21 显示了运行规划求解后的结果：按照表中 B2:E2 的数值调整 4 个季度的营销费用预算，可以使年度利润最大化。在最优化的情况下，预计年度利润为 4 432 953.01，比原始方案提高了将近 1%。

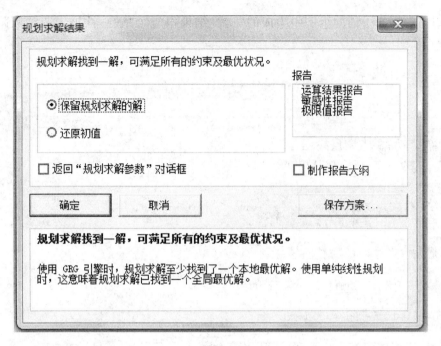

图 2.20

	A	B	C	D	E	F
1		一季度	二季度	三季度	四季度	年度
2	营销费用	10 000.00	10 000.00	10 000.00	10 000.00	600 000.00
3	管理费用	100 000.00	100 000.00	100 000.00	100 000.00	400 000.00
4	销售收入	5 999 195.29	3 595 517.17	4 797 356.23	7 201 034.34	21 593 103.03
5	直接成本	4 499 396.46	2 696 637.88	3 598 017.17	5 400 775.76	16 194 827.27
6	利润	1 249 798.82	648 879.29	949 339.06	1 550 258.59	4 398 275.76

图 2.21

在实际应用中,可以将原始方案和规划求解后的结果分别保存为不同的方案,并使用方案管理器进行对比分析,作为决策参考。

对规划求解的几点补充说明:

(1) 规划求解报告

Excel 的规划求解工具在执行时,可以同时生成关于运算结果、极限值和敏感性的报告,进一步说明规划求解执行过程中的详细信息。要生成规划求解报告,在规划求解运算完成出现的结果对话框时,点击报告类别,Excel 将把对应的报告存在一张新的工作表中。

以下分别是上面的示例中生成的"运算结果报告"、"敏感性报告"和"极限值报告"。

运算结果报告：

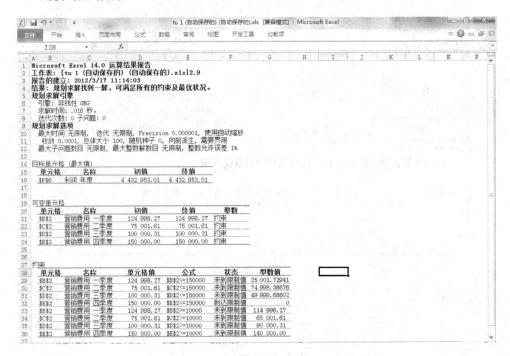

图 2.22

敏感性报告：

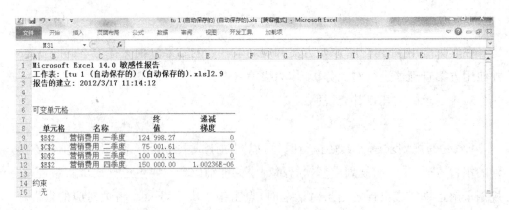

图 2.23

极值报告：

单元格	目标式名称	值
$F$6	利润 年度	4 432 953.01

单元格	变量名称	值	下限极限	目标式结果	上限极限	目标式结果
$B$2	营销费用 一季度	124 998.27	10 000.00	4 232 236.93	150 000.00	4 430 743.21
$C$2	营销费用 二季度	75 001.61	10 000.00	4 346 835.29	150 000.00	4 409 939.05
$D$2	营销费用 三季度	100 000.31	10 000.00	4 292 694.50	150 000.00	4 423 499.52
$E$2	营销费用 四季度	150 000.00	10 000.00	4 166 745.48	150 000.00	4 432 953.01

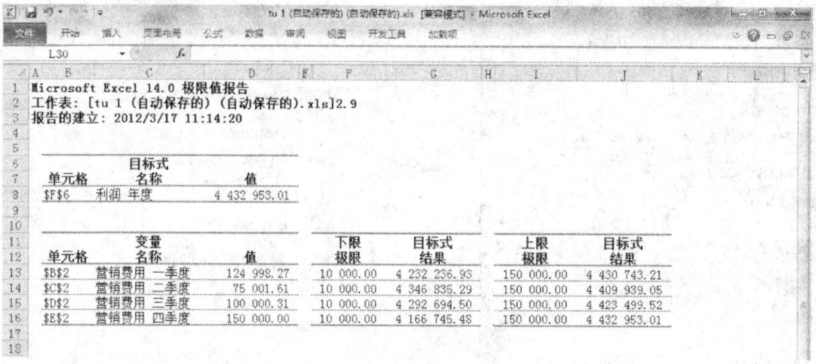

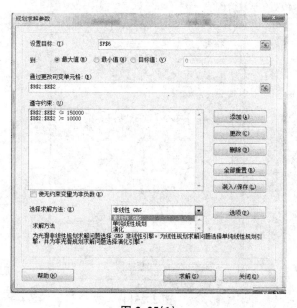

图 2.24

(2) 关于规划求解方法的若干选项

在规划求解工具中有很多选项，可以用来根据需要定制具体的规划求解方法。通过这些选项可以设置规划求解的一些高级功能、加载或保存规划求解定义，以及为线性和非线性规划求解定义参数。每一选项都有默认设置，可以满足大多数情况下的要求。在调用规划求解工具时，单击“选项”按钮，可以打开“规划求解选项”对话框，如图片组 2.25 所示。

图 2.25(1)

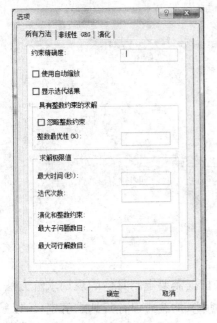

图 2.25(2)

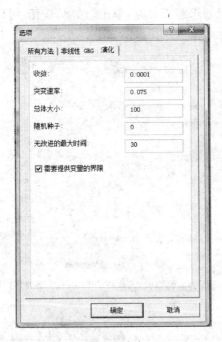

图 2.25(3)

图 2.25(4)

下面对这些选项进行解释。

① 最长运行时间：在此设定求解过程的时间。可输入的最大值为 32 767（秒），默认值 100（秒）可以满足大多数小型规划求解要求。

② 迭代次数：在此设定求解过程中的迭代计算的次数，限制求解过程的时间。可输入的最大值为 32 767，默认值 100 次即可满足大多数小型规划的求解要求。

③ 精度：在此输入用于控制求解精度的数字，以确定约束条件单元格的数值是否满足目标值或上下限。精度值必须表示为小数（0 到 1 之间），输入数字的小数位数越多，精度越高。

④ 允许误差：在此输入满足整数约束条件并可被接受的目标单元格求解结果与真实的最佳结果间的百分偏差。这个选项只应用于具有整数约束条件的问题。设置的允许误差值越大，求解过程越好。

⑤ 收敛度：在此输入收敛度数值，当接近五次迭代后目标单元格中的数值的变化小于"收敛度"框中设置的数值时，"规划求解"停止运算。收敛度只应用于非线性规划求解问题，并且必须表示为小数（0 到 1 之间）。设置的数值越小，收敛度就越高。例如，0.0001 表示比 0.01 更小的相对差别。收敛度越小，"规划求解"得到结果所需的时间就越长。

⑥ 采用线性规划模型：当模型中的所有关系都是线性的，并且希望解决线性优化问题时，选中此复选框可加速求解过程。

⑦ 显示迭代结果：如果选中此复选框，每进行一次迭代后都将中断"规划求解"，并显示当前的结果。

⑧ 自动按比例缩放：如果选中此复选框，当输入和输出值量级差别很大时，可自动按比例缩放数值。例如，基于百分万美元的投资将利润百分比最大化。

⑨ 假定非负：如果选中此复选框，则对于在"添加约束"对话框的"约束值"框中没有设置下限的所有可变单元格，假定其下限为零。

⑩ 估计：指定在每一维搜索中用来得到基本变量初始估计值的逼近方案。

正切函数：使用正切向量线性外推。

二次方程：用二次方程外推法，提高非线性规划问题的计算精度。

⑪ 导数：指定用于估计目标函数和约束函数偏导数的差分方案。

向前差分：用于大多数约束条件数值变化相对缓慢的问题。

中心差分：用于约束条件变化迅速，特别是接近限定值的问题。虽然此选项要求更多的计算,但在"规划求解"不能返回有效解时也许会有帮助。

⑫ 搜索:指定每次的迭代算法,以确定搜索方向。

牛顿法:用牛顿法迭代需要的内存比共轭法多,但所需的迭代次数少。

共轭法:比牛顿法需要的内存少,但要达到指定精度需要较多次的迭代运算。当问题较大和内存有限,或步进迭代进程缓慢时,可用此选项。

⑬ 装入模型:显示"装入模型"对话框,输入需要加载的模型。

⑭ 保存模型:显示"保存模型"对话框,在其中可指定保存模型的位置。只要需要在工作表上保存多个模型时,才使用此命令。第一个模型会自动保存。

(3) 保存于加载规划求解模型

在设定规划求解的选项后,可以将本次规划求解的目标、约束以及选项参数等状态保存在工作表中的指定位值上,供以后调用,在规划求解选项对话框中有保存和调用模型的命令。

(4) 将规划求解结果保存为方案

可以分别将执行规划求解前后的工作表作为不同的方案保存,供对比使用和以后调用。在规划求解对话框中有将求解结果保存为方案的命令。

2.2 矩阵的应用

处理矩阵并不是 Excel 的强项(Matlab 才是矩阵处理专家),但对于某些没有那么复杂的金融模型或问题用 Matlab 来解决似乎有点杀鸡用牛刀的感觉,Excel 完全有能力对小规模的矩阵问题进行处理,并且得到较好的结果。那么为什么在风险管理的应用中需要用到矩阵呢?为什么数量工具的第一小节就是矩阵的应用呢?因为我们面对的金融学问题往往都是多维的、复杂的,比如在时间序列、线性方程求解、投资组合管理诸多模型就必须有这方面的应用,又比如风险收益最优化等问题也不可避免地要用矩阵来求解。

对于矩阵的数学原理我们假设读者已经有了一定的基础,文中将不加以证明地直接应用相关原理进行计算和推演。

2.2.1 矩阵在 Excel 中的实现

矩阵不是一个数,而是一个数组。在 Excel 里,数组占用一片单元域,单元域用大括号表示,我们也可以称之为数组域,例如{A1:C3},以便和普通单元域 A1:C3 相区别。Excel 的一个单元格就是一个变量,一片单元域也可以视为一组变量。为了计算上的方便,一组变量最好给一个数组名。矩阵函数是 Excel 进行矩阵计算的专用模块。常用的矩阵函数有 MDETERM(计算一个矩阵的行列式)、MINVERSE(计算一个矩阵的逆矩阵)、MMULT(计算两个矩阵的乘积)、SUMPRODUCT(计算所有矩阵对应元素乘积之和)……函数可以通过点击"="号,然后用键盘输入,可以通过点击"插入"菜单下的"函数",或点击 fx 图标,然后选择"粘贴函数"中相应的函数输入。

2.2.2 矩阵的基本运算

(1) 矩阵的输入与定义

在单元格中按照矩阵的格式依次输入矩阵的数,然后通过"右击"—"定义名称"—"新建名称"。举例说明:假定现有矩阵 $\begin{bmatrix} 6 & 9 & 5 \\ 9 & 17 & 9 \\ 5 & 9 & 6 \end{bmatrix}$,要求将其输入到工作表中,并定义为 A。

第一步:在工作簿的工作表中的 A1:C3 依次输入矩阵中的数字。

第二步:利用鼠标选中单元域 A1:C3,依次按键盘 Alt I—N—D,出现如下图片框(图 2.26),在"名称"中输入 A,按"确定"键。

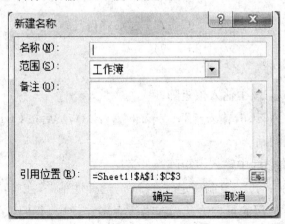

图 2.26

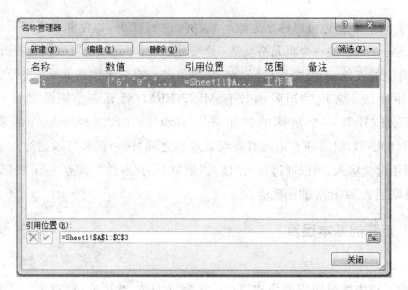

图 2.27

矩阵在 Excel 中不能进行符号运算。所谓符号运算就是代数运算,简单地说就是在矩阵的运算公式中含有未确定的变量(Mathematics5.0 是符号运算专家,Matlab 也可以进行符号运算,但是更加偏重于数值运算)。

(2) 矩阵的转置

矩阵一般有 m 行 n 列,转置之后变成了 n 行 m 列。矩阵转置的函数是:Transpose(array)。

举例说明:假定现有矩阵 $\begin{bmatrix} 6 & 19 \\ 9 & 7 \\ 25 & 9 \end{bmatrix}$,要求获得其转置矩阵。

方法一:公式法

第一步:在 A1:B3 中输入该矩阵;

第二步:选定 A5:C6,输入=Transpose(A1:B3),然后按 Ctrl+Shift+Enter。

方法二:复制粘贴法

第一步:在 A1:B3 中输入该矩阵;

第二步:选定 A5:C6,复制—定位在 A5—选择性粘贴(在"转置"选项中打勾)

以前人们通常使用的是方法二。在高级金融建模中,我们认为方法一更能体现出 Excel 的高级应用,相对而言更加快捷。在公式法中,有时候对需要进行转置的矩阵,我们定义了一个名称 A,那么在后续的公式中我们只需输入＝Transpose(A),然后再按 Ctrl+Shift+Enter。我们今后对于这样的矩阵名称的替代不再加以说明,读者应该熟练运用。

(3) 矩阵的加、减运算

在预先设定好两个矩阵 A 和 B 的前提下,只有当他们的 Size 完全相同的时候才能进行加减运算,运算的结果也是一个矩阵,而且 Size 和 A 及 B 相同。这里的 Size 是指矩阵的行数和列数,即 m×n。

(4) 矩阵的行列式

矩阵函数:MDETERM(array)。矩阵的行列式计算是矩阵应用中最重要的运算之一,读者需掌握并牢记相应的矩阵函数。补充说明一下,只有方阵才能进行行列式运算,所谓方阵就是行数和列数相同的矩阵。行列式的最终结果只是一个数,而不是一个矩阵。

(5) 矩阵的逆

矩阵函数:MINVERSE(array)。矩阵的行列式计算是矩阵应用中最重要的运算之一,读者需掌握并牢记相应的矩阵函数。补充说明一下,只有方阵才能进行逆运算。逆运算的结果还是一个方阵,Size 与原矩阵相同。

(6) 矩阵相乘

矩阵之间的乘法和矩阵的数乘是两个概念,初步学习的读者应该对此注意区分。我们将分别进行介绍。两个矩阵相乘必须符合一定的条件,A(m1×m2),B(n1×n2),那么 A×B 可以进行的条件是 m2=n1,同样 B×A 可以进行的条件是 n2=m1。若 A 和 B 都是方阵,那么只要它们的阶数是相同的,A×B、B×A 自然都是合法的,但结果通常是不一样的。更多的代数知识,我们这里不做介绍和分析。

矩阵相乘的函数是:MMULT(array1,array2)。举例说明:$A = \begin{bmatrix} 6 & 19 \\ 9 & 7 \\ 25 & 9 \end{bmatrix}$,$B = A^T$,要求计算 B×A。

第一步:首先我们在计算前需要确定 B×A 后的 Size 应该是 2×2;

第二步:选择一个 2×2 的空白区域,输入＝MMULT(A,B),然后按 Ctrl+Shift+Enter。

两个矩阵相乘要预先判定结果的行数与列数,只有在选定好正确的行数与列数下才能得到正确的结果。请读者观察 A×B 和 B×A 的两个结果是否相同,并想想原因。MMULT 可以互相循环套用,读者可以自己试着去计算 MMULT (MMULT(A, B), MMULT(A, B))。矩阵和其逆矩阵的乘积是单位矩阵,所谓单位矩阵就是对角线是 1 的方阵。

(7) 矩阵的点乘和数乘

请读者进行如下操作,注意观察结果:$A = \begin{bmatrix} 6 & 19 \\ 9 & 7 \\ 25 & 9 \end{bmatrix}$,在 3×2 的空白区域内输入=A×A,按 Ctrl+Shift+Enter。所谓矩阵的点乘,就是 A 和 B 是两个 Size 完全相同的矩阵。A×B 就是将两个矩阵对应位置上的数进行代数意义上的乘法运算,得到的结果矩阵的 Size 和 A 及 B 是一样的。请读者再进行如下操作,注意观察结果:$A = \begin{bmatrix} 6 & 19 \\ 9 & 7 \\ 25 & 9 \end{bmatrix}$,在 3×2 的空白区域内输入=A×3,按 Ctrl+Shift+Enter。

所谓矩阵的数乘,就是将矩阵的每一个位置的数都乘以同一个数。

(1) 在 Excel 中,类似于"A.A","A×A"这样的矩阵运算都是不合法的。

(2) $\begin{bmatrix} 6 & 19 \\ 9 & 7 \\ 25 & 9 \end{bmatrix} \times 3$ 和 $\begin{bmatrix} 6 & 19 \\ 9 & 7 \\ 25 & 9 \end{bmatrix} \times \begin{bmatrix} 3 & 3 \\ 3 & 3 \\ 3 & 3 \end{bmatrix}$ 的结果是一致的。

2.2.3 矩阵的高级运算

矩阵是一门数学课程,有着非常广泛的应用和理论基础,在更高一级的应用中,我们往往需要处理一些向量运算,而向量就是一种比较特殊的矩阵,某行数或列数为 1。例如一个时间序列或者在多元线性回归中就会出现某个变量的一维列向量,更广泛的实务应用中可能还有类似于矩阵张量积和矩阵分解的数值计算功能。我们将在本节介绍一些比较高级的矩阵运算,供读者参考。这些应用在 Excel 中往往没有直接的函数可以调用,需要读者通过 VBA 编程自定义函数。若对于这些概念并不甚了解的读者可以跳过。

(1) 向量的点积运算

熟悉向量的点积的人应该清楚,它的本质就是两个矩阵的乘积。所以向量的点积,我们可以直接应用矩阵的乘积运算过程。值得注意的是,向量的欧式长度通常被定义为向量与自身的点积的算术平方根。例如我们要求解行向量 A=(3, 4, 5)的长度 L:

L=Sqrt(MMULT(A, Transpose(A)))。注意上述公式是对于行向量的长度计算,那么请读者思考对于列向量的长度计算公式是否与之相同?若不相同,原因是什么?

请读者自己考察一个函数 SUMPRODUCT(array1, array2, …)的作用。可以参考帮助文档并详细阅读解释内容。

(2) 矩阵的幂运算

矩阵的幂运算类似于求矩阵 A^3+2A^2+A-I。同样地,在 Excel 中并没有矩阵的幂运算函数,但这个函数编起来并不难,但问题是在设计程序过程中,需要考虑一些实际情况,例如幂指数若等于 0 或 -1 的含义应当就是单位矩阵和求逆矩阵。下面是这个函数的程序代码:

```
=================================
Function MatrixPower(Matrix As Range, p As Integer) 'Matrix 是输入的 n×n 的矩阵,p 是幂指数
Dim n As Integer, i As Integer, j As Integer, E() '定义函数中的中间变量
n = Matrix.Rows.Count '取得输入矩阵行数赋予 n
Select Case p '分类讨论,
Case -1 '求逆矩阵
    MatrixPower = Application.WorksheetFunction.MInverse(Matrix)
Case 0 '得到单位矩阵
    ReDim E(1 To n, 1 To n)
    For i = 1 To n
        E(i, i) = 1
    Next i
    MatrixPower = E
Case Else '通常矩阵的幂
    MatrixPower = Matrix '初始化
```

```
For j = 1 To p - 1  '循环套用,反复乘积
    MatrixPower = Application.WorksheetFunction.MMult(MatrixPower, Matrix)
Next j
End Select
End Function
```

= =

这个函数的目的是用来进行矩阵的幂运算,读者自然会明白,有了幂运算函数之后,那么多项式的运算也就不成问题了。

(3) 矩阵的级数运算

在数学中还有一种被称为以矩阵为指数的运算,例如 A 是一个矩阵,要求 Exp(A)。通常在一定条件下我们将 Exp(A) 展开为一个多项式运算,如下所示:

$$\mathrm{Exp}(A) = I + A + \frac{1}{2}A^2 + \frac{1}{3!}A^3 + \cdots,$$ 同样我们也可以自定义函数来近似求解 Exp(A),或者通过在 Excel 中进行简单的运算,请读者自行尝试。

(4) 矩阵的分解

在矩阵代数中,对于一个对称实数矩阵,可以进行所谓的 Cholesky 分解,将其分解为两个矩阵的乘积,如下:

$$R = TT'$$

其中 T 是一个下三角矩阵,另一个是它的转置矩阵(也就是一个上三角矩阵)。在实际应用中,我们知道协方差矩阵或是相关矩阵都是实对称矩阵,于是在生成多元随机变量时,这些矩阵就显得非常重要,尤其是在多元的 Monte Calo Simulation(在后续的讲义中将重点介绍)中是最为关键的一步。我们来看两个例子:

问题一:现有一个相关矩阵 M 如下,请构造一组三维的随机变量序列,使得它们之间的相关性准确地被矩阵 M 描述。$M = \begin{bmatrix} 1 & 0.3 & -0.5 \\ 0.3 & 1 & 0.4 \\ -0.5 & 0.4 & 1 \end{bmatrix}$,我们希望利用 Excel 来生产三个符合条件的随机变量,并进行验证:

第一步：首先生成三个独立的随机变量序列，分别代表三个随机变量的试验值。我们知道独立变量之间的相关矩阵一定是单位矩阵（即只有对角线上值非零，且均为 1）。在 Excel 中，利用 Rand() 函数生成三列 (0,1) 之间的变量，分别放在 A2：A501，B2：B501，C2：C501 三个区域中，并将其自定义为 RANDM，如图 2.28 所示：

	A	B	C	D	E	F
1	"Rand()"	"Rand()"	"Rand()"	RELMatrix		
2	0.422122	0.186979	0.574022	1	0.5	-0.7
3	0.182736	0.929180	0.412736	0.5	1	-0.6
4	0.161203	0.485404	0.723362	-0.7	-0.6	1
5	0.081321	0.322538	0.703362			
6	0.289582	0.391046	0.795964	1	0	0
7	0.417659	0.020815	0.931645	0.5	0.866025	0
8	0.969403	0.916236	0.667685	-0.7	-0.28868	0.653197
9	0.168843	0.268133	0.264605			
10	0.471119	0.172898	0.415268	1	0.5	-0.7
11	0.048685	0.123337	0.146242	0	0.866025	-0.28868
12	0.488385	0.857889	0.577228	0	0	0.653197
13	0.819595	0.546942	0.160031			
14	0.335971	0.474695	0.900911			
15	0.664349	0.721613	0.384044			
16	0.727215	0.531844	0.788335			
17	0.289002	0.439728	0.214178			

图 2.28

读者可以用 CORREL() 函数来检验三列随机数之间的相关性接近于 0。（Tips：如果希望重置一次，只需按 F9 就可以了，多操作几次看看结果是否符合我们的预期结果）

第二步：将已知的矩阵 M 进行 Cholesky 分解（实际上在 Matlab 中非常容易实现，有现成的函数可用）。非常可惜的是，Excel 内部并没有自带的相关函数可以直接应用，我们需要自定义函数，下面是一段用来分解正定矩阵的程序（请思考为什么是正定矩，并且想想程序有哪些地方需要改进）：

===========================

```
Function CHDE(M As Range)
Dim Middle() As Double, CH() As Double, j As Integer, k As Integer, R As Integer, S As Double
R = M.Cells.Rows.Count
ReDim CH(1 To R, 1 To R), Middle(1 To R, 1 To R)
For k = 1 To R
    For j = 1 To R
    Middle(k, j) = M.Cells(k, j).Value
    CH(k, j) = 0
    Next j
Next k
CH(1, 1) = Sqr(Middle(1, 1))
If R >= 2 Then
    CH(2, 1) = Middle(2, 1)/CH(1, 1)
    CH(2, 2) = Sqr(Middle(2, 2) - CH(2, 1) * CH(2, 1))
    If R >= 3 Then
        For k = 3 To R
            CH(k, 1) = Middle(k, 1)/CH(1, 1)
            For j = 2 To k - 1
                S = 0
                For u = 1 To j - 1
                    S = S + CH(j, u) * CH(k, u)
                Next u
                CH(k, j) = (Middle(k, j) - S)/CH(j, j)
```

```
                Next j
                S = 0
                For u = 1 To k - 1
                    S = S + CH(k, u) * CH(k, u)
                Next u
                CH(k, k) = Sqr(Middle(k, k) - S)
            Next k
        End If
End If
CHDE = CH
End Function
```
================================

第三步：通过自定义的函数 CHDE( )进行 Cholesky 分解得到相应的 T 在 Excel 中可以自定义为 CHT,读者可以自行检验分解是否正确(利用 MMULT( )函数)。

	D	E	F	G	H	I
	RELMatrix			Correlation	0.5278	-0.2
2	1	0.5	-0.7		0.57793	0.7
6	0.5	1	-0.6	M=T*T'	0.19583	0.96
2	-0.7	-0.6	1		0.30566	0.3
2					0.90132	0.83
4	1	0	0		0.71457	0.75
5	0.5	0.866025	0	T	0.97302	1.27
5	-0.7	-0.28868	0.653197		0.06824	0.17
5					0.30353	0.64
8	1	0.5	-0.7		0.0103	0.03
2	0	0.866025	-0.28868	T'	0.26649	0.26
8	0	0	0.653197		0.91065	0.52
1					0.85245	0.93

图 2.29

第四步：在对应的区域内执行如下函数＝MMULT（RANDM，Transpose（CHT））就能得到一个新的三维的随机序列，而且可以验证这样的随机序列是符合相关矩阵的。

问题2：若已知协方差矩阵COVM，请读者自行考虑如何获得符合条件的随机变量序列。

① 所选取的随机变量序列完全由程序设计者自己定义，可以是问题1中的（0，1）上的随机变量，也可以是正态随机变量等。

② 在计算过程中，要注意什么时候使用下三角矩阵，什么时候该使用上三角矩阵。

2.2.4 矩阵应用的例子

（1）多元线性方程求解

在一个新的工作表中，我们根据一个三元一次方程进行求解。在图2.30中我们将方程的系数矩阵列在A2：C4中，在E中列出方程等号右边项。在G2：G4中

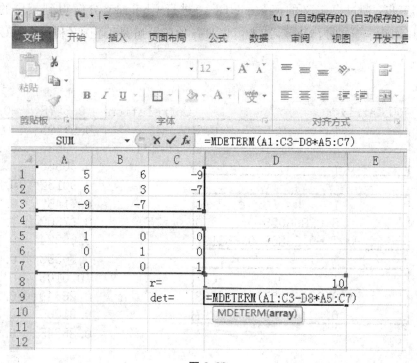

图2.30

输入"＝MMULT(Minverse(A2:C4)，G2:G4)",然后按 Ctrl＋Shift＋Enter 便可以得到解。

(2) 矩阵特征根的求解

在矩阵代数中,我们知道有对称矩阵的特征方程的概念。对此有所了解的读者应该清楚求特征方程的根其实就是一个一元高次方程求解问题。一般而言,我们总是会把方程写出来,然后进行求解。事实上,在 Excel 中我们无需如此,我们完全可以从定义出发。利用"Tools"菜单下的"Seek Goal"功能,我们就能够做到。我们来看下面的例子:

"A1:C3"是对称矩阵 M,"A5:C7"是单位矩阵 E。根据定义,特征值 r 就是使得 MDETER(M－r×E)＝0 的值。我们在 D8 中随意输入一个数作为初始值,这里是 10,请读者先根据公式看一看 D9 中的计算结果,是不是 1577？显然这个 10 不是我们需要的结果,因为 D9 的计算结果不是 0。那么如何才能寻找到那样的一个解呢？我们可以求助于单变量求解的工具。请从工具菜单中选择 Seek Goal,出现的界面如图 2.31 所示。

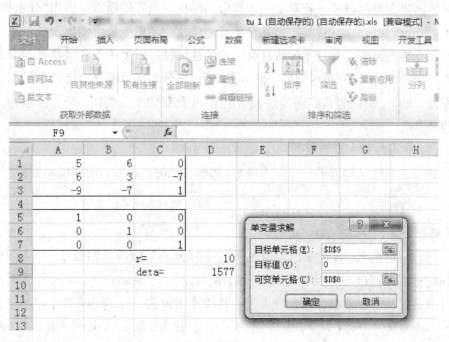

图 2.31

在 Set Cell 中将单元格指定在 D9,将 To value 指定为 0,By changing cell 指定为 D8 或者 \$D\$8,按 OK 即能求得特征根。看一看,D8 和 D9 中的数是否发生了变化?

事实上,在 By Changing cell 中指定的单元可以更多。也就是说,它不仅能够求解一元问题,还能够求解多元问题。请读者自己尝试一下,在投资组合领域中这个功能有很大的用武之地。另外,也可以参考图 2.6 中的规划求解应用方法来解决此类问题。

2.3 基础概率的应用

2.3.1 生成重要的概率分布和密度函数

(1) 了解分布函数及密度函数

分布是用来描述一个随机变量变化特性的。若称"分布函数",通常是对一个连续的随机变量而言的。若对于一个离散的随机变量我们通常习惯用"分布列"来表示,而分布列最为简单,其实就是一个表格将这个随机变量可能出现的值以及对应的概率描述出来。而分布函数具有一定的连续性。密度函数其实是针对分布函数而提出的,通常是分布函数的一阶导数,反过来分布函数就是密度函数的变上限定积分。Excel 中两者我们都能够表示出来,在此我们重点讲述与分布函数相关的问题。

(2) 作一纬的密度函数的图像

如果我们已经知道了一个分布函数,例如一纬的正态分布的密度函数:

$$f(x, \mu, \sigma) = \frac{1}{\sqrt{2\pi}\sigma} e^{-\frac{(x-\mu)^2}{2\sigma^2}}$$

我们希望在 Excel 中画出均值周围三个标准差范围内的图像。Excel 自带正态分布密度(函数)NORMDIST(x, mean, standard_dev, cumulative),这个函数将分布函数及密度分布都包含进去了。具体地体现在 cumulative 这个参数上:若 cumulative 取为 0(或为 False),则表示密度分布;若 cumulative 取为 1(或为 True),则表示累计分布函数(也就是分布函数的意思)。其他的参数都是自然的理解。例如，现在我们希望看看一个基金收益率的分布情况，该基金年收益率是18%，标准差是5%，某位投资人想算一算他本金不亏损的概率有多大。他可以在某个单元格中，输入＝1－NORMDIST(0，0.18，0.05，1)来获得他希望的结果。

现在投资人的要求更高了，他希望能够将分布密度函数画出来看一看，更为直观些。具体操作如图 2.32 所示。

	A	B	C	D	E	F
1	N(0.18,0.05)的密度函数					
2	均值=	0.18	标准差=	0.05		
3	标准值	x	密度函数值	累计密度函数值	=NORMDIST(B4,$B$2,$D$2,1)	
4	-3	0.03	0.088636968	0.001349898		
5	-2.9	0.035	0.119050648	0.001865813		1.281551566
6	-2.8	0.04	0.158309032	0.00255513		
7	-2.7	0.045	0.208418696	0.003466974		
8	-2.6	0.05	0.271659385	0.004661188		
9	-2.5	0.055	0.35056601	0.006209665		
10	-2.4	0.06	0. =NORMDIST(B4,$B$2,$D$2,0)			x/y
11	-2.3	0.065	0.566540755	0.01072411		
12	=A4*$D$2+$B$2		09491857	0.013903448		
13			87967192	0.017864421		
14			07981933	0.022750132		
15	-1.9	0.085	1.312316295	0.02871656		
16	-1.8	0.09	1.579003166	0.035930319		

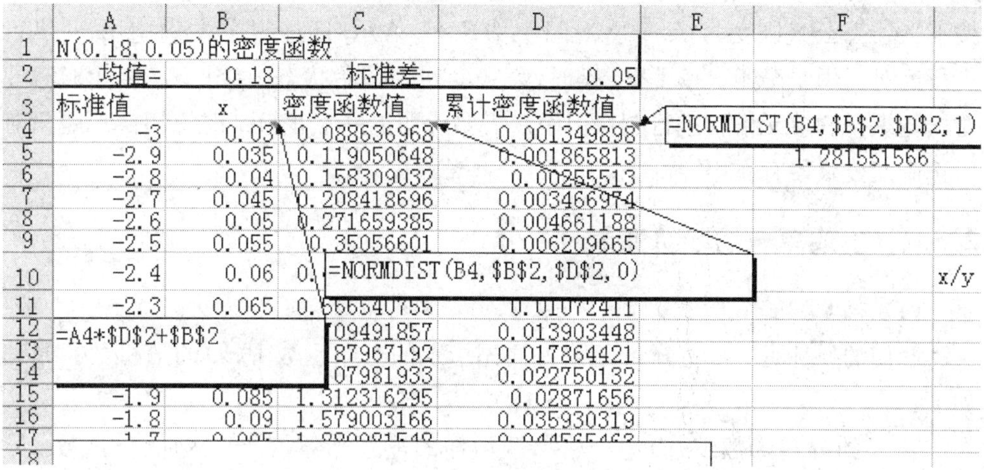

图 2.32

然后根据标准的作图方法可以得到图 2.33。

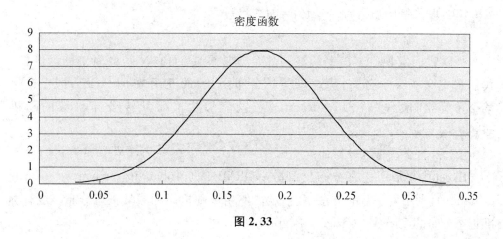

图 2.33

读者可以选择各式各样的显示模式,以体现个性化。

[小技巧]:绝对引用与相对引用的切换

在Excel中输入公式时,只要正确使用F4键,就能简单地对单元格的相对引用和绝对引用进行切换。现举例说明。对于某单元格所输入的公式为"=SUM(B4:B8)"。选中整个公式,按下F4键,该公式内容变为"=SUM(\$B\$4:\$B\$8)",表示对横、纵行单元格均进行绝对引用。第二次按下F4键,公式内容又变为"=SUM(B\$4:B\$8)",表示对横行进行绝对引用,纵行相对引用。第三次按下F4键,公式则变为"=SUM(\$B4:\$B8)",表示对横行进行相对引用,对纵行进行绝对引用。第四次按下F4键时,公式变回到初始状态"=SUM(B4:B8)",即对横行纵行的单元格均进行相对引用。需要说明的一点是,F4键的切换功能只对所选中的公式段有作用。

2.3.2 生成单一的随机变量

(1) 产生服从任意分布的随机数

我们的目标是:产生分布函数为预先指定的分布函数 $F(x)$ 的随机数。原理如下:

若 X 的分布函数 $F(x)$ 为严格单调增加的连续函数,$y=F(x)$ 的反函数 $x=F^{-1}(y)$ 服从 $(0,1)$ 上的均匀分布 $U(0,1)$。

由此得到产生分布函数为预先指定的分布函数 $F(x)$ 的随机数一般方法:

第一步:产生 $(0,1)$ 上的均匀分布随机数 y;

第二步:令 $x=F^{-1}(y)$。

所以我们发现 $(0,1)$ 上的均匀分布非常重要,而它又是最简单的。例如,我们自定义了某个分布函数(即累计分布函数)的逆函数 FInv(x),那么选定某个单元格,输入"=FInv(Rand())"就能够生成服从该分布函数的随机变量。

(2) 产生服从正态分布的随机数

Excel中自带了正态分布反函数 NORMINV(probability,mean,standard_deviation),利用上一节的方法,我们就能够生成随机序列服从正态分布。也有标准正态分布的反函数 NORMSINV(probability)。

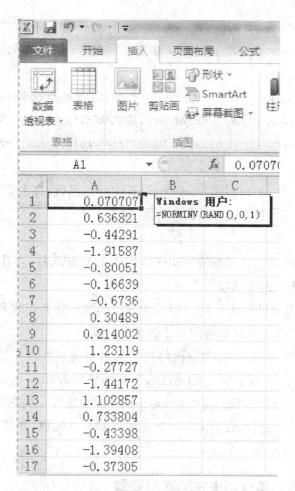

图 2.34

（3）产生服从其他重要分布的随机数（对数正态、T 分布、Chi 方分布、F 分布、Gammar 分布、指数分布）

首先我们希望了解这些分布的密度函数、分布函数及特性。假设读者已经了解了这些函数，那么我们下面将 Excel 中自带的这些函数的密度函数罗列就不会显得没有意义了：

BETADIST(x, alpha, beta, A, B), BETAINV(probability, alpha, beta, A, B)
CHIDIST(x, deg_freedom), CHIINV(probability, deg_freedom)

EXPONDIST(x, lamda, cumulative)

TDIST(x, deg_freedom, tails); tail 这里表示单尾还是双尾 TINV(probability, deg_freedom)

FDIST(x, deg_freedom1, deg_freedom2), FINV(x, deg_freedom1, deg_freedom2)

GAMMADIST(x, alpha, beta, cumulative), GAMMAINV(x, alpha, beta)

LOGNORMDIST(x, mean, standard_dev), LOGINV(probabilty, mean, standard_dev)

如果在实际应用中出现了 Excel 中没有的分布函数,那么办?一个更为通用的办法就是读者须自定义反函数来解决了。

说明:

(1) 以上罗列函数凡是带有"DIST",均表示分布函数;若其中有 cumulative 参数的,则可以选择密度函数。

(2) 需要注意某些与统计性质相关的分布函数往往有单尾和双尾的区别,要尤其小心,对此只有在实际的应用中才能逐步掌握。

(3) Excel 的数据分析包中有很好的工具来生成某些预先设定的随机变量。"DATA"→"Random Number Generation",界面如图 2.35 所示:

在这个分析工具中,我们可以在 Distribution 中选择一些熟知的分布函数,然后根据自己的要求进行参数设定。这里需要说明一个问题,就是"seed 种子"和随机数的生成的内在原理有关。

2.3.3 生成两个具有相关性的随机变量

请参考 2.2.3 中的矩阵分解。

2.3.4 经典应用

(1) 作二维的标准正态分布密度函数的图像

为了简化问题,我们设联合密度函数为:

$$f(x, \mu, \sigma) = \frac{1}{2\pi} e^{-\frac{x^2}{2} - \frac{y^2}{2}}$$

构造如下的过程 SUB,运行:

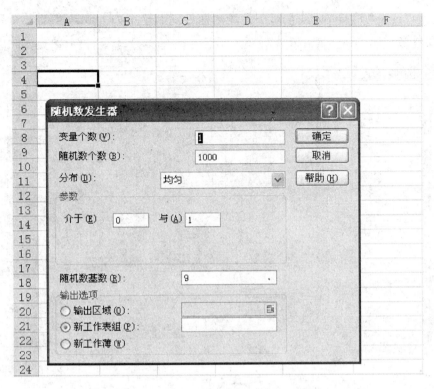

图 2.35

```
Private Sub Fill()
Pi = 3.1415926
For i = 1 To 60
    For j = 1 To 60
        Cells(10 + i, 7 + j).Value = 1/Pi * Exp( - (Cells(10, 7 + j).Value) ^
2 - (Cells(10 + i, 7).Value) ^ 2)
    Next j
Next i
End Sub
```

希望读者观察运行的全过程,不难发现,我们需要等待很长的时间程序才能终止，从这点就足以说明 excel 在对于大量数据处理上远不如 matlab 等数据处理软件来得高效。

	G	H	I	J	K	L	M	N	O	P
9										
10	x/y	-3	-2.9	-2.8	-2.7	-2.6	-2.5	-2.4	-2.3	
11	-3	4.85E-09	8.75E-09	1.55E-08	2.68E-08	4.55E-08	7.58E-08	1.24E-07	1.98E-07	3.11E
12	-2.9	8.75E-09	1.58E-08	2.79E-08	4.84E-08	8.21E-08	1.37E-07	2.23E-07	3.57E-07	5.6E
13	-2.8	1.55E-08	2.79E-08	4.93E-08	8.55E-08	1.45E-07	2.42E-07	3.95E-07	6.32E-07	9.91E
14	-2.7	2.68E-08	4.84E-08	8.55E-08	1.48E-07	2.52E-07	4.19E-07	6.84E-07	1.1E-06	1.72E
15	-2.6	4.55E-08	8.21E-08	1.45E-07	2.52E-07	4.28E-07	7.12E-07	1.16E-06	1.86E-06	2.92E
16	-2.5	7.58E-08	1.37E-07	2.42E-07	4.19E-07	7.12E-07	1.19E-06	1.94E-06	3.1E-06	4.86E
17	-2.4	1.24E-07	2.23E-07	3.95E-07	6.84E-07	1.16E-06	1.94E-06	3.16E-06	5.06E-06	7.93E
18	-2.3	1.98E-07	3.57E-07	6.32E-07	1.1E-06	1.86E-06	3.1E-06	5.06E-06	8.09E-06	1.27E
19	-2.2	3.11E-07	5.6E-07	9.91E-07	1.72E-06	2.92E-06	4.86E-06	7.93E-06	1.27E-05	1.99E
20	-2.1	4.77E-07	8.61E-07	1.52E-06	2.64E-06	4.49E-06	7.47E-06	1.22E-05	1.95E-05	3.06E
21	-2	7.19E-07	1.3E-06	2.3E-06	3.98E-06	6.76E-06	1.13E-05	1.84E-05	2.94E-05	4.61E
22	-1.9	1.06E-06	1.92E-06	3.39E-06	5.88E-06	9.98E-06	1.66E-05	2.71E-05	4.34E-05	6.81E
23	-1.8	1.54E-06	2.78E-06	4.91E-06	8.51E-06	1.45E-05	2.41E-05	3.93E-05	6.29E-05	9.86E
24	-1.7	2.18E-06	3.94E-06	6.96E-06	1.21E-05	2.05E-05	3.42E-05	5.57E-05	8.92E-05	0.00
25	-1.6	3.04E-06	5.48E-06	9.69E-06	1.68E-05	2.85E-05	4.75E-05	7.75E-05	0.000124	0.000
26	-1.5	4.14E-06	7.47E-06	1.32E-05	2.29E-05	3.89E-05	6.48E-05	0.000106	0.000169	0.000
27	-1.4	5.53E-06	9.98E-06	1.77E-05	3.06E-05	5.2E-05	8.66E-05	0.000141	0.000226	0.000
28	-1.3	7.25E-06	1.31E-05	2.31E-05	4.01E-05	6.81E-05	0.000113	0.000185	0.000296	0.000
29	-1.2	9.31E-06	1.68E-05	2.97E-05	5.15E-05	8.74E-05	0.000146	0.000238	0.00038	0.000
30	-1.1	1.17E-05	2.11E-05	3.74E-05	6.48E-05	0.00011	0.000183	0.000299	0.000479	0.000
31	-1	1.45E-05	2.61E-05	4.61E-05	7.99E-05	0.000136	0.000226	0.000369	0.00059	0.000
32	-0.9	1.75E-05	3.15E-05	5.57E-05	9.66E-05	0.000164	0.000273	0.000446	0.000714	0.00
33	-0.8	2.07E-05	3.74E-05	6.61E-05	0.000115	0.000195	0.000324	0.000529	0.000846	0.00
34	-0.7	2.41E-05	4.34E-05	7.68E-05	0.000133	0.000226	0.000376	0.000614	0.000983	0.00
35	-0.6	2.74E-05	4.94E-05	8.74E-05	0.000152	0.000257	0.000429	0.0007	0.00112	0.00
36	-0.5	3.06E-05	5.52E-05	9.76E-05	0.000169	0.000287	0.000479	0.000781	0.00125	0.0
37	-0.4	3.35E-05	6.04E-05	0.000107	0.000185	0.000314	0.000524	0.000855	0.001368	0.00
38	-0.3	3.59E-05	6.48E-05	0.000115	0.000198	0.000337	0.000562	0.000917	0.001467	0.
39	-0.2	3.77E-05	6.81E-05	0.00012	0.000209	0.000355	0.00059	0.000964	0.001542	0.00
40	-0.1	3.89E-05	7.02E-05	0.000124	0.000215	0.000365	0.000608	0.000993	0.001589	0.00
41	0	3.93E-05	7.09E-05	0.000125	0.000217	0.000369	0.000614	0.001003	0.001605	0.00

图 2.36

经过通常的作图，我们可以得到的联合分布密度函数图像如图 2.37 所示。

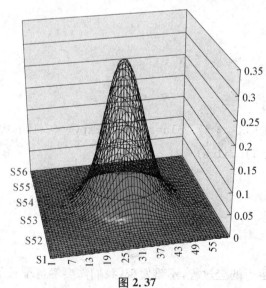

图 2.37

(2) 自制 Z-table

利用类似的思路,我们可以自己制作 Z-table。请读者思考并尝试完成。

(3) 分析不同贷款期限、不同贷款利率下的按揭月供情况。

建立单变量模拟运算表

图 2.38 给出了利率为 5% 的年连续复利因子(单元格 C10)。利率为 5% 的年折现因子则放在单元格 D10 中。单元格中的公式也同时显示出来。假定我们希望得到一个包含不同时段复利因子和折现因子的表格,如 t=1, 2,一直到 10 年。一般情况下,我们完全可以利用自动添加公式来解决。这里主要是为了说明如何应用单变量模拟运算表。

	A	B	C	D	E	F	G
1	单变量模拟运算表						
2	连续复利						
3	输入量						
4	初始价值		1				
5	连续利率		5.00%				
6	年利率	$r_a=\exp(r)-1$	5.13%				
7	时间(t)		1				
8							
9	输出量:						
10	复利因子t年		1.051271	=$C$4*EXP($C$5*$C$7)		=C10	
11	折现因子t年		0.951229	=$C$4*EXP(-$C$5*$C$7)			
12							
13			输入输出的公式			=C11	
14							
15			复利	折现			
16			1.051271	0.951229			
17	输入变量t的数字	1	1.051271	0.951229			
18		2	1.105171	0.904837			
19		3	1.161834	0.860708			
20		4	1.221403	0.818731			
21		5	1.284025	0.778801			
22		6	1.349859	0.740818			
23		7	1.419068	0.704688			
24		8	1.491825	0.67032			
25		9	1.568312	0.637628			
26		10	1.648721	0.606531			
27							

图 2.38

第一步：规划一下适当的版面。可以观察到 C10 和 C11 的公式中都有时间变量 C7，同时，我们也将 C10 和 C11 的结果复制到 D16 和 E16。

第二步：选中 C16:E26。注意所选定区域的第一行必须是带有公式的（无论是直接输入的还是复制过来的）。

第三步：数据（Data）菜单→模拟运算表（Table），出现了参数设置表。

第四步：在输入引用列的单元格中输入 C7，按确定即可得到运算结果。

建立双变量模拟运算表

双变量的情况在实际问题中往往更普遍，而且通过自动添加公式来解决比较麻烦，这更体现出了模拟元算表的应用价值。

在图 2.39 所选中的运算区域的左上角复制 C11，间接得到目标公式，该公式中存在两个变量：时间和利率。图 2.38 中，在我们选定的区域左列是时间列，首行是不同的利率。如同单变量模拟运算一样，选定区域后，进入数据→模拟运算表的参数设置对话框。在输入引用行的单元格中输入 C5，而输入引用列的单元格中输入 C7，然后按"确定"键即可得到运算结果。

双变量模拟运算表	=C11					
0.951229	3.00%	3.50%	4.00%	5.00%	5.50%	6.00%
1	0.970446	0.965605	0.960789	0.951229	0.946485	0.941765
2	0.941765	0.932394	0.923116	0.904837	0.895834	0.88692
3	0.913931	0.900325	0.88692	0.860708	0.847894	0.83527
4	0.88692	0.869358	0.852144	0.818731	0.802519	0.786628
5	0.860708	0.839457	0.818731	0.778801	0.759572	0.740818

图 2.39

注：请读者尝试利用模拟运算表计算 80 万元房贷在不同利率及借款时间下的月供。

2.4 基本统计的应用

2.4.1 基本的描述性统计函数

描述性统计函数主要包括一般统计函数、集中趋势和离散程度的描绘。例如：

=Count(array) 计数

=Sum(array) 求和

=Max(array) 求最大值

=Min(array) 求最小值

=Average(array)求平均数

=Median(array)求中位数

=Geomean(array)几何平均数

=Harmean(array)调和平均数

=AVEDEV(array)绝对值平均数

=STDEV(array)计算样本标准差。(STDEVP(array)用于计算总体标准差)

=VAR(array)方差（VARP(array)用于计算总体方差）

=Skew(array) 偏度

=Kurt(array)峰度

这些函数的应用都是非常直接的,读者如果理解了函数本身,那么应用并不困难,只要经常用这些函数的话,名称并不难记忆。实际上,我们还有更绝的:"利用工具—数据分析—描述性统计"

对于两组或两组以上的序列,我们还可以计算协方差或协方差矩阵以及相关矩阵。请读者在工具菜单的数据分析工具中寻找 cover 或 correl 相应模板进行尝试并体会。

2.4.2 与频率/累计频率/相对频率相关的应用

利用"直方图"分析工具可以计算数据的分组次数、累计频数分布,绘出分布图表。利用 1.3.1 同样的数据源,具体操作如图 2.43 所示。工具菜单—数据分析—直方图。

在进行分组前,我们需要做的一件事情就是划定分组的区间,例如我们观察到以上数据序列中最大值 2.72,最小值 -4.89,于是根据个人偏好,如以 0.5 作为区间长度进行划分,那么在空白列中,我们填入对应的区间端点值,请看图 2.44 的区域 F2:F18。

在图 2.45 中,我们需要进行具体的设置,如数据源区域 input ranges,分组区

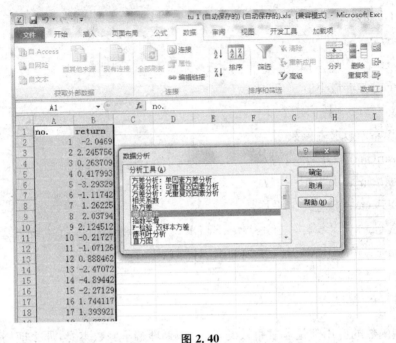

图 2.40

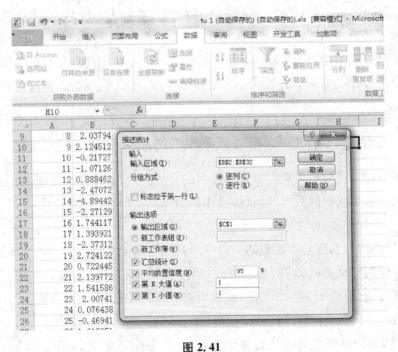

图 2.41

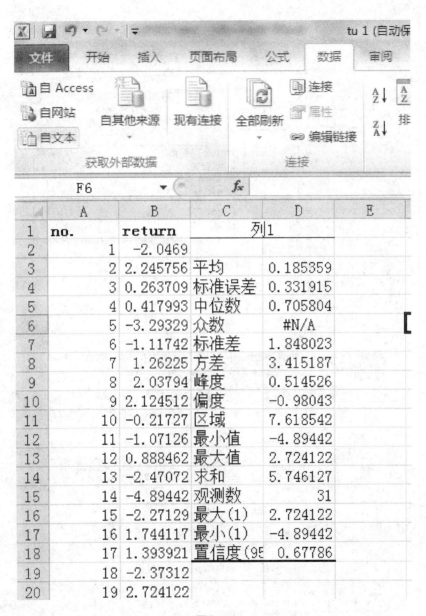

图 2.42

域 bin range,输出结果区域 Output Range 等,若还希望画出图标,则将选项 Chart Output 选中即可。请注意选项 Lable 的含义是：所选中的数据源区域是否包含"标题"。

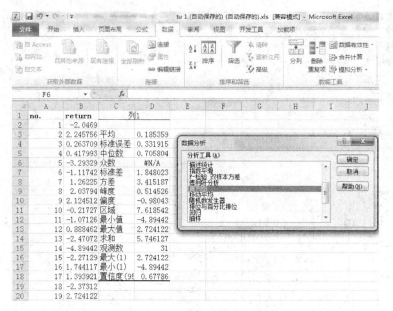

图 2.43

图 2.44

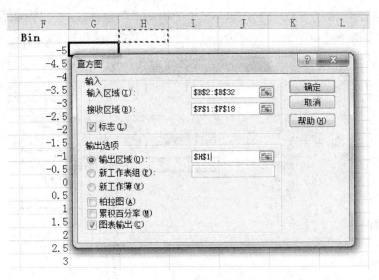

图 2.45

按 OK 后，请看结果：

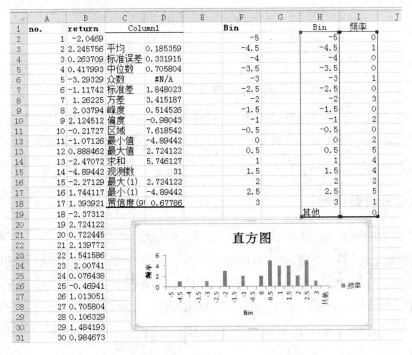

图 2.46

当然，还有通过函数 Frequency(data_array, bin_array)来取得相同的结果。读者不妨根据自己对函数的理解进行尝试，看看是否能够得到相同的结果。

有了频数分布情况，我们就能够计算概率分布。同样，累计频数和累计概率分布也就迎刃而解了。如图 2.47 所示，求得了累计频数。

Bin	频率	累计频数
-5	0	0
-4.5	1	1
-4	0	1
-3.5	0	1
-3	1	2
-2.5	0	2
-2	3	5
-1.5	0	5
-1	2	7
-0.5	0	7
0	2	9
0.5	5	14
1	4	18
1.5	4	22
2	2	24
2.5	5	29
3	1	30
其他	0	30

Windows 用户：
J3=J2+I3

图 2.47

在这样的一个案例分析过程中，我们要向读者提出一个问题，那就是分组的区间是开区间还是闭区间？也就是分组的区间是否包括端点？请思考有什么办法可以进行检验。

2.4.3 分位数函数

四分位数函数：Quartile(array, quart)。该函数返回数据集四分位数。其中的第二个输入参数 quart 是一个数，表明返回哪一个四分位数：如果 quart=0，返回数组的最小值；如果 quart=1，返回第一个 1/4 分位数（即排序后，处于数组 25%处的值），依此类推。

百分位数函数：Percentile(array, k)的应用方法和 Quartile 类似。但有一个非常大的不同，这里的 k 是具体的百分数，即 0.25 或 0.5 等，而不是 25 或 50，读者可以自己尝试看看。

2.4.4 参数假设检验

在现代统计学中,我们可以通过实验的结果对总体分布的参数进行估计。通常有两种估计方法:(1) 区间估计;(2) 假设检验。

在工具菜单的数据分析工具中有满足各种假设检验的模板,例如 T 检验、Z 检验、F 检验等常规的检验,应用思路都是一样的,这里不做更详细的介绍。

关于两总体相关系数的检验,要多说两句。分两类:(1) 两总体相关系数是否为 0,我们用的是 T 检验,自由度是 $N-2$,检验统计量是 $\gamma_{XY}\sqrt{\dfrac{n-2}{1-\gamma_{XY}^2}}$。(2) 两总体相关系数是否为一个非零数,我们必须经过所谓的 Fisher 变化得到 $Z=\text{Fisher}(\gamma)$,再利用正态检验,检验统计量是 $z=\dfrac{z_r-z_p}{\sqrt{\dfrac{1}{N-3}}}$。Excel 中有 Fisher($\gamma$) 函数,变化公式是: $z=\text{Fisher}(\gamma)=\dfrac{1}{2}\ln\left(\dfrac{1+r}{1-r}\right)$

注:请读者思考如何进行非参数检验?例如正态分布的检验。

2.4.5 区间估计

对区间估计的概念我们假设读者已经了解。Excel 并没有内嵌的区间估计模板,但是大家可以先看看这么一个函数 CONFIDENCE(alpha, standard_dev, size),它用于间接地解决区间估计问题。理论上,对于一个给定置信水平和样本,应用 Z 分布进行区间估计的问题,我们往往应用下面的通式:

$$\left[\bar{x}-z_{\alpha/2}\dfrac{s}{\sqrt{n}},\ \bar{x}+z_{\alpha/2}\dfrac{s}{\sqrt{n}}\right]$$

其中 $\bar{x}$ 描述了中心位置,而 $z_{\alpha/2}\dfrac{s}{\sqrt{n}}$ 就可以通过 CONFIDENCE 函数来获得。需要强调的是,如果应用该函数来求的话,那么必须是针对总体标准差已知,且服从正态分布或是样本量足够大的情况。对于样本量小于 30、总体方差未知的情况,我们知道不能用 Z 分布来做,只能寻求 T 分布来做估计。而实际工作中,我们用 T 分布的可能性更高。

我们希望用一个案例分析来说明基本应用,其他类似的问题可以依样画葫芦解决。问题：单总体的区间估计,方差未知,并假设总体是正态分布。

案例的求解过程见图 2.48 所示。

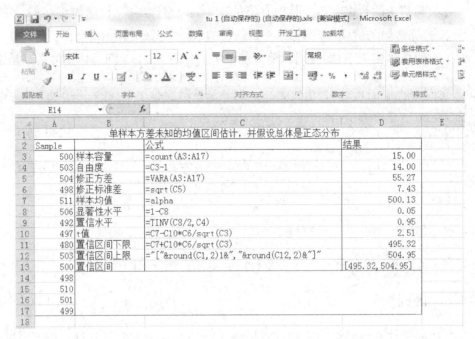

图 2.48

2.5 回归分析与方差分析

2.5.1 回归分析的应用

我们假设读者对简单的回归分析已经熟悉,这里我们概述怎样利用 Excel 来进行必要的计算。实际上,Excel 有多种方法来进行回归运算。主要分两类：使用 Excel 内部自带的函数和使用分析工具库中的简单回归模板。

首先介绍几个重要的线性回归函数：
INTERCEPT(know_y's,know_x's)用来计算回归的截距;

SLOPE(know_y's, know_x's) 用来计算回归的斜率；
RSQ(know_y's, know_x's) 用来计算拟合度，对于二元线性回归就是相关系数的平方；
STEYX(know_y's, know_x's) 用来计算 Standard Error of Estimation；

另外有一个比较特殊的函数 Linest，需要重点解释：

LINEST(know_y's, know_x's, constant, status) 是一个数组函数，以两列数据为输入项，返回数组形式的基本回归量，其中 Constant 是一个逻辑参数，如果是 TRUE(或 1)，则表示回归需要常数项，如果是 FALSE(或 0)，则表示回归的常数项设为 0；而 status 也是逻辑参数，如果是 TRUE(或 1)，则表示输出全部的回归统计值，如果是 FALSE(或 0)，则表示只输出常数项和斜率项。需要注意的是，在书写 LINEST 函数之前，为函数的输出选择一个大小适当的区域是很重要的。在图 2.49 中，B31：

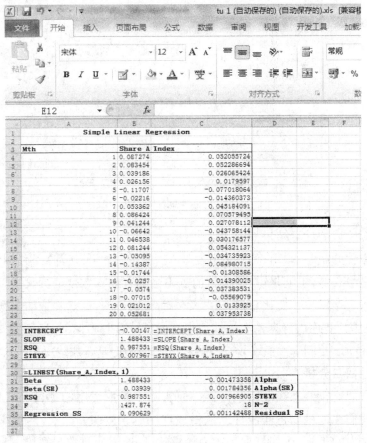

图 2.49

C35 是输出区域,需要事先选定,而两旁的解释是手工填写的。

说明:有了线性回归之后,我们通常会基于估计结果来进行预测和预报。这里的一些工具和更为具体的应用,请读者参见"2.7 时间序列分析"一节。

ANOVA 表

下一步,利用上面的数据,我们来练习一下如何利用分析工具库中的回归模板。在菜单工具下选择数据分析(Data Analysis)选项,点击回归(Regression),就可以出现如下的对话框。同样地,对话框中的 Y 区域和 X 区域可以通过选择单元格区域来引用,也可以通过输入名称来引用(如果区域已经命名的话)。

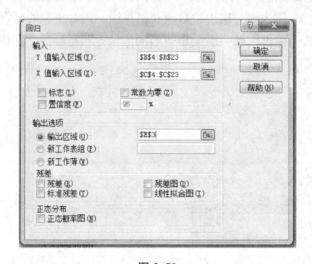

图 2.50

确定 OK 后的计算结果如图 2.51 所示。

回归方程的截距、斜率、R 平方和标准差(残差的标准方差)都有相应的显示。输出结果是静态的,也就是说,这些数值是不会随着输入数据的变化而变化的。如果任何输入数据发生了变化,分析过程是不需要调整的,但必须手动重新计算。

分析工具库程序的静态输出特性使得它们在计算时不像 Excel 函数那样有吸引力。更重要的是,不同于大多数 Excel 函数,它们很难在 VBA 用户定义函数中被调用。

非线性回归分析

通常我们比较熟悉线性回归分析。而实际中大量运用的都是非线性问题,而在技术上我们往往可以将非线性问题做线性问题来解决。当然,这里又不得不牵扯到一些数学的工具,例如将乘法化为加法,可以通过取对数来解决,自然地,那些

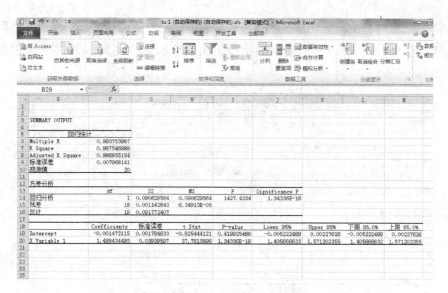

图 2.51

指数部分的数也就成了对应的系数。

2.5.2 方差分析

(1) 单因素方差分析

单因素方差分析是一个影响因素下不同样本均值之间差异的显著性检验。通过工具菜单(Tools)—数据分析(Data Analysis)—选择 ANOVA:Single Factor(单因素方差分析)可以得到对应的分析对话框,如图 2.52 所示。

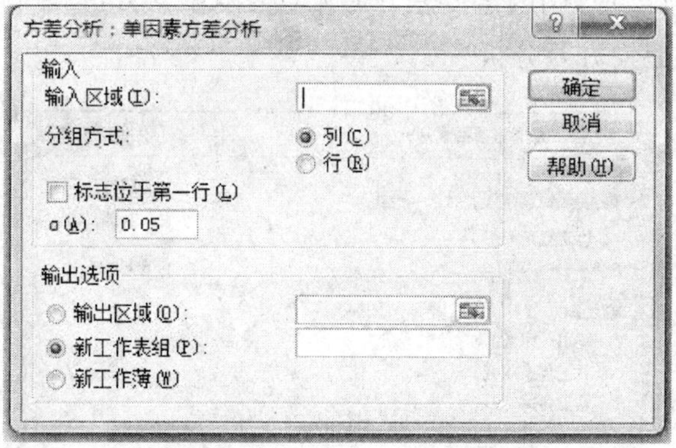

图 2.52

需要注意的是按行分组还是按列分组，以及所选中的输入区域是否包括单因素问题，同时应该了解每一个因素的试验数据的个数允许不同。通过下图中的案例来解释：

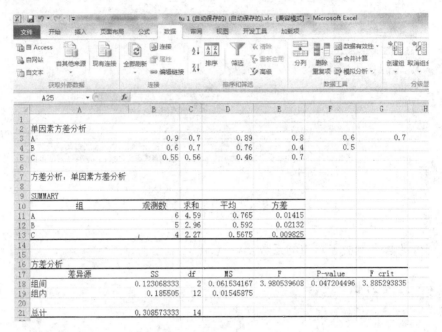

图 2.53

（2）两因素方差分析

两因素方差分析是指有两个影响因素的样本进行比较分析，考虑两个影响因素之间有没有交互效应，两因素方差分为无重复双因素分析和可重复双因素分析。

① 无重复两因素方差分析。

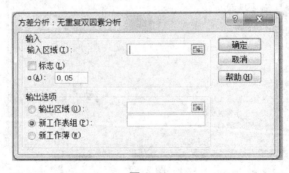

图 2.54

通过案例解释：

两因素方差分析

	a1	a2	a3	a4
A	0.9	0.7	0.89	0.8
B	0.6	0.7	0.76	0.4
C	0.55	0.56	0.46	0.7

方差分析：无重复双因素分析

SUMMARY	观测数	求和	平均	方差
A	4	3.29	0.8225	0.008691667
B	4	2.46	0.615	0.0249
C	4	2.27	0.5675	0.009825
a1	3	2.05	0.683333333	0.035833333
a2	3	1.96	0.653333333	0.006533333
a3	3	2.11	0.703333333	0.048633333
a4	3	1.9	0.633333333	0.043333333

方差分析

差异源	SS	df	MS	F	P-value	F crit
行	0.147116667	2	0.073558333	3.631016043	0.092602674	5.14325285
列	0.0087	3	0.0029	0.143150967	0.93038425	4.757062663
误差	0.12155	6	0.020258333			
总计	0.277366667	11				

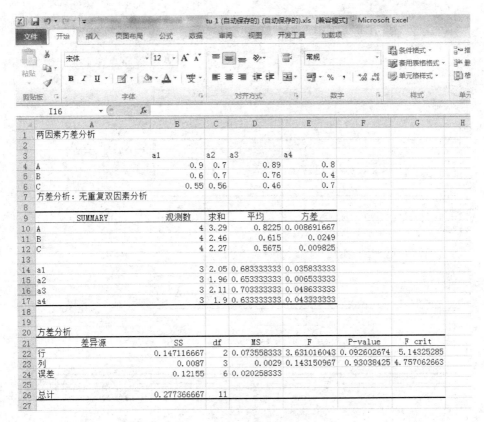

图 2.55

② 有重复两因素方差分析。

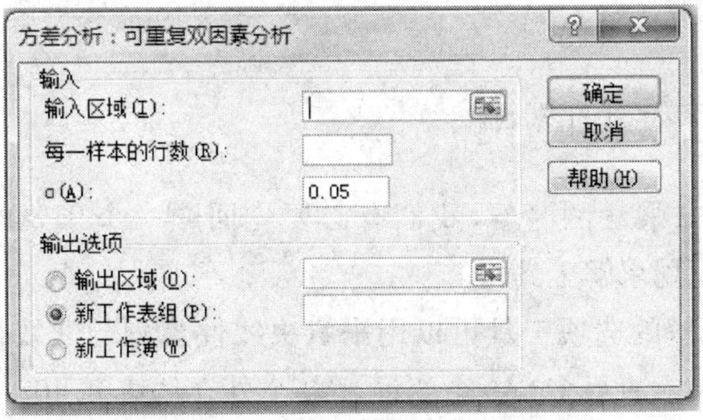

图 2.56

Rows per sample：每一样本的行数是重复试验的次数

	A	B	C	D	E	F	G	H
1	两因素方差分析（有重复）							
2		a1	a2	a3	a4			
3	A	0.9	0.7	0.89	0.8			
4	A	0.7	0.6	0.85	0.78			
5	B	0.6	0.7	0.76	0.4			
6	B	0.57	0.65	0.76	0.45			
7	C	0.55	0.56	0.46	0.7			
8	C	0.6	0.62	0.5	0.7			
9	方差分析：可重复双因素分析							
10								
11	SUMMARY	a1	a2	a3	a4	总计		
12		A						
13	观测数	2	2	2	2	8		
14	求和	1.6	1.3	1.74	1.58	6.22		
15	平均	0.8	0.65	0.87	0.79	0.7775		
16	方差	0.02	0.005	0.0008	0.0002	0.010992857		
17								
18		B						
19	观测数	2	2	2	2	8		
20	求和	1.17	1.35	1.52	0.85	4.89		
21	平均	0.585	0.675	0.76	0.425	0.61125		
22	方差	0.00045	0.00125	0	0.00125	0.0180125		
23								
24		C						
25	观测数	2	2	2	2	8		
26	求和	1.15	1.18	0.96	1.4	4.69		
27	平均	0.575	0.59	0.48	0.7	0.58625		
28	方差	0.00125	0.0018	0.0008	0	0.0075125		
29								
30		总计						
31	观测数	6	6	6	6			
32	求和	3.92	3.83	4.22	3.83			
33	平均	0.653333333	0.638333333	0.703333333	0.638333333			
34	方差	0.017266667	0.003136667	0.032666667	0.029216667			
35								
36								
37	方差分析							
38	差异源	SS	df	MS	F	P-value	F crit	
39	样本	0.172908333	2	0.086454167	31.62957317	1.64336E-05	3.885293835	
40	列	0.0171	3	0.0057	2.085365854	0.155667739	3.490294819	
41	交互	0.205725	6	0.0342875	12.54420732	0.000147376	2.996120378	
42	内部	0.0328	12	0.002733333				
43								
44	总计	0.428533333	23					
45								

图 2.57

2.6 最小二乘法的应用

在讲解最小二乘法的时候，我们有必要先回顾一个重要的数据分析工具：Solver Add-On(规划求解工具)。

Excel 规划求解的选项工具可以用来解决线性规划与非线性规划优化问题。规划求解可以用来解决最多 200 个变量、100 个外在约束和 400 个简单约束(决策变量整数约束的上下边界)的问题。要调用规划求解，从主菜单中选择工具(tool)/

求解(Solver)。注意：如果没有加载该工具选项，读者将看不到求解/Solver 此项。规划求解参数对话框如图 2.58 所示。

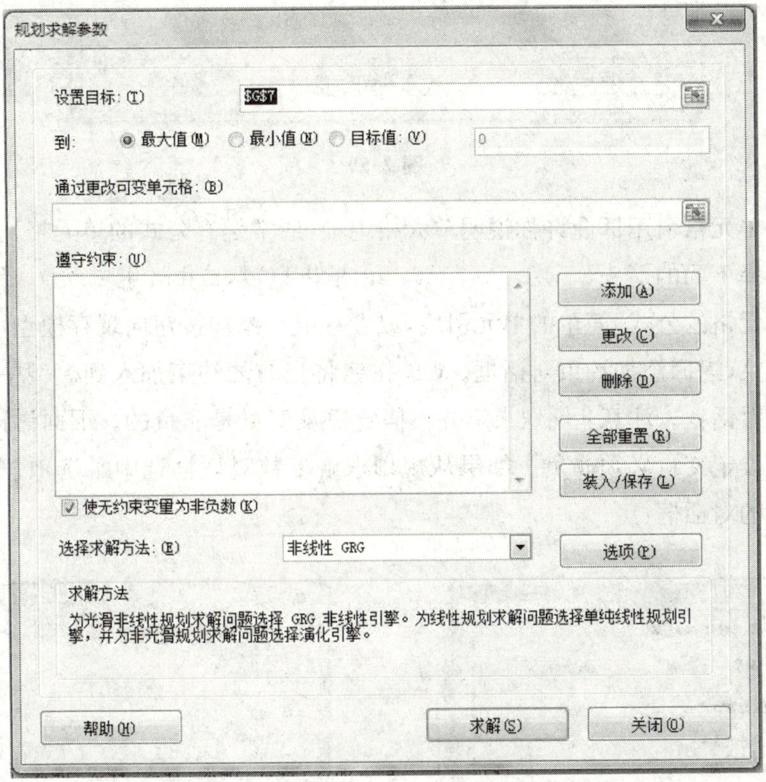

图 2.58

规划求解参数对话框用来描述 EXCEL 的优化问题。可以设置决策变量为整数的约束条件。设置目标单元格应该包含正考虑问题目标函数的单元格地址。选择最大或最小可以用来确定设定目标单元格的寻找最大值或最小值。如果选择了相关值，规划求解将努力去寻找使目标单元格的值等于选项右侧框中的值。可变单元格框应该包含问题中决策变量的地址。最后，必须通过点击添加按钮在约束框中详细说明。修改按钮允许你对已经加入的约束进行修改，删除按钮允许你删除前面加入的约束。重新设置按钮清除当前问题，并且将参数重新设置为默认值。选项按钮调用规划求解对话框选项（下面将讨论）。推测按钮选项对于我们没有多大的用途，这里将不讨论。当点击添加按钮时，增加约束对话框如图 2.59 所示。

图 2.59

点击单元格引用框允许你说明单元格地址(通常是有公式的单元格)。约束形式可以选择下面的箭头($\leqslant, \geqslant, =$, int, int 是指整数,或 bin,指二元)。约束框可以含有单元格的公式,简单的单元引用,或者数值。添加按钮向现存模型增加当前描述的约束,返回添加约束对话框。OK 按钮将当前的约束加入到模型中,并返回规划求解对话框。注意:规划求解并不假定决策变量是非负的。下面讨论的选项对话框能设定变量必须非负。如果从规划求解参数对话框选中了选项按钮,将会出现下面的对话框:

图 2.60(a)   图 2.60(b)

图 2.60(c)

最长时间允许在规划求解停止之前设定秒数。类似于最长时间,迭代次数允许设定迭代的最大数量(规划求解算法的步骤)。精确度是规划求解算法的准确程度(例如,在等于约束右端项之前,约束左边项的值如何接近)。允许误差被用于整数规划。这指定了在多大百分比内的解是最优的。如果寻求最优解,允许误差必须被设置为 0。如果运行时间太长,则应将此设置为一个更大的值(如果可以在最优性的百分比内接受该解)。如果模型是线性规划或者线性整数规划,应该选择线性模型假定。这样规划求解就用单纯形法而不是更耗时间的非线性算法进行求解(一般简约梯度法)。如果希望所有的可变单元格都≥0,应该选择非负性。如果希望察看逐次迭代的信息(这将使速度降低),则选中显示迭代结果。如果模型比例比较差,则启用自动按比例缩放(如果输入的数量级显著不同)。最后,对话框的底部是关于非线性算法的选项,即,如何估计非线性,如何估计变化速率和应用的搜索技术。一般说来,大多数参数的默认值运行得很有效。重要的是,如果是线性规划或者整数规划,要记住选择线性模型假设。如果希望可变单元格仅仅取非负值,则可以选择非负性。同时,如果解整数规划问题,并求最优解,要确定允许误差为 0%。当问题解决以后,Solver Result 框将会出现:

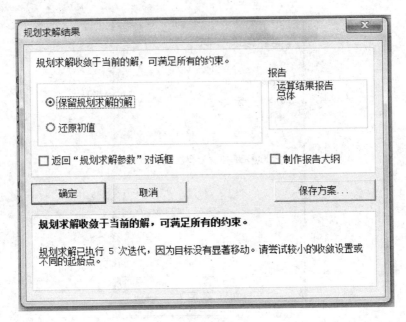

图 2.61

你可以选择工作表中由 Solver 确定的解或者重新保存元数据。同时,如 Report 框中所示,可以自动产生三种报告。在框中点击可以选择其中的任何报告。

解整数线性模型、非线性模型,以及非线性整数模型可以运用前面叙述的技术来完成。要指定约束为整数,调用 Add Constraint 对话框,选择 Cell Reference 中的可变单元格,选择 int(整数)类型(对于二元变量选择 bin)。对于非线性模型,那么就不要在 Option 对话框中选中 Assume Linear Model。

我们举一个投资组合的例子来说明如何具体应用规划求解分析工具。在图 2.62 中给出了组合的三种资产权重分别为 40%、50%、10%时,组合的预期收益为 2.2%。而目标收益是 7%,因此所求得的有效组合权重必须使得组合的收益为 7%,且组合收益的标准差最小。

为了解决这个最优化的问题,规划求解工具需要设定可变单元格,求最小或最大的目标单元格,以及限制条件说明。限制条件用来限制可变单元格中数据的变化范围。在 B19:B21 组合权重区域中,我们规定权重和为 1,这个条件我们可以在 Excel 中事先设定,例如 B21=1−B20−B19,也可以在规划求解工具的限制条件

	A	B	C	D	E
1	资产数据		Expected Return	Standard Deviation	
2		Tbills	0.60%	4.30%	
3		Bonds	2.10%	10.10%	
4		Shares	9.00%	20.80%	
5					
6	相关系数矩阵				
7		Tbills	Bonds	Shares	
8	Tbills	1	0.63	0.09	
9	Bonds	0.63	1	0.23	
10	Shares	0.09	0.23	1	
11					
12	协方差矩阵				
13		Tbills	Bonds	Shares	
14	Tbills	0.0018	0.0027	0.0008	
15	Bonds	0.0027	0.0102	0.0048	
16	Shares	0.0008	0.0048	0.0433	
17					
18	Portfolio Weight				
19	Tbills	40%		我们将B19:B21定义为名称Change1	
20	Bonds	50%	Change1		
21	Shares	10%			
22					
23	Target Exp Return	7.00%	将B23定义为名称"target1"		
24					
25	Exp. Ret	0.0219	=SUMPRODUCT(Expected_Return,change1)		
26	Std Dev	0.06996	=SQRT(SUMPRODUCT(change1,MMULT(VCV,change1)))		
27					

图 2.62

图 2.63

中。可以想象,第一个方案更省时。我们还可以从这个问题中得到一个显然的限制条件,以及目标的预期回报率 Expected Return=7%,并将 B26 作为目标函数(组合的标准差)。

下面,我们就利用规划求解工具解决这个问题。

得到的结果如图 2.64 所示:

	A	B	C	D	E
1	资产数据		Expected Return	Standard Deviation	
2		Tbills	0.60%	4.30%	
3		Bonds	2.10%	10.10%	
4		Shares	9.00%	20.80%	
5					
6	相关系数矩阵				
7			Tbills	Bonds	Shares
8	Tbills	1	0.63	0.09	
9	Bonds	0.63	1	0.23	
10	Shares	0.09	0.23	1	
11					
12	协方差矩阵				
13			Tbills	Bonds	Shares
14	Tbills	0.0018	0.0027	0.0008	
15	Bonds	0.0027	0.0102	0.0048	
16	Shares	0.0008	0.0048	0.0433	
17					
18	Portfolio Weight				
19	Tbills	-6%		我们将B19:B21定义为名称Change1	
20	Bonds	36%	Change1		
21	Shares	70%			
22					
23	Target Exp Return	7.00%	将B23定义为名称"target1"		
24					
25	Exp. Ret	0.07	=SUMPRODUCT(Expected_Return,change1)		
26	Std Dev	0.15696	=SQRT(SUMPRODUCT(change1,MMULT(VCV,change1)))		

图 2.64

我们从 B19:B21 区域中看到,我们得到一个解(Tbills=-6%,Bonds=36%,Shares=70%)。

2.7 线性时间序列分析

时间序列分析理论中的一块基本应用就是线性时间序列分析,所谓的线性这里不做更多解释。金融时间序列在简单的经济计量模型中有广泛的应用。如果把资产收益率(例如股票的对数收益率 r(t))看作随时间推移而形成的一组随机变量,我们就有了一个时间序列{r(t)}。线性时间序列理论包括平稳性、动态相依性、自相关函数、建模和预测。以下是我们经常用到的模型:(1) 简单滑动平均模型;(2) 简单自回归(AR)模型;(3) 混合的自回归滑动平均(ARMA)模型;(4) 季节模型;(5) 带时间序列误差的回归模型;(6) 刻画长相依性的分数阶差分模型。作为 Excel 的应用,我们并不准备对具体的时间序列理论进行深入研究,而是将重点放在几个简单的模型应用上,告诉大家如何应用 Excel 来处理时间序列中的问题,当然会以几个案例作为背景综合应用模型来解决一些问题。当遇到一些基本的概念如相关系数、自相关系数、随机游走、单位根、平稳性等基本概念时,我们会略作解释。

2.7.1 检验时间序列的平稳性、自相关性和白噪声

(1) 平稳性检验

通常,如果时间序列{r(t)}满足(a)期望和时间无关(b)两个随机变量之间的协方差仅与时间间隔相关,那么称该时间序列是弱平稳的。在很多金融理论和实务中通常都假设资产的收益率是满足弱平稳性的。而在实际中,弱平稳性意味着数据的时间图显示出 T 个值在一个常数水平上下以相同的幅度波动。

这就给我们带来一个最直接的问题,我们的金融市场中的数据是否满足弱平稳性?于是检验经济金融数据的平稳性显得非常关键。实际工作中,有两个办法:其一,利用统计学检验的方法检验时间序列是否满足平稳性;其二,通过画图来观察。

(2) 自相关性检验

两个随机变量 X 和 Y 的相关系数定义为

$$\rho_{x,y} = \frac{Cov(X,Y)}{\sqrt{Var(X)Var(Y)}} = \frac{E(X-\mu_X)(Y-\mu_Y)}{\sqrt{E(X-\mu_X)^2 E(Y-\mu_Y)^2}}$$

其中 μ_X 和 μ_Y 分别是 X 和 Y 的均值,并且假定方差是存在的。这个系数度量的是 X 和 Y 线性相关性的程度。若其为 0,则表示 X 和 Y 不相关。当我们有时间序列样本 $\{(x_t, y_t)\}_{t=1}^{T}$ 时,相关系数可以由它对应的样本系数估计出来:

$$\overline{\rho_{x,y}} = \frac{\sum_{t=1}^{T}(x_t - \bar{x})(y_t - \bar{y})}{\sqrt{\sum_{t=1}^{T}(x_t - \bar{x})^2 \sum_{t=1}^{T}(y_t - \bar{y})^2}}$$

自相关函数（ACF：Auto correlation function）

考虑弱平稳收益率序列 r_t，当 r_t 与它的过去值 r_{t-m} 线性相关时，可以把相关系数的概念拓宽至自相关系数。r_t 和 r_{t-m} 的相关系数称为 r_t 的间隔为 m 的自相关系数，通常记为 ρ_m。在弱平稳的假定下，它只是 m 的函数，具体地说，定义：

$$\rho_m = \frac{Cov(r_t, r_{t-m})}{\sqrt{Var(r_t)Var(r_{t-m})}} = \frac{Cov(r_t, r_{t-m})}{Var(r_t)}$$

从该定义式看，显然，一个弱平稳序列 r_t 是前后不相关的当且仅当对所有的 $m > 0, \rho_m = 0$。对一个给定的收益率样本 $\{r_t\}_{t=1}^{T}$，设 $\bar{r}$ 是样本均值，即 $\bar{r} = \sum_{t=1}^{T} r_t / T$。那么 $\{r_t\}_{t=1}^{T}$ 的间隔为 m 的样本自相关系数定义为：

$$\overline{\rho_m} = \frac{\sum_{t=m+1}^{T}(r_t - \bar{r})(y_{t-m} - \bar{r})}{\sum_{t=1}^{T}(r_t - \bar{r})^2}, \quad 0 \leqslant m \leqslant T - 1$$

对任意固定的正整数 m，$\overline{\rho_m}$ 是渐近服从正态分布 $N(0, 1/T)$ 的。实际运用中，我们通常用 $\sqrt{T}\overline{\rho_m}$ 来检验 $H_0: \rho_m = 0, H_a: \rho_m \neq 0$ 这样的假设。对有限的样本，$\overline{\rho_m}$ 是对 ρ_m 的有偏估计，偏差的阶数是 $1/T$。如此，当样本量较小的时候这个偏差是不容忽视的，但大多数金融应用中，T 是相当大的，故这个偏差并不严重。

我们称 $\overline{\rho_1}, \overline{\rho_2}, \cdots$ 为 r_t 的样本自相关函数（ACF）。这个函数在线性时间序列中起着重要作用。事实上，一个线性时间序列模型可完全由其 ACF 决定，线性时间序列的建模就是用样本 ACF 来刻画数据的线性动态关系的。

（3）白噪声检验

如果时间序列 $\{r_t\}$ 是一个均值和方差有限、独立同分布的随机变量序列，则称该时间序列为白噪声。若 $\{r_t\}$ 还服从均值为 0、方差为 σ^2 的正态分布，则称这个序列为高斯白噪声。对于白噪声序列，自相关系数为 0。在实际应用中，如果所有样本自相关函数接近于 0，则可以认为序列是白噪声序列。

线性时间序列

若时间序列 $\{r_t\}$ 能写成 $r_t = \mu + \sum_{i=0}^{\infty} \varphi_i a_{t-i}$，其中 μ 是 r_t 的均值，$\varphi_0 = 1$，而

$\{a_t\}$ 是白噪声序列,则称 $\{r_t\}$ 为线性序列。其中 φ_i 系数决定了 r_t 的动态结构,我们常常称这些系数为 r_t 的 φ 权重。我们很容易得到 $E(r_t) = \mu$,$Var(r_t) = \sigma_a^2 \sum_{i=0}^{\infty} \varphi_i^2$,间隔为 m 的自动协方差

$$\gamma_m = Cov(r_t, r_{t-m}) = \cdots = \sigma_a^2 \sum_{j=0}^{\infty} \varphi_j \varphi_{j+m}, \text{自相关系数} \rho_m = \cdots = \frac{\sum_{j=0}^{\infty} \varphi_j \varphi_{j+m}}{\sum_{j=0}^{\infty} \varphi_j^2} = \frac{\sum_{j=0}^{\infty} \varphi_j \varphi_{j+m}}{1 + \sum_{j=1}^{\infty} \varphi_j^2}$$

,其中 $\varphi_0 = 1$,$m \geqslant 0$。线性时间序列模型就是用来描述 r_t 的 φ 权重的经济计量和统计模型。

2.7.2 AR 自回归模型(AR=Auto Regression)

AR 的一般模型是:$r_t = \varphi_0 + \sum_{i=1}^{p} \varphi_i r_{t-i} + a_t$,其中 p 是非负整数,$\{a_t\}$ 是白噪声。这个模型讲述的是,站在 t 时刻看,其过去的 p 个时刻的值联合决定了 t 时刻的值(条件期望和条件方差)。AR(p)模型与以 p 个延迟值作为解释变量的多元线性回归模型有相同的形式。特别地,当 p=1,即 AR(1),该自回归模型具有马尔可夫性(即今天只与昨天有关)。

AR(1)和 AR(2)是比较简单的、常见的。一般而言,AR(p)模型均值为:

$$E(r_t) = \frac{\varphi_0}{1 - \varphi_1 - \varphi_2 - \cdots - \varphi_p}$$

只要分母不为 0,对应的多项式方程为:

$$x^p - \varphi_1 x^{p-1} - \varphi_2 x^{p-2} - \cdots - \varphi_p = 0,$$

称为该 AR(p)的特征方程。如果这个方程的特征根都是模小于 1 的,则时间序列 r_t 是平稳的,对平稳的 AR(p)序列,其自相关函数满足差分方程:

$$(1 - \varphi_1 B - \varphi_2 B^2 - \cdots - \varphi_p B^p)\rho_m = 0, m > 0$$

自相关函数的图像呈现出正弦、余弦和指数衰减的混合状态，具体的形态取决于其特征根的性质。

我们借助于 Excel，展示几个 AR(p) 模型的 ACF（自相关函数）的图像。选定 p=1 和 p=2 分别来进行。

① p=1：$r_t = 0.5 + 0.8 r_{t-1} + a_t$，我们令 a_t 服从于 N(0,1) 作为随机扰动项。我们试图利用该模型在 Excel 工作表中生成一个样本序列。见图 2.65 所示。

	A	B	C	D	E	F	G	H	I	J	K	L
1	AR(p)模型	$r_t = 0.5 + 0.8r_{t-1} + a_t$		sample size	30							
2	p	1		average (r)	3.359064448							
3	phi (0)	0.5		一阶自相关性	0.8	理论值	=$B$4*1					
4	phi (1)	0.8			0.741967517	样本估计值	=SUMPRODUCT(F8:F36,F9:F37)/(E1*VARP(B8:B37))					
5	E(r(t))	2.5	=B3/(1-B4)	二阶自相关性	0.64	理论值	=$B$4*E3					
6	r(0)	2.5	给定初始值		0.501998438	样本估计值	=SUMPRODUCT(F11:F38,F13:F40)/($E$1*VARP($B$11:$B$40)					
7				三阶自相关性	0.512	理论值	=$B$4*E5					
8					0.313373229	样本估计值	=SUMPRODUCT(F11:F37,F14:F40)/($E$1*VARP($B$11:$B$40)					
9												
10		t	r(t)		a(t)		r(t)-average (r)					
11		1	2.046905	=$B$3+$B$4*B6+D8	-0.453095069	=NORMSINV(RAND())	-1.312159516					
12		2	4.304996	=$B$3+$B$4*B8+D8	2.167472148		0.945931645					
13		3	3.535958		-0.408039364		0.176893062					
14		4	2.426868		-0.901897937		-0.932196377					
15		5	1.010022		-1.431472611		-2.349042602					
16		6	2.360848		1.052280954		-0.998216017					
17		7	2.032867		-0.355811912		-1.326197615					
18		8	2.598786		0.472492391		-0.760278591					
19		9	3.331567		0.752538637		-0.027497125					
20		10	2.521808		-0.643445781		-0.83725637					
21		11	4.321327		1.803880361		0.962262375					
22		12	7.110398		3.153336405		3.751333415					
23		13	7.059471		0.871152983		3.700406625					
24		14	6.376725		0.22914783		3.017660401					
25		15	6.188375		0.586995254		2.829310685					
26		16	5.034476		-0.416224123		1.675411536					
27		17	4.598641		0.07106059		1.239576929					
28		18	4.365176		0.186263357		1.006112011					
29		19	2.29702		-1.695121538		-1.062044818					
30		20	2.247755		-0.089860574		-1.111309318					

图 2.65

此外，我们可以在 Excel 中用 VBA 自定义自相关函数 ACF。如下：

```
Function ACF(m As Integer, serial As Range)
Dim RowSize As Integer, i As Integer, temp_serial()
RowSize = serial.Cells.Rows.Count
ReDim temp_serial(RowSize)
For i = 1 To RowSize
    temp_serial(i) = serial.Cells(i, 1).Value
Next i
ACF = 0
For i = 1 To RowSize - m
```

```
ACF = ACF + (temp_serial(i) - WorksheetFunction.Average(temp_serial)) * _
(temp_serial(i + m) - WorksheetFunction.Average(temp_serial))/
(RowSize * WorksheetFunction.VarP(serial))
Next i
End Function
```

② p=2：$r_t = 0.5 + 0.6r_{t-1} - 0.4r_{t-2} + a_t$

于是其 ACF 根据二阶差分方程：

$$(1 - 0.6B + 0.4B^2)\rho_l = 0, B\rho_l = \rho_{l-1}$$

该差分方程决定了平稳 AR(2)时间序列的 ACF 的性质，也决定了 r_t 的预报方法。于是上面的差分方程对应的二次多项式方程就是：

$$(x^2 - 0.6x + 0.4) = 0, \Delta = (-0.6)^2 - 4 \times (0.4) = -1.24 < 0$$

根据方程求解原理，有两个共轭复根，此时 ACF 将呈现减幅的正弦和余弦波的图像。在商业和经济的应用中，复值特征根很重要，它们会导致商业环的出现。对于经济时间模型来说，复值特征根是常见的。我们在 Excel 中观察一下：

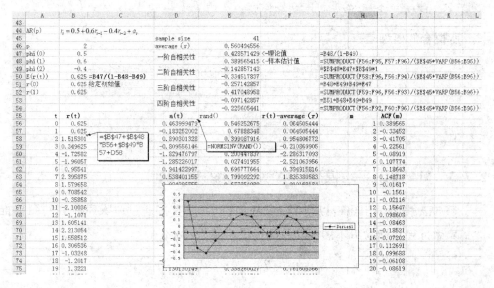

图 2.66

说明：

① AR(p)模型的建立过程并没有那么简单。实际应用中，建模过程分为：AR模型识别、参数估计、模型检验、预测预报。

② 在模型识别的过程中，会涉及偏自相关函数的概念(PACF)，对 p 阶的估计有很多方法，例如信息准则法。Akaike 信息准则定义如下：

$$AIC = \frac{-2}{T}\ln(似然函数最大值) + \frac{2}{T}(参数个数)$$

对于高斯的 AR(p)模型 AIC 简化为：

$$AIC(p) = \ln(\sigma_p^2) + \frac{2p}{T}, \hat{\sigma}_p^2 是 \sigma_p^2 的最大似然估计$$

在实际应用中，先给定一个自然数 p，对 m=1, 2, …, p 计算 AIC(m)，然后选择使 AIC 达到最小的那个 m 值。

这个问题处理的过程比较繁琐，因为涉及极大似然估计。但读者可以回忆一下，我们前面讲述的哪一个工具可以用来解决这个问题中取最小值的步骤。

③ 在参数估计中，涉及最小二乘法来估计多元线性回归方程的系数。

$$r_t = \varphi_0 + \varphi_1 r_{t-1} + \cdots + \varphi_1 r_{t-p}, t = p+1, p+2, \cdots, T$$

所拟合的模型是：

$$\hat{r}_t = \hat{\varphi}_0 + \hat{\varphi}_1 r_{t-1} + \cdots + \hat{\varphi}_p r_{t-p}, a_t = r_t - \hat{r}_t$$

$$\hat{\sigma}_p^2 = \frac{\sum_{t=p+1}^{T} \hat{a}_t^2}{T - 2p - 1}$$

2.7.3 MA 移动平均模型(MA=Moving Average)

① MA 模型的引出可以利用 AR 模型，也可以直接通过白噪声序列的简单推广。具体过程我们这里不展开。只给出模型结果：MA(q)

$$r_t = c_0 + a_t - \theta_1 a_{t-1} \cdots - \theta_q a_{t-q}, q > 0$$

② MA 模型的基本性质

其一，MA 总是弱平稳的。它是白噪声序列的有限线性组合，即期望和方差不随时间变化而变化。读者可以对 q=1 进行验证。

其二，自相关函数 ACF 是 q 步截尾的。通过这一性质通常可以用来识别 MA 的阶。一个时间序列 r_t 具有 ACF 函数 ρ_l，若 $\rho_q \neq 0$，但对 $l > q$, $\rho_l = 0$，则 r_t 服从一个 MA(q)模型。

③ MA 模型的参数估计

MA(q)模型系数的估计通常是利用极大似然估计，这区别于 AR 模型采用的线性回归法。

④ MA 模型的预测

一般而言，MA(q)模型向前 q 步以后的预测即达到模型的均值，预测误差的方差收敛于序列的方差。

移动平均模型在日常生活、经济与金融的应用非常普遍，大家所熟知的股市中的 MA 和 MACD 指标就是一个最基本的应用，MACD 全称是 Moving Average Convergence and Divergence。

2.7.4 ARMA 模型

自回归滑动平均模型 ARMA 的基本思想是把 AR 和 MA 设法结合在一个紧凑的形式中，使所使用的参数的个数保持很少。

ARMA(p, q)
$$r_t - \varphi_1 r_{t-1} \cdots - \varphi_1 r_{t-p} = c_0 + a_t - \theta_1 a_{t-1} \cdots - \theta_q a_{t-q}, \quad p, q > 0$$

2.7.5 单位根非平稳性及随机游走

在某些研究中，利率、汇率资产的价格序列往往是非平稳的，如资产价格序列，其非平稳性主要是由于价格没有固定的水平。这样的非平稳序列可被称作单位根（UNIT-ROOT）非平稳时间序列。单位根非平稳时间序列最著名的例子就是随机游走模型（Random Walk）。

带漂移项的随机游走：$p_t = \mu + p_{t-1} + a_t$

2.7.6 ARIMA (p, m, q)

一个时间序列 y_t 称为 ARIMA(p, 1, q)过程，如果变化序列 $c_t = y_t - y_{t-1} =$

$(1-B)y_t$ 服从一个平稳可逆的 ARMA(p, q) 模型。在金融中,价格序列通常是非平稳的,从而可当作 ARIMA 过程对待。处理单位根非平稳性的惯用方法是用差分(differencing)。如果一阶差分 $c_t = y_t - y_{t-1}$ 都是单位根非平稳的,但 $s_t = c_t - c_{t-1} = y_t - 2y_{t-1} + y_{t-2}$ 是弱平稳的,则 y_t 就有双重单位根,s_t 是 y_t 的二阶差分,故 y_t 是 ARIMA(p, 2, q) 过程。

2.8 蒙特卡罗模拟技术

2.8.1 简介

蒙特卡罗(Monte Carlo)模拟法又称为统计试验法,是一种通过对每一随机变量进行抽样,将其代入数据模型中,确定函数值的模拟技术。独立模拟试验 N 次,得到函数的一组抽样数据,由此可以决定函数的概率分布特征,包括函数的分布曲线,以及函数的数学期望、方差等重要的数学特征。

作为一种独具风格的方法,蒙特卡罗模拟法的特点是:模拟算法简单,过程灵活;可模拟分析多元风险因素变化对结果的影响;模拟结果的精度和概率模型的维数无关;模拟成本低,并可方便地补充、更新数据。

2.8.2 由简单的分布函数生成复杂的随机变量分布函数

我们熟知很多基本的分布如正态分布、指数分布、二项分布等。但实际应用中,不少随机变量是通过不断地映射和被某些初等函数作用后形成的。对于大部分这样复杂的随机变量的期望、方差、偏度和峰度通常是没有理论的解,只有通过蒙特卡罗模拟法不断地对目标随机变量进行实验,得到大量的试验样本,才能模拟出它的大致分布情况,进而通过统计上的方法来估算相应的数字特征。在模拟过程中要充分利用 1.2.2 中我们已经掌握的如何生成简单的随机变量的方法。我们举例来说明:

问题:已知 X 服从正态分布 $N(2, 4)$,求 $Y = X \times e^{x^2}$ 的分布情况及期望、方差等。

我们首先要模拟生成 1 000 个服从正态分布 $N(2, 4)$ 的试验样本,然后经过

$Y = X \times e^{x^2}$ 计算后出该 Y 样本的最大值和最小值,根据读者自己的要求进行分组(请参见 1.3.2 节),然后利用工具—数据分析—直方图来获得 Y 的分布情况。期望和方差等根据统计公式进行直接的估计即可。结果如图 2.67 所示:

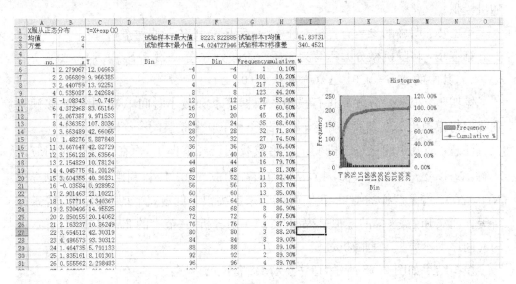

图 2.67

2.8.3 利用蒙特卡罗模拟技术模拟股票路径

在金融工具中股票的路径模拟对于其衍生产品的定价起决定性作用。例如对于欧式期权,除了利用 BS 公式来求解期权价值外,还可以利用蒙特卡罗模拟技术来求解近似值。一般而言,模拟的次数越多,结果越精确。这里读者自然要问,既然有了 BS 公式,蒙特卡罗模拟还有什么用,计算时间的成本也高。问题是:BS 模型虽然给出了封闭解,但大量的现代金融学理论对许多复杂衍生的定价无法给出封闭解,在这种情况下,只有求助于蒙特卡罗模拟技术。在某种意义上讲,大部分随机过程只要能够确定其中的随机变量,均可以通过蒙特卡罗来模拟它。我们只举最简单的股权随机过程:

问题:给定某只股票的初始价格,以及其他必要的参数,并假设股票服从几何布朗运动 $dS = S \cdot rdt + S \cdot \sigma dz(t)$(该随机过程我们假定读者已经掌握其基本原理),其中随机项漂移项 $dz(t)$ 服从 $N(0, dt)$。请模拟生成 100 条股票路径,时间区间是 1 年。

第一步：我们需要对时间区间进行某种分割，分割得越精细，计算结果就越准确。这是一个对随机布朗运动的微分过程，例如我们以 0.01 年作为时间步长进行随机模拟。

第二步：明确的参数有：初始价格 S_0、无风险利率 r、波动率 σ。

第三步：将随机微分方程写为向后一阶差分方程：$S_{t+1} - S_t = S_t \cdot r\Delta t + S_t \cdot \sigma \Delta z(t)$，其中的 $\Delta t = 0.01$，$\Delta z(t)$ 服从 $N(0, \Delta t)$。

第四步：根据差分方程进行模拟。根据要求和最小时间单位，我们能够预见到我们将模拟出 100 条股票路径，每条路径有 100 个股票模拟价格。

注意：对其中的正态随机变量之生成我们已经掌握了，而在过程中我们应该了解：$N(0, \Delta t) = \sqrt{\Delta t} N(0, 1)$，从而可以先生成 $N(0, 1)$ 再利用平方根法则导出 $N(0, \Delta t)$。有了这样的结果，我们就可以来解决很多问题，例如期权定价、情景分析等。而实际上，这样的模拟过程和"时间序列分析"一节中的 2.7.2 非常相似，因为时间序列本质上就是随机过程。

模拟结果如图 2.68 所示，请注意看 B8 备注的内容：

	A	B	C	D	E	F	G
1	参数		最小时间步长	0.01			
2	S0	5	总时间区间	1			
3	r	5%	模拟路径条数	100			
4	volatility	20%	模拟路径价格数	100			
5	模拟路径数	1	2	3	4	5	6
6	时间	股价					
7	0	5		5			5
8	0.01	4.933257	=B7+B7*$B$3*$D$1+B7*$B$4*SQRT($D$1)*NORMSINV(RAND())				993798	5.
9	0.02	4.932057					865638	5.
10	0.03	4.934207	4.614657897	5.03354	5.308281	5.073151	4.937466	5.
11	0.04	4.905969	4.69683995	5.096565	5.402211	5.073447	5.029299	5.
12	0.05	4.90973	4.736517446	5.003891	5.495946	5.054539	5.216191	5.
13	0.06	4.870059	4.783518565	4.857194	5.385653	5.070168	5.149961	5.
14	0.07	5.033234	4.896696731	4.811955	5.294617	4.884744	5.113954	5.
15	0.08	4.920132	4.831119928	4.80146	5.408396	5.169363	5.076715	5.
16	0.09	4.924013	4.922675578	4.757692	5.354885	5.22353	5.015133	5.
17	0.1	4.779153	4.947011753	4.678527	5.301118	5.307718	5.059728	5.
18	0.11	4.716309	4.895869201	4.526645	5.290702	5.141436	5.199187	5.
19	0.12	4.837935	4.830179308	4.605765	5.183468	5.048906	5.269376	5.

图 2.68

3 货币的时间价值

本章介绍基础财务计算的 Excel 应用。所有的财务问题几乎都集中于寻找不同时间现金收入的今天价值。现金收入(或现金流量)可能是确定或者不确定的。本章分析无风险现金流量(即我们确定能得到的未来收入)的价值。

3.1 终值和现值

3.1.1 一笔款项的终值和现值

(1) 一笔款项的单利终值

一笔款项的单利终值是指现在的一笔资金按单利方法计息,在一定时期后的本利和。其计算公式为

$$F = P \cdot (1 + i_s \times n)$$

式中 P: 现在的一笔收款或付款。

i_s: 单利年利率

n: 年限

利用 Excel 计算一笔款项的单利终值非常简单,只需在单元格中输入上述公式即可。

(2) 一笔款项的复利终值

一笔款项的复利终值是指现在的一笔资金按复利方法计息,在一定时期后的本利和。其计算公式为下:

$$F = P \cdot (1+i)^n \text{ 或 } F = P \cdot PVIF_{i,n}$$

式中,P:现在的一笔收款或付款。

i:复利年利率

n:年限

F:复利终值

$FVIF_{i,n} = (1+i)^n$ 成为复利终值系数,它表示 1 元钱在 n 年末的价值。

按单利方法计息时,每年的利息是固定不变的,单利终值与计息期数之间呈线性关系。而按复利方法计息时,每年的利息会逐年递增,其原因是随着时间的推移,越来越多的利息与最初的本金合并在一起,作为以后各期计算利息的基础,复利终值与计息期数之间呈指数关系。

计算复利终值可以利用 Excel 提供的 FV 函数。FV 函数的功能是基于固定利率及等额分期付款方式,返回某项投资的未来值,公式为:

$$=FV(rate, nper, pmt, pv, type)$$

rate:表示各期利率。

nper:表示总投资期,即该项投资的付款期总数。

pmt:表示各期所应支付的金额。

pv:表示现值,即从该项投资开始计算时已经入账的款项,或一系列未来付款的当前值的累积和,也成为本金。

type:表示数字 0 或 1(0 为期末,1 为期初),如果不输入,默认为 0。

需要注意的是,FV 函数认定函数 pmt 和 pv 现金流量的方向与计算出的终值现金流量的方向是相反的,即如果 pmt 和 pv 是付款,计算出的终值则为收款;反之,如果 pmt 和 pv 是收款,计算出的终值则为付款。因此,当 pmt 和 pv 参数都是以正数存放在工作表的单元格中时,为了使计算出的终值能显示为正数,应在输入 pmt 和 pv 参数时加上负号。

【例 3.1】 某企业从银行取得贷款 100 万元,期限为 4 年,贷款的年利率为 6%,其一,单利计息,问在不考虑利息税的情况下这笔贷款第 4 年末的终值是多少?其二,复利计息。问这笔贷款第 4 年末的终值是多少?

首先,在单元格 B5 中输入公式"=B2×(1+B3×B4)",即可得到第 4 年末的单利终值为 1 240 000 元。

其次,在单元格 B6 中输入公式"=FV(B4,B3,,-B2)"即可得到 4 年末贷款的复利终值为 1 262 476.96 元。输入时一定要注意:在输入 B3 之后,应连续输入两个逗号,以表明省略了 pmt 参数,否则计算结果会发生错误。

	A	B	C	D
1	终值的计算			
2	贷款项(元)	1 000 000		
3	期限（年）	4		
4	年利率	6%		
5	单利终值	1 240 000.00	←=B2×(1+B3×B4)	
6	复利终值	1 262 476.96	←=FV(B4,B3,,-B2)	
7				

图 3.1　复利终值的计算

(3) 一笔款项的单利现值

单利现值的计算实际上是单利终值计算的逆运算过程,即在已知一定时期后单利终值的基础上,求其按给定贴现率计算的现在时刻的价值。单利现值的计算公式为

$$P = F/(1+i \cdot n)$$

(4) 一笔款项的复利现值

如果已知现在的一笔款项在 n 年末的复利终值 F 和贴现率 i,则可以求出这笔款项现在时刻的价值 P,其计算公式为

$$P = F/(1+i)^n \text{ 或 } P = F \cdot PVIF_{i,n}$$

式中,$PVIF_{i,n} = 1/(1+i)^n$,称为复利现值系数,它表示 n 年末的 1 元钱折算为现在时刻的价值。

上述公式也可以简称复利现值公式。已知终值求现值的过程成为贴现,贴现过程中所使用的利率成为贴现。

计算现值可以利用 Excel 提供的 PV 函数。PV 函数的功能是基于固定利率及等额分期付款方式,返回某项投资的现值。公式为:

$$=\text{PV(rate, nper, pmt, fv, type)}$$

式中,rate:表示各期利率。

nper:表示总投资期数。

pmt：表示各期所应支付的金额。

fv：表示未来值。

type：表示指定各期的付款时间是在期初,还是在期末。若 0 为期末,则 1 为期初。如果不输入,默认为 0.

与 FV 函数一样,PV 函数也认定函数 pmt 和 pv 现金流量的方向与计算出的终值现金流量的方向是相反的,即如果 pmt 和 fv 是付款,计算出的终值则为收款;反之,如果 pmt 和 fv 是收款,计算出的终值则为付款。因此,当 pmt 和 fv 参数都是以正数存放在工作表的单元格中时,为了使计算出的终值能显示为正数,应在输入 pmt 和 pv 参数时加上负号。

【例 3.2】 某人希望于第五年末从银行一次性取出 5 万元,年利率为 6%。(1) 如果银行按单利计息,那么在不考虑利息税的情况下,他现在应一次性存入银行多少钱? (2) 如果银行按复利计息,那么不考虑利息税的情况下,他现在应一次性存入银行多少钱?

(1) 在 B5 单元格中输入计算公式"=B2/(1+B3×B4)",即得单利计息情况下,此人现在应一次性存入银行 38 461.54 元。

(2) 在单元格 B6 中输入公式"=PV(B4,B3,,−B2)"即可得到复利计息情况下,此人现在应一次性存入银行 37 362.91 元。输入时一定注意输入 B3 之后,应连续输入两个逗号,以表明省略了 pmt 参数,否则计算结果会发生错误。

	A	B	C
1	现值的计算		
2	终值（元）	50 000	
3	年利率	6.00%	
4	期限（年）	5	
5	单利现值	38 461.54	←=B2/(1+B3×B4)
6	复利现值	37 362.91	←=PV(B3,B4,,−B2)
7			

图 3.2 现值的计算

3.1.2 不规则现金流的终值和现值

不规则现金流是指各期发生的一系列金额不相等的现金流,其终值的计算公式为:

$$F = \sum_{t=1}^{n} A_t (1+i)^{n-t}$$

不同规则现金现值的计算公式为

$$P = \sum_{t=1}^{n} \frac{A_t}{(1+i)^t}$$

式中，A_t 表示第 t 期的现金流；

n 表示发生现金流的期数；

i 表示年利率或贴现率。

不同规则现金流的终值不能利用 FV 函数计算，只能直接输入公式计算。不同规则现金流的现值也不能直接利用 PV 函数计算，可以直接输入公式计算，也可以利用 Excel 的 NPV 函数计算。

NPV 函数的功能是通过使用贴现率以及一系列未来支出（负值）和收入（正值），返回一项投资的净现值。这里的投资净现值是指未来各期现金流的现值总和。公式为：

NPV(rate，value1，value2，……)

rate 表示某一期间的贴现率。

value1，value2，……代表支出和收入。

在使用 NPV 函数时，需要注意以下几点：

第一，NPV 函数假定投资开始于 value1 现金流所在日期的前一期，并结束于最后一笔现金流的当期，它只能计算在同一贴现率下，各期现金流发生在每年年末，且第 1 笔现金流必须是在第 1 年末的一组现金流量（即一组 values 值）的净现值。如果第 1 笔现金流发生在第 1 期的期初，则需要将第 1 笔现金流添加到 NPV 函数的结果中，而不应包含在 values 参数中。

第二，如果参数是数值、空白单元格、逻辑值或表示数值的文字表达式，则都会计算在内，因此，在没有现金流的年份，单元格应输入"0"，而不应该为空白单元格，否则会造成错误计算；如果参数是错误值或不能转为数值的文字，则被忽略。

第三，如果参数是一个数组或引用，则只有其中的数值部分计算在内，忽略数组或引用中的空白单元格、逻辑值、文字及错误值。

【例 3.3】 某项目连续 8 年的现金流量如图 3.3 所示，假设年利率为 10%，求这些现金流的现值及 8 年末的终值。

如图 3.3 所示,设计好工作表格式,在单元格 D3 中输入公式"=NPV(B12,B4:B11)",得到现金流的现值为 10 581.30 元;在单元格 D4 中输入公式"=D3×(1+B12)^A11",得到现金流的终值为 22 681.95 元。

	A	B	C	D
1		不规则现金流的终值和现值		
2	各年的现金流		计算结果	
3	年份	现金流(元)	现值(元)	10 581.30
4	1	-20 000	终值(元)	22 681.95
5	2	5 000		
6	3	5 500		
7	4	4 800		
8	5	8 000		
9	6	6 500		
10	7	9 000		
11	8	8 500		
12	年利率	10%		

图 3.3　不规则现金流的终值和现值

PV 函数和 NPV 函数都适用于计算一组定期发生的现金流的现值,其中,PV 函数适用于除了第 1 期和最后 1 期以外的各期现金流量都相等的情况,而 NPV 函数则适用于各期现金流量相等或不相等的情况。

值得注意的是,直接使用 PV 函数和 NPV 函数计算的结果,都是第 1 笔现金流发生的前 1 年即第 -1 年的现值,因此,如果要计算 0 年的净现值,则需要采用以下两种方法之一进行调整:

第一,将函数的计算结果乘以(1+贴现率)向后复利 1 期。

第二,在输入函数的参数时,从第 1 期的现金流开始输入,第 0 期的现金流不在函数中作为参数输入,而是直接加到函数的计算结果中。

在现金流不定期发生的情况下,应采用 XNPV 函数计算净现值。

XNPV 函数的功能是返回一组现金流的净现值,这些现金流不一定定期发生。其公式为:

$$=\text{XNPV}(rate, values, dates)$$

式中:rate:应用于现金流的贴现率

values：于 dates 中支付时间相对应的一系列现金流。首期支付是可选的，并与投资开始的成本或支付有关。如果第一个值为成本或支付，则其必须是一个负数。所有后续的现金流都是基于 365 天/年进行贴现。数值系列必须至少包含一个正数和一个负数。

dates：与现金流系列对应的支付日期表。第一支付日期代表支付表的开始。其他日期应迟于该日期，但可按任意顺序排列。

值得注意的是，如果该函数不可用，并返回错误值♯NAME?，则需安装并加载"分析工具库"加载宏，即在【文件】菜单上，单击【Excel 选项】，【加载项】列表中，选中"分析工具库"框，再单击【确定】按钮。

【例 3.4】 某企业拟定的一个项目的有关资料如图 3.4 所示，试计算这个项目的净现值。

在单元格 B10 中输入公式"=XNPV(B9，B3:B8，A3:A8)"即可计算出该项目的净现值。

	A	B
1	不定期现金流的计算	
2	时间	净现金流量（元）
3	2004-10-20	-30 000
4	2005-5-18	6 000
5	2005-12-25	5 000
6	2006-6-15	8 000
7	2007-3-10	10 000
8	2008-1-15	12 000
9	贴现率	9%
10	净现值	4 383.413167
11		

图 3.4 不定期现金流的计算

3.2 现金流及年金的计算

年金是指一定时期内每期发生的一系列等额的收付款项。年金终值是指在某一时期内各期连续发生的一系列等额收付款项的复利终值之和。年金现值是指在某一时期内各期连续发生的一系列等额收付款项的复利现值之和。

3.2.1 普通年金的终值和现值

普通年金是指等额系列收付款项发生在每期期末的年金。

(1) 普通年金的终值

普通年金终值的计算公式为：

$$F = \sum_{t=1}^{n} A \cdot (1+i)^{n-t} \text{ 或 } F = A \cdot \frac{(1+i)^n - 1}{i} \text{ 或 } F = A \cdot (FVIFA_{i,n})$$

式中，F：年金终值；

A：年金；

i：利率；

n：期限。

$FVIFA_{i,n}$ 称为年金终值系数，$FVIFA_{i,n} = \dfrac{(1+i)^n - 1}{i}$

【例 3.5】 某人计划每年末存入银行 2 000 元，若银行按 4.5% 的年利率复利计息，那么，在不考虑利息税的情况下，第 10 年年末此人可以一次性从银行取出多少钱？

可以利用 FV 函数计算年金的终值，在单元格 B5 中输入公式"=FV(B3,B4,-B2)"，即可得到计算结果。

	A	B
1	普通年金终值的计算	
2	年金（元）	2 000
3	年利率（%）	4.50%
4	期限（年）	10
5	年金终值（元）	24 576.42
6		

图 3.5　普通年金终值的计算

(2) 普通年金的现值

普通年金现值 P 的计算公式为：

$$P = \sum_{t=1}^{n} \frac{A}{(1+i)^t} \text{ 或 } P = A \cdot \frac{(1+i)^n - 1}{i(1+i)^n} \text{ 或 } P = A \cdot (PVIFA_{i,n})$$

式中，$PVIFA_{i,n}$ 称为年金现值系数，$PVIFA_{i,n} = \frac{(1+i)^n - 1}{i(1+i)^n}$。其他符号含义同前。

【例 3.6】 某人计划今后连续 10 年每年年末从银行取出 5 000 元，若银行按 4.5% 的年利率复利计息，那么，在不考虑利息税的情况下，此人现在应一次性存入银行多少钱？

可以利用 PV 函数计算年金的现值。在单元格 B5 中输入公式"＝PV(B3，B4，B2)"，即得此人现在应一次存入银行的金额为 39 563.59 元。由于每年从银行取出的金额为投资所得，故应取正值，而现在一次性存入银行的金额为投资，故计算出的结果为负数。

	A	B
1	普通年金现值的计算	
2	年金（元）	5 000
3	年利率（%）	4.50%
4	期限（年）	10
5	年金终值（元）	-39 563.59
6		

图 3.6 普通年金现值的计算

3.2.2 先付年金的终值和现值

先付年金是指等额系列收付款项发生在每期期初的年金。

（1）先付年金的终值

先付年金的终值 V_n 有以下两种计算方法：

① 先按普通年金终值公式计算终值，相当于计算到了 $(n-1)$ 年末时刻的终值，再向后复利一期，即乘以系数 $(1+i)$，即得到 n 年末的终值 V_n，计算公式为：

$$V_n = A \cdot (FVIFA_{i,n}) \cdot (1+i)$$

② 先计算从第 0 期到第 n 期共 $(n+1)$ 期普通年金的终值，再扣除第 n 期末本

来没有的一笔年金,即:

$$V_n = A \cdot (FVIFA_{i,n} - 1)$$

先付年金终值可以直接输入公式计算,也可利用 FV 函数计算,但此时函数中的 type 参数为 1。

【例 3.7】 某人计划每年年初存入银行 2 000 元,若银行按 4.5% 的年利率复利计息,那么,在不考虑利息税的情况下,10 年后此人可以一次性从银行取出多少钱?

可以利用 FV 函数计算年金的终值,在单元格 B5 中输入公式"=FV(B3,B4,−B2,,1)",即可得到计算结果。

	A	B
1	先付年金终值的计算	
2	年金(元)	2 000
3	年利率(%)	4.50%
4	期限(年)	10
5	年金终值(元)	25 682.36
6		

图 3.7　先付年金终值的计算

(2) 先付年金的现值

先付年金的现值 V_0 有以下两种计算方法:

① 按普通年金现值公式将 n 期的先付年金折算到 0 期前一期时刻的价值,然后向后复利一期,即乘以系数 $(1+i)$,计算公式为:

$$V_0 = A \cdot (PVIFA_{i,n}) \cdot (1+i)$$

② 第 0 期的一笔年金 A 再加上第 1 至 $n-1$ 期普通年金的现值也可以得到先付年金的现值,即:

$$V_0 = A \cdot (PVIFA_{i,n-1} + 1)$$

先付年金终值可以直接输入公式计算,也可利用 PV 函数计算,但此时函数中的 type 参数为 1。

【例 3.8】 某人计划今后连续 10 年每年年初从银行取出 5 000 元,若银行按

4.5%的年利率复利计息,那么,在不考虑利息税的情况下,此人现在应一次性存入银行多少钱?

可以利用 PV 函数计算年金的现值,在单元格 B5 中输入公式"=PV(B3,B4,B2,,1)",即得此人现在应一次存入银行的金额为 41 343.95 元。

	A	B
1	先付年金现值的计算	
2	年金(元)	5 000
3	年利率(%)	4.50%
4	期限(年)	10
5	年金终值(元)	-41 343.95
6		

图 3.8 先付年金现值的计算

3.2.3 延期年金的现值

延期年金是指一定时期以后才开始发生的等额系列收付款项。延期年金的终值可直接按普通年金终值公式计算。延期年金的现值有以下两种计算方法:

① 假设前 m 期没有年金,$m+1$ 至 $m+n$ 期有 n 期普通年金 A,可根据普通年金现值公式先将 n 期的普通年金折算为 m 年末的价值,然后再向前贴现 m 期,得到延期年金的现值 V_0,即:

$$V_0 = A \cdot (PVIFA_{i,n}) \cdot (PVIF_{i,n})$$

② 先假设前 m 期也有普通年金 A,这样可得到 $m+n$ 期的普通年金。根据普通年金现值公式计算 $m+n$ 期普通年金的现值,再减去虚设的前 m 期普通年金的现值,也可得到延期年金的现值 V_0,即:

$$V_0 = A \cdot (PVIFA_{i,m+n}) - A \cdot (PVIF_{i,m})$$

延期年金的现值可以直接输入公式计算,也可以借助 PV 函数计算。

【例 3.9】 某人计划在 5 年后连续 10 年每年年末从银行取出 5 000 元,若银行按 8%的年利率复利计息,那么,在不考虑利息税的情况下,此人现在应一次性存入银行多少钱?

如图 3.9 所示,在单元格 B6 中输入公式"=PV(B5,B4,B2)/(1+B5)^B3",

在单元格 B7 中输入公式"=PV(B5,B3+B4,B2)−PV(B5,B3,B2)",两种方法的计算结果一样。

	A	B	C	D	E	F
1	延期年金现值的计算					
2	年金(元)	5 000				
3	递延期(年)	5				
4	年金期限(年)	10				
5	年利率(%)	8.00%				
6	现值(元)——方法1	¥−22 833.84	公式:=PV(B5,B4,B2)/(1+B5)^B3			
7	现值(元)——方法2	¥−22 833.84	公式:=PV(B5,B3+B4,B2)−PV(B5,B3,B2)			
8						

图 3.9 延期年金的计算

3.2.4 永续年金的现值

永续年金是指从第一期末开始无限期发生的年金。永续年金没有终值。永续年金现值的计算公式为:

$$V_0 = A/i$$

优先股是永续年金的重要例子。例如,某公司计划发行优先股,若每年支付给优先股股东的股利为 2 元/股,优先股股东要求的报酬率为 20%,那么该优先股的现值为"=2/20%",即 10 元/股。

在投资理财活动中,有时投资者需要根据已知的年利率,以及一定时期发生的现金流及其终值和现值,计算各期的等值年金,这就是等值年金的问题。

3.2.5 等值普通年金和等值先付年金的计算

在已知年利率以及一定时期现金流终值的情况下,计算每期等值年金的普通年金的公式为:$A = F/FVIFA_{i,n}$

在已知年利率以及一定时期现金流终值的情况下,计算每期等值年金的先付年金的公式为:$A = F/(FVIFA_{i,n} - 1)$ 或 $A = F/[FVIFA_{i,n} \cdot (1+i)]$

在已知年利率以及一定时期现金流现值的情况下,计算每期等值年金的普通年金的公式为:$A = P/PVIFA_{i,n}$

在已知年利率以及一定时期现金流现值的情况下,计算每期等值年金的先付年金的公式为：$A = P/(PVIFA_{i,n-1} + 1)$ 或 $A = P/[PVIFA_{i,n} \cdot (1+i)]$

每期等值的普通年金和每期等值的先付年金除了可以直接利用上述公式外，还可以利用 PMT 函数计算。PMT 函数的功能是基于固定利率及等额分期付款方式，返回投资或贷款的每期付款额。公式为：

$$=\text{PMT (rate, nper, pv, fv, type)}$$

式中，各参数的意义参见 pv 函数或 fv 函数。

【例 3.10】 某人计划 5 年后一次性从银行取出 10 万元，已知复利年利率为 6%，那么在忽略利息税的情况下，此人每年年末需等额存入银行多少钱？若每年年初等额存款，则每年存款额是多少？

如图 3.10 所示，在单元格 B5 中输入公式"=－B2/FV(B4，B3，－1)"，或输入公式"=PMT(B4，B3，，B2)"，得到每年年末应等额存款 17 739.64 元。

在单元格 B6 中输入公式"=－B2/FV(B4，B3，－1，－1)"，或输入公式"=PMT(B4，B3，，B2，1)"，得到每年年初应等额存款 16 735.51 元。

	A	B
1	等值年金的计算	
2	终值（元）	100 000
3	期限（年）	5
4	年利率	6%
5	等值普通年金（元）	¥-17 739.64004
6	等值先付年金（元）	¥-16 735.50947
7		

图 3.10 等值普通年金和等值先付年金的计算(已知终值)

【例 3.11】 某人现在一次性存入银行 10 万元，已知复利年利率为 6%，在忽略利息税的情况下，如果此人要在 5 年内每年年末等额存款，则每年可取出多少钱？若改在每年年初等额取款，则每年可取出多少钱？

如图 3.11 所示，在单元格 B5 中输入公式"=B2/PV(B4，B3，－1)"，或输入公式"=PMT(B4，B3，－B2)"，得到每年年末应等额存款 23 739.64 元。

在单元格 B6 中输入公式"=－B2/PV(B4，B3，－1，，－1)"，或输入公式

"=PMT(B4，B3，B2，,1)"，得到每年年初应等额存款 22 395.89 元。

	A	B
1	等值年金的计算	
2	现值（元）	100 000
3	期限（年）	5
4	年利率	6%
5	等值普通年金（元）	23 739.64
6	等值先付年金（元）	22 395.89
7		

图 3.11　等值普通年金和等值先付年金的计算(已知现值)

3.2.6　等值延期年金的计算

在已知 $m+1$ 期至 $m+n$ 期发生的延期年金的现值和利息的条件下，求等值的延期年金各期的金额，可根据延期年金现值的计算公式做逆运算。计算公式为：

$$A = V_0 / [(PVIFA_{i,m+n}) - (PVIF_{i,m})] \text{ 或 } A = V_0 / [(PVIFA_{i,n}) \cdot (PVIF_{i,m})]$$

等值延期年金的每期金额除了可以直接利用上述的公式计算外，还可以利用 PMT 函数计算，这时需要以年金期限 n 作为 PMT 函数的 nper 参数值，且以将现值向后复利 m 期的终值作为 pv 参数值。

【例 3.12】　某人现在一次性存入银行 10 万元，计划从第 4 年到第 8 年连续 5 年每年年末等额从银行取出若干钱。若复利年利率为 6%，忽略利息税，那么此人从第 4 年到第 8 年末可等额取出多少钱？若在每年年初取款，则每年年初可等额取出多少钱？

如图 3.12 所示：在单元格 B6 中输入公式"=B2/(PV(B5，B3+B4，-1)-PV(B5，B3，-1))"，或输入公式"=PMT(B5，B4，-B2×(1+B5)^B3)"，即得此人从第 4 年到第 8 年的每年年末可等额取款的金额为 28 274.29 元。

在单元格 B7 中输入公式"=B2/(PV(B5，B3+B4，-1,,1)-PV(B5，B3，-1,,1))"，或输入公式"=PMT(B5，B4，-B2×(1+B5)^B3,,1)"，即得此人从第 4 年到第 8 年的每年年初可等额取款的金额为 26 673.86 元。

	A	B
1	等值延期年金的计算	
2	年金（元）	100 000
3	递延期（年）	3
4	年金期限（年）	5
5	年利率（%）	6.00%
6	等值地延期年金（元）—年末	28 274.29
7	等值地延期年金（元）—年初	26 673.86
8		

图 3.12　等值延期年金的计算

3.2.7　已知不规则现金流求等值年金

在已知各期现金流、期限和贴现率的条件下，求各期的等值年金的计算公式为：

$$A = \frac{1}{FVIFA_{i,n}} \cdot \sum_{t=1}^{n} A_t (1+i)^{n-t} \text{ 或 } A = \frac{1}{PVIFA_{i,n}} \cdot \sum_{t=1}^{n} \frac{A_t}{(1+i)^t}$$

这两个计算公式是等效的，但使用第 2 个公式要更为简便，因为它可以利用 NPV 函数计算现值。

【例 3.13】　某投资项目在未来的 5 年内预计各年的现金流分别为 30、60、60、50、80 万元。若贴现率为 20%，那么每年的等值年金是多少？

在单元格 D3 中输入公式"=NPV(B9，B4:B8)"，计算各年现金流量的总现值。

在单元格 D4 中输入公式"=D3/PV(B9，A8，-1)"或"=PMT(B9，A8，-D3)"，即可得到等值年金为 52.72 万元。

	A	B	C	D
1	已知不规则现金流量求等值年金			
2	已知条件		计算结果	
3	年份	现金流（万元）	各年现金流的现值（万元）	157.65
4	1	30	等值年金（万元）	52.72
5	2	60		
6	3	60		
7	4	50		
8	5	80		
9	贴现率	20%		
10				

图 3.13　已知不规则现金流求等值年金

也可在单元格 D4 中直接输入公式"=PMT(B9,A8,-NPV(B9,B4:B8))",可以得到相同的结果。

3.3 债务偿还表计算

债务偿还的方式一般有三种：一是满期偿还法，它是指借款人在贷款期满时一次性偿还贷款本息；二是分期偿还法，它指的是贷款期内，每隔一段时间分期偿还贷款本息；三是偿债基金法，它是指借款人每期末偿还贷款利息，同时每期末另存一笔款项建立一个基金，其目的是在贷款满期时能偿还本金，从而结清债务。

3.3.1 满期偿还法

满期偿还法是指借款人在贷款到期时一次性偿还本金和利息的还款方法。期末一次性偿还额等于按贷款本金和贷款利率计算的复利终值。

【例 3.14】 某企业从银行取得临时流动资金贷款 40 万元，年利率 6%，期限 3 个月，与银行商定到期一次性还本付息。试编制该企业的还款计划表。

设计还款计划表并输入已知数据，如图 3.14 所示：

	A	B	C	D	E
1			贷款基本数据		
2		贷款金额（元）		400 000	
3		贷款期限（月）		3	
4		贷款年利率（%）		6.00%	
5					
6		满期偿还计划表		单位：元	
7	月	每月偿还额	偿还额中利息	可偿还的本金	残余本金
8	0				400 000
9	1	0.00	0.00	0.00	400 000.00
10	2	0.00	0.00	0.00	400 000.00
11	3	406 030.05	6 030.05	400 000.00	0.00
12					

图 3.14

在单元格 B9 中输入公式"=IF(A9=$D$3,$D$2×(1+$D$4/12)^$D$3,0)"计算第 1 个月末还款总额。

在单元格 C9 中输入公式"=IF(A9=$D$3,$D$2×(1+$D$4/12)^

$D$3-$D$2,0)"计算第 1 个月末偿还额中利息的部分。

在单元格 D9 中输入公式"=B9-C9"计算第 1 个月末可偿还的本金。

在单元格 E8 中输入公式"=D2"计算第 1 个月初的贷款本金。

在单元格 E9 中输入公式"=E8-D9"计算第 1 个月末残余的本金。

选取单元格区域 B9:E9,将其向下填充复制到单元格区域 B11:E11,得到其他月的还款总额、偿还额中利息的部分、可偿还的本金和残余本金。

3.3.2 分期偿还法

依照每期偿还数额是否相等,可以把分期偿还法分为等额分期偿还法和变额分期偿还法。在分期偿还法中,每期还款额中,先偿还当期贷款利息,剩余部分才去偿还本金。换言之,在分期偿还中,必须明确下列三个问题:

第一,每期偿还的金额是多少?

第二,每期偿还额中,利息和本金各占多少?

第三,未偿还的本金余额是多少?

(1) 等额分期偿还法

等额分期偿还法是指每期偿还相等的金额,由于偿还的金额中包含本金和利息,故又称为等额本利偿还法或等额本息偿还法。显然随着时间的推移,未偿还的本金数额在减少,因而在前期偿还额中利息占有较大的份额,而在后期偿还额中,本金则占有较大的份额。

在等额分期偿还情况下,可以直接借助 Excel 的有关函数进行还本付息的计算,主要包括 PMT 函数、IPMT 函数、PPMT 函数、CUMIPMT 函数和 CUMPRINC 函数。各函数的有关说明如下:

① PMT 函数。

PMT 函数基于固定利率及等额分期付款方式,返回贷款的每期付款额。其公式为:

$$PMT(rate, nper, pv, fv, type)$$

有关函数 PMT 中参数的详细说明,请参阅函数 PV。

注解:a. PMT 返回的支付款项包括本金和利息,但不包括税款、保留支付或某些与贷款有关的费用。

b. 应确认所指定的 rate 和 nper 单位的一致性。例如,同样是四年期年利率为12%的贷款,如果按月支付,rate应为12%/12,nper应为4*12;如果按年支付,rate应为12%,nper为4。

② IPMT函数。

IPMT函数是基于固定利率及等额分期付款方式,返回给定期数内对投资的利息偿还额。其公式为:

$$IPMT(rate, per, nper, pv, fv, type)$$

注解:a. 应确认所指定的rate和nper单位的一致性。例如,同样是四年期年利率为12%的贷款,如果按月支付,rate应为12%/12,nper应为4*12;如果按年支付,rate应为12%,nper为4。

b. 对于所有参数,支出的款项,如银行存款,表示为负数;收入的款项,如股息收入,表示为正数。

③ PPMT函数。

PPMT函数是基于固定利率及等额分期付款方式,返回投资在某一给定期间内的本金偿还额。其公式为:

$$PPMT(rate, per, nper, pv, fv, type)$$

注解:应确认所指定的rate和nper单位的一致性。例如,同样是四年期年利率为12%的贷款,如果按月支付,rate应为12%/12,nper应为4*12;如果按年支付,rate应为12%,nper为4。

④ CUMIPMT函数。

CUMIPMT函数是返回一笔贷款在给定的start_period到end_period期间累计偿还的利息数额。其公式为:

$$CUMIPMT(rate, nper, pv, start\_period, end\_period, type)$$

注解:a. 应确认所指定的rate和nper单位的一致性。例如,同样是四年期年利率为10%的贷款,如果按月支付,rate应为10%/10,nper应为4*12;如果按年支付,rate应为10%,nper为4。

b. Nper、start_period、end_period和type将被截尾取整。

c. 如果rate≤0,nper≤0或pv≤0,函数CUMIPMT返回错误值#NUM!。

d. 如果start_period<1,end_period<1或start_period>end_period,函

数 CUMIPMT 返回错误值 #NUM!。

e. 如果 type 不是数字 0 或 1,函数 CUMIPMT 返回错误值 #NUM!。

⑤ CUMPRINC 函数。

CUMPRINC 函数是返回一笔贷款在给定的 start_period 到 end_period 期间累计偿还的本金数额。其公式为:

$$CUMPRINC(rate, nper, pv, start\_period, end\_period, type)$$

注解:a. 应确认所指定的 rate 和 nper 单位的一致性。例如,同样是四年期年利率为 12% 的贷款,如果按月支付,rate 应为 12%/12,nper 应为 4*12;如果按年支付,rate 应为 12%,nper 为 4。

b. Nper、start_period、end_period 和 type 将被截尾取整。

c. 如果 rate≤0,nper≤0 或 pv≤0,函数 CUMPRINC 返回错误值 #NUM!。

d. 如果 start_period＜1,end_period＜1 或 start_period＞end_period,函数 CUMPRINC 返回错误值 #NUM!。

e. 如果 type 为 0 或 1 之外的任何数,函数 CUMPRINC 返回错误值 #NUM!。

【例 3.15】 一笔 100 000 元的贷款,期限为 5 年,年实际利率为 8%,每年年末等额偿还贷款,试构造分期偿还表。

先看每年年末等额还本付息的情况,计算步骤如下:

设计还款计划表并输入已知数据,如图 3.15 所示。

	A	B	C	D	E
1			贷款基本数据		
2		贷款金额(元)		100 000	
3		贷款期限(年)		5	
4		贷款年利率(%)		8.00%	
5					
6			分期偿还计划表	单位:元	
7	年末	每年偿还额	偿还额中利息部分	可偿还的本金	残余本金
8	0				100 000
9	1	25 045.65	8 000.00	17 045.65	82 954.35
10	2	25 045.65	6 636.35	18 409.30	64 545.06
11	3	25 045.65	5 163.60	19 882.04	44 663.02
12	4	25 045.65	3 573.04	21 472.60	23 190.41
13	5	25 045.65	1 855.23	23 190.41	0.00
14					

图 3.15

在单元格 B9 中输入公式"=PMT($D$4,$D$3,-$D$2)"计算第1年年末还款总额。

在单元格 C9 中输入公式"=IPMT($D$4,A9,$D$3,-$D$2)"计算第1年年末偿还额中利息的部分。

在单元格 D9 中输入公式"=PPMT($D$4,A9,$D$3,-$D$2)"计算第1年末可偿还的本金。

在单元格 E8 中输入公式"=D2"计算第1年年初的贷款本金。

在单元格 E9 中输入公式"=E8-D9"计算第1年年末残余的本金。

选取单元格区域 B9:E9，将其向下填充复制到单元格区域 B13:E13，得到其他年份的还款总额、偿还额中利息的部分、可偿还的本金和残余本金。

这样，每年年末分期偿还计划表就编制完毕。再看每个月末等额还款的情况，计算步骤如下：

在单元格 D16 中输入公式"=PMT(D4/12,D3×12,D2)"，计算每个月末的分期偿还情况。

在单元格 D17 中输入公式"=CUMIPMT(D4/12,D3×12,D2,7,12,0)"，计算第2个半年累计偿还的利息。

在单元格 D18 中输入公式"=CUMPRINC(D4/12,D3×12,D2,7,12,0)"，计算第2个半年累计偿还的本金。

	A	B	C	D	E
15		每个月末分期偿还情况		单位：元	
16		每月分期偿还额		-2 027.64	
17		第2个半年累计偿还的利息		-3 524.98	
18		第2个半年累计偿还的本金		-8 640.86	
19					

图 3.16

【例 3.16】 某位刚刚考上大学的学生因家庭贫困申请到一笔担保助学贷款解决学费问题。每学期期初贷款 3 000 元，连续贷款 4 年共 8 次。毕业后每季度末分期还款一次，连续还款 4 年共 16 次，还清全部贷款。贷款的年利率 8%，按季计息。试确定该学生每次还款的金额。

计算步骤如下：

设计计算表格并输入已知条件,如图 3.17 所示:

	A	B	C	D
1		已知条件		
2	贷款年数（年）	4	还款开始时间	第5年
3	每年贷款次数	2	还款年数	4
4	每次贷款金额（元）	3000	每年还款次数	4
5	计息方式	按季计息	贷款年利率	8.00%
6	贷款时点	每半年初	还款时点	每季度末
7				
8		计算结果	单位：元	
9	每半年一期的实际期利率		4.04%	
10	第4年末贷款的终值（元）		27 680.73	
11	每季度末的还款额（元）		−3 127.28	
12				

图 3.17

在单元格 C9 中输入公式"=EFFECT(D5/2,2)",或输入公式"=(1+D5/4)^2−1",计算每半年一期的实际利率。

在单元格 C10 中输入公式"=FV(C9,B2×B3,−B4,1)",计算贷款在第四年末的终值。

在单元格 C11 中输入公式"=PMT(D5,D3×D4,C10)",计算每季度末的还款额。

计算结果表明,该学生毕业后每季度末应还款 3 127.28 元。

(2) 变额分期偿还表

变额分期偿还表法是指借款人每次还款数额不完全相等的一种还款方式。在每次还款中,同样是先偿还该期的利息,然后才冲减本金。在变额分期偿还法中,将讨论还款等差数列变化、等比数列变化以及任意变化的分期偿还过程。

① 等额递增(递减)法。

等额递增(递减)还款方式是指将整个还款期划分为若干时间段,某个时间段内每月比上一时间段内每月多还(少还)固定的金额,而某个时间段内每月必须按相同的金额归还贷款本息。例如,在按年划分时间段的情况下,这种还款方式的特点是：在还款期内,同一还款年度内各月还款额相等,后一年度内每月还款比前一还款年度还款额增加(或减少)一定的数额。

假设贷款总额为 P，贷款月利率为 I，总还款次数为 n，首次还款为 A，并从第二年就开始每年还贷递增（递减）G，则有如下的计算公式：

$$A = \frac{P}{PVIFA_{i,n}} - \frac{G}{(1+i)^n - 1}\left|\frac{(1+i)^n - 1}{(1+i)^{12} - 1} - \frac{n}{12}\right|$$

当 G 大于零时，即为等额递增法。当 G 小于零时，即为等额递减法。而当 $G = 0$ 时，即变成了等额分期偿还。

【例 3.17】 某人从银行取得贷款 10 万元用于购买房屋，贷款年利率为 4.23%，贷款期限为 10 年，每月末还本付息一次。现在考虑变额分期偿还方式还本付息，从第 2 年开始每年还款递增 100 元，那么，此人每月的还款额为多少？每年的还款额为多少？总共支付多少利息？

如图 3.18 所示，计算步骤如下：

	A	B	C
1	贷款基本数据		
2	贷款金额（元）		100 000
3	贷款年利率（%）		4.23%
4	还款期限（年）		10
5	总还款期数		120
6	每年还款额增减幅度（元）		100
7			
8	变额分期偿还计划表		单位：元
9	年末	每月偿还额	每年偿还额
10	第1年	608.15	7 297.80
11	第2年	708.15	8 497.80
12	第3年	808.15	9 697.80
13	第4年	908.15	10 897.80
14	第5年	1 008.15	12 097.80
15	第6年	1 108.15	13 297.80
16	第7年	1 208.15	14 497.80
17	第8年	1 308.15	15 697.80
18	第9年	1 408.15	16 897.80
19	第10年	1 508.15	18 097.80
20	总还款额（元）		126 978.04
21	利息总额（元）		26 978.04

图 3.18

在单元格 B10 中输入等额递增（递减）法的公式计算第 1 年各月的还本付息额计算公式"=PMT(C3/12, C5, -C2)-(C6/((1+C3/12)^C5-1))×ABS(((1+C3/12)^C5-1)/((1+C3/12)^12-1)-C5/12)"。

在单元格 B11 中输入公式计算第 2 年各月的还本付息公式："=B10+$C$6"

在单元格 C10 中输入公式"=B10×12"计算每年的还款额。

分别选取单元格 B11，C10 向下填充至 B19 和 C19，得到其他各年和各月的还本付息额。

在 D20 中输入公式"=SUM(C10:C19)"，计算总还款额。

在 D21 中输入公式"=C20-C2"计算利息总额。

② 等比递增（递减）法。

等比递增（递减）还款方式是指将整个还款期划分为若干时间段内每月的还款额比上一时间段内每月的还款额增加（减少）固定的比例，而某个时间段内每月须按相同的金额归还贷款本息。例如，在按年划分时间段的情况下，这种还款方式的特点是，在还款期内，同一还款年度内各月还款额相等，后一还款年度内每月还款额比前一还款年度月还款额增加（或减少）一定的比例。

假设贷款总额为 P，贷款月利率为 i，总还款次数为 n，首次还款额为 A，并从第 2 年开始每年还款额递增（或递减）速率为 S，则有如下的计算公式：

$$A = \frac{P \times i \times (1+i)^n}{(1+i)^{n-12}[(1+i)^{12}-1]+(1+S)[(1+i)^{12}-1]\frac{(1+i)^{n-12}-(1+S)^{\frac{n-12}{12}}}{(1+i)^{12}-(1+S)}}$$

当 S 大于零时，即为等比递增法；当 S 小于零时，即为等比递减法；而当 S 等于零时，即变成了等额分期偿还。

【例 3.18】 某人从银行取得贷款 10 万元用于购买房屋，贷款年利率为 4.23%，贷款期限为 10 年，每月末还本付息一次。现在考虑变额分期偿还方式还本付息，从第 2 年开始每年还款递增 100 元，那么，此人每月的还款额为多少？每年的还款额为多少？总共支付多少利息？

如图 3.19 所示，计算步骤如下：

	A	B	C
1		贷款基本数据	
2	贷款金额（元）		100 000
3	贷款年利率（%）		4.23%
4	贷款月利率（%）		0.352 5%
5	还款期限（年）		10
6	总还款期数		120
7	每年还款额增减幅度		11.50%
8			
9		变额分期偿还计划表	单位：元
10	年末	每月偿还额	每年偿还额
11	第1年	620.27	7 443.26
12	第2年	691.60	8 299.24
13	第3年	771.14	9 253.65
14	第4年	859.82	10 317.82
15	第5年	958.70	11 504.37
16	第6年	1 068.95	12 827.37
17	第7年	1 191.88	14 302.52
18	第8年	1 328.94	15 947.31
19	第9年	1 481.77	17 781.25
20	第10年	1 652.17	19 826.10
21		总还款额（元）	127 502.90
22		利息总额（元）	27 502.90
23			

图 3.19

在单元格 B11 中输入等比递增（递减）法的公式计算第 1 年各月的还本付息额计算公式"=C2×C4×(1+C4)^C6/((1+C4)^(C6−12)×((1+C4)^12−1)+(1+C7)×((1+C4)^12−1)×((1+C4)^(C6−12)−(1+C7)^((C6−12)/12))/((1+C4)^12−(1+C7)))"。

在单元格 B12 中输入公式计算第 2 年各月的还本付息公式："=B11×(1+$C$7)"。

在单元格 C11 中输入公式"=B11×12"计算每年的还款额。

分别选取单元格 B12,C11 向下填充至 B20 和 C20,得到其他各年和各月的还本付息额。

在 D21 中输入公式"=SUM(C11:C20)",计算总还款额。

在 D22 中输入公式"＝C21－C2"计算利息总额。

③ 等额本金偿还法。

等额本金偿还法是指借款人在借款期内每期偿还固定的本金及按借款余额计算利息的还款方式。在这种还款方式下，每期偿还本金的数额相等，每期支付利息的数额随着每期末剩余本金余额的减少而逐期降低，因而每年的还款总额也会逐期减少。

每期利息减少额＝（贷款本金/总期数）×本期利率

贷款期内支付的利息总额＝贷款本金×本期利率×[（总期数＋1）/2]

【例 3.19】 某人从银行取得个人贷款 10 万元，年利率 8%，贷款期限 5 年，与银行商定采用等额本金偿还法还本付息，还款时间在每年的年末。试为此人编制还款计划表。计算步骤如下：

设计还款计划表并输入已知数据，如图 3.20 所示：

	A	B	C	D	E
1			贷款基本数据		
2			贷款金额（元）	100 000	
3			贷款期限（年）	5	
4			贷款年利率（%）	8.00%	
5					
6			等额本金偿还计划表	单位：元	
7	年末	每年偿还额	偿还额中利息	可偿还的本金	残余本金
8	0				100 000
9	1	28 000.00	8 000.00	20 000.00	80 000.00
10	2	26 400.00	6 400.00	20 000.00	60 000.00
11	3	24 800.00	4 800.00	20 000.00	40 000.00
12	4	23 200.00	3 200.00	20 000.00	20 000.00
13	5	21 600.00	1 600.00	20 000.00	0.00
14	合计	124 000.00	24 000.00	100 000.00	
15					

图 3.20

在单元格 D9 中输入公式"＝$D$2/$D$3"计算第 1 年年末偿还本金额。

在单元格 E9 中输入公式"＝C2"计算第 1 年年初的贷款本金。

在单元格 C9 中输入公式"＝E8×$D$4"计算第 1 年年末偿还的利息。

在单元格 B9 中输入公式"＝C9＋D9"计算第 1 年年末的还款总额。

在单元格 E9 中输入公式"=E8-D9"计算第 1 年年末残余的本金。

选取单元格区域 B9:E9,将其向下填充复制到单元格区域 B13:E13,得到其他年份的还款总额、偿还额中利息的部分、可偿还的本金和残余本金。

这样,等额本金额偿还计划表就编制完毕。

3.3.3 偿债基金法

借款人偿还一笔贷款可以不用分期偿还法,而用偿债基金法,其含义是借款人每期末偿还贷款的当前利息,从而确保贷款(本金)金额始终不变;同时应贷款人要求每期末另存一笔款项建立一个基金,称为偿债基金,其目的是在贷款满期时刚好偿还贷款本金,从而结清债务。简而言之,偿债基金法就是平时付息、到期还本的方法。虽然偿债基金名义上属于借款人所有,但由贷款人掌握,因而偿债基金的积累过程本质上就是贷款的偿还过程,因此研究贷款本金与偿债基金积累值之差可以量度借款人尚未偿还的数额,我们称之为贷款净额。某一时点的贷款净额就是该时点结清债务必须花费的代价。

由于在偿债基金法中每期偿还的利息是固定的,而每期末存入基金的金额可以相等也可以不等,因而可以分为等额偿债基金法和变额偿债基金法。本节以一种等额偿债基金法为例制订还款计划表,其他方法请读者自己练习。

在偿债基金法中,由于原始本金在期末时用借贷人积累的偿债基金一次性偿付,因此本金在贷款期间保持不变,而利息是逐期支付的,所以每期支付的利息金额应为常数。在偿债基金法中,借款人除了需要在每期末支付当期的利息外,还需要积累一笔偿债基金。这笔基金在贷款到期时应该正好等于贷款的原始本金。在通常的情况下,偿债基金的利率小于贷款利率。

假设贷款总额为 P,偿债基金的利率为 j,贷款总期数为 n,贷款人在每期末向偿债基金的储蓄额 D,则有如下计算公式:

$$D = \frac{Pj}{(1+j)^n - 1}$$

每年末支付的贷款利息 = 贷款总额 × 贷款利率

【例 3.20】 一笔 100 000 元的贷款,期限为 5 年,贷款利率为 8%,于每年年末偿还利息;同时建立偿债基金,偿债基金的年利率 7%。试构造偿债基金表。

3 货币的时间价值

如图 3.21 所示：计算步骤如下：

	A	B	C	D	E	F	G
1			贷款基本数据				
2		贷款金额（元）		100 000			
3		贷款期限（年）		5			
4		贷款年利率（%）		8.00%			
5		偿债基金年利率（%）		7.00%			
6							
7		等额偿债基金表		单位：元			
8	年末	支付总额	支付当年利息	向偿债基金储蓄	偿债基金所得利息	偿债基金余额	贷款净额
9	0					0	100 000
10	1	25389.0694	8 000	17 389.06944	0	17 389.06944	82 610.93056
11	2	25389.0694	8 000	17 389.06944	1 217.234861	35 995.37375	64 004.62625
12	3	25389.0694	8 000	17 389.06944	2 519.676162	55 904.11936	44 095.88064
13	4	25389.0694	8 000	17 389.06944	3 913.288355	77 206.47716	22 793.52284
14	5	25389.0694	8 000	17 389.06944	5 404.453401	100000	0

图 3.21

在单元格 C10 中输入公式"＝＄G＄9×＄D＄4"，计算每年年末支付的贷款利息。

根据公式，在单元格 D10 中输入公式"＝＄D＄2×＄D＄5/((1＋＄D＄5)^5－1)"即可计算出每年末向偿债基金的储蓄额。

在单元格 B10 中输入公式"＝C10+D10"，计算每年年末的支付总额。

在单元格 F9 中输入 0，在单元格 G9 中输入公式＝"＝D2"。

在单元格 G10 中输入公式"＝F9×＄D＄5"，计算偿债基金所得的利息。

在单元格 F10 中输入公式"＝F9＋E10＋D10"，计算偿债基金的余额。

在单元格 G10 中输入公式"＝＄G＄9－F10"，计算贷款的净额。

选取单元格区域 B10:G10，将其向下填充复制到单元格区域 B14:G14，得到其他年份计算项目。

3.4 利息理论在 EXCEL 的应用

3.4.1 折旧方法

折旧是指企业的固定资产在使用过程中逐渐损耗而消失的那部分价值，这部分价值以折旧费用的形式计入各期成本费用，并从企业的营业收入中得到补偿，转化为货币资金，从而为固定资产更新提供了可能。固定资产折旧方法主要包括直线折旧法和加速折旧法两大类。我国企业固定资产折旧一般采用直线折旧法计算，对一些技术发展较快的行业，其机器设备的折旧可以采用加速折旧法计算。

（1）直线法折旧法

直线折旧法是按照一定的标准平均分摊折旧额的计算方法。直线折旧法主要包括平均年限法和工作量法。

① 平均年限法。平均年限法又称使用年限法，是以固定资产使用年限平均计算年折旧额的计算方法，也是我国企业使用最多的一种折旧方法，其计算公式如下：

$$年折旧额 = \frac{固定资产原值 - 预计净残值}{预计使用年限}$$

式中，预计净残值是指固定资产报废时预计可以收回的残余价值扣除预计清理费用后的数额。通常可以用净残值率来表示。净残值率是指预计净残值占固定资产原值的百分比。

按平均年限法计提折旧一般适用于固定资产在预计使用年限内各期负荷比较均衡的情况。

② 工作量法。工作量法是按预计总工作量平均计算单位工作量的折旧额，并根据各期的实际工作量计算每期折旧额的计算方法，计算公式为：

$$每单位工作量折旧额 = \frac{固定资产原值 - 预计净残值}{预计总工作量}$$

$$某期折旧额 = 该期实际工作量 \times 每单位工作量折旧额$$

按工作量法计提折旧一般适用于固定资产在预计使用年限内各期负荷不均衡的情况。

（2）加速折旧法

加速折旧法是指在固定资产使用的前期计提较多的折旧而后期计提较少折旧的计提折旧方法。加速折旧法主要包括余额递减法、双倍余额递减法和年数总和法。

① 余额递减法。余额递减法是指用一个固定的年折旧率乘以固定资产在每期期初的账面净值来计算本期折旧的一种方法。由于固定资产的账面价值随每年计提折旧而逐年减少,因此折旧额也是逐年减少的。计算公式为:

$$年固定折旧率 = 1 - \sqrt[n]{\frac{固定资产预计净残值}{固定资产原始价值}}$$

$$某期折旧额 = 该年初固定资产账面净值 \times 年固定折旧率$$

$$年初固定资产账面净值 = 固定资产原值 - 累计折旧$$

式中,n 为固定资产预计使用年限。

采用余额递减法计提折旧时,预计净残值不能为 0,否则计算的年折旧率毫无意义。

② 双倍余额递减法。双倍余额递减法是根据平均年限法下双倍的折旧率和每期期初固定资产账面净值计算折旧额的一种快速折旧方法,其计算公式为:

$$某年折旧额 = 该年初固定资产账面净值 \times 年折旧率$$

$$年折旧率 = \frac{2}{预计使用年限}$$

③ 年数总和法。年数总和法是指固定资产原值减去净残值后的净额乘以一个逐年递减的分数计算每年折旧额的一种方法。计算公式为:

$$年折旧额 = (固定资产原值 - 预计净残值) \times 年折旧率$$

$$年折旧率 = \frac{(折旧年限 - 已使用年数) + 1}{折旧年限 \times (折旧年限 + 1) \div 2}$$

(3) Excel 中计算折旧的函数

① 直线折旧法的 Excel 函数——SLN 函数。

SLN 函数的功能是返回某项资产在一个期间中的线性折旧值。公式为:

$$\text{SLN(cost, salvage, life)}$$

Cost:为资产原值。

Salvage:为资产在折旧期末的价值(也称为资产残值)。

Life:为折旧期限(有时也称作资产的使用寿命)。

在按工作量法计提折旧的情况下，应在 life 参数中输入预计总工作量，此时 SLN 函数返回的是每单位工作量折旧额。

② 余额递减法的 Excel 函数——DB 函数。

DB 函数的功能是使用固定余额递减法，计算一笔资产在给定期间内的折旧值。公式为：

$$DB(cost, salvage, life, period, month)$$

Cost：为资产原值。

Salvage：为资产在折旧期末的价值(也称为资产残值)。

Life：为折旧期限(有时也称作资产的使用寿命)。

Period：为需要计算折旧值的期间。Period 必须使用与 life 相同的单位。

Month：为第一年的月份数，如省略，则假设为 12。

③ 双倍余额递减法的 Excel 函数——DDB 函数。

DDB 函数的功能是使用双倍余额递减法或其他指定方法，计算一笔资产在给定期间内的折旧值。公式为：

$$DDB(cost, salvage, life, period, factor)$$

Cost：为资产原值。

Salvage：为资产在折旧期末的价值(也称为资产残值)。

Life：为折旧期限(有时也称作资产的使用寿命)。

Period：为需要计算折旧值的期间。Period 必须使用与 life 相同的单位。

Factor：为余额递减速率。如果 factor 被省略，则假设为 2(双倍余额递减法)。

要点：这五个参数都必须为正数。

说明：双倍余额递减法以加速的比率计算折旧。折旧在第一阶段是最高的，在后继阶段中会减少。DDB 使用下面的公式计算一个阶段的折旧值：

[(资产原值－资产残值)－前面阶段的折旧总值]×(余额递减速率／生命周期)

如果不想使用双倍余额递减法，可更改余额递减速率。当折旧大于余额递减计算值时，如果希望转换到直线余额递减法，请使用 VDB 函数。

根据我国会计制度的规定，企业采用双倍余额递减法计提固定资产折旧时，应当在固定资产折旧年限到期以前两年内，改用直线折旧法将扣除净残值后的固定资产净值平均摊销。因此,这一点要特别注意。

④ 年数总和法的 Excel 函数——SYD 函数。

SYD 函数的功能是返回某项资产按年限总和折旧法计算的指定期间的折旧值。公式如下:

$$SYD(cost, salvage, life, per)$$

Cost:为资产原值。

Salvage:为资产在折旧期末的价值(也称为资产残值)。

Life:为折旧期限(有时也称作资产的使用寿命)。

Per:为期间,其单位与 life 相同。

【例 3.21】 一台设备价值 12 000 元,使用 10 年,10 年后该设备残值为 1 000 元。分别使用下列折旧法计算该设备各年折旧额及各年末账面价值:直线法;余额递减法;年数和法;双倍余额递减法。

	A	B	C	D	E	F	G	H	I
1	基本数据								
2	固定资产原值	12000							
3	固定资产残值	1000							
4	使用年限	10							
5									
6		直线法		余额递减法		双倍余额递减法		年数和法	
7	折旧年份	年度折旧额	年末账面值	年度折旧额	年末账面值	年度折旧额	年末账面值	年度折旧额	年末账面值
8	0		12 000		12 000		12 000		12 000
9	1	1 100.00	10 900	2 640.00	9 360.00	2 400.00	9 600.00	2 000.00	10 000.00
10	2	1 100.00	9 800	2 059.20	7 300.80	1 920.00	7 680.00	1 800.00	8 200.00
11	3	1 100.00	8 700	1 606.18	5 694.62	1 536.00	6 144.00	1 600.00	6 600.00
12	4	1 100.00	7 600	1 252.82	4 441.81	1 228.80	4 915.20	1 400.00	5 200.00
13	5	1 100.00	6 500	977.20	3 464.61	983.04	3 932.16	1 200.00	4 000.00
14	6	1 100.00	5 400	762.21	2 702.40	786.43	3 145.73	1 000.00	3 000.00
15	7	1 100.00	4 300	594.53	2 107.87	629.15	2 516.58	800.00	2 200.00
16	8	1 100.00	3 200	463.73	1 644.14	503.32	2 013.27	600.00	1 600.00
17	9	1 100.00	2 100	361.71	1 282.43	402.65	1 610.61	400.00	1 200.00
18	10	1 100.00	1 000	282.13	1 000.29	610.61	1 000.00	200.00	1 000.00
19									

图 3.22

3.4.2 诚实信贷

1968 年,美国国会通过了《消费者信贷保护法》,这一法律要求贷款人公正而准确地公开消费贷款的各项条例,但并不试图控制贷款人的开价金额,而只是要求适度公开。该法律只适用于消费贷款,而不适用于商业贷款。

该法律要求公开两个关键性的金融指标:一是资金筹措费;二是年百分率

(Annual Percentage Rate,简记为APR)。前者表示贷款期间索要的利息金额,后者表示应付利息的年利率。借款人负担的筹措费不仅包括贷款利息,而且包括贷款的初始费用、其他信贷费、服务费、资信报告费、信用保险费用中的某些费用。

【例3.22】 一笔1 000元的消费贷款在1年内以每月支付95元的方式偿还。求年百分率(APR)。

求年百分率可使用Rate函数进行计算。在单元格B5中输入公式"=12×RATE(B2,B3,B1)"即可计算出年百分率。

	A	B
1	贷款额	1 000
2	期限(月)	12
3	每月还款额	−95
4		
5	年百分率	24.91%

图3.23

Rate函数的主要功能是返回年金的各期利率。如果在进行20次迭代计算后,函数RATE的相邻两次结果没有收敛于0.000 000 1,函数RATE将返回错误值 ♯NUM!。其公式为:

$$\text{RATE(nper, pmt, pv, fv, type, guess)}$$

有关参数nper、pmt、pv、fv及type的详细说明,请参阅函数PV。式中Guess为预期利率。如果省略预期利率,则假设该值为10%。如果函数RATE不收敛,请改变guess的值。通常当guess位于0到1之间时,函数RATE是收敛的。

说明:

应确认所指定的guess和nper单位的一致性,对于年利率为12%的4年期贷款,如果按月支付,guess为12%/12,nper为4×12;如果按年支付,guess为12%,nper为4。函数RATE通过迭代法计算得出,并且可能无解或有多个解。

4 公司理财的应用

4.1 公司报酬与风险

4.1.1 风险识别和风险衡量

(1) 风险的含义

奈特认为风险是指决策者能够对其所面临的随机事件分配数学概率的情形；不确定性是不能分配概率的情形。威廉·L·麦金森将风险定义为发生损失的可能性、一项资产收益的波动性，与不确定性这一术语互换使用。詹姆斯·S·特里斯曼认为风险是指财产损失的可能性，不确定性是指有损失或没有损失。风险和不确定性这两个术语一直被替代使用。在《韦氏大词典》(Webster's Dictionary)中，风险被定义为"一种冒险、危险、暴露在损失和伤害中"。我国的《现代汉语词典》(2002年增补本)中将风险解释为"可能发生的危险"。在大多数人的眼里，风险意味着损失。由此可以看出，风险是一个有争议的概念。

与风险相联系的另一个概念是不确定性。从理论上讲，风险和不确定性有一定的区别。风险通常是指决策者能够事先知道事件最终可能呈现出来的状态，即事前可以知道所有可能的后果，并且可以根据经验和历史数据比较准确地预知每种可能状态出现的可能性(概率)大小，即知道整个事件发生的概率分布。各种结果发生的可能性可以用概率分布、标准差和方差等指标来表示，因此它可以被度量。而不确定性是指事前不知道所有可能的后果，或者虽然知道可能的后果，但不知道它们出现的概率，或者什么都不知道。企业的大多数财务决策都是在不确定情况下做出的，但为了提高财务决策的科学性，决策人员常常为不确定性财务活动规定一些主观概率，以便进行计量分析，这使得不确定性决策与风险性决策十分相似。在实务中，当说到风险时，可能指的是确切意义上的风险，但更可能指的是不确定性。

总之,某一行动的结果具有多种可能而不肯定,就叫有风险;反之,若某一行动的结果很肯定,就叫没有风险。从财务治理角度来说,风险就是实际收益无法达到预期收益的可能性,或者说,它是在企业各项财务活动中,由于各种难以预料或无法控制的因素作用,使企业的实际收益与预计收益发生背离,从而蒙受经济损失的可能性。

企业决策者一般都讨厌风险,并尽可能地回避风险。愿意要肯定的某一报酬率,而不愿要不肯定的某一报酬率,是决策者的共同心态,这种现象叫风险反感。由于风险反感心理的普遍存在,因而一提到风险,多数人都将其理解为与损失是同一概念。事实上,风险不仅能带来超出预期的损失,呈现其不利的一面,而且还可能带来超出预期的收益,呈现其有利的一面。一般来说,投资者对意外损失比意外收益更加关注,因而在研究风险时主要从不利的方面来考察,常常把风险看成是不利事件发生的可能性。从财务治理角度理解,风险也是对企业目标产生负面影响的事件发生的可能性。

(2) 风险管理的意义

随着风险的日趋严峻和竞争的日益激烈,风险管理已经逐渐被提到议事日程上来,越来越多的金融机构和跨国公司已经设置了专门的风险管理机构。风险管理(Risk Management)是经济单位通过对风险的确认和评估,采用合理的经济和技术手段对风险进行规避或者控制,缩小实际和期望之间的偏差,达到保护风险管理者目的的一种管理活动。以上定义有三层含义:① 风险管理的主体是经济单位,即个人、家庭、社会团体、企业和政府机关都可以运用风险管理进行自我保护;② 风险管理过程中,风险辨识和风险评估是基础,而选择合理的风险控制手段才是要害;③ 风险管理必须采取合理、经济的手段,也就是说,假如风险规避是有成本的话,那么只有当规避风险产生的收益大于规避风险的成本时,风险规避才有意义。

风险管理的意义在于:假如一个公司采取积极有效的措施管理其经营风险和财务风险,公司价值的波动就会下降。公司的风险管理行为有利于公司价值的最大化,公司应该采取积极的态度开展风险管理活动。

(3) 风险的衡量方法

从风险的定义来看,证券投资的风险是在证券投资过程中,投资者的收益和本金遭受损失的可能性。风险衡量就是要准确地计算投资者的收益和本金遭受损失的可能性大小。

一般来讲,有三种方法可以衡量证券投资的风险。

第一种方法是计算证券投资收益低于其期望收益的概率。

假设某种证券的期望收益为10%,但投资该证券取得10%和10%以上收益的概率为30%,那么,该证券的投资风险为70%,或者表示为0.70。

这一衡量方法严格从风险的定义出发,计算了投资于某种证券时,投资者的实际收益低于期望收益的概率,即投资者遭受损失的可能性大小。但是,该衡量方法有一个明显的缺陷,那就是:许多种不同的证券都会有相同的投资风险。显然,如果采用这种衡量方法,所有收益率分布为对称的证券,其投资风险都等于0.50。然而,实际上,当投资者投资于这些证券时,他们遭受损失的可能性大小会存在着很大的差异。

第二种方法是计算证券投资出现负收益的概率。

这一衡量方法把投资者的损失仅仅看作本金的损失,投资风险就成为出现负收益的可能性。这一衡量方法也是极端模糊的。例如,一种证券投资出现小额亏损的概率为50%,而另一种证券投资出现高额亏损的概率为40%,究竟哪一种投资的风险更大呢? 采用该种衡量方法时,前一种投资的风险更高。但是,在实际证券投资过程中,大多数投资者可能会认为后一种投资的风险更高。之所以会出现理论与实际的偏差,基本原因就在于:该衡量方法只注意了出现亏损的概率,而忽略了出现亏损的数量。

第三种方法是计算证券投资的各种可能收益与其期望收益之间的差离(Deviation),即证券收益的方法(Variance)或标准差(Stand Deviation)。这种衡量方法有两个鲜明的特点:其一,该衡量方法不仅把证券收益低于期望收益的概率计算在内,而且把证券收益高于期望收益的概率也计算在内。其二,该衡量方法不仅计算了证券的各种可能收益出现的概率,而且也计算了各种可能收益与期望收益的差额。与第一种和第二种衡量方法相比较,显然,方差或标准差是更适合的风险指标。

对于任何资产的投资,几乎都是在存在风险和不确定情况下进行的。所以对资产的风险报酬的衡量和控制将是财务管理主要工作。所以在每一步的风险报酬的衡量之后也就会做出相应的控制,以下为简明论述。

4.1.2 风险与报酬的关系

(1) 风险与报酬的匹配关系

① 财务风险与报酬的基本关系是相匹配关系,即风险越大,预期报酬率就越高。众所周知,投资者只有在预期得到的报酬足以补偿其承担的投资风险时才会购买风险性资产。在市场经济中,各投资项目的风险大小是不同的。在投资报酬率相同的情况下,理性的投资者都会选择风险小的投资。高风险项目就必须有高报酬,否则没有人投资;低报酬的项目必须风险很低,否则也没有人投资。风险与报酬的这种关系是不同投资者进行博弈所形成的市场均衡结果。

② 风险—报酬权衡。投资者投资于任何一项资产都要求其期望报酬率与其风险相适应。风险和期望报酬率之间精确的均衡关系可以表示为:

$$期望报酬率 = 无风险报酬率 + 风险报酬率$$

期望报酬率包括两个部分:一部分是无风险报酬率,如购买的国家发行的公债到期后,肯定可以连本带利收回。这个无风险报酬率可以吸引公众储蓄,是最低的社会平均报酬率。另一部分是风险报酬率。它与风险的大小有关,风险越大则要求的报酬率越高,是风险的函数,即:风险报酬率=f(风险程度)。风险报酬率的本质是投资的风险溢价,根据资本资产定价模型,它是两个变量的函数:其一,系数。它测算的是资产的市场风险,反映了资产的报酬和市场投资组合报酬之间的关系。其二,单位风险的价格,指市场投资组合的期望报酬率减去无风险报酬率。它是市场对投资者承担的每一单位风险而支付的(额外的)必要报酬率。投资者依照马利维兹学说,能够观察到证券的预期收益与β系数(证券风险的相对测定)呈正的线性相关关系。证券的β系数越大,它的预期收益率越高。

(2) 风险与报酬的矛盾

① 财务风险是实现资本增值的内在障碍。企业所承担的风险可以表示成两个部分,即不可分散风险和可分散风险。不可分散风险是不能通过分散化投资消除的风险,它是由影响整个市场的事件引起的。可分散风险是可以通过分散化投资来消除的,它与企业相关,是由一些重要事件所引起的。财务风险和报酬相匹配关系的存在以投资者的投资组合是完全分散化为前提条件,其中的期望报酬率仅与那部分不可分散风险相关。如果投资者并没有使其投资组合完全分散化,那么

该投资者就会承担额外的、不必要的风险。在非分散化的投资组合中,单一证券的投资者比那些拥有该证券仅占部分的极好分散化的证券投资组合的投资者,承担了更多的风险。市场对投资者承担的不可分散风险给予相应的报酬,但是,市场对于投资者承担的可分散风险不给予任何补偿。

投资者总是希望自己的资本能获得最大的收益而不愿意去承受任何损失,而财务风险中不可分散风险的存在使投资者在进行投资时有心理障碍,在进行投资时投资者便会衡量风险与报酬的均衡关系,这样就会使得许多资本不能进入市场流通,而资本若不进入市场就不能实现其增值的目的。所以从这个方面说,由于财务风险的存在,资本增值是难以实现的。

② 财务风险是取得超额增值的外部条件。按照法玛在 1970 年提出的观点,市场可以被划分为:弱势有效市场,即以历史信息为基础而赚取超额利润;半强势有效市场,即以公开信息为基础来赚取超额利润;强势有效市场,即不能以公开信息为基础而赚取超额利润。财务风险的存在使得市场不能达到强势有效,那么如果投资者承担了不可分散风险,市场就会对投资者所承担的这部分奉献给予相应的报酬,也就是投资者可获得超额利润。但是如果财务风险是不存在的,那么这个市场就等同于达到了强势有效,这样企业是不能赚取超额利润的,在市场中大家得到的都是平均的报酬率。财务风险是取得超额增值的外部条件,没有财务风险的存在,资本的增值性是难以充分实现的。

风险与报酬的关系问题并不是某个要素的完全舍弃问题,而是各个要素的程度选择问题。风险与报酬的选择是博弈式的,所以是否选择风险行动,一方面要看本方的风险承受能力,另一方面要看竞争对方的行动。完全舍弃风险和双方同时选择风险都不一定是明智的。

4.1.3 风险报酬

(1) 风险报酬的概念

所谓风险报酬是投资者因冒风险进行投资而要求的、超过无风险报酬的额外报酬。风险报酬主要包括违约风险报酬、流动性风险报酬和期限风险报酬。

违约风险报酬是指投资者由于承担违约风险而要求得到的超额回报。所谓违约风险则是指借款人无法按时支付利息或偿还本金而给投资者带来的风险。

流动性风险报酬是指投资者由于承担流动性风险而要求得到的超额回报。流动性是指某项资产能够及时转化为现金的特性,也称变现性,变现能力强,即流动性好,风险就低。流动性风险则是由于投资的流动性不同而给投资者带来的风险。

期限风险报酬是指投资者由于承担期限风险而要求得到的超额回报。而期限风险是因投资的到期日不同而承担的风险,投资的到期日越长,所承担的不确定因素就多,风险也就越大,因而需要额外补偿。

(2) 风险报酬的衡量和控制

第一,对于风险报酬的衡量首先要确定概率分布。这里的概率分布主要是明确利润是呈正增长还是负增长,从而确定任何投资项目在出现各种结果下的概率,进而为接下来的风险报酬的计算做准备。在这个过程中各种结果下的概率和等于1。

第二,通过计算确定期望报酬率。期望报酬率的计算公式:

期望报酬率 = $\sum$ 第 i 种可能结果的报酬率 × 该可能结果的概率。对于不同的投资项目,通过计算可得到各自情况下的期望报酬率。上述两点得到的概率分布和期望报酬率将为项目的选择做准备。

第三,在算得期望报酬率相等的情况下,可通过计算标准离差来衡量。标准离差的计算:

标准离差 = $[\sum($第 i 种可能结果的报酬率 − 期望报酬率$)^2$ × 第 i 种可能结果的概率$]^{0.5}$。因为离差是反映离散程度的一种度量,所以,离差越小,说明离散程度越小,风险也就越小。在相同的期望报酬率下选择离差小的项目可降低资产的风险。

第四,对于期望报酬率不同的各项投资的风险程度的对比,则用标准离差率来衡量。标准离差率的计算公式:标准离差率 = (标准离差/期望报酬率) × 100%

标准离差率是一个相对的量,通过求值可以作比较,标准离差率大则资产的风险大。所以在期望报酬率不同的项目条件下,选择标准离差率小的投资项目可降低投资的风险。

第五,将标准离差率转化为风险报酬的一种系数即风险报酬系数,进而确定风险报酬率,其计算公式:

风险报酬率 = 风险报酬系数 × 标准离差率

风险报酬率越大,则风险报酬额越大,所以选择风险报酬率大的项目可提高原资产投资条件下的报酬额。

4.2 财务报表分析

4.2.1 上市公司的主要财务报表

投资者为了做好证券投资决策,往往需要对上市公司的财务状况和经营成果进行分析,即进行财务报表分析。上市公司的财务报表主要包括资产负债表、利润及利润分配表和现金流量表。这三大财务报表包含了大量反映公司生产经营活动各方面情况的高度浓缩的会计信息。通过对财务报表的分析,可以全面地了解和评价公司的偿债能力、盈利能力、资产管理能力和发展能力,为做好投资决策提供有用的依据。

(1) 资产负债表

资产负债表是反映公司某一时刻财务状况的报表,又称财务状况表。它是根据"资产=负债+所有者权益"的会计等式,按照一定的分类标准和一定的顺序,把公司在一定日期的资产、负债、所有者权益各项目予以适当排列,并对日常工作中形成的大量数据进行高效浓缩整理后编制而成。它表明公司在某一特定日期所拥有或控制的经济资源、所承担的现有义务和所有者对净资产的要求权力。资产负债表是一张静态报表,它反映的是公司某一时点的财务状况,如月末或年初。通过在资产负债表上设立"年初数"和"年末数"栏目,也能反映出公司财务状况的变动情况。

资产负债表的主要作用是:一方面可反映公司拥有的经济资源及其分布结构,从而可以使投资者了解公司的资产总量规模及其具体的分布形态,并通过观察公司资产的具体结构,对公司资产的质量及其结构的合理性做出一定的判断,也为公司优化资源配置结构提供重要的依据;另一方面可反映公司的资金来源及其构成情况,从而可以使投资者了解公司的财务结构和财务风险,为做出合理的决策提供依据。

(2) 利润及利润分配表

利润及利润分配表,是反映公司在一定期间内经营成果以及利润分配情况的财务报表，它是公司必须定期编报的一张动态报表。利润表是根据"收入－费用＝利润"这一会计等式和收入与费用相配比的原则编制而成的。该表可以反映公司的收入、费用、投资收益、营业外收支及利润等情况，从而可为投资者、债权人及其他会计信息的使用者提供评价公司的获利能力、投资价值和偿债能力等方面的有用信息。

利润及利润分配表包括利润表、利润分配表、补充资料，以及附注部分。利润分配表是利润表的附表，是反映公司在一定期间内对已实现利润的分配或对亏损弥补情况的财务报表，它也是一张动态的财务报表，一般与利润表合在一起组成利润及利润分配表并同时公告。通过利润分配表，可以了解公司净利润的分配去向、利润分配的构成，以及年末未分配利润的数额。同时，利润分配表也是联结资产负债表和利润表的中间桥梁，它可以反映资产负债表中股东权益变化的部分原因。

利润及利润分配表的作用主要表现在，可以使投资者了解和分析公司的经营成果和获利能力，可以为公司管理人员改善经营管理提供依据，可以为预测公司的盈利能力提供重要的依据，并且有助于评价和预测公司的偿债能力。

(3) 现金流量表

现金流量表是指以现金的收付为基础所编制出来的财务状况变动表，它反映了公司在一定时期内所产生的现金流入和现金流出的情况。现金流量表中的项目主要包括经营活动的现金流量表、投资活动的现金流量表和筹资活动的现金流量表。

现金流量表所提供的信息有助于投资者评价公司获取现金的能力，评价一定时期的利润质量，正确判断公司现实的现金支付能力和与之相联系的股利政策及理财过程，分析公司未来获取现金的能力，从而为正确地进行投资决策提供依据。

4.2.2 财务报表的主要分析方法

上市公司财务报表是对上市公司生产经营活动各个方面的综合反映，要对上市公司的财务报表进行比较深刻、透析的分析，找出有用的信息，发现隐含的问题，需要具有一定的专业知识，并使用一些特定的方法。财务报表分析的常用方法主要有结构分析法、趋势分析法、比率分析法等。

(1) 结构分析法

结构分析法是指对财务报表主要项目的构成情况进行分析，一般是以财务报表中的某个总体指标为100%,再计算出其各组成项目占该总体指标的百分比,并可进一步比较各个项目百分比的增减变动,以此来判断公司财务活动的变化趋势。例如,以总资产为总体指标,分析各项资产占总资产的百分比;以利润总额为总体指标,分析利润总额的构成情况等。将财务报表中的某一关键项目作为100%,而其余项目均表示成这一关键项目的百分数,这样得到的以百分数形式表示的财务报表又称为共同比报表。

(2) 趋势分析法

趋势分析法是指根据公司连续期数的财务报表资料,比较各期有关项目的金额,以揭示当期财务状况和经营成果变动趋势的一种方法。将连续几期的财务报表的各有关项目的金额列在一张报表中,以进行趋势分析时所编制的报表又称为比较财务报表。比较财务报表可以用绝对数表示,也可以用相对数表示。运用趋势分析法时,既可以将两期或数期的财务报表中的各项目的金额与某一基期的金额进行比较分析,也可以将两期或基期的共同比报表中的有关项目进行对比,分析其变化趋势。根据选择对比基期的不同,趋势分析法又可分为定比分析和环比分析两种分析方法。定比分析是指某一时期报表的各项目金额为固定的基数,其他各期均为与该基期基数进行比较分析。环比分析是指每一期各项目的金额均以前一期为基数进行对比分析。

(3) 比率分析法

比率分析法是指将财务报表中相关项目的金额进行对比,得出一系列财务比率,从而反映公司财务状况和经营成果等有关情况的一种分析方法。比率分析指标主要包括反映偿债能力的比率、反映资产管理效率的比率、反映盈利能力的比率、反映公司成长性的比率等。比率指标具有计算简便、计算结果容易判断的优点,因而比率分析法在财务报表中占有十分重要的地位。但采用比率分析法时,对比率指标的使用应注意以下四点:(1) 所分析的项目要具有可比性、相关性,将不相关的项目进行对比是没有意义的;(2) 对比口径的一致性,即比率的分子项与分母项必须在时间、范围等方面保持口径一致;(3) 选择比较的标准要具有科学性,要注意行业因素、生产经营情况差异性等因素;(4) 要注意将各种比率有机联系起来进行全面分析,不可孤立地看某种或某类比率,同时要结合其他分析方法,这样才能对企业的历史、现状和将来有一个详尽的分析和了解,达到财务分析的目的。

4.2.3 财务报表的结构分析

【例 4.1】 SG 公司的资产负债表如图 4.1 所示。试对该公司的资产负债表进行结构分析。

	A	B	C	D	E	F
1				资产负债表 单位：元		
2	项目	2004年	2003年	项目	2004年	2003年
3	流动资产			流动负债		
4	货币资金	467 612 181	429 822 641	短期借款	300 700 000	791 700 000
5	应收票据	363 147 764	353 804 035	应付票据	73 484 799	54 323 371
6	应收账款	122 722	19 396 148	应付账款	217 739 314	69 668 665
7	其他应收账款	3 642 210	2 326 519	预收账款	102 299 282	71 238 879
8	预付账款	54 311 371	0	应付福利费	22 085 856	11 906 266
9	存货	622 649 697	613 979 956	应付股利	0	178 880 000
10	待摊费用	8 738 928	4 384 447	应交税金	174 431 926	70 173 283
11	流动资产总计	1 520 224 673	1 423 713 746	其他应交款	953 854	3 250 174
12				其他应付款	212 529 890	26 404 046
13	固定资产			预提费用	2 981 280	2 426 815
14	原值	4 058 189 063	3 286 910 097	一年内到期的长期负债	400 000 000	
15	减累计折旧	1 520 624 896	1 114 973 710	流动负债合计	1 507 206 201	1 279 971 499
16	净值	2 537 564 167	2 171 936 386	长期借款	1 047 313 399	228 000 000
17	固定资产净额	2 537 564 167	2 171 936 386	长期负债合计	1 047 313 399	228 000 000
18	在建工程	1 225 630 782	292 141 583	负债合计	2 554 519 600	1 507 971 499
19	固定资产总计	3 763 194 949	2 464 077 969	股本	447 200 000	447 200 000
20				资本公积	1 521 739 648	1 521 739 648
21				盈余公积	204 392 412	152 030 441
22				其中法定公积金	68 130 804	50 676 814
23				未分配利润	555 567 962	258 850 127
24				股东权益合计	2 728 900 022	2 379 820 216
25	资产合计	5 283 419 622	3 887 791 715	负债和所有权益合计	5 283 419 622	3 887 791 715

图 4.1

如图 4.1 所示，具体计算步骤如下：

在单元格 B4 中输入公式"＝资产负债表!B4/资产负债表!＄B＄25"；

在单元格 C4 中输入公式"＝资产负债表!C4/资产负债表!＄C＄25"；

在单元格 E4 中输入公式"＝资产负债表!E4/资产负债表!＄E＄25"；

在单元格 F4 中输入公式"＝资产负债表!F4/资产负债表!＄F＄25"；

分别选中单元格区域 B4:C4,E4:F4,并向下填充到 B25:C25,E25:F25。

计算结果表明，在该公司的资产总额中，固定资产占较大的比重；资金结构中，股东权益的比重略高于负债的比重。2004 年与 2003 年相比，流动资产占资产总额的比重呈下降趋势，负债总额占负债和股东权益合计的比重呈上升趋势。

	A	B	C	D	E	F
1			资产负债表结构分析			
2	项目	2004年	2005年	项目	2004年	2005年
3	流动资产			流动负债		
4	货币资金	8.85%	11.06%	短期借款	5.69%	20.36%
5	应收票据	6.87%	9.10%	应付票据	1.39%	1.40%
6	应收账款	0.00%	0.50%	应付账款	4.12%	1.79%
7	其他应收账款	0.07%	0.06%	预收账款	1.94%	1.83%
8	预付账款	1.03%	0.00%	应付福利费	0.42%	0.31%
9	存货	11.78%	15.79%	应付股利	0.00%	4.60%
10	待摊费用	0.17%	0.11%	应交税金	3.30%	1.80%
11	流动资产总计	28.77%	36.62%	其他应交款	0.02%	0.08%
12				其他应付款	4.02%	0.68%
13	固定资产			预提费用	0.06%	0.06%
14	原值	76.81%	84.54%	一年内到期的长期负债	7.57%	0.00%
15	减累计折旧	28.78%	28.68%	流动负债合计	28.53%	32.92%
16	净值	48.03%	55.87%	长期借款	19.82%	5.86%
17	固定资产净额	48.03%	55.87%	长期负债合计	19.82%	5.86%
18	在建工程	23.20%	7.51%	负债合计	48.35%	38.79%
19	固定资产总计	71.23%	63.38%	股本	8.46%	11.50%
20				资本公积	28.80%	39.14%
21				盈余公积	3.87%	3.91%
22				其中法定公积金	1.29%	1.30%
23				未分配利润	10.52%	6.66%
24				股东权益合计	51.65%	61.21%
25	资产合计	100.00%	100.00%	负债和所有权益合计	100.00%	100.00%

图 4.2

【例 4.2】 SG 公司的利润表如图 4.3 所示。试对该公司的利润表进行结构分析。

如图 4.4 所示，具体计算步骤如下：

在单元格 B3 中输入公式"＝利润表!B3/利润表!＄B＄3"；

在单元格 C3 中输入公式"＝利润表!C3/利润表!＄C＄3"；

选中单元格区域 B3:C3，并向下填充到 B23:C23。

计算结果表明，该公司的主营业务收入中，主营业务成本占 80% 以上；2004 年与 2003 年相比，主营业务成本比重下降，各利润比例升高。

【例 4.3】 SG 公司的现金流量表如图 4.5 所示。试对该公司的现金流量表进行结构分析。

如图 4.5 所示，计算步骤如下：

	A	B	C
1		利润表　单位:元	
2	项目	2004年	2003年
3	一、主营业务收入	4 430 833 021	3 926 230 410
4	减主营业务成本	3 740 863 287	3 532 099 839
5	主营业务税金及附加	25 904 208	13 397 004
6	二、主营业务利润	664 065 526	380 733 567
7	加其他营业利润	7 376 815	223 289
8	营业费用	23 528 914	19 567 409
9	管理费用	104 416 857	50 357 549
10	财务费用	20 502 542	29 289 038
11	三、营业利润	522 994 028	281 742 860
12	营业外收入	1 116 399	353 548
13	减营业外支出	9 553 398	632 471
14	四、利润总额	514 557 029	281 463 937
15	减所得税	165 477 224	26 053 030
16	五、净利润	349 079 805	255 410 907
17	加期初未分配利润	258 850 127	167 502 817
18	六、可供分配利润	607 929 932	422 913 724
19	减提取法定公积金	34 907 980	25 868 342
20	提取法定公益金	17 453 990	12 943 171
21	分配普通股股利	178 880 000	0
22	加支付的住房周转金转抵国有股股利	50 346 400	0
23	七、期末未分配利润	427 034 362	409 988 553
24			

图 4.3

	A	B	C
1		利润表结构分析	
2	项目	2004年	2003年
3	一、主营业务收入	100.00%	100.00%
4	减主营业务成本	84.43%	89.96%
5	主营业务税金及附加	0.58%	0.34%
6	二、主营业务利润	14.99%	9.70%
7	加其他营业利润	0.17%	0.01%
8	营业费用	0.53%	0.50%
9	管理费用	2.36%	1.28%
10	财务费用	0.46%	0.75%
11	三、营业利润	11.80%	7.18%
12	营业外收入	0.03%	0.01%
13	减营业外支出	0.22%	0.02%
14	四、利润总额	11.61%	7.17%
15	减所得税	3.73%	0.66%
16	五、净利润	7.88%	6.51%
17	加期初未分配利润	5.84%	4.27%
18	六、可供分配利润	13.72%	10.77%
19	减提取法定公积金	0.79%	0.66%
20	提取法定公益金	0.39%	0.33%
21	分配普通股股利	4.04%	0.00%
22	加支付的住房周转金转抵国有股股利	1.14%	0.00%
23	七、期末未分配利润	9.64%	10.44%
24			

图 4.4

	A	B	C
1	现金流量表　单位：元		
2	项目	2004年	2003年
3	一、经营活动产生的现金流量		
4	销售商品，提供劳务收到的现金	5 430 508 327	3 624 035 260
5	收到的税费返还	11 840 000	728 667 158
6	收到的其他与经营活动有关的现金	15 989 515	2 080 953
7	现金流入小计	5 458 337 842	4 354 783 371
8	购买商品，接受劳务支付的现金	3 768 853 317	3 228 069 000
9	支付给职工以及为职工支付的现金	359 492 114	146 803 793
10	支付的各项税费	437 346 698	821 271 139
11	支付的其他与经营活动有关的现金	60 228 192	27 891 058
12	现金流出小计	4 625 920 321	4 224 034 990
13	经营活动产生的现金流量净额(A)	832 417 521	130 748 381
14	二、投资活动产生的现金流量		
15	处置固定资产无形资产其他资产收到的现金净额	449 677	785 410
16	现金流入小计	449 677	785 410
17	购建固定资产无形资产其他资产支付的现金	1 269 587 977	449 846 363
18	现金流出小计	1 269 587 977	449 846 363
19	投资活动产生的现金流量净额	-1 269 138 300	-449 060 953
20	三、筹资活动产生的现金流量		
21	借款所收到的现金	1 710 460 000	1 350 700 000
22	现金流入小计	1 710 460 000	1 350 700 000
23	偿还债务所支付的现金	991 700 000	682 700 000
24	分配股利利润或偿付利息支付的现金	244 249 681	73 343 743
25	现金流出小计	1 235 949 681	756 043 743
26	筹资活动产生的现金流量净额	474 510 319	594 656 257
27	四、现金及现金等价物净增加额	37 789 540	276 343 686

图 4.5

在单元格 B4 中输入公式"＝现金流量表!B4/现金流量表!＄B＄7"；

在单元格 B8 中输入公式"＝现金流量表!B8/现金流量表!＄B＄12"；

在单元格 B15 中输入公式"＝现金流量表!B15/现金流量表!＄B＄16"；

在单元格 B17 中输入公式"＝现金流量表!B17/现金流量表!＄B＄17"；

在单元格 B21 中输入公式"＝现金流量表!B21/现金流量表!＄B＄22"；

在单元格 B23 中输入公式"＝现金流量表!B23/现金流量表!＄B＄25"；

在单元格 B26 中输入公式"＝现金流量表!B26/现金流量表!＄B＄27"；

在单元格 B27 中输入公式"＝现金流量表!B27/现金流量表!＄B＄27"；

通过复制公式、填充公式完成其他的计算。

计算结果表明,2004 年与 2003 年相比,该公司的现金流量发生了很大的变化,经营活动和筹资活动产生的现金流量净额占现金及现金等价物净增加额的比重大幅度增加,而投资活动产生的现金流量净额占现金及现金等价物净增加额的比重大幅度降低。

	A	B	C
1	现金流量表结构分析		
2	项目	2004年	2003年
3	一、经营活动产生的现金流量		
4	销售商品,提供劳务收到的现金	99.49%	83.22%
5	收到的税费返还	0.22%	16.73%
6	收到的其他与经营活动有关的现金	0.29%	0.05%
7	现金流入小计	100.00%	100.00%
8	购买商品,接受劳务支付的现金	81.47%	76.42%
9	支付给职工以及为职工支付的现金	7.77%	3.48%
10	支付的各项税费	9.45%	19.44%
11	支付的其他与经营活动有关的现金	1.30%	0.66%
12	现金流出小计	100.00%	100.00%
13	经营活动产生的现金流量净额(A)	2 202.77%	47.31%
14	二、投资活动产生的现金流量		
15	处置固定资产无形资产其他资产收到的现金净额	100.00%	100.00%
16	现金流入小计	100.00%	100.00%
17	购建固定资产无形资产其他资产支付的现金	100.00%	100.00%
18	现金流出小计	100.00%	100.00%
19	投资活动产生的现金流量净额	-3 358.44%	-162.50%
20	三、筹资活动产生的现金流量		
21	借款所收到的现金	100.00%	100.00%
22	现金流入小计	100.00%	100.00%
23	偿还债务所支付的现金	80.24%	90.30%
24	分配股利利润或偿付利息支付的现金	19.76%	9.70%
25	现金流出小计	100.00%	100.00%
26	筹资活动产生的现金流量净额	1 255.67%	215.19%
27	四、现金及现金等价物净增加额	100.00%	100.00%

图 4.6

4.2.4 财务报表的趋势分析

【例 4.4】 SG 公司的资产负债表如图 4.1 所示,试对该公司的现金流量表进行趋势分析。

如图 4.7 所示,具体的计算步骤如下:

A	B	C	D	E	F
		资产负债表趋势分析			
项目	增减额	增减百分比	项目	增减额	增减百分比
流动资产			流动负债		
货币资金	37 789 540	8.79%	短期借款	-491 000 000	-62.02%
应收票据	9 343 729	2.64%	应付票据	19 161 428	35.27%
应收账款	-19 273 426	-99.37%	应付账款	148 070 649	212.54%
其他应收款	1 315 691	56.55%	预收账款	31 060 403	43.60%
预付账款	54 311 171	异常增长	应付福利费	10 179 590	85.50%
存货	8 669 741	1.41%	应付股利	-178 880 000	-100.00%
待摊费用	4 354 481	99.32%	应交税金	104 258 643	148.57%
流动资产总计	96 510 927	6.78%	其他应交款	-2 296 320	-70.65%
			其他应付款	186 125 844	704.91%
固定资产			预提费用	554 465	22.85%
原值	771 278 966	23.47%	一年内到期的长期负债	400 000 000	异常增长
减累计折旧	405 651 186	36.38%	流动负债合计	227 234 702	17.75%
净值	365 627 781	16.83%	长期借款	819 313 399	359.35%
固定资产净额	365 627 781	16.83%	长期负债合计	819 313 399	359.35%
在建工程	933 489 199	319.53%	负债合计	1 046 548 101	69.40%
固定资产总计	1 299 116 980	52.72%	股本		
			资本公积		
			盈余公积	52 361 971	34.44%
			其中法定公积金	17 453 990	34.44%
			未分配利润	296 717 835	114.63%
			股东权益合计	349 079 806	14.67%
资产合计	1 395 627 907	35.90%	负债和所有权益合计	1 395 627 907	35.90%

图 4.7

在 B4 单元格中输入公式"=资产负债表!B4-资产负债表!C4";

在 C4 单元格中输入公式"=IF(AND(资产负债表!C4=0,资产负债表!B4<>0),"异常增长",资产负债表趋势分析!B4/ABS(资产负债表!C4))";

在 E4 单元格中输入公式"=资产负债表!E4-资产负债表!F44";

在 F4 单元格中输入公式"=IF(AND(资产负债表!F4=0,资产负债表!E4<>0),"异常增长",资产负债表趋势分析!E4/ABS(资产负债表!F4))";

通过复制、填充公式,完成剩下的计算。

由计算结果可以看出,2004 年与 2003 年相比,资产类项目中增加额最多的是固定资产合计项目,增长比例最高的是在建工程项目;负债和所有者权益类项目中增加额最多的是负债合计项目,增长比例最高的是其他应付款项目。对于增加额较多、增长比例较高或异常增长的项目,如预付款项、在建工程、应付账款、其他应付款、长期借款等,投资者应结合其他相关信息做进一步的分析。

【例 4.5】 SG 公司的利润表如图 4.3 所示。试对该公司的利润表进行趋势分析。

结果如图 4.8 所示,计算步骤参见【例 4.4】。

	A	B	C
1		利润表趋势分析	
2	项目	增减额	增减百分比
3	一、主营业务收入	504 602 611	12.85%
4	减主营业务成本	208 763 448	5.91%
5	主营业务税金及附加	12 507 204	93.36%
6	二、主营业务利润	283 331 959	74.42%
7	加其他营业利润	7 153 526	3 203.71%
8	营业费用	3 961 505	20.25%
9	管理费用	54 059 308	107.35%
10	财务费用	-8 786 496	-30.00%
11	三、营业利润	241 251 168	85.63%
12	营业外收入	762 851	215.77%
13	减营业外支出	8 920 927	1 410.49%
14	四、利润总额	233 093 092	82.81%
15	减所得税	139 424 194	535.16%
16	五、净利润	93 668 898	36.67%
17	加期初未分配利润	91 347 310	54.53%
18	六、可供分配利润	185 016 208	43.75%
19	减提取法定公积金	9 039 638	34.94%
20	提取法定公益金	4 510 819	34.85%
21	分配普通股股利	178 880 000	异常增长
22	加支付的住房周转金转抵国有股股利	50 346 400	异常增长
23	七、期末未分配利润	17 045 809	4.16%
24			

图 4.8

计算结果表明,2004 与 2003 年相比,利润表的各项目中增加额最多的是主营业务收入项目,增长比例最高的是其他业务利润和营业外收支项目。

【例 4.6】 SG 公司的现金流量表如图 4.5 所示。试对该公司的现金流量表进行趋势分析。

结果如图 4.9 所示,计算步骤参见【例 4.4】。

4.2.5 财务报表的比率分析

(1) 偿债能力比率

公司的偿债能力包括短期偿债能力和长期偿债能力。反映短期偿债能力,即

4 公司理财的应用

	A	B	C
1	现金流量表趋势分析		
2	项目	增减额	增减百分比
3	一、经营活动产生的现金流量		
4	销售商品，提供劳务收到的现金	1 806 473 067	49.85%
5	收到的税费返还	-716 827 158	-98.38%
6	收到的其他与经营活动有关的现金	13 908 562	668.37%
7	现金流入小计	1 103 554 471	25.34%
8	购买商品，接受劳务支付的现金	540 784 317	16.75%
9	支付给职工以及为职工支付的现金	212 688 321	144.88%
10	支付的各项税费	-383 924 441	-46.75%
11	支付的其他与经营活动有关的现金	32 337 134	115.94%
12	现金流出小计	401 885 331	9.51%
13	经营活动产生的现金流量净额(A)	701 669 140	536.66%
14	二、投资活动产生的现金流量		
15	处置固定资产无形资产其他资产收到的现金净额	-335 733	-42.75%
16	现金流入小计	-335 733	-42.75%
17	购建固定资产无形资产其他资产支付的现金	819 741 614	182.23%
18	现金流出小计	819 741 614	182.23%
19	投资活动产生的现金流量净额	-820 077 347	-182.62%
20	三、筹资活动产生的现金流量		
21	借款所收到的现金	359 760 000	26.64%
22	现金流入小计	359 760 000	26.64%
23	偿还债务所支付的现金	309 000 000	45.26%
24	分配股利利润或偿付利息支付的现金	170 905 938	233.02%
25	现金流出小计	479 905 938	63.48%
26	筹资活动产生的现金流量净额	-120 145 938	-20.20%
27	四、现金及现金等价物净增加额	-238 554 146	-86.33%

图 4.9

将公司资产转变为现金用以偿还短期债务能力的比率主要有流动比率、速动比率以及流动资产构成比率等。反映长期偿债能力，即公司偿还长期债务能力的比率主要有股东权益对负债比率、负债比率、举债经营比率、产权比率、固定资产对长期负债比率等。

① 流动比率。也称营运资金比率，是衡量公司短期偿债能力最通用的指标。计算公式如下：

$$流动比率 = 流动资产/流动负债$$

这一比率越大，表明公司短期偿债能力越强，并表明公司有充足的营运资金；反之，说明公司的短期偿债能力不强，营运资金不充足。一般财务健全的公司，其流动资产应远高于流动负债，起码不得低于1∶1，一般认为大于2∶1较为合适。

但是,对于公司和股东而言,并不是这一比率越高越好。

流动比率过大,并不一定表示财务状况良好,尤其是由于应收账款和存货余额过大而引起的流动比率过大,则对财务健全不利。一般认为,这一比率超过5∶1,则意味着公司的资产未得到充分利用。

将流动比率与营运资金结合起来进行分析,有助于观察公司未来的偿债能力。

② 速动比率。又称酸性测验比率,是用以衡量公司到期清算能力的指标。计算公式为:

速动比率 = 速动资产 / 流动负债
= (流动资产 - 存货 - 待摊和预付费用) / 流动负债

投资者通过分析速动比率,可以测知公司在极短时间内取得现金偿还短期债务的能力。一般认为,速动比率最低限为0.5∶1,如果保持在1∶1,则流动负债的安全性较有保障。因为,当此比率达到1∶1时,即使公司资金周转发生困难,亦不致影响即时的偿债能力。

③ 现金流量比率。现金流量比率是指企业经营活动产生的现金流量净额与流动负债的比,该指标从现金流动的角度反映了企业当期偿还短期负债的能力,计算公式为:

现金流量比率 = 经营活动产生的现金流量净额 / 流动负债

④ 资产负债比率。资产负债率又称负债比率,是企业一定时期负债总额与资产总额的百分比,计算公式为:

资产负债比率 = 负债总额 / 资产总额 × 100%

资产负债比率反映了企业负债水平的高低情况,可以测知公司长期偿债能力的大小,因为负债是一种固定责任,不管公司盈亏,均应按期支付利息,到期必须偿还。一般认为负债比率的最高限为3∶1。但是,必须明确,对投资者而言,负债比率过低并不一定有利,因为公司自有资本相对于负债来说,只需维持在一定水准(足以保障公司信用)就可以了。此比率过低表明公司举债经营能力有待增强。

⑤ 产权比率。产权比率是指负债总额与股东权益总额的百分比,也是衡量长期偿债能力的比率指标。它反映由债权人提供的负债资金与所有者提供的权益资金的相对关系,以及公司基本财务结构是否稳定。其计算公式为:

$$产权比率 = 负债总额 / 股东权益 \times 100\%$$

产权比率表示公司每100元负债中,有多少自有资本抵偿,即自有资本占负债的比例。比率越大,表明公司自有资本越雄厚,负债总额越小,债权人的债权越有保障;反之,公司负债越重,财务可能陷入危机,可能无力偿还债务。

⑥ 股东权益比率。股东权益比率是指企业的股东权益与资产总额的百分比,反映企业总资产中自有资金的比例,其计算公式为:

$$股东权益比率 = 股东权益总额 / 资产总额 \times 100\%$$

⑦ 利息保障倍数。利息保障倍数反映了企业偿还债务利息的能力,其计算公式为:

$$利息保障倍数 = (利息费用 + 税前利润) / 利息费用$$

这一比率可用于测试公司偿付利息的能力。利息保障倍数越高,说明债权人每期可收到的利息越有安全保障;反之则不然。

(2) 营运能力比率

① 应收账款周转率。应收账款周转率也称应收账款周转次数,是指企业一定时期的赊销收入净额与应收账款平均余额之比,反映应收账款的流动程度,其计算公式为:

$$应收账款周转率 = 赊销收入净额 / 平均应收账款$$
$$平均应收账款 = (期初应收账款 + 期末应收账款)/2$$

赊销收入净额是指利润表上的主营业务赊销收入净额,即主营业务收入中的赊销部分扣减折扣、折让、销售退回的余额。但是对于财务报表的使用者来说,多数情况下,难以获得主营业务收入中的赊销收入与现销收入的详细资料,所以实践中可直接用主营业务收入净额或销售净额代替。平均应收账款是指资产负债表上未扣除坏账和应收票据期初、期末余额的平均数。

应收账款周转率是反映应收账款利用效率的指标。一般情况下,应收账款周转率越高,表明企业应收账款的变现速度越快,收账效率越高。

② 存货周转率。存货周转率,也称存货周转次数,是指一定时期的主营业务成本与平均存货之比,反映存货的周转速度,其计算公式为:

存货周转率 = 主营业务收入 / 平均存货

平均存货 = （期初存货 + 期末存货）/2

存货周转率正是衡量公司销货能力强弱和存货是否过多或短缺的指标。其比率越高，说明存货周转速度越快，公司控制存货的能力越强，则利润率越大，营运资金投资于存货上的金额越小。反之，则表明存货过多，不仅使资金积压，影响资产的流动性，还增加仓储费用与产品损耗、过时。

③ 流动资产周转率。流动资产周转率是指一定时期内的主营业务收入与流动资产平均余额之比，其计算公式为：

流动资产周转率 = 主营业务收入 / 平均流动资产

平均流动资产 = （期初流动资产 + 期末流动资产）/2

流动资产周转率是反映流动资产周转速度的指标。流动资产周转率越高，周转天数越少，表明周转速度越快，会相对节约流动资产，等于相对扩大资产投入，增强企业的盈利能力。而延缓周转速度，需要补充流动资产参加周转，造成资金浪费，降低企业的盈利能力。

④ 固定资产周转率。固定资产周转率是指一定时期内的主营业务收入与固定资产平均净值之比，其计算公式为：

固定资产周转率 = 主营业务收入 / 平均固定资产净值

平均固定资产净值 = （期初固定资产净值 + 期末固定资产净值）/2

这一比率表示固定资产全年的周转次数，用以测知公司固定资产的利用效率。其比率越高，表明固定资产周转速度越快，固定资产的闲置越少；反之则不然。当然，这一比率也不是越高越好，太高则表明固定资产过分投资，会缩短固定资产的使用寿命。

⑤ 总资产周转率。总资产周转率是指主营业务收入与平均总资产之比，其计算公式为：

总资产周转率 = 主营业务收入 / 平均总资产

平均总资产 = （期初总资产 + 期末总资产）/2

总资产周转率是反映全部资产利用效率的指标。总资产周转率越高，表明总资产的周转速度越快,企业运用资产产生收入的能力越强,资产的管理效率越高。

(3) 盈利能力比率

① 总资产报酬率。总资产报酬率是指息税前利润与平均总资产之比,其计算公式为:

$$总资产报酬率 = 息税前利润/平均总资产 \times 100\%$$

$$平均总资产 = (期初资产总额 + 期末资产总额)/2$$

式中,息税前利润是指没有扣除利息也没有扣除所得税之前的利润,可以根据利润表上的利润总额加上财务费用项目中的利息费用计算得到。总资产报酬率是用以衡量公司运用所有投资资源所获经营成效的指标。其比率越高,则表明公司善于运用资产,反之,则资产利用效果差。

② 总资产净利率。总资产净利率是净利润与平均资产总额的百分比,其计算公式为:

$$资产净利率 = 净利润/平均总资产 \times 100\%$$

③ 净资产收益率。净资产收益率是指净利润与平均股东权益的百分比,也称股东权益报酬率或权益报酬率,计算公式为:

$$净资产收益率 = 净利润/平均股东权益$$

$$平均股东权益 = (期初股东权益 + 期末股东权益)/2$$

净资产收益率指标综合性极强,会受到企业的资本结构、消费水平、成本费用高低,以及资产使用率等因素的影响。该指标能够体现企业的理财目标,该指标越高,表明公司资本的利用效率越高。但该指标也受净利润质量状况的影响。如果企业的利润结构不合理,净利润的质量差,会使该指标的可信度大为降低。

④ 主营业务净利率。主营业务毛利率是指主营业务利润与主营业务收入净额的百分比,其计算公式为:

$$主营业务毛利率 = 主营业务利润/主营业务收入净额 \times 100\%$$

⑤ 主营业务净利率。主营业务净利率是指企业净利率与主营业务收入净额的百分比,其计算公式为:

$$主营业务净利率 = 净利润/主营业务收入净额 \times 100\%$$

⑥ 成本费用利率。成本费用利率是指净利润与成本和费用的百分比,反映每百元成本和费用支出所能获得的净利润,其计算公式为:

$$成本费用利润率 = 净利润 / 主营业务成本 + 期间费用 \times 100\%$$

(4) 发展能力比率

① 主营业务收入增长率。主营业务收入增长率是指企业本年主营业务收入增长额同上年主营收入的百分比,其计算公式为:

$$主营业务收入增长率 = 本年主营业务收入增长额 / 上期主营业务收入 \times 100\%$$

主营业务收入增长率可以用来衡量公司的产品生命周期,判断公司发展所处的阶段。一般地说,如果主营业务收入增长率超过10%,说明公司产品处于成长期,将继续保持较好的增长势头,尚未面临产品更新的风险,属于成长型公司。如果主营业务收入增长率在5%~10%,说明公司产品已进入稳定期,不久将进入衰退期,需要着手开发新产品。如果该比率低于5%,则说明公司产品已进入衰退期,保持市场份额已经很困难,主营业务利润开始滑坡,如果没有已开发好的新产品,将步入衰落。

② 总利润增长率。总利润增长率是指企业本年总利润增长额同上年总利润的百分比,其计算公式为:

$$总利润增长率 = 本年总利润增长额 / 上年总利润 \times 100\%$$

③ 净利润增长率。净利润增长率是指企业本年净利润增长额同上年净利润的百分比,其计算公式为:

$$净利润增长率 = 本年净利润增长额 / 上年净利润 \times 100\%$$

净利润是一个企业经营的最终成果,净利润多,企业的经营效益就好;净利润少,企业的经营效益就差,它是衡量一个企业经营效益的主要指标。

④ 总资产增长率。总资产增长率是指企业本年的总资产增产额同上年总资产之比,计算公式为:

$$总资产增长率 = 本年总资产增长额 / 上年总资产 \times 100\%$$

总资产增长率指标是从企业资产总量扩张方面衡量企业的发展能力。该指标越高,表明企业在一个经营周期内资产经营规模扩张的速度越快。但在操作中,应注意资产规模扩张的质与量的关系,以及企业的后续发展能力,避免资产的盲目扩张。

⑤ 股东权益增长率。股东权益增长率是指企业本年的股东权益增长额同上年股东权益之比,计算公式为:

股东权益增长率 = 本年股东权益增长额 / 上年股东权益 × 100%

【例 4.7】 根据 SG 公司上述的财务报表,计算该公司的有关财务比率。

由于本例中选取的 SG 公司财务数据的年份比较少,为了方便计算和比较,财务比率中的公式所有涉及的平均值参数均使用当期末的数据。

根据财务利率公式计算,计算结果如图 4.10 所示。

	A	B	C
1	财务指标比例分析		
2	项目	2004年	2003年
3	一、偿债能力比率		
4	1.流动比率	1.0086	1.1123
5	2.速冻比率	0.5897	0.6292
6	3.现金流量比率	0.5523	0.1021
7	4.资产负债比率	48.35%	38.79%
8	5.产权比率	93.61%	63.36%
9	6.股东权益比率	51.65%	61.21%
10	7.利息保障倍数	26.0972	10.6099
11	二、营运能力比例		
12	1.应收账款周转率	12.1971	10.5204
13	2.存货周转率	6.0080	5.7528
14	3.流动资产周转率	2.9146	2.7577
15	4.固定资产周转率	2.9138	3.5214
16	5.总资产周转率	0.8386	1.0099
17	三、盈利能力比率		
18	1.总资产报酬率	10.13%	7.99%
19	2.总资产净利率	6.61%	6.57%
20	3.净资产收益率	12.79%	10.73%
21	4.主营业务毛利率	14.99%	9.70%
22	5.主营业务净利率	7.88%	6.51%
23	6.成本费用利润率	8.98%	7.03%
24	四、发展能力比率		
25	1.主营业务收入增长率	12.85%	
26	2.总利率增长率	82.81%	
27	3.净利润增长率	36.67%	
28	4.总资产增长率	35.90%	
29	5.股东权益增长率	14.67%	

图 4.10

计算结果表明，SG公司2004年与2003年相比，流动比率、速动比率下降，资产负债率升高，说明偿债能力减弱；各项流动资产的周转率升高，固定资产和总资产周转率降低，说明流动资产的利用率提高；各类盈利能力比率均有不同程度的升高，说明盈利能力增强；各类发展能力比率均在10%以上，说明公司有一定的发展后劲。还可以将SG公司的各项财务比率指标与同行业的平均水平或同类企业的有关指标进行对比，从而使投资者更为全面、深刻地了解公司的经营成果和财务状况，为进行投资决策提供参考依据。

4.2.6 杜邦分析系统

对企业的财务状况和经营成果进行分析，除了要从企业的偿债能力、营运能力和获利能力等几个方面进行分析外，还需要将企业的多种财务活动、多种财务指标结合起来，根据其内在关系加以研究。杜邦分析法利用几种主要的财务比率之间的关系来综合地分析企业的财务状况，这种分析方法最早由美国杜邦公司使用，故名杜邦分析法。杜邦分析法是一种用来评价公司赢利能力和股东权益回报水平、从财务角度评价企业绩效的一种经典方法。其基本思想是将企业净资产收益率逐级分解为多项财务比率乘积，这样有助于深入分析企业经营业绩。杜邦分析系统主要反映以下几个财务比率之间的关系：

净资产收益率 ＝ 资产净利率 × 权益乘数
总资产净利率 ＝ 主营业务净利率 × 总资产周转率
主营业务净利率 ＝ 净利润 / 主营业务收入
总资产周转率 ＝ 主营业务收入 / 总资产

在上述公式中，"总资产净利率＝主营业务净利率×总资产周转率"这一等式被称为杜邦等式。

杜邦分析体系以净资产收益率为核心指标，该指标反映了股东投入资金的获利能力，反映企业筹资、投资、资产运营等活动的效率，因而提高净资产收益率是增加股东财富的基本保证。利用杜邦分析体系对上市公司净资产收益率进行分析，一方面可以从公司的销售规模、成本水平、资产运营、资本结构等方面分析净资产收益率的增减变动原因，找出影响净资产收益率的主要因素，分析公司的经营风险和财务风险；另一方面也可以协调公司的资本经营、资产运营和产品经营之间的关系,使资产收益率达到最大化。

【例 4.8】 根据 SG 公司的资产负债表和利润表的有关数据,建立该公司的杜邦分析系统图。

如图 4.11 所示,具体步骤如下:

在单元格 A20 中输入公式"=利润表!B16/10 000",在单元格 C20 中输入公式"=利润表!B3/10 000",在单元格 E20 中输入公式"=利润表!B3/10 000",在单元格 G20 中输入公式"=资产负债表!B25/10 000",在单元格 H15 中输入公式"=资产负债表!B25/10 000",在单元格 J15 中输入公式"=资产负债表!E24/10 000",得到以万元为单位表示的净利润、主营业务收入、总资产和固定权益各指标。

在单元格 B15 中输入公式"=A20/C20",得到主营业务净利率。

在单元格 F15 中输入公式"=E20/G20",得到总资产周转率。

在单元格 D10 中输入公式"=B15×F15",得到总资产净利率。

在单元格 I10 中输入公式"=H15/J15",得到权益乘数。

在单元格 F5 中输入公式"=D10×I10",得到净资产收益率。

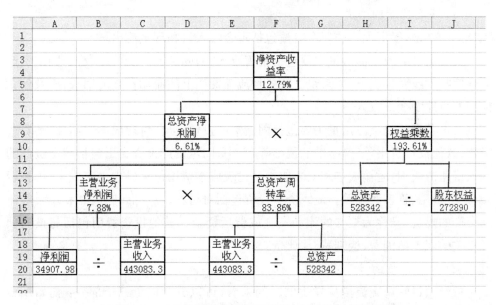

图 4.11 SG 公司杜邦分析系统图(金额单位:万元)

这样,SG 公司以 2004 年的财务数据为基础的杜邦分析系统建立完毕。根据对杜邦系统图的分析,有助于使公司的管理者和投资者了解有哪些途径可以用来提高净资产收益率，从而增加股东财富。

4.3 投资项目评价

企业在其投资活动中，往往需要通过各种不同类型的投资项目进行经济评价，做出投资决策，以确保选取和实施那些技术上可行且经济上合理的投资项目或投资方案，增加企业和股东的财富。一般而言，投资项目往往具有投资额较大、投资以后变现能力差、回收投资的时间较长等特点，所以企业做好投资项目评价具有非常重要的意义。

4.3.1 现金流量预测

对投资项目进行评价过程中通常要利用现金流量指标。现金流量指标是指投资项目在计算期内可能或应该发生的现金流入与流出的数量，现金流入与现金流出之差成为净现金流量。

（1）现金流量的构成

总的来说，投资项目的现金流量包括现金流入量和现金流出量。

投资项目的现金流入量主要包括销售收入、旧固定资产变价净收入、固定资产的残值收入或变价收入、原来垫支在各种流动资产上的流动资金的回收，以及停止使用的土地的变价收入等。

投资项目的现金流出量主要包括固定资产投资支出、付现成本费用、流动资产投资、其他投资费用、已经缴纳的税金等，其中，固定资产投资支出包括固定资产的购入或建造成本、运输成本和安装成本。付现成本费用包括付现生产成本、销售费用、财务费用、管理费用等。流入资金投资包括对材料、在产品、产成品和现金等流动资产的投资，又称为垫支的流动资金或营运资金。其他投资费用包括与投资项目有关的职工培训费、谈判费、注册费等。

（2）现金流量的计算

投资项目的现金流量从发生的时间来看，可以分为以下三个部分：初始现金流量、营业现金流量和终结现金流量。现金流量的预测实际上应在对项目的投资额、产品销量、销售单价、产品成本等有关因素进行预测的基础上做出的，其计算公式如下所示：

① 初始现金流量。初始现金流量通常可按以下公式计算：

初始净现金流量 = －(固定资产投资 + 流动资产投资 + 其他投资费用)
　　　　　　　　+ 旧固定资产变价净收入

② 营业现金流量。营业现金流量又称经营现金流量,是指投资项目投入使用后,在其寿命期内由于生产活动所带来的现金流入和现金流出的数量。这种现金流量一般按年度进行计算。营业现金流入主要包括产品销售收入,现金流出主要包括付现经营成本和缴纳的税金。营业净现金流量一般可以按以下公式进行计算：

年营业净现金流量 = 营业收入 － 付现经营成本 － 所得税
　　　　　　　　 = (营业收入－付现经营成本－折旧)×(1－所得税税率)+折旧
　　　　　　　　 = (营业收入 － 付现经营成本)×(1－所得税税率)
　　　　　　　　　 + 折旧×所得税税率
　　　　　　　　 = 净利润 + 折旧

③ 终结现金流量。终结现金流量是指项目完结时所发生的营业现金流量以外的其他现金流流量,计算公式为：终结现金流量＝终结年份的固定资产残值回收＋该年流动资产回收＋该年其他收入

上述三部分净现金流量计算还可以归纳为一个统一的计算公式：

年净现金流量 = －(固定资产投资 + 流动资产投资 + 其他投资费用)
　　　　　　　+ 旧固定资产变价净收入
　　　　　　　+ (营业收入 － 付现经营成本 － 折旧)
　　　　　　　　×(1－所得税税率)+折旧
　　　　　　　+ 固定资产残值回收 + 流动资产回收 + 其他收入

【例 4.9】 某企业拟对某个项目进行投资,初始固定资产为投资 420 万元,分 2 年投入,第 1 年年初投入 300 万元,第 2 年年初投入 120 万元,第 2 年年初流动资产投资 70 万元。项目于第 2 年正式投产,年销售收入 150 万元,年付现经营成本 80 万元。项目的生产经营期 8 年,预计期末固定资产残值 20 万元,按平均年限法计提折旧。该企业的所得税税率为 33%,要求计算各年的净现金流量。

如图 4.12 所示,项目净现金流量计算步骤如下：

	A	B	C	D	E	F	G	H	I	J	K	L
1			已知条件									
2	第1年初固定资产投资（万元）	300		第2年初固定资产投资（万元）		120						
3	流动资产投资（万元）	70		年销售收入（万元）		150						
4	预计净残值（万元）	20		年付现成本（万元）		80						
5	项目经营期（年）	8		所得税税率		33%						
6	折旧方法			平均年限法								
7												
8				项目净现金流量				单位：万元				
9	年份	0	1	2	3	4	5	6	7	8	9	10
10	固定资产投资	−300	−120									
11	流动资产投资		−70									
12	销售收入			150	150	150	150	150	150	150	150	150
13	付现经营成本			80	80	80	80	80	80	80	80	80
14	年折旧			50	50	50	50	50	50	50	50	50
15	营业净现金流量			63.4	63.4	63.4	63.4	63.4	63.4	63.4	63.4	63.4
16	流动资产投资回收											70
17	固定资产残值回收											20
18	净现金流量	−300	−190	63.4	63.4	63.4	63.4	63.4	63.4	63.4	63.4	153.4

图 4.12

在单元格 B10 中输入"=−B2"，在单元格 C10 中输入"=−F2"，在单元格 C11 中输入"=−B3"，得到项目的初始现金流量。

选取单元格区域 D12:L12，输入数组公式"{=F3}"，得到每年的营业现金流入量。

选取单元格区域 D13:L13，输入数组公式"{=F4}"，得到每年的付现经营成本。

选取单元格区域 D14:L14，输入数组公式"{=SLN(B2+F2,B4,B5)}"，得到每年的折旧额。

选取单元格区域 D15:L15，输入数组公式"{=(D12:L12−D13:L13−D14:L14)×(1−F5)+D14:L14}"，得到每年的营业净现金流量。

在单元格 L16 中输入"=B3"，在单元格 L17 中输入公式"=B4"，得到项目寿命期末回收的现金流入量。

选取单元格区域 B18:L18，输入下面的数组公式："=B10:L10+B11:L11+B15:L15+B16:L16+B17:L17"，得到各年的净现金流量。

4.3.2 投资项目的评价指标

投资项目的评价指标包括静态评价指标和动态评价指标两大类。静态评价指标是指不考虑资金时间价值因素的非贴现现金流量评价指标,主要包括静态投资回收期、平均报酬率等。动态评价指标是指考虑资金时间价值因素的贴现现金流量评价指标,主要包括净现值、获利能力指数、内部收益率、净年值、动态投资回收期等。下面分别介绍这些指标。

(1) 净现值

净现值是指按事先确定的贴现率计算的投资项目寿命期内各年净现金流量现值的代数和,计算公式为

$$NPV = \sum_{t=0}^{n} \frac{NCF_t}{(1+i)^t}$$

式中,NPV ——投资项目第 t 年的净现金流量;

i ——贴现率;

NCF_t ——投资项目的净现值;

n ——项目的寿命期。

计算净现值过程中所用的贴现率,根据不同的情况,可以分别采用企业的资金成本率、企业要求的目标收益率或同类项目的基准收益率。用净现值指标评价投资项目的基本准则是:净现值大于或等于 0 的项目为可行项目。

利用净现值指标评价投资项目不但考虑了资金的时间价值因素,而且可以单个方案决定取舍,所以是对投资项目进行评价的最重要的指标之一,在投资活动中被广泛使用。但这种方法的缺点是有时贴现率不易合理地确定。

(2) 获利能力指数

获利能力指数是指按事先确定的贴现率计算的投资项目经营期内各年净现金流量现值的代数和与初始投资额之比,计算公式为

$$获利能力指数 = \frac{经营期净现金流量之和}{初始投资额}$$

获利能力指数是一个相对指数,反映单位投资额的获利程度。获利能力指数大于或等于 1 的项目是可行的。

(3) 内部收益率

内部收益率是指项目投资实际可望达到的报酬率,即能使投资项目的净现值等于 0 时的折现率。内部收益率是一个折现的相对量正指标,即在进行长期投资

决策分析时,应当选择内部收益率大的项目,计算公式为:

$$NPV = \sum_{t=0}^{n} \frac{NCF_t}{(1+IRR)^t} = 0$$

Excel 可用 IRR 函数计算内部收益率。IRR 函数返回由数值代表的一组现金流的内部收益率。这些现金流不一定要均衡,但作为年金,它们必须按固定的间隔发生,如按月或按年。内部收益率为投资的回收利率,其中包含定期支付(负值)和收入(正值)。公式如下:

IRR（values，guess）

其中:values 为数组或单元格的引用,包含用来计算内部收益率的数字,values 必须包含至少一个正值和一个负值,以计算内部收益率。

① 函数 IRR 根据数值的顺序来解释现金流的顺序。故应确定按需要的顺序输入了支付和收入的数值。

② 如果数组或引用包含文本、逻辑值或空中单元格,这些数值将被忽略。

guess 为对函数 IRR 计算结果的估计值:

注意:

① Microsoft Excel 使用迭代法计算函数 IRR。从 guess 开始,函数 IRR 不断修正收益率,直至结果的精度达到 0.000 01%。如果函数 IRR 经过 20 次迭代仍未找到结果,则返回错误值♯NUM!。

② 在大多数情况下,并不需要为函数 IRR 的计算提供 guess 值。如果省略 guess,则假设它为 0.1(即 10%)。

③ 如果函数 IRR 返回错误值♯NUM!,或结果没有靠近期望值,可以给 guess 换一个值再试一下。

【例 4.10】 假如某投资项目需要投入 150 000 元,并预期今后 3 年的净收益分别为 50 000 元、80 000 元和 120 000 元。下面计算该项目的内部收益率:

在单元格 D9 中输入公式"=IRR(B3:B6，B8)",即可得到该项目的内部收益率。

内部收益率反映了投资项目实际获得的年投资报酬率。用内部收益率评价投资项目的基本准则是,内部收益率大于或等于投资者要求的收益率的项目为可行项目。内部收益率法的一个致命缺点是,当投资项目的净现金流量正负符号在寿

	A	B
1	已知条件	
2	年次	净现金流量（元）
3	0	-150 000
4	1	50 000
5	2	80 000
6	3	120 000
7		
8	年贴现率	10%
9	内部收益率	0.26
10		

图 4.13

命期内发生多次变化的情况下，根据内部收益率的定义会求出多个解，但实际上任何一个解都不能作为项目的内部收益率，在这种情况下内部收益率指标已经失去了其经济含义，不再能够作为评价投资项目的依据。

在不同情况下，计算投资项目的内部收益率可以分别使用 IRR 函数、RATE 函数或 IRR 函数。IRR 函数和 RATE 函数都适用于各期收回的现金流量以内部收益率作为再投资利率的情况。其中，IRR 函数适用于各期现金流量不一定相等的情况，RATE 函数适用于除了第 0 期和最后一期之外的各期现金流量都相等的情况。

计算内部收益率过程中所暗含的一个假设条件是，投资项目各期收回的现金流量是以内部收益率作为再投资利率进行再投资的。如果这个假设条件不成立，这时就需要计算修正的内部收益率。

计算修正的内部收益率的基本原理是：将投资项目在投资期内支付资金所发生的现金流出量按资本成本率作为贴现率贴现到第 0 期时刻的现值，将投资项目经营期内的各期净现金流量按再投资利率作为复利率复利到寿命期末的终值，最后，再根据所得到的现值和终值计算项目的内部收益率。

计算修正的内部收益率可以使用 MIRR 函数。MIRR 函数的功能是返回某一连续期间内在考虑投资成本和收回的现金以不同的利率再投资的情况下一系列分期现金流的修正内部收益率。其语法格式为：

MIRR(values, finance_rate, reinvest_rate)

values 为一个数组或对包含数字的单元格的引用。这些数值代表着各期的一系列支出（负值）及收入（正值）。

参数 values 中必须至少包含一个正值和一个负值，才能计算修正后的内部收益率，否则函数 MIRR 会返回错误值 #DIV/0!。

如果数组或引用参数包含文本、逻辑值或空白单元格，则这些值将被忽略；但包含零值的单元格将计算在内。

finance_rate 为现金流中使用的资金支付的利率。

reinvest_rate 为将现金流再投资的收益率。

(4) 净年值

净年值又可称为等值年金，是指通过等值计算将投资项目各年的净现金流量分摊到每一年末的等额年金，它等于项目的净现值除以年金现值系数，计算公式为：

$$NAV = \frac{NPV}{PVIFA_{i,n}}$$

式中，NAV——净年值；

$PVIFA_{i,n}$——年金现值系数。

利用净年值指标评价投资项目的基本准则是：净年值大于或等于 0 的项目为可行项目。

(5) 静态投资回收期

静态投资回收期是指在不考虑时间价值的情况下，用投资项目初始投资以后的现金流量回收初始投资所用的时间。

在初始投资以后的各期现金流量相等的情况下，投资回收期可按以下公式计算：

$$投资回收期 = \frac{初始投资额}{每年净现金流量}$$

在初始投资以后的各期现金流量不相等的情况下，投资回收期可按以下公式计算：

$$PP = n - 1 + \frac{\left|\sum_{t=0}^{n-1} NCF_t\right|}{NCF_n}$$

式中，PP——静态投资回收期；

t——累计净现金流量出现正值的期数；

NCF_t——第 t 期的净现金流量。

利用投资回收期指标评价独立的投资项目时，应事先确定标准投资回收期，评价的基本准则是：投资回收期不高于标准投资回收期的项目是可行的，否则是不可行的。

利用投资回收期指标评价投资项目具有简单易懂、可节省项目评估费用的优点，但这种评价方法具有以下几个方面的缺点：一是没有考虑项目寿命期的全部现金流量，二是选定的标准投资回收期可能具有较大的主观性，三是没有考虑资金的时间价值因素，因此不是非常精确。

(6) 动态投资回收期

动态投资回收期是指在考虑资金时间价值的条件下，用投资项目初始投资以后的现金流量的现值回收初始投资所用的时间。动态投资回收期也可以看作是使投资项目净现值为零的年限，计算公式为：

$$\sum_{t=0}^{TP} \frac{NCF_t}{(1+i)^t} = 0$$

式中，TP——动态投资回收期。

当投资项目的现金流量除了第 0 年和最后一年之外其他各年都相等，可以使用 NPER 函数来计算动态投资回收期。

由于动态投资回收期指标考虑了资金的时间价值因素，因此，它比静态投资回收期指标更为科学合理。

(7) 平均报酬率

平均报酬率是指投资项目初始投资以后的经营期每年平均的净现金流量与初始投资的百分比，平均报酬率的计算公式为：

$$平均报酬率 = \frac{经营期年均净现金流量}{初始投资额}$$

利用平均报酬率指标评价投资项目时，应事先确定投资者要求的平均报酬率，评价的基本准则是：平均报酬率不低于投资者要求的平均报酬率的项目是可行的，否则就是不可行的。

利用平均报酬率指标评价投资项目与利用投资回收期指标评价具有类似的简

单易懂、可节省项目评估费用的优点,同时也考虑了项目寿命期的全部现金流量,但这种评价方法具有与投资回收期法一样的缺点:一是选定的投资者要求的平均报酬率可能具有较大的主观性,二是没有考虑资金的时间价值因素,因此也不是非常精确。

4.3.3 独立项目的投资决策

独立项目的评价是指对单个投资项目或投资方案进行经济可行性评价并做出取舍决策的情况。当只有一个独立项目或方案可供选择时,可利用净现值、内部收益率或净年值为主要的指标进行评价。在这种情况下,无论采用这几个指标中的哪个指标进行评价,最终得到的决策理论都应是一致的:要么接受这个项目,要么放弃这个项目。同时,还可以将投资回收期和平均报酬率作为辅助性的评价指标来使用。

【例 4.11】 某投资项目的初始固定资产投资 300 万元,流动资产投资 50 万元,于第 0 年一次性投入,预计期末固定资产残值为 12 万元,固定资产按平均年限法计提折旧。该项目经营期 5 年,经营期内每年销售收入 220 万元,付现经营成本 80 万元,所得税税率 40%,贴现率 15%,试计算该投资项目的各项评价指标,并判断其可行性。

如图 4.14 所示,计算步骤如下:

	A	B	C	D	E
1		已知条件			
2	初始固定资产投资(万元)	300	年销售收入(万元)	220	
3	初始流动资产投资(万元)	50	年付现经营成本(万元)	80	
4	项目经营期(年)	5	所得税税率	40%	
5	固定资产期末残值(万元)	12	贴现率	15%	
6	固定资产折旧方法		平均年限法		
7					
8		计算过程及结果			
9	年折旧(万元)	57.6	净现值(万元)	39.64	可行
10	年营业现金流量(万元)	107.04	内部收益率	19.39%	可行
11	静态投资回收期(年)	3.27	净年值(万元)	11.83	可行
12	动态投资回收期(年)	4.17	获利能力指数	1.11	可行
13	平均报酬率	34.13%			

图 4.14

在单元格 B9 中输入公式"=(B2−B5)/B4",计算年折旧。

在单元格 B10 中输入公式"=(D2−D3)×(1−D4)+B9×D4",计算年营业净现金流量。

在单元格 B11 中输入公式"=(B2+B3)/B10",计算项目的静态投资回收期。

在单元格 B12 中输入公式"=NPER(D5,B10,−(B2+B3),B5+B3)",计算项目的动态回收期。

在单元格 B13 中输入公式"=(B10×B4+B3+B5)/B4/(B2+B3)",计算项目的平均报酬率。

在单元格 D9 中输入公式"=PV(D5,B4,−B10,−(B3+B5))−(B2+B3)",计算项目的净现值。

在单元格 D10 中输入公式"=RATE(B4,B10,−(B2+B3),B5+B3)",计算项目的内部收益率。

在单元格 D11 中输入公式"=D9/PV(D5,B4,−1)",计算项目的净年值。

在单元格 D12 中输入公式"=PV(D5,B4,−B10,−(B3+B5))/(B2+B3)",计算项目的获利能力指数。

在单元格 E9 中输入公式"=IF(D9>=0,"可行","不可行")",在单元格 E10 中输入公式"=IF(D10>=D5,"可行","不可行")",在单元格 E11 中输入公式"=IF(D11>=0,"可行","不可行")",在单元格 E12 中输入公式"=IF(D12>=1,"可行","不可行")",判断项目的可行性。

由图 4.14 可以看出,各项动态评价指标的计算结果均表明该项目具有可行性。

【例 4.12】 某投资项目的初始投资 500 万元,寿命期 5 年,各年的净现金流量分别为 200 万元、220 万元、230 万元、270 万元和 300 万元。假设贴现率为 15%,试计算该项目的各项评价指标。

如图 4.15 所示,计算步骤如下:

在单元格 B9 中输入公式"=SUM($B$5:B5)",并将其向右填充复制到单元格 G9,计算项目各年累计的净现金流量。

在单元格 C10 中输入公式"=COUNTIF(B9:G9,"<=0")",寻找项目累计净现金流量出现正值的年份。

在单元格 B11 中输入公式"=B5/(1+$F$2)^B4",并将其向右填充复制到

	A	B	C	D	E	F	G
1			已知条件				
2	固定资产投资(万元)	500	寿命期（年）		5	贴现率	15%
3			各年现金流量				
4	年份	0	1	2	3	4	5
5	净现金流量（万元）	-500	200	220	230	270	300
6							
7			投资回收期的计算过程				
8	年份	0	1	2	3	4	5
9	累计净现金流量	-500	-300	-80	150	420	720
10	累计净现金流量开始为正的年份			3			
11	各年净现金流量的现值	-500.00	173.91	166.35	151.23	154.37	149.15
12	净现金流量现值累计	-500.00	-326.09	-159.74	-8.51	145.87	295.02
13	净现金流量现值累计开始为正的年份			4			
14							
15			评价指标的计算结果				
16	静态投资回收期（年）	2.35	净现值（万元）	295.02	可行		
17	动态投资回收期（年）	3.06	内部收益率	36%	可行		
18	平均报酬率	48.80%	获利能力指数	1.59	可行		
19			净年值（万元）	88.01	可行		

图 4.15

单元格 G11,计算项目各年累计的净现金流量的现值。

在单元格 B12 中输入公式"=SUM($B$11:B11)",并将其向右填充复制到单元格 G12,计算项目各年累计的净现金流量的现值的累计值。

在单元格 C13 中输入公式"=COUNTIF(B12:G12,"<=0")",寻找项目净现金流量现值出现正值的年份。

在单元格 B16 中输入公式"=C10-1+ABS(INDEX(B9:G9,,C10))/INDEX(B5:G5,,C10+1)",计算项目的静态回收期。

在单元格 B17 中输入公式"=C13-1+ABS(INDEX(B12:G12,,C13))/INDEX(B11:G11,,C13+1)",计算项目的动态回收期。

在单元格 B18 中输入公式"=AVERAGE(C5:G5)/ABS(B5)",计算项目的平均报酬率。

在单元格 D16 中输入公式"=NPV(F2,C5:G5)+B5",计算项目的净现值。

在单元格 D17 中输入公式"=IRR(B5:G5)",计算项目的内部收益率。

在单元格 D18 中输入公式"=NPV(F2,C5:G5)/ABS(B5)",计算项目的获利能力指数。

在单元格 D19 中输入公式"=D16/PV(F2,D2,-1)",计算项目的净年值。

在单元格 E16 中输入公式"=IF(D16>=0,"可行","不可行")",在单元格 E17 中输入公式"=IF(D17>=F2,"可行","不可行")",在单元格 E18 中输入公式"=IF(D18>=1,"可行","不可行")",在单元格 E19 中输入公式"=IF(D19>=0,"可行","不可行")",判断项目的可行性。

由图 4.15 可以看出,各项动态评价指标的计算结果均表明该项目具有可行性。

4.3.4 互斥项目的投资决策

互斥项目是指几个备选的投资项目或投资方案具有相互排斥性,企业只能在其中选择某一个投资项目或投资方案。企业在选择互斥投资方案的过程中,根据不同的情况,应分别采用不同的评价指标或相应的评价方法。

(1) 投资规模不同的互斥项目决策

企业在使用几个不同的动态评价指标选择投资规模不同的互斥方案的过程中,有时可能会得出有矛盾的决策结论,以内部收益率或者获利能力指数为依据做出的选择,往往会选那些单位投资额获利程度高、总投资额少、总获利也少的投资方案;而以净现值为依据做出的选择,往往会选中那些单位投资额获利程度不高、但总投资额多、总获利也多的投资方案。由于净现值最大的项目能够为企业带来最多的财富,所以,这种情况下应以净现值指标为准选择最优方案。

【例 4.13】 某企业的一个投资项目有 A、B、C 三个备选方案,其有关资料如图 4.7 所示,试选择最优方案。

如图 4.16 所示,计算步骤如下:

	A	B	C	D	E	F	G	H
1		已知数据				计算结果		
2	项目	初始投资(万元)	寿命期(年)	年净现金流量(万元)		净现值(万元)	内部收益率	获利能力指数
3	A方案	200	5	100		99.06	41.04%	1.50
4	B方案	300	5	120		58.87	28.65%	1.20
5	C方案	500	5	230		187.84	36.18%	1.38
6	贴现率	20%			最大值	187.84	41.04%	1.50
7					最优方案		C方案	

图 4.16

在单元格 F3 中输入公式"＝PV（＄B＄6，C3，－D3）－B3"，计算项目 A 的净现值。

在单元格 G3 中输入公式"＝RATE(C3，D3，－B3)"，计算项目 A 的内部收益率。

在单元格 H3 中输入公式"＝PV（＄B＄6，C3，－D3）/B3"，计算项目 A 的获利能力指数。

选取单元格区域 F3：H3，将其向下填充复制到单元格区域 F5：H5，得到项目 B 和项目 C 的净现值、内部收益率和获利能力指数。

在单元格 F6 中输入公式"＝MAX(F3：F5)"，并将其向右填充复制到单元格 H6，判断各评价指标的最大值。

在单元格 F7 中输入公式"＝INDEX(A3：A5，MATCH(MAX(F3：F5)，F3：F5，0))"，选择最优方案。

由计算结果可以看出，内部收益率最高和获利能力指数最大的都是 A 方案，而净现值最大的是 C 方案，三个评价指标的决策结论不一致。这时，应以净现值指标 为准做出选择，最优方案应是 C 方案。

(2) 寿命期限不同的互斥项目决策——更新链法

在备选的互斥投资方案寿命期不同的情况下，一般不能直接利用净现值、获利能力指数或内部收益率指标进行决策，因为具有不同寿命期限的互斥方案的这些评价指标不具有可比性。在这种情况下，一般可采用更新链法或净年值法进行决策。

更新链法又称最小公倍寿命法，是指对寿命期限不同的互斥方案，首先计算其寿命期的最小公倍数，然后假定在寿命期的最小公倍数年份内重复进行若干次投资，再计算净现值指标并选择最优方案的方法。

【例 4.14】 某企业的一个投资项目有 A、B、C 三个备选方案，初始投资分别为 200 万元、300 万元、460 万元，寿命期分别为 3 年、4 年和 5 年，各年的净现金流量分别为 100 万元、120 万元和 150 万元。若贴现率均为 15％，试确定最优方案。

如图 4.17 所示，计算步骤如下：

在单元格 B10 中输入公式"＝PV（＄B＄6，C3，－D3）－B3"，计算 A 方案一个寿命期的净现值。

	A	B	C	D	E
1		已知条件			
2	项目	初始投资（万元）	寿命期（年）	年净现金流量（万元）	
3	A方案	200	3	100	
4	B方案	300	4	120	
5	C方案	460	5	150	
6	贴现率	15%			
7					
8		计算结果			
9	项目	一个寿命期的净现值（元）	寿命期的最小公倍数（年）	更新链重复次数（次）	更新链的净现值（元）
10	A方案	28.32	60	20	82.68
11	B方案	42.60	60	15	99.45
12	C方案	42.82	60	12	85.15
13	最优方案		B方案		
14					

图 4.17

在单元格 C10 中输入公式"＝LCM（＄C＄3：＄C＄5）"，计算三个方案寿命期的最小公倍数。

在单元格 D10 中输入公式"＝C10/C3"，计算 A 方案的更新链的重复次数。

在单元格 E10 中输入公式"＝PV（＄B＄6，C10，－B10/PV（＄B＄6，C3，－1））"，计算 A 方案的更新链的净现值。这里，首先是将 B10 单元格中的 A 方案一个寿命周期的净现值除以年金现值系数，得到一个寿命周期内等值的普通年金，再对寿命期的最小公倍数年限内的普通年金求现值。

选取单元格区域 B10：E10，将其向下填充复制到单元格区域 B12：E12，分别得到 B 方案和 C 方案的有关计算结果。

在单元格 C13 中输入公式"＝INDEX（A10：A12，MATCH（MAX（E10：E12），E10：E12，0））"，选取最优方案。

可见，B 方案更新链的净现值最大，故 B 方案为最优方案。

（3）寿命期限不同的互斥项目决策——净现值法

在对寿命期不同的互斥项目进行决策时，也可以采用净年值法，即首先计算互斥投资方案寿命期内的等值年金，然后选择等值年金最大的方案作为最优方案的决策方法。

【例 4.15】 以【例 4.14】为例,利用净年值法确定最优方案。

如图 4.18 所示,计算步骤如下:

	A	B	C	D	E	F
1		已知条件			计算结果	
2	项目	初始投资（万元）	寿命期（年）	年净现金流量（万元）	净现值（万元）	净年值（万元）
3	A方案	200	3	100	28.32	12.40
4	B方案	300	4	120	42.60	14.92
5	C方案	460	5	150	42.82	12.77
6	贴现率	15%			最优方案	B方案

图 4.18

在单元格 E3 中输入公式"＝PV($B$6,C3,－D3)－B3",计算 A 方案的净现值。

在单元格 F3 中输入公式"＝E3/PV($B$6,C3,－1)",计算 A 方案的净年值。

选取单元格区域 E3:F3,将其向下填充复制到单元格区域 E5:F5,分别得到 B 方案和 C 方案的有关计算结果。

在单元格 F6 中输入公式"＝INDEX(A3:A5,MATCH(MAX(F3:F5),F3:F5,0))",选取最优方案。

可见,B 方案的净年值最大,故 B 方案为最优方案,这与更新链法的决策结果一样的。

(4) 寿命期限不同的互斥项目决策——等值年成本法

等值年成本法实际上是净年值法的一种特殊情况,是指在互斥方案未来各期的现金流入量没有差异的情况下,仅通过计算并比较互斥方案的等值年成本进行决策的方法。这种方法主要可用于固定资产更新等类型问题的决策。

【例 4.16】 某企业计划购买一台新设备,现市场上有 M1 和 M2 两种型号的这种设备,价格分别为 50 万元和 80 万元。使用这两种型号的设备可以生产的产品数量和质量没有显著的差异,但每年的付现经营成本不同,分别为 4 万元和 3 万元。这种设备的使用寿命均为 5 年,预计期末残值分别为 2 万元和 3.2 万元,按年数总和法计提折旧。若贴现率为 15%,试采用等值年成本法确定最优方案。

如图 4.19 所示,计算步骤如下:

	A	B	C	D	E	F
1		已知条件				
2	设备	价格（万元）	使用期限（年）	年付现成本（万元）	期末残值（万元）	折旧方法
3	M1	50	5	4	2	年数总和法
4	M2	80	5	3	3.2	年数总和法
5	贴现率	15%		所得税税率	33%	
6						
7		计算过程				
8			年折旧的计算			
9		年份					
10	设备	1	2	3	4	5
11	M1	16.00	12.80	9.60	6.40	3.20
12	M2	25.60	20.48	15.36	10.24	5.12
13			年折旧抵税额			
14	M1	5.28	4.22	3.17	2.11	1.06
15	M2	8.45	6.76	5.07	3.38	1.69
16	等值年成本（万元）			最优方案		
17	M1型设备	15.16		M1型设备		
18	M2型设备	20.85				

图 4.19

在单元格 B11 中输入公式"=SYD($B$3,$E$3,$C$3,B10)"，并将其向右填充复制到单元格 F11，得到 M1 型设备各年的折旧额。

在单元格 B12 中输入公式"=SYD($B$4,$E$4,$C$4,B10)"，并将其向右填充复制到单元格 F12，得到 M2 型设备各年的折旧额。

选取单元格区域 B14:F15，输入数组公式"=B11:F12*E5"，计算设备年折旧抵税额。

在单元格 B17 中输入公式"=D3+(B3−NPV($B$5,B14:F14))/PV($B$5,C3,−1)−E3/FV($B$5,C3,−1)"，计算 M1 设备的等值年成本。

将单元格 B17 复制到单元格 B18，计算 M2 型设备的等值年成本。

将单元格 D17 中输入公式"=INDEX(A17:A18,MATCH(MIN(B17:B18),B17:B18,0))"，选取最优方案。

计算结果表明，M1 型设备的等值年成本最低，故企业应购买 M1 型设备。

4.4 资本成本与资本结构

4.4.1 资本成本的含义

在公司财务中,资本成本的一般定义为:公司筹集和使用资本所付出的代价,体现为融资来源所要求的报酬。广义地讲,企业筹集和使用任何资金,不论短期的还是长期的,都要付出代价。狭义的资本成本仅指筹集和使用长期资金(包括自有资本和借入长期资金)的成本。由于长期资金也被称为资本,所以长期资金的成本也称为资本成本。根据上面的分析,这个"代价"应以"机会成本"作衡量,而且承担资本成本的主体是特定的公司。因此,资本成本是特定企业筹集和使用资本应承担的机会成本。

根据上述定义,资本成本由两部分构成:(1)筹资费用,指在筹资过程中所发生的费用,即获取资本之前所发生的费用,如手续费、谈判费、发行费等,属于市场交易成本;(2)用资费用,指在使用资本过程中所发生的费用,即获取资本之后所发生的费用,这包括以利息(利率)形式支付给债权人的报酬,以发红利或股利(投资报酬率)形式支付给所有者的报酬。

资本成本有三层含义:

① 个别资本成本,指单独使用一种筹资方式下的资本成本,它指的是使用各种长期资金的成本。这又分为长期借款成本、债券成本、普通股成本和保留盈余成本。其中前两种为债务资本成本,后两种为权益资本成本。

② 加权平均资本成本(综合资本成本或总资本成本),即对同时使用多种筹资方式的资本成本以加权平均方法的综合计量。由于受多种因素的制约,企业不可能只使用某种单一的筹资方式进行融资,往往需要通过多方式筹集所需资金。为进行筹资决策,就要计算企业全部长期资金的总成本——加权平均资本成本。这种企业资本成本的计量方法也是本文中的资本成本测算方法,我们将在下文进行详细阐述,故这里不再赘述。

③ 边际资本成本。因为企业无法以某一固定不变的资本成本来筹措无限的资金,当其筹集的资金超过一定限度时,原来的资本成本就会增加。在企业追加筹资时,需要知道筹资额在什么数额上便会引起资本成本怎样的变化。这就要用到

边际资本成本的概念。

确切地讲,边际资本成本是指资金每增加一个单位而增加的成本,而边际资本成本又可以分为个别边际资本成本和加权平均边际资本成本。其中,个别边际资本成本(MCC),指单独使用一种筹资方式去新筹资本的资本成本。加权平均边际资本成本是对同时使用多种筹资方式去新筹资本的资本成本以加权平均方法的综合计量。

在公司财务理论中,资本成本一般是指加权平均资本成本或加权平均边际资本成本,而且并不严格区分加权平均资本成本与加权平均边际资本成本,笼统地用"加权平均资本成本"。

4.4.2 资本成本的计算

资本成本的计算在这里就是指建设项目的必要报酬率。项目通过各种融资(筹资)方式筹到建设所需要的资本,筹资方式按照其性质分为债务筹资和权益筹资。筹资方式不同,资本成本的计算方法也不同。

(1) 债务资本成本的计算

首先求税前债务成本 k,它作为贴现率,使借债的净收入额 P 等于各期利息加本金支出的现值之和。其计算公式如下:

$$P = \sum_{t=1}^{n} \frac{I_t}{(1+k)^t} + \frac{P_n}{(1+k)^t}$$

式中,P 为借债的净收入额;

I_t 为第 t 期的利息支付;

P_n 为第 n 期末的本金支付;

k 为债务提供者的必要报酬率。

然后,再对其按纳税影响进行调整。如果用公式表示税后债务成本,则可以近似表示为:

$$K_i = k(1-T)$$

式中,T 为企业所得税税率。

(2) 权益资本成本的计算

从理论上看,权益成本是企业必须为投资项目的权益融资部分赚取的最低的收益率,即必要收益率,因此,权益成本是最难以计量的成本,其计算方法主要有三种。

① 资本—资产定价模型法。资本—资产定价模型法的基本原理是把投资项目的风险定义为投资项目的现金流量与其预期值之间的差异,这个差异越大,则项目的风险越大。已经证明,收益率分布的标准差是衡量风险的较好方法,它可以作为衡量收益率变动的绝对标准,即标准差越大,实际收益率的不确定性越大。收益率的概率分布散布程度也反映了投资人收益不确定性的大小程度。标准差较小的概率分布意味着较小的散布程度,因而投资人对实际收益率结果有较大的把握;标准差较大的概率分布意味着可能实现的投资收益率具有较高程度的不确定性。

在实际经济生活中,投资者很少把所有的财富都投入到一种资产或投资于单个项目中,而是构建一个投资组合或投资于一系列项目。投资组合理论认为,若干种证券(资产)组合成的投资组合,其收益是这些证券(资产)收益的加权平均数,但是其风险不是这些风险的加权平均风险,投资组合能降低风险。证券资产组合的预期收益率和标准差的计算如下:

$$\text{预期收益率:} R_P = \sum_{j=1}^{m} R_j A_j$$

式中,R_j 是第 j 种证券的预期收益率;

A_j 是第 j 种证券在全部投资额中的比重;

m 是组合中的证券种类总数。

投资组合的风险计量:$\delta_p = \left(\sum_{j=1}^{m} \sum_{k=1}^{m} A_j A_k \delta_{jk} \right)^{\frac{1}{2}}$

式中,δ_p 表示投资组合的标准差;

δ_{jk} 是第 j 种证券与第 k 种证券收益率的协方差。

证券(资产)组合的标准差并不是单个证券标准差的简单加权平均。证券资产组合的风险不仅取决于组合内的各证券的风险,还取决于各个证券之间的关系(相关性)。

协方差的计算:

$$\delta_{jk} = R_{jk} \delta_j \delta_k$$

式中,R_{jk} 是证券 j 与证券 k 报酬率之间的预期相关系数。

影响证券(资产)组合的标准差不仅取决于单个证券的标准差,而且还取决于证券之间的协方差。随着证券组合中证券个数的增加,协方差项比方差项越来越重要。当一个组合扩大到能够包含所有证券时,只有协方差是重要的,方差项将变得微不足道。"不要将所有的鸡蛋放在一个篮子里",若将这个概念用于投资,其含义是要在许多资产或投资项目间分散风险。但是,组合不能消除所有的风险。在投资组合中,个别资产的风险有些可以分散掉,有些则不能。无法分散的是系统风险,可以分散掉的是非系统风险。系统风险是指那些影响所有公司的因素引起的风险,这部分风险影响所有的公司或证券,因此不能被分散掉。非系统风险是指发生于个别公司的特有事件造成的风险。由于非系统风险可以通过分散化消除,因此,一个充分的投资组合几乎没有非系统风险。假设投资人是理智的,会选择充分投资组合来分散掉可分散风险。因此,一种股票(一项资产)的风险中,重要的是系统风险。这就是资本—资产定价模型隐含的逻辑思路:非系统风险与资本市场无关。

承担风险会从市场上得到回报,回报大小取决于系统风险(市场不会给可分散风险以回报)。一项资产的期望报酬率的高低取决于该资产的系统风险的大小。即系统风险越大,要求的回报率也越高。普通股的预期(必要)报酬率的计算公式是:

$$R_j = R_f + \beta_j(R_m - R_f)$$

式中,β_j 是 j 股票的贝塔系数;

R_m 是股票市场组合要求的收益率;

R_f 是无风险报酬率。

② 股利折现模型法。权益资本成本 K_e 可以被看作是投资者所期望的每股未来股利的现值与每股现行市价相等的折现率。用公式表示为:

$$P_0 = \sum_{t=1}^{n} \frac{D_t}{(1+K_e)}$$

式中,P_0 为现时点的每股市价;

D_t 为第 t 期未来预期每股支付的股利;

K_e 为折现率,即必要报酬率(权益成本率)。

如果股票的股利为固定增长型的,则上述公式中的 K_e 的计算可简化为:

$$K_e = D_1/P_0 + G$$

式中,G 为股票股利的年固定增长率。

③ 债券收益率加风险报酬率法(风险溢价法)。一般情况下,从投资者的角度看,股票投资的风险高于债券,因此,股票投资的必要报酬率可以在债券利率的基础上再加上股票投资高于债券投资的风险报酬率。

$$K_s = K_b + RP_c$$

式中,K_b 为债券利率;

RP_c 为风险溢价,一般为 3%~5%。

4.4.3 加权平均资本成本

在企业进行投资与融资决策时,需要将预期未来的现金流量按照一个适当的报酬进行贴现,这个贴现率通常为企业全部成本的加权平均资本成本(Weighted Average Cost of Capital,WACC)。那么,什么是加权平均资本成本呢?为什么要采用加权平均资本成本作为适当的贴现率呢?

由资本成本的概念可以知道,所有资本都有一个共同点,即提供这些资金的投资者希望能从其投资中得到回报。如果一家企业唯一的投资者是普通股股东,那么在进行投资和融资决策时采用的资本成本就是普通股股东的要求收益率。然而,实际上大多数企业都采用了不同种类的资本融资手段,并且由于风险的不同,各类型的融资有着不同的要求收益率,因而有着不同的资本成本。将企业看作一个整体,为满足所有投资者对投资收益率的要求,在分析投融资决策时所使用的贴现率就应该是企业融集的各种不同资本成本的加权平均值。该加权平均值就是企业的加权平均成本。

各种资金所占全部资本的比重为权数,计算 $WACC$,具体公式如下:

$$K_{WACC} = \sum_{i=1}^{n} W_i \cdot K_i$$

式中,K_{WACC} 为加权平均资本成本;

W_i 为第 i 种资本占总资本的比重;

K_i 为第 i 种资本的个别资本成本。

一般来说,负债、优先股和普通股是大多数企业融资的主要类型,因此通常计算 WACC 的公式为:

$$K_{WACC} = \frac{D}{V} \times K_d(1-T) + \frac{P}{V} \times K_p + \frac{E}{V} \times K_e$$

式中,K_d、K_p、K_e 分别为债务资本成本、优先股资本成本、普通资本成本。

4.4.4　杠杆原理

(1) 财务杠杆的概念和含义

杠杆是一个应用很广泛的概念。在物理学中,利用一根杠杆和一个支点,就能用很小的力量抬起很重的物体。财务杠杆的作用就是利用别人的资金来为股票投资者赚取更高的投资回报率,同时可以分散经营风险,转嫁财务风险给债权人。

财务杠杆系数的公式为:

财务杠杆系数 = 纳税付息前收益 ÷ (纳税付息前收益 − 利息费用 − 优先股股利)

财务杠杆是一把双刃剑。在企业迅速发展时期,经营业务蒸蒸日上,企业资金的税息前利润率远远高于借款利率,可以通过举债提高财务杠杆系数,从而达到使权益资本利润率以更大幅度提高的目的,为股东创造最大利润。但是另一方面,在企业经营情况恶化、资金税息前利润率低于利息率的情况下,由于利息固定不变,股东的利润急剧下降,导致权益资本利润率以更大的幅度下滑,严重时会引起财务危机,濒临破产。

(2) 经营杠杆的概念和含义

① 所谓经营杠杆,也称营业杠杆,指在企业经营活动中,对营业成本中的固定成本的利用。即在固定成本存在的情况下,产销量的变化对息税前收益变动率的影响。

经营杠杆也是一把双刃剑。只要有固定成本存在,经营杠杆就会发挥作用,这是不以管理者的意志为转移的,且销售收入增加时,经营杠杆会发挥积极作用,使息税前利润比同期销售收入增长的速度更快;另一方面,当销售收入减少时,经营杠杆会发挥消极作用,造成息税前利润比同期销售收入减少的速度更快。

固定成本是指在企业经营的营业成本中不随企业产销量的增减变化而变化的成本项目。如企业经营相对稳定的固定资产的折旧费、管理费用、经营用房的租金等。这些费用项目,在一定的经营范围和一定的经营规模内,相对稳定不变;另一方面,就单位产销量而言,当产销量增加时,每一单位产销量所分摊的固定成本则逐步减少。正是由于固定成本的这些特性,经营杠杆才产生了效应。因此,企业管理者必须关注经营杠杆,并合理、有效、适度地发挥其作用。

② 经营杠杆系数的含义:经营杠杆系数(DOL)反映的是息税前利润变动率相当于销售额变动率的倍数,而不是息税前利润变动额相当于销售额变动额的倍数;经营杠杆系数越大说明经营风险越大,这句话的含义是指只有在其他影响风险的因素不变时,经营风险才会随DOL的增大而增大;经营杠杆系数不是固定不变的,当上述计算DOL公式中的固定成本(F)、单位变动成本(V)、销售价格(P)、销售数量(Q)等因素发生变化时,经营杠杆系数也会发生变化;在影响经营杠杆系数的四个因素中,销售量和销售价格与经营杠杆系数大小呈反方向变化,而单位变动成本和固定成本与经营杠杆系数大小呈同方向变化。

(3) 两种杠杆的联系

① 两者均是利用固定成本作为一个支点来调整利润。其中一个是经营费用中的固定成本,另外一个是负债的固定利息费用。

② 两者均对企业经营有着正反双向的影响,是一把双刃剑。因此在使用两个杠杆时必须慎重,否则会适得其反。

(4) 两种杠杆的组合对企业经营的影响

企业在经营过程中,一般都存在两种杠杆同时起作用的情况,即复合杠杆(经营杠杆与财务杠杆)对企业收益的综合影响。如前所述,经营杠杆是指固定成本对企业收益(税息前利润$EBIT$)变动的影响,财务杠杆是指企业负债对普通股每股收益(EPS)变动的影响;经营杠杆决定着企业的税息前收益,而财务杠杆决定着企业税后收益如何以每股收益的形式分配给股东。从时间上看,经营杠杆的作用在前,财务杠杆的作用在后。企业复合杠杆的作用可用复合杠杆率表示,其计算方式有两种:

① 复合杠杆率(DCL)=经营杠杆率(DOL)×财务杠杆率(DFL)

② 复合杠杆率=(销售收入-变动成本总额)÷〔销售收入-变动成本总额-固定成本总额-利息-优先股股利÷(1-所得税率)〕

复合杠杆在企业的管理经营中有着非常重要的意义。通过对两种杠杆的调配,不仅可以使企业面临较小的经营风险,而且能使投资者获得更大的收益。

(5) 在实际中的应用

从以上的分析可以看出,一个企业的财务杠杆和经营杠杆并不是越高越好,也不是越低越好,而应该根据企业的实际经营情况来分析、确定。不同企业间的杠杆系数不同,同一个企业在企业的不同发展时期所采用的杠杆战略也不尽相同。例如,企业在高速发展的时期,其税息前的利润率远远高于贷款利息率,而且增长率也非常高,此时可以通过大量举债的方式扩大再生产,提高企业财务杠杆系数,大大提高投资者的权益资金利润率。反之,在利润率急剧下滑的情况下,应该减少对外举债,尽量降低财务杠杆系数,降低权益资本利润率的下降速度。

经营杠杆系数的高低与企业所处的行业有关。比如,有些行业的固定资产投资量极大,造成每年的固定折旧费等所形成的固定成本数额巨大。如果产品的销售量没有达到盈亏临界点,那么就会发生亏损;反之,在销售量超过临界点后,税息前利润就会大幅增加。因此必须适时地根据企业的经营状况来确定固定资产等固定费用的投资额。企业管理层为了向股东提供理想而较为稳定的收益,必须合理地匹配经营杠杆与财务杠杆,寻求最优的复合杠杆,以降低企业生产经营中的经营风险和财务风险,实现企业股东收益最优化。在一般情况下,高经营杠杆率与高财务杠杆率的配置是不明智的,因为它们会对企业收益产生剧烈影响,从而导致企业经营活动风险增大。所以,企业应将高经营杠杆率与低财务杠杆率配合,即企业进行大规模固定资产投资时,其资金筹集来源可主要采取增发普通股股票方式,并视情况少量举债;或将低经营杠杆率与高财务杠杆率配合,即在企业较少固定资产投资的条件下,可适当增加负债筹资规模。这样,通过调整投资规模、改变筹资结构等选择适合企业的复合杠杆,尽量减少经营风险与财务风险对企业收益的影响。

总之,管理者在企业经营中,应该充分利用外来资金为企业股东投资带来收益,实现财务杠杆的功效。

4.4.5 MM 资本结构理论

企业资本结构是指各种长期资本的价值构成和比例关系。例如,若企业的资本来源是长期债务和普通股权益,那么该企业的资本结构就是长期债务和普通股权益资本的构成比例。

资本结构(Capital Struture)和融资结构(Financial Structure)是不同的两个概念。融资结构考虑的是所有资金的来源、组成及相互关系,而资本结构一般只考虑长期资本的来源、组成及相互关系。图4.20描述了两者之间的关系。

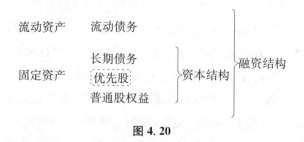

图 4.20

具体来说,融资结构包括全部的流动负债、长期负债、优先股以及普通股权益,而资本结构包括永久性的短期债务、长期债务、优先股及普通股权益。因此,资本结构理论研究的主要内容是:分析不同长期资本(债务性资本和权益资本)的比例关系及其对企业价值的影响。

美国经济学家莫迪格利安尼(Modigliani)和米勒(Miller)于1958年发表的《资本成本、公司财务和投资管理》一书中,提出了最初的MM理论(Modigliani Miller Models,米勒-莫迪利安尼模型,公司资本结构与市场价值不相干理论),这时的MM理论不考虑所得税的影响,得出的结论为:企业的总价值不受资本结构的影响。此后,又对该理论做出了修正,加入了所得税的因素,由此而得出的结论为:企业的资本结构影响企业的总价值,负债经营将为公司带来税收节约效应。该理论为研究资本结构问题提供了一个有用的起点和分析框架。

在最初提出MM理论时,做了如下理论假设:

① 公司经营风险的高低,可以由其息税前盈利的标准差衡量;如果公司的经营风险相同,则它们所属的风险等级也相同。

② 所有投资对每家公司未来能产生的息税前盈利以及这些盈利的风险都有相同的预期。

③ 投资人在资本市场中买卖股票与举债,不必支付交易成本;而且他们在举债时,所需负担的利率和公司相同。

④ 个人和公司一样,都发行无风险债券来筹资,因而债券利率为无风险利率。

⑤ 公司每年所产生的预期现金流量都固定不变,且会一直持续到永远,即公司是零成长公司,每年都有固定的息税前盈利,且所发行的债券具有永续年金的性质。

MM理论主要有两种类型:无公司税时的MM模型和有公司税时的MM模型。

(1) 无公司税时 MM 理论

1958年，莫顿·米勒（Merton Miller）和费朗哥·莫迪格利安尼（Franco Modigliani）提出了无公司所得税时的资本结构理论模型。在假设无公司所得税的情况下，根据上述有关假设，MM理论提出了以下三个命题：

命题1：企业价值为企业预期的营业利润 $EBIT$ 按适用于企业风险等级的折现率进行资本化所得之结果，公式表达即为：

$$V_L = V_U = EBIT/K_0 = EBIT/K_{SU}$$

式中，V_L 为有负债企业 L 的价值；

V_U 为无负债企业 U 的价值；

K_{SU} 为处于既定风险等级的无负债企业 U 的股本成本（股东要求的报酬率）。

这一命题的基本含义是：在没有公司所得税的情况下，企业价值独立于资本结构；也就是说，无论企业是否负债，企业的加权平均资本成本 K_0 是不变的，因此，就一个营业利润 $EBIT$ 既定的企业而言，其价值即为既定。

命题2：负债企业的股本成本 K_{SL} 等于同一风险等级的某一无负债企业的股本成本 K_{SU} 加上风险报酬；这里的风险报酬取决于无负债企业股本成本 K_{SU} 和负债成本 K_d 之差与负债率 D/V 之乘积。以公式表达即为：

$$K_{SL} = K_{SU} + (K_{SU} - K_d) \times D/S$$

这一命题的基本含义是：随着负债率的上升，负债企业股本成本 K_d 也相应增加。

把命题1与命题2联系起来，MM理论的含义是：K_d 小于 K_S 的利益（即低成本负债的利益），正好被股本成本 K_S 的上升所抵消。所以，负债增加，加权平均资本成本 K_0 和企业价值 V 不变。

命题3：企业应投资于那些收益率大于或等于 K_0 的项目。

(2) 有公司税时的 MM 理论

1963年，莫顿·米勒（MertonMiller）和费朗哥·莫迪格利安尼（Franco Modigliani）进一步提出了有公司税时的 MM 模型。当他们假设有公司所得税的情况下，得出的基本结论是：负债会因利息的减税作用而增加企业价值。其中，命题1和命题2的情况分别如下：

命题1：负债企业价值 V_L，等于同一风险等级的无负债企业的价值加上节税价值。可以用公式表达为：

$$V_L = V_U + T \times D$$

式中，$V_U = EBIT \times (1-T)/K_{SU}$

T 为公司所得税税率。

根据此一命题，企业负债越多，V_L 就越大。

命题2：负债企业的股本成本 K_m 等于同一风险等级的无负债企业股本成本 K_0 加风险报酬。以公式表达为：

$$K_{SL} = K_{SU} + (K_{SU} - K_d) \times (1-T) \times D/S$$

此式与命题1的差异仅在于 $(1-T)$。由于 $(1-T) < 1$，所以，有所得税时 K_{SL} 上升的幅度小于无所得税情况下 K_{SL} 的上升幅度。也正是由于这一特性，才产生了命题1的结果——负债增加会提高企业价值。

有公司所得税时的 MM 模型图示如下（如图 4.21，图 4.22 所示）。

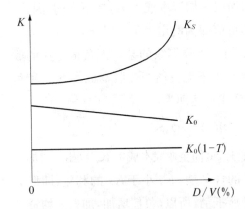

图 4.21 有税的 MM 理论之加权资本成本

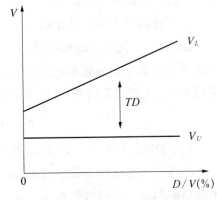

图 4.22 有税的 MM 理论之企业价值

4.4.6 资本资产定价模型(CAPM)

在财务金融学中，一个被广泛接受的权益资本成本估计模型为资本资产定价模型(CAPM)。它是财务学形成和发展中最重要的里程碑，它第一次使人们可以量化市场的风险程度，并且能够对风险进行具体的定价。

该模型是基于风险资产的预期受益均衡基础上的预测模型，马克维茨(Markowitz)于 1952 年建立现代资产组合管理理论，12 年后，威廉·夏普(Williamn F. Sharpe)、约翰·林特纳(John Lintner)与简·莫辛(Jan Mossin)将其发展成为资本资产定价模型,因此该模型又被称为夏普-莫森-林特纳模型。

从20世纪60年代CAPM模型被提出至今,在理财方面其仍有着重大的指导意义。虽然其他模型也试图把握市场行为,但资本资产定价模型因其简洁明了的概念而在实践中被广泛应用。该模型表明所有风险资产的均衡收益率是它们与市场投资组合协方差的函数。

资本资产定价模型的研究对象是在充分组合情况下,风险与要求收益率之间的均衡关系。资本资产定价模型可用于回答如下不容回避的问题:为了补偿某一特定程度的风险,投资者应该获得多大的收益率?

该模型将资产的总风险分为两部分:系统风险和非系统风险。前者是不可化解的风险,是投资者在持有一个完整充分的投资组合之后仍需承受的风险,表示资产与经济的协方差风险测量;后者又叫做可化解风险,或特有风险,是通过投资组合可以化解的风险,表示独立于经济的风险测量。

$$总风险 = 系统风险 + 非系统风险$$

通过构造投资组合,可以消除资产的非系统性风险,系统性风险却不易消除。

CAPM模型有一系列假定条件,在这里我们仅对该模型做一简单介绍。因此,不再一一列举其假定条件。总之,这些基本假定的核心是尽量使个人相同化,而这些个人本来是有着不同的初始财富和风险厌恶程度的。

CAPM模型认为β系数是度量一种证券对于市场组合变动的反映程度的指标,其定义如下:

$$\beta_i = \frac{\text{Cov}(R_i, R_M)}{\sigma^2(R_M)}$$

式中,$\text{Cov}(R_i, R_M)$为第i种证券的收益与市场组合收益之间的协方差;

$\sigma^2(R_M)$为市场组合收益的方差。

β表明了单个股票超额报酬率对市场组合超额报酬率的敏感程度。当某只股票的β等于1时,表明该股票与整个市场具有相同的不可避免风险(系统性风险)。当β大于1时,表明该股票的系统性风险大于整个市场的系统风险,因此通常把这类股票投资称为"进攻型投资"。当β小于1时,表明该股票的系统性风险小于整个市场的系统风险,因此通常把这类股票投资称为"防御型投资"。

接下来我们给出资本资产定价模型计量单个证券期望受益的公式:

$$\bar{R}_i = R_F + \beta \times (\bar{R}_i - R_F)$$

式中，$\bar{R}_i$ 为某种证券的期望收益；

R_F 为无风险资产收益；

β 为证券的贝塔系数；

$\bar{R}_i - R_F$ 为市场的风险溢价。

它表明某种证券的期望收益与该种证券的贝塔系数线性相关。由于长期看来，市场的平均收益要高于无风险资产收益率，因此 $\bar{R}_i - R_F$ 应是个正数。所以，更确切地说，某种证券的期望收益与该种证券的贝塔系数线性正相关。

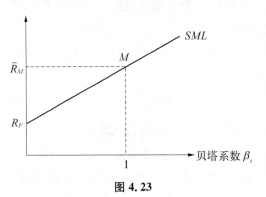

图 4.23

上式就是图 4.23 中的那条斜率为正的直线。值得注意的是，当 $\beta = 1$ 的时候，直线从 R_F 至 $\bar{R}_M$。这条线通常又被称为"证券市场线"(security market line，SML)。

因此，根据上述模型，权益资本成本 k_s 就由公司的系统风险决定。

$$k_s = R_i = R_F + \beta \times (R_M - R_F)$$

根据上述模型，倘若我们欲计算权益资本成本，就应选取适当的无风险收益率，计算预期市场风险溢价并估算公司的 β。该模型假定权益的机会成本等于无风险证券收益率加上公司系统风险(β值)与市场风险价格(市场风险溢价)的乘积。

正如罗斯(Ross,1978)所言："CAPM模型不仅解释了资产价格，而且为较高的收益总要伴随较大的风险(斯密,卡尔文)直觉提供了分析基础。资产风险溢价不取决于资产的总风险，而取决于资产与整个市场的关系。既然从总体上说，所有的风险都是由于市场投资组合而引起的。只有资产与市场投资组合的关系 β，才能决定资产的溢价。"

4.5 公司估值

制定财务决策首先需要关注的就是代表公司所有者利益的价值创造，好的决策能够创造价值，坏的决策则会破坏价值。因此，为了评价财务决策对于股东财富可能会产生的影响，财务经理需要很好地理解如何对公司进行估价。例如，一个新的投资项目将如何影响公司价值？如果公司宣布增发股利，那么股价可能会发生什么变化？借款对于公司价值会产生什么影响？

4.5.1 公司常用的估值方法

公司估值是指着眼于公司本身，对公司的内在价值进行评估。公司内在价值决定于公司的资产及其获利能力。

进行公司估值的逻辑在于"价值决定价格"。上市公司估值方法通常分为两类：一类是相对估值方法（如市盈率估值法、市净率估值法、$EV/EBITDA$ 估值法等）；另一类是绝对估值方法（如股利折现模型估值、自由现金流折现模型估值等）。

（1）相对估值方法

相对估值法简单易懂，也是最为投资者广泛使用的估值方法。在相对估值方法中，常用的指标有市盈率（PE）、市净率（PB）、$EV/EBITDA$ 倍数等，它们的计算公式分别如下：

$$市盈率 = 每股价格 / 每股收益$$

$$市净率 = 每股价格 / 每股净资产$$

$$EV/EBITDA = 企业价值 / 息税、折旧、摊销前利润$$

（其中：企业价值为公司股票总市值与有息债务价值之和减去现金及短期投资）

运用相对估值方法所得出的倍数，用于比较不同行业之间、行业内部公司之间的相对估值水平；不同行业公司的指标值并不能做直接比较，其差异可能会很大。相对估值法反映的是，公司股票目前的价格是处于相对较高还是相对较低的水平。通过行业内不同公司的比较，可以找出在市场上相对低估的公司。但这也并不绝对，如市场赋予公司较高的市盈率，则说明市场对公司的增长前景较为看好，愿意给予行业内的优势公司一定的溢价。因此采用相对估值指标对公司价值进行分析时，需要结合宏观经济、行业发展与公司基本面的情况，具体公司具体分析。与绝对估值法相比，相对估值法的优点在于比较简单，易于被普通投资者掌握，同时也揭示了市场对于公司价值的评价。但是，在市场出现较大波动时，市盈率、市净率的变动幅度也比较大，有可能对公司的价值评估产生误导。

（2）绝对估值方法

股利折现模型和自由现金流折现模型采用了收入的资本化定价方法，通过预

测公司未来的股利或者未来的自由现金流,然后将其折现得到公司股票的内在价值。股利折现模型最一般的形式如下:

$$V = \frac{D_1}{(1+k)^1} + \frac{D_2}{(1+k)^2} + \cdots + \frac{D_t}{(1+k)^n}$$

其中,V 代表股票的内在价值,D_1 代表第一年末可获得的股利,D_2 代表第二年末可获得的股利,依此类推。k 代表资本回报率/贴现率。

如果将 D_t 定义为代表自由现金流,股利折现模型就变成了自由现金流折现模型。自由现金流是指公司税后经营现金流扣除当年追加的投资金额后所剩余的资金。

与相对估值法相比,绝对估值法的优点在于能够较为精确地揭示公司股票的内在价值,但是如何正确选择参数则比较困难。未来股利、现金流的预测偏差、贴现率的选择偏差,都有可能影响到估值的精确性。

(3) 联合估值法

联合估值是结合绝对估值和相对估值,寻找股价和相对指标都被低估的股票,这种股票的价格最有希望上涨。

4.5.2 市盈率法

公司市盈率等于每股价格除以每股收益。使用市盈率背后的直觉是:当你购买股票时,从某种意义上说,你购买的是对公司未来收益的要求权,以及可能持续存在的公司间的收益差别。你应该愿意对当前收益较高的股票相应地支付更高的价格。我们通常将待评估公司当前或预期的每股收益,乘以可比公司的平均市盈率的方式,来估计公司股权的价值。

计算公司的市盈率时,既可以使用历史收益(过去 12 个月或历年收益),也可以使用预测收益(未来 12 个月或下一年的期望收益),相应的比率分别称作追溯 P/E 或预测 P/E。出于估值的目的,通常首选预测 P/E,因为我们最关心的是未来收益。我们感兴趣的是公司收益中的持久构成部分,所以出于估值的目的计算市盈率时,习惯做法是:把不会再度发生的非经常性项目排除在外。

4.5.3 现金流贴现模型(DCF 模型)

现金流贴现(DCF)模型是由美国西北大学阿尔弗雷德·拉巴波特于 1986 年

提出的,也被称作拉巴波特模型(Rappaport Model),是用贴现现金流量方法确定最高可接受的并购价值的方法,这就需要估计由并购引起的期望的增量现金流量和贴现率(或资本成本),即企业进行新投资,市场所要求的最低的可接受的报酬率。

DCF模型的基本原理:将未来现金流量贴现到特定时点上。常见的DCF模型有自由现金流模型和红利贴现(DDM)模型。

现金流贴现模型的三个步骤:

① 预测未来来源于公司或股票的期望现金流;

② 选择合适的贴现率,并进行估计;

③ 计算股票的内在价值。

在选择贴现现金流模型时,现金流和贴现率的选择是重点。通常有以下情形:

① 自由现金流模型中,选择自由现金流作为贴现现金流。自由现金流分为公司自由现金流(FCFF)和股东自由现金流(FCFE)。如果使用FCFF,就采用加权平均资金成本(WACC)做贴现率。如果使用FCFE,就以股票投资者要求的必要回报率作为贴现率。

② 红利贴现模型(DDM)中,选择公司未来红利作为贴现现金流,以股票投资者要求的必要回报率作为贴现率。

(1) 公司自由现金流(FCFF)模型

该模型所用的现金流量是指公司自由现金流量(Free Cash Flow,简写FCF),即扣除税收、必要的资本性支出和营运资本增加后,能够支付给所有的清偿者的现金流量。

FCFF模型估值步骤

步骤一:预测未来各期望值$FCFF$,$FCFF$的计算式如下:

$$FCFF = EBIT \times (1-T) + D\&A - \Delta NWC - CapEx + Other$$

$$= 息税前利润 \times (1-所得税) + 折旧和摊销$$

$$- 净营运资本量 - 资本性投资 + 其他现金来源$$

式中,$EBIT$为息税前利润(扣除所得税和利息前的利润);

$D\&A$为折旧和摊销;

ΔNWC为净营运资本量;

$CapEx$为资本性投资;

$Other$为其他现金源。

步骤二：计算企业的加权平均资本成本：

贴现率为加权平均资本成本（WACC），WACC 是权益和负债成本的加权平均，它反映了企业总体业务的风险，即企业股权和债务的组合风险的资本成本。

$$WACC = \frac{E}{E+D} \times K_E + \frac{D}{E+D} \times K_D \times (1-T)$$

式中，E 为股票市值；

D 为负债市值（通常采用账面值）；

T 为公司所得税税率；

K_E 为公司股本成本；

K_D 为公司负债成本。

步骤三：通过计算企业自由现金流量的现值来估计当前的企业内在价值（V_A），减去企业负债的市场价值后得出企业的权益价值（V_E），进而计算出股票的内在价值。

$$V_0 = \frac{FCFF_1}{1+r_{WACC}} + \frac{FCFF_2}{(1+r_{WACC})^2} + \cdots + \frac{FCFF_N}{(1+r_{WACC})^N} + \frac{V_N}{(1+r_{WACC})^N}$$

式中，r_{WACC} 为企业的加权平均成本；V_N 是企业的预测期期末价值或称持续价值。通常，持续价值的预测是通过对超过 N 年的自由现金流量，假定一个固定的长期增长率 g_{FCFF} 实现的：

$$V_N = \frac{FCFF_{N+1}}{r_{WACC} - g_{FCFF}} = \left(\frac{1+g_{FCFF}}{r_{WACC} - g_{FCFF}}\right) \times FCFF_N$$

长期增长率 g_{FCFF} 通常是以企业收入的期望长期增长率为基础的。

(2) 股权自由现金流（FCFE）模型

股东自由现金流（FCFE），指公司经营活动中产生的现金流流量，在扣除公司业务发展的投资需求和对其他资本提供者的分配后，可分配给股东的现金流量。股权自由现金流模型明确计算了股东所得到的自由现金流量，并同时考虑了企业与债权人之间往来的各种支付。流向股东的现金流要用股权资本成本折现。

FCFE 贴现模型估值步骤

步骤一：预测未来各期期望 $FCFE$，计算公式如下：

$$FCFE = FCFF - 用现金支付的利息费用 + 利息税收抵减 - 优先股股利$$

股东要求的必要回报率适用 FCFE 贴现模型,通常采用 CAPM 模型来计算:

$$E(R_i) = R_f + \beta_i \times (E(R_M) - R_f)$$

步骤二:确定股东要求的必要回报率,作为贴现率;

步骤三:计算企业的权益价值 V_E,进而计算出股票的内在价值。

(3) 红利贴现模型(DDM)

红利贴现模型(Dividend Discount Model)是对未来分配的股利进行预测并进行贴现的方法。包括单阶段红利贴现模型、戈登增长模型、两阶段增长模型、三阶段增长模型。

① 单阶段红利贴现模型。单阶段红利贴现模型是最简单的红利贴现模型,对于理解后面复杂的贴现模型至关重要。

适用范围:已知一期后将要收到的红利数和预计一期后股票的价格,可以直接使用这种方法。

$$V_0 = \frac{D_1 + P_1}{(1+k)}$$

式中,D_1 = 预期一期后收到的红利;

P_1 = 预计一期后的股票价格;

k = 本期股票投资者要求的回报率。

② 戈登增长模型(固定增长红利贴现模型)。戈登增长模型引入了红利不断增长的概念,这使得戈登增长模型大大接近了上市公司的实际,实际上两阶段、三阶段甚至更多阶段的红利贴现模型都是从戈登增长模型中衍生出来的,具体到采用几阶段模型则取决于预计的上市公司以后的发展轨迹。

戈登增长模型回顾

假设公司的红利预计在很长的一段时间内以一个固定的比例(g)增长,则股票的内在价值

$$V_0 = \frac{D_0 \times (1+g)}{k-g} = \frac{D_1}{k-g}$$

式中,$g = ROE \times b$。

③ 两阶段增长模型。两阶段增长模型将公司的发展分为两个阶段:第一个阶段是高成长阶段,第二个阶段是稳定成长阶段。较为典型的是专利权公司,例如:

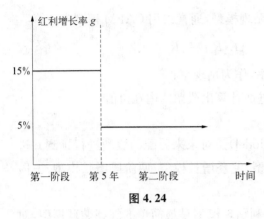

一家公司拥有一项专利,保护期为5年,因此5年内增长率会较高(比如15%),保护期过后,增长率会下降到平均水平(比如5%)。如图4.24所示。

两阶段增长模型的关键:利用戈登模型将第二阶段期初的股票价值计算出来,再将其连同第一阶段的各期现金流一起贴现,加总后计算股票的内在价值。

图4.24

两阶段增长模型的具体公式如下:

$$V_0 = \sum_{t=1}^{n} \frac{D_0 \times (1+g_1)^t}{(1+k)^t} + \frac{D_0 \times (1+g_1)^N \times (1+g_2)}{(1+k)^N \times (k-g_2)}$$

④ 三阶段增长模型。三阶段增长模型适用于公司的发展明显地分为性质完全不同的三个阶段,比如,第一个阶段是增长率为25%的3年,第二个阶段是增长率为15%的5年,第三个阶段是平稳增长期,增长率为4%,可以表示如下:

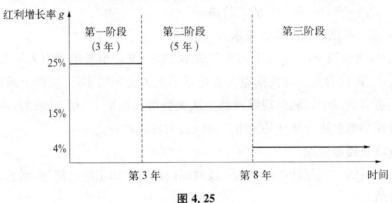

图4.25

4.5.4 企业价值评估综合案例

(1) 预测会计报表

对A公司的预测以"2004—2005年两年的历史数据为基础",对2006—2010年共5年的会计报表进行预测。

4 公司理财的应用

	A	B	C
1	资产负债表（万元）	历史数据	
2	年	2004年	2005年
3	资产		
4	货币资金	14 338.00	7 909.00
5	应收票据	389.00	138.00
6	应收利息	0.00	0.00
7	应收帐款	1 963.00	4 460.00
8	预付帐款	495.00	1 531.00
9	存货	8 949.00	11 801.00
10	其他流动资产	0.00	0.00
11	流动资产总额	26 134.00	25 839.00
12			
13	长期股权投资	0.00	151.00
14	长期债权投资	0.00	0.00
15	长期投资合计	0.00	151.00
16			
17	固定资产原值	12 759.00	14 719.00
18	减：累计折旧	2 521.00	3 366.00
19	固定资产净值	10 238.00	11 353.00
20	减：固定资产减值准备	137.00	141.00
21	固定资产净额	10 101.00	11 212.00
22	工程物资	921.00	1 857.00
23	在建工程	1 861.00	16 518.00
24	固定资产合计	12 883.00	29 587.00
25			
26	无形资产	996.00	210.00
27	长期待摊费用	0.00	0.00
28	其他长期资产	0.00	0.00
29	无形资产及其他资产合计	996.00	210.00
30	资产总额	40 013.00	55 787.00
31			
32	负债和股东权益		
33	循环贷款	2 500.00	7 771.00
34	应付票据	3 719.00	6 940.00
35	应付帐款	1 518.00	3 484.00
36	预收帐款（负债）	2 797.00	3 968.00
37	应付工资	70.00	266.00
38	应付福利	470.00	223.00
39	应付股利	0.00	0.00
40	应交税金	-126.00	-3.00
41	其他应交款	34.00	46.00
42	其他应付款	377.00	550.00
43	预提费用	171.00	170.00
44	其他流动负债	0.00	0.00
45	流动负债合计	11 530.00	23 415.00
46			
47	长期银行贷款	2 170.00	4 000.00
48	长期应付款	0.00	401.00
49	专项应付款	393.00	649.00
50	其他长期负债	0.00	0.00
51	长期负债合计	2 563.00	5 050.00
52	负债总额	14 093.00	28 465.00
53			
54			
55	股本	6 500.00	6 500.00
56	资本公积金	13 577.00	13 258.00
57	盈余公积金	1 305.00	1 660.00
58	未分配利润	4 538.00	5 904.00
59	股东权益合计	25 920.00	27 322.00
60	负债和股东权益	40 013.00	55 787.00
61			
62	检查	0.00	0.00
63	资产负债率	35.22%	51.02%

图 4.26 资产负债表

	A	B	C
1	利润表（单位：万元）	历史数据	
2	年	2004年	2005年
3	主营业务收入	25 110	35 524
4	减：主营业务成本	18 631	27 630
5	主营业务税金及附加	11	21
6	主营业务利润	6 468	7 873
7	加：其他业务利润	55.00	-49.00
8	减：存货跌价损失	0.00	0.00
9	营业费用	1 929.00	2 596.00
10	管理费用	1 146.00	1 496.00
11			
12	利息费用	324.00	453.00
13	利息收入	127.00	232.00
14	汇兑收益	0.00	0.00
15	其他	0.00	0.00
16	财务费用	197.00	221.00
17			
18	营业利润	3 251.00	3 511.00
19	加：营业外收入	9.00	4.00
20	减：营业外支出	15.00	47.00
21	税前利润	3 245.00	3 468.00
22	减：所得税	1 098.00	1 097.00
23	实际税率	33.84%	31.6%
24	净利润	2 147.00	2 371.00
25			
26	发行在外股份数量(万股)	6 500	6 500.00
27			
28	EPS	0.330	0.365
29	EPS增长率		10.4%
30			
31	股利	225.00	650.00
32	期初未分配利润	2 938.00	4 538.00
33	提取法定盈余公积	215.00	237.00
34	提取法定公益金	107.00	118.00
35	期末未分配利润	4 538.00	5 904.00

图 4.27 利润及利润分配表

操作步骤如下：

① 假设无风险利率 R_f 为 5%，平均风险股票必要报酬率 R_m 为 11%。

② 基于对 A 公司的财务分析、未来发展战略以及行业竞争分析，首先预测主营业务收入的增长率，得出 2006—2010 年的主营业务收入的金额。按照主营业务收入与货币资金、应收账款、预收账款等之间的关系，预测出这几个项目。预测结果如图 4.28 所示：

	A	B	C	D	E	F
1						
2	无风险利率Rf	5.00%				
3	平均风险股票必要报酬率Rm	11.00%				
4						
5	假设预测					
6	1.经营活动	2006年	2007年	2008年	2009年	2010年
7	主营业务收入增长率	37.02%	39.50%	9.30%	5.57%	6.61%
8	主营业务成本／主营业务收入	75.74%	72.20%	68.84%	67.49%	67.06%
9	主营业务税金及附加/主营业务收入	0.05%	0.05%	0.05%	0.05%	0.05%
10	货币资金／主营业务收入	22.26%	22.26%	22.26%	27.53%	40.66%
11	管理费用／主营业务成本	4.39%	4.39%	4.39%	4.39%	4.39%
12	营业费用／主营业务成本	7.49%	7.49%	7.49%	7.49%	7.49%
13	股利分配比例	18.95%	18.95%	18.95%	18.95%	18.95%
14	实际税率	32.73%	32.73%	32.73%	32.73%	32.73%
15	2、营运资金	2006年	2007年	2008年	2009年	2010年
16	货币资金／主营业务收入	22.26%	22.26%	22.26%	22.26%	22.26%
17	应收帐款周转天数(相对于主营业务收入)	33.36	33.36	33.36	33.36	33.36
18	应收票据周转天数(相对于主营业务收入)	3.54	3.54	3.54	3.54	3.54
19	存货周转天数(相对于主营业务成本)	165.61	165.61	165.61	165.61	165.61
20	应付票据周转天数(相对于主营业务成本)	82.27	82.27	82.27	82.27	82.27
21	应付帐款周转天数(相对于主营业务成本)	37.36	37.36	37.36	37.36	37.36
22	预付帐款增加／主营业务成本	2.65%	2.65%	2.65%	2.65%	2.65%
23	待摊费用增加／营业费用和管理费用	0.00%	0.00%	0.00%	0.00%	0.00%
24	预收帐款(负债)增加／主营业务收入	3.65%	3.65%	3.65%	3.65%	3.65%
25	预提费用增加／营业费用和管理费用	-0.09%	-0.09%	-0.09%	-0.09%	-0.09%

图 4.28

③ 假设期初和新增在建工程的一半转为固定资产，折旧采用直线折旧法，设固定资产和新建固定资产的年折旧率为 6%，各年固定资产的投资如图 4.29 所示。

④ 债务和利息，如图 4.30 所示。

	A	B	C	D	E	F
26	3、资本性投资					
27	a、假定期初和新增在建工程的一半转为固定资产，固定资产采用直线法折旧					
28	b、现有固定资产和新建固定资产的折旧年折旧率		6%			
29	c、各年的固定资产投资如下：	2006年	2007年	2008年	2009年	2010年
30		12 500.00	1 000.00	1 000.00	1 000.00	1 000.00

图 4.29

	A	B	C	D	E	F
31	4、债务和利息					
32	a、银行长期贷款利率为	6.00%				
33	b、现金不足时增加短期贷款，利率为	5.50%				
34	c、现金存款利率为	1.35%				
35		2006年	2007年	2008年	2009年	2010年
36	预计银行长期贷款增加额（万元）	1 500.00	0.00	0.00	0.00	0.00

图 4.30

⑤ 无形资产投资和折旧：假设不考虑无形资产增加，无形资产采用直线法摊销，摊销年限为 10 年，在单元格 C40 中输入公式"=B42"，计算出期初的无形资产净值，在单元格 C41 中输入公式"=＄B＄42/＄E＄38"，计算无形资产的摊销额，在单元格 C42 中输入公式"=C40-C41"，计算期末的无形资产净值。选中单元格区域 C40:C42，复制公式到单元格区域 G40:G42，得到其他各年的项目金额。

	A	B	C	D	E	F	G
37	5.无形资产投资和折旧						
38	假设：不考虑无形资产增加，无形资产采用直线法摊销，摊销年限				10	年	
39		2005年	2006年	2007年	2008年	2009年	2010年
40	期初无形资产净值		210.00	189.00	168.00	147.00	126.00
41	摊销		21.00	21.00	21.00	21.00	21.00
42	期末无形资产净值	210.00	189.00	168.00	147.00	126.00	105.00

图 4.31

⑥ 法定盈余公积及公益金提取比例各为净利润的 10% 和 5%。

⑦ 由于各项权益、负债相加不一定等于总资产，其差额在循环贷款项中调整，至此，资产负债表、利润表项目预测完毕。

⑧ 通过预测资产负债表、预测利润表调整得到预测现金流量表。

(2) 企业价值评估分析

用现金流贴现法估算 A 公司的内在价值。

a. 计算 A 公司的权益资本成本和加权平均资本成本。

这里采用 CAPM 模型计算 A 公司的权益资本成本。通过回归分析得到 A 公

司的 β 值为 1.20。

预测的财务报表如图 4.32 所示。

	A	B	C	D	E	F	G	H
1	资产负债表（万元）	历史数据			预测数据			
2	年	2004年	2005年	2006年	2007年	2008年	2009年	2010年
3	资产							
4	货币资金	14 338.00	7 909.00	10 835.05	15 114.90	16 520.58	21 569.84	33 963.00
5	应收票据	389.00	138.00	471.58	657.85	719.03	759.08	809.25
6	应收利息	0.00	0.00	0.00	0.00	0.00	0.00	0.00
7	应收帐款	1 963.00	4 460.00	4 449.38	6 206.88	6 784.12	7 162.00	7 635.40
8	预付帐款	495.00	1 531.00	2 507.96	3 807.12	5 161.02	6 562.31	8 046.70
9	存货	8 949.00	11 801.00	16 726.98	22 243.52	23 180.75	23 992.00	25 414.91
10	其他流动资产	0.00	0.00	0.00	0.00	0.00	0.00	0.00
11	流动资产总额	26 134.00	25 839.00	34 990.94	48 030.27	52 365.50	60 045.22	75 869.26
12								
13	长期股权投资	0.00	151.00	151.00	151.00	151.00	151.00	151.00
14	长期债权投资	0.00	0.00	0.00	0.00	0.00	0.00	0.00
15	长期投资合计	0.00	151.00	151.00	151.00	151.00	151.00	151.00
16								
17	固定资产原值	12 759.00	14 719.00	29 228.00	36 982.50	41 359.75	44 048.38	45 892.69
18	减：累计折旧	2 521.00	3 366.00	5 119.68	7 338.63	9 820.22	12 463.12	15 216.68
19	固定资产净值	10 238.00	11 353.00	24 108.32	29 643.87	31 539.54	31 585.26	30 676.01
20	减：固定资产减值准备	137.00	141.00	141.00	141.00	141.00	141.00	141.00
21	固定资产净额	10 101.00	11 212.00	23 967.32	29 502.87	31 398.54	31 444.26	30 535.01
22	工程物资	921.00	1 857.00	1 857.00	1 857.00	1 857.00	1 857.00	1 857.00
23	在建工程	1 861.00	16 518.00	14 509.00	7 754.50	4 377.25	2 688.63	1 844.31
24	固定资产合计	12 883.00	29 587.00	40 333.32	39 114.37	37 632.79	35 989.88	34 236.32
25								
26	无形资产	996.00	210.00	189.00	168.00	147.00	126.00	105.00
27	长期待摊费用	0.00	0.00	609.00	482.00	355.00	228.00	101.00
28	其他长期资产	0.00	0.00	0.00	0.00	0.00	0.00	0.00
29	无形资产及其他资产合计	996.00	210.00	798.00	650.00	502.00	354.00	206.00
30	资产总额	40 013.00	55 787.00	76 273.26	87 945.64	90 651.28	96 540.11	110 462.58
31								
32	负债和股东权益							
33	循环贷款	2 500.00	7 771.00	14 696.32	14 545.30	6 427.12	182.93	410.22
34	应付票据	3 719.00	6 940.00	8 309.51	11 049.98	11 515.56	11 918.57	12 625.43
35	应付帐款	1 518.00	3 484.00	3 773.80	5 018.40	5 229.85	5 412.88	5 733.90
36	预收帐款（负债）	2 797.00	3 968.00	5 745.30	8 224.64	10 934.56	13 795.41	16 845.37
37	应付工资	70.00	266.00	150.00	150.00	150.00	150.00	150.00
38	应付福利	470.00	223.00	100.00	100.00	100.00	100.00	100.00
39	应付股利	0.00	0.00	0.00	0.00	0.00	0.00	0.00
40	应交税金	-126.00	-3.00	500.00	500.00	500.00	500.00	500.00
41	其他应交款	34.00	46.00	150.00	150.00	150.00	150.00	150.00
42	其他应付款	377.00	550.00	5 000.00	5 000.00	5 000.00	5 000.00	5 000.00
43	预提费用	171.00	170.00	165.19	158.44	150.45	141.92	132.85
44	其他流动负债	0.00	0.00	0.00	0.00	0.00	0.00	0.00
45	流动负债合计	11 530.00	23 415.00	38 590.13	44 896.75	40 157.53	37 351.71	41 647.78
46								
47	长期银行贷款	2 170.00	4 000.00	5 500.00	5 500.00	5 500.00	5 500.00	5 500.00
48	长期应付款	0.00	401.00	2 000.00	2 000.00	2 000.00	2 000.00	2 000.00
49	专项应付款	393.00	649.00	0.00	0.00	0.00	0.00	0.00
50	其他长期负债	0.00	0.00	0.00	0.00	0.00	0.00	0.00
51	长期负债合计	2 563.00	5 050.00	7 500.00	7 500.00	7 500.00	7 500.00	7 500.00
52	负债总额	14 093.00	28 465.00	46 090.13	52 396.75	47 657.53	44 851.71	49 147.78
53								
54								
55	股本	6 500.00	6 500.00	6 500.00	6 500.00	6 500.00	6 500.00	6 500.00
56	资本公积金	13 577.00	13 258.00	13 258.00	13 258.00	13 258.00	13 258.00	13 258.00
57	盈余公积金	1 305.00	1 660.00	2 189.51	3 182.56	4 560.39	6 169.51	7 951.08
58	未分配利润	4 538.00	5 904.00	8 235.62	12 608.33	18 675.37	25 760.88	33 605.73
59	股东权益合计	25 920.00	27 322.00	30 183.13	35 548.89	42 993.75	51 688.40	61 314.81
60	负债和股东权益	40 013.00	55 787.00	76 273.26	87 945.64	90 651.29	96 540.11	110 462.59
61								
62	检查	0.00	0.00	0.00	0.00	0.00	0.00	0.00
63	资产负债率	35.22%	51.02%	60.43%	59.58%	52.57%	46.46%	44.49%

图 4.32 预测的资产负债表

	A	B	C	D	E	F	G	H
1	利润表（单位：万元）	历史数据			预测数据			
2	年	2004年	2005年	2006年	2007年	2008年	2009年	2010年
3	主营业务收入	25 110	35 524	48 675	67 902	74 216	78 350	83 529
4	减：主营业务成本	18 631	27 630	36 866	49 025	51 091	52 879	56 015
5	主营业务税金及附加	11	21	24	34	37	39	42
6	主营业务利润	6 468	7 873	11 784	18 843	23 089	25 433	27 473
7	加：其他业务利润	55.00	-49.00	50.00	50.00	100.00	100.00	100.00
8	减：存货跌价损失	0.00	0.00	0.00	0.00	0.00	0.00	0.00
9	营业费用	1 929.00	2 596.00	3 645.76	5 085.83	5 558.81	5 868.44	6 256.34
10	管理费用	1 146.00	1 496.00	2 136.83	2 980.88	3 258.10	3 439.58	3 666.93
11								
12	利息费用	324.00	453.00	902.85	1 134.14	906.74	511.78	346.31
13	利息收入	127.00	232.00	126.52	175.16	213.54	257.11	374.85
14	汇兑收益	0.00	0.00	0.00	0.00	0.00	0.00	0.00
15	其他	0.00	0.00	0.00	0.00	0.00	0.00	0.00
16	财务费用	197.00	221.00	776.33	958.98	693.20	254.67	-28.54
17								
18	营业利润	3 251.00	3 511.00	5 275.30	9 867.00	13 678.62	15 969.83	17 678.03
19	加：营业外收入	9.00	4.00	50.00	50.00	50.00	50.00	50.00
20	减：营业外支出	15.00	47.00	80.00	80.00	80.00	80.00	80.00
21	税前利润	3 245.00	3 468.00	5 245.30	9 837.00	13 648.62	15 939.83	17 648.03
22	减：所得税	1 098.00	1 097.00	1 715.21	3 216.70	4 463.10	5 212.32	5 770.91
23	实际税率	33.84%	31.6%	32.7%	32.7%	32.7%	32.7%	32.7%
24	净利润	2 147.00	2 371.00	3 530.08	6 620.30	9 185.52	10 727.50	11 877.13
25								
26	发行在外股份数量(万股)	6 500	6 500.00	6 500.00	6 500.00	6 500.00	6 500.00	6 500.00
27								
28	EPS	0.330	0.365	0.543	1.019	1.413	1.650	1.827
29	EPS增长率		10.4%	48.9%	87.5%	38.7%	16.8%	10.7%
30								
31	股利	225.00	650.00	668.95	1 254.55	1 740.66	2 032.86	2 250.72
32	期初未分配利润	2 938.00	4 538.00	5 904.00	8 235.62	12 608.33	18 675.37	25 760.88
33	提取法定盈余公积	215.00	237.00	353.01	662.03	918.55	1 072.75	1 187.71
34	提取法定公益金	107.00	118.00	176.50	331.02	459.28	536.38	593.86
35	期末未分配利润	4 538.00	5 904.00	8 235.62	12 608.33	18 675.37	25 760.88	33 605.73

图 4.33 预测的利润表

在财务报表当中，企业的有息负债主要包括短期借款、长期借款、一年内到期的长期负债、应付债券和融资租赁(融资租赁是一种具有负债性质的融资活动，应该归属于有息负债)，融资租赁通常放在长期应付款中。因此，A 公司的有息负债等于短期借款、长期借款、一年内到期的长期负债、应付债券和长期应付款之和。因为该公司没有短期借款和应付债券。我们分别使用股利贴现模型、股权自由现金流贴现模型、公司自由现金流量贴现模型和市盈率法对 A 公司股票的内在价值进行估算。

	A	B	C	D	E	F	G
1	现金流量表 （单位：万元）	历史数据			预测数据		
2	年	2005年	2006年	2007年	2008年	2009年	2010年
3	经营活动产生的现金流量						
4	税后利润		3 530.08	6 620.30	9 185.52	10 727.50	11 877.13
5	财务费用		776.33	958.98	693.20	254.67	-28.54
6	折旧和摊销		1 774.68	2 239.95	2 502.59	2 663.90	2 774.56
7	固定资产减值准备		0.00	0.00	0.00	0.00	0.00
8							
9	营运资金的变动						
10	应收票据的减少/（增加）		-333.58	-186.27	-61.18	-40.05	-50.18
11	应收利息的减少/（增加）		0.00	0.00	0.00	0.00	0.00
12	应收帐款的减少/（增加）		10.62	-1 757.50	-577.24	-377.88	-473.41
13	预付帐款的减少/（增加）		-976.96	-1 299.16	-1 353.90	-1 401.28	-1 484.39
14	存货的减少/（增加）		-4 925.98	-5 516.55	-937.22	-811.28	-1 422.91
15	其他流动资产的减少/（增加）		0.00	0.00	0.00	0.00	0.00
16	长期待摊费用的减少/（增加）		-609.00	127.00	127.00	127.00	127.00
17	其他长期资产的减少/（增加）		0.00	0.00	0.00	0.00	0.00
18							
19	应付票据的增加/（减少）		1 369.51	2 740.47	465.59	403.01	706.86
20	应付帐款的增加/（减少）		289.80	1 244.60	211.45	183.03	321.02
21	预收帐款（负债）的增加/（减少）		1 777.30	2 479.34	2 709.92	2 860.86	3 049.96
22	应付工资的增加/（减少）		-116.00	0.00	0.00	0.00	0.00
23	应付福利的增加/（减少）		-123.00	0.00	0.00	0.00	0.00
24	应付股利的增加/（减少）		0.00	0.00	0.00	0.00	0.00
25	应交税金的增加/（减少）		503.00	0.00	0.00	0.00	0.00
26	其他应交款的增加/（减少）		104.00	0.00	0.00	0.00	0.00
27	其他应付款的增加/（减少）		4 450.00	0.00	0.00	0.00	0.00
28	预提费用的增加/（减少）		-4.81	-6.75	-7.99	-8.54	-9.07
29	其他流动负债的增加/（减少）		0.00	0.00	0.00	0.00	0.00
30	长期应付款的增加/（减少）		950.00	0.00	0.00	0.00	0.00
31	其他长期负债的增加/（减少）		0.00	0.00	0.00	0.00	0.00
32	经营活动的现金流量		8 446.01	7 644.40	12 957.73	14 580.97	15 388.05
33							
34	投资活动所产生的现金流量						
35	长期投资		0.00	0.00	0.00	0.00	0.00
36	固定资产投资		-12 500.00	-1 000.00	-1 000.00	-1 000.00	-1 000.00
37	投资活动的现金流		-12 500.00	-1 000.00	-1 000.00	-1 000.00	-1 000.00
38							
39	融资活动所产生的现金流量						
40	长期贷款的增加/（减少）		1 500.00	0.00	0.00	0.00	0.00
41	股利分配		-668.95	-1 254.55	-1 740.86	-2 032.88	-2 250.72
42	财务费用		-776.33	-958.98	-693.20	-254.67	28.54
43	股份发行		0.00	0.00	0.00	0.00	0.00
44	资本公积金的增加/（减少）		0.00	0.00	0.00	0.00	0.00
45	计入循环贷款前融资活动产生的现金流		54.72	-2 213.53	-2 433.86	-2 287.53	-2 222.18
46	循环贷款的增加/（减少）		6 925.32	-151.02	-8 118.19	-6 244.19	227.29
47	融资活动的现金流		6 980.04	-2 364.55	-10 552.04	-8 531.71	-1 994.89
48							
49	现金净变动		2 926.05	4 279.85	1 405.69	5 049.26	12 393.16
50	期初现金余额		7 909.00	10 835.05	15 114.90	16 520.58	21 569.84
51	期末现金余额		10 835.05	15 114.90	16 520.58	21 569.84	33 963.00
52	自由现金流量		-4 053.99	6 644.40	11 957.73	13 580.97	14 388.05

图 4.34 预测的现金流量表

b. 用公司自由现金流模型(FCFF)估算股票的内在价值

步骤一：预测 2006—2010 年的股本自由现金流，如图 4.35 所示。

	A	B	C	D	E	F	G
54	年	2005年	2006年	2007年	2008年	2009年	2010年
55	公司自由现金流FCFF						
56	EBIT	3 732.00	6 051.63	10 825.98	14 371.82	16 224.49	17 649.50
57	税率	32.73%	32.73%	32.73%	32.73%	32.73%	32.73%
58	EBIT*(1-税率)	2 510.52	4 070.93	7 282.64	9 667.93	10 914.22	11 872.82
59	加：折旧		1 753.68	2 501.06	2 763.70	2 925.02	3 035.68
60	减：资本支出		12 159.00	1 155.11	1 155.11	1 155.11	1 155.11
61	减：非现金性流动资本的增加(减少)		-2 023.91	2 301.83	-449.42	-807.90	-637.90
62	FCFF		-4 310.48	6 326.76	11 725.93	13 492.02	14 391.28

图 4.35

① 税率可近似表述为预测利润表中所得税与利润总额之比。

② 在 B56 中输入公式"＝利润表！C18＋利润表！C16"，计算 2005 年的息税前利润，在 B58 中输入公式"＝B56×(1－B57)"计算 2005 年的税后利润，选中单元格区域 B56:B58 复制公式至单元格区域 G56:G58，得出各年的计算项目。

③ 在单元格 C59 中输入公式"＝资产负债表！D17×0.06"，计算 2006 年的固定资产折旧额。

④ 资本支出为包括固定资产、长期资产等在内的资本性投资的净增加额。

当年年末资本性投资＝固定资产合计＋无形资产及其他资产合计

　　　　　　　　　－(长期负债合计－长期借款－应付债券－长期应付款)

资本性支出＝当年年末净资本性投资－上年年末净资本性投资

　　　　　　＋当年折旧＋当年摊销。

这里各个项目均为资产负债表期末余额。在单元格 C60 中输入公式"＝资产负债表！D15－资产负债表！C15＋资产负债表！D24－资产负债表！C24＋资产负债表！D29－资产负债表！C29－(资产负债表！D48－资产负债表！C48＋资产负债表！D49－资产负债表！C49＋资产负债表！D50－资产负债表！C50)＋现金流量表！C59＋假设预测！C41"，计算 2006 年的资本支出。

⑤ 非现金性流动资本的增加(减少)计算如图 4.36 所示。

	A	B	C	D	E	F	G
54	年	2005年	2006年	2007年	2008年	2009年	2010年
64	非现金性流动资本变化						
65	流动资产	17 930.00	24 155.89	32 915.37	35 844.92	38 475.38	41 906.26
66	流动负债	15 644.00	23 893.80	30 351.45	33 730.42	37 168.78	41 237.56
67	流动资本	2 286.00	262.09	2 563.92	2 114.50	1 306.60	668.70
68	非现金性流动资本变化		-2 023.91	2 301.83	-449.42	-807.90	-637.90

图 4.36

⑥ 假设公司第二阶段的增长率为0.5%,第二阶段以后的增长率为0,在B24中输入公式"=F22×(1+$B$10)",并将其复制填充到单元格I24,得到第二阶段的自由现金流。如图4.36所示。

步骤二:计算企业的加权平均资本成本。

⑦ 在单元格B17中输入公式"=(资产负债表!D33×假设预测!B33+资产负债表!D47×假设预测!B32)/(资产负债表!D33+资产负债表!D47)×(1−B16)"。

⑧ 在单元格B18中输入公式"=D5×D4+F4×F5×F6+H4×H5×H6+D5×(B5−D4−F4−H4)"。

⑨ 在单元格B19中输入公式"=资产负债表!D47+资产负债表!D33"。

⑩ 在单元格B20中输入公式"=(B15×B18+B17×B19)/(B18+B19)",计算加权平均资本成本。

步骤三:计算企业的整体内在价值,减去企业负债的市场价值后得出企业的权益价值,进而计算出股票的内在价值。

⑪ 在单元格B26中输入公式"=(B22+NPV(B20,C22:F22))/(1+B20)^((DATE(2005,12,31)−B6)/365)",计算第一阶段的现金流折现值。

⑫ 在单元格B27中输入公式"=(B24+NPV(B20,C24:I24))/(1+B20)^5/(1+B20)^((DATE(2005,12,31)−B6)/365)",计算第二阶段的现金流折现值。

⑬ 在单元格B28中输入公式"=I24×(1+B11)×(1+B20)/(B20−B11)/(1+B20)^13/(1+B20)^((DATE(2005,12,31)−B6)/365)",计算第三阶段的现金流折现值。

⑭ 在单元格B29中输入公式"=SUM(B26:B28)",得出公司的内在价值。

⑮ 在单元格B30中输入公式"=资产负债表!D4+资产负债表!D13",计算非核心资产价值。

⑯ 在单元格B31中输入公式"=资产负债表!D33+资产负债表!D47",计算净债务总额。

⑰ 在单元格B32中输入公式"=B29+B30−B31",得到总股本价值。

⑱ 在单元格B34中输入公式"=B32/B33",得出股票的每股价值。

c. 股权资本自由现金流模型(FCFE)。

① A公司2006—2010年的股权资本自由现金流计算如图4.38所示,表中的计算方法与图4.37相同。

4 公司理财的应用

	A	B	C	D	E	F	G	H	I
1	现金流贴现估值（公司的自由现金流FCFF）								
2									
3	公司名称	A	代码	002018					
4			流通A股	2 000.00	流通B股	0.00	流通H股	0.00	
5	总股本	6 500.00	A股股价	7.17	B股股价	0.00	H股股价	0.00	
6	分析日期	2006-04-18			汇率	1.00	汇率	1.06	
7									
8	假设	数值							
9	第二阶段(2010-2017)年数	8							
10	第二阶段增长率	0.50%							
11	长期增长率	0.00%							
12	无风险利率Rf	5.00%							
13	β	1.20							
14	Rm	11.00%							
15	Ke	12.20%							
16	税率	32.73%							
17	Kd	3.79%							
18	Ve	46 605.00							
19	Vd	20 196.32							
20	WACC	9.66%							
21	第一阶段	2006年	2007年	2008年	2009年	2010年			
22	FCFF	-4 310.43	6 326.76	11 725.93	13 492.02	14 391.28			
23	第二阶段	2011年	2012年	2013年	2014年	2015年	2016年	2017年	2018年
24	FCFF	14 463.23	14 535.55	14 608.23	14 681.27	14 754.68	14 828.45	14 902.59	14 977.10
25	FCFF估值	现金流折现值（万元）	价值百分比						
26	第一阶段	32 263.44	22.82%						
27	第二阶段	56 374.73	39.88%						
28	第三阶段（终值）	52 714.34	37.29%						
29	企业价值AEV	141 352.51	100.00%						
30	+ 非核心资产价值	10 986.05	7.77%						
31	- 净债务	20 196.32	-14.29%						
32	总股本价值	132 142.24	93.48%						
33	股本（万股）	6 500.00							
34	每股价值（元）	20.33							

图 4.37

	A	B	C	D	E	F	G
54	年	2005年	2006年	2007年	2008年	2009年	2010年
70	股权资本自由现金流FCFE						
71	净利		3 530.08	6 620.30	9 185.52	10 727.50	11 877.13
72	加：折旧		1 753.68	2 501.06	2 763.70	2 925.02	3 035.68
73	加：债务的增加(减少)		8 425.32	-151.02	-8 118.19	-6 244.19	227.29
74	减：资本支出		12 159.00	1 155.11	1 155.11	1 155.11	1 155.11
75	减：非现金性流动资本的增加(减少)		-2 023.91	2 301.83	-449.42	-807.90	-637.90
76	FCFE		3 574.00	5 513.40	3 125.34	7 061.12	14 622.88

图 4.38

② 在单元格 B16 中输入公式"=(B12+NPV(B10，C12:F12))/(1+B10)^((DATE(2005，12，31)-E1)/365)"，计算第一阶段的现金流折现值。

③ 在单元格 B17 中输入公式"=(B14+NPV(B10，C14:I14))/(1+B10)^5/(1+B10)^((DATE(2005，12，31)-E1)/365)"，计算第二阶段的现金流折现值。

④ 在单元格 B18 中输入公式"=I14*(1+B6)*(1+B10)/(B10-B6)/(1+B10)^13/(1+B10)^((DATE(2005，12，31)-E1)/365)"，计算第三阶段的现金流折现值。

⑤ 在单元格 B19 中输入公式"＝SUM(B16:B18)",得出股权资本价值。

⑥ 在单元格 B21 中输入公式"＝B19/B20",得出股票的每股价值。

	A	B	C	D	E	F	G	H	I
1	现金流贴现估值（股权资本自由现金流FCFE）			分析日期	2006-4-8				
2									
3	假设	数值							
4	第二阶段(2010-2017)年数	8							
5	第二阶段增长率	0.50%							
6	长期增长率	0.00%							
7	无风险利率Rf	5.00%							
8	β (β levered)	1.2							
9	Rm	11.00%							
10	Ke	12.20%							
11	第一阶段	2006E	2007E	2008E	2009E	2010E			
12	FCFE	3 574.00	5 513.40	3 125.34	7 061.12	14 622.88			
13	第二阶段	2011E	2012E	2013E	2014E	2015E	2016E	2016E	2017E
14	FCFE	14 695.99	14 769.47	14 843.32	14 917.53	14 992.78	15 067.08	15 142.42	15 218.13
15	FCFE估值	现金流折现值（万元）	价值百分比						
16	第一阶段	25 987.60	24.45%						
17	第二阶段	47 872.88	45.05%						
18	第三阶段（终值）	32 414.47	30.50%						
19	股权资本的价值	106 274.95	100.00%						
20	股本（万股）	6 500.00							
21	每股价值（元）	16.35							

图 4.39

d. 股利贴现模型(DDM)。

在股利贴现模型中股票价值的计算方法与 FCFF 的计算方法相同,只不过折现值为股利的折现值。计算结果如图 4.40 所示。

	A	B	C	D	E	F	G	H	I
1	股利贴现估值			分析日期	2006-4-18				
2	假设	数值							
3	第二阶段(2010-2017)年数	8							
4	第二阶段增长率	0.50%							
5	长期增长率	0.00%							
6	无风险利率Rf	5.00%							
7	β	1.20							
8	Rm	11.00%							
9	Ke	12.20%							
10	第一阶段	2006E	2007E	2008E	2009E	2010E			
11	股利	668.95	1 254.55	1 740.66	2 032.86	2 250.72			
12	第二阶段	2011E	2012E	2013E	2014E	2015E	2016E	2016E	2017E
13	股利	2 261.97	2 273.28	2 284.65	2 296.07	2 307.55	2 319.09	2 330.68	2 342.34
14	DDM估值	股利现值（万元）	价值百分比						
15	第一阶段	6 214.93	33.42%						
16	第二阶段	7 391.75	39.75%						
17	第三阶段（终值）	4 990.77	26.84%						
18	股利现值	18 597.44	100.00%						
19	股本（万股）	6 500.00							
20	每股价值（元）	2.86							

图 4.40

4.6 经济附加值模型

4.6.1 经济附加值模型的概念

20世纪90年代初,为了适应企业经营环境的巨大变化,美国思腾思特咨询公司(Stern & Steward)于1982年提出并实施了一套以经济附加值理念为基础的财务管理系统、决策机制及激励报酬制度、新的财务业绩评价指标。提出经济附加值(EVA)的目的在于克服传统指标的缺陷,准确反映公司为股东创造的价值。经过发展,EVA指标越来越受到企业界的关注与青睐,世界著名的大公司如可口可乐、IBM、美国运通、通用汽车、西门子公司、索尼、戴尔、沃尔玛等近300多家公司开始使用EVA管理体系。

经济附加值(EVA,Economic Value Added),又称经济利润、经济增加值,是一定时期的企业税后营业净利润(NOPAT)与投入资本的资金成本的差额。

经济附加值是基于税后营业净利润和产生这些利润所需资本投入之总成本的一种企业绩效财务评价方法。公司每年创造的经济增加值等于税后净营业利润与全部资本成本之间的差额。其中资本成本包括债务资本的成本,也包括股本资本的成本。目前,以可口可乐为代表的一些世界著名跨国公司大多使用EVA指标评价企业业绩。

经济附加值(EVA)和会计利润有很大的不同。经济附加值(EVA)是公司扣除了包括股权在内的所有资本成本之后的沉淀利润(residual income),而会计利润没有扣除资本成本。股权资本是有成本的,持股人投资A公司的同时也就放弃了该资本投资于其他公司的机会。投资者如果投资于与A公司有相同风险的其他公司,所应得到的回报就是A公司的股权资本成本。股权资本成本是机会成本,而非会计成本。

4.6.2 EVA指标的基本计算公式

著名的EVA先驱贝内特·斯图尔特提出,EVA就是扣除所有资本(包括股权和债务)成本后的税后净营业利润。用公式表示为:

$$EVA = 税后净营业利润 - 资本总额 \times 加权平均资本成本率$$

若税后净营业利润用 $NOPAT$ 表示，总资本用 TC 表示，加权平均资本成本率用 $WACC$ 表示，则公式也可以表示为：

$$EVA = NOPAT - WACC \times TC$$

由于税后净营业利润（$NOPAT$）可以表示为资产净利率（ROA），也称为资本回报率，乘以投入的总资本，EVA 可以用另一种方法进行计算：

$$EVA = NOPAT - WACC \times TC = ROA \times TC - WACC \times TC$$
$$= (ROA - WACC) \times TC$$
$$= 资本效率 \times TC$$

其中，（$ROA - WACC$）为资本回报率，指每单位资本所能产生的超过单位资本成本的利润，是资本回报率与资本成本的差额，代表单位资本创造财富的能力。资本效率为正，公司就创造了财富；反之，公司则是在毁灭财富。EVA 在基于财务指标的基础上，较为准确地反映了经济利润，符合 Pareto 效率标准和价值创造理念。但是 EVA 本身还不能满足我们研究的需要，这主要是因为 EVA 只是一个绝对量，从而缺乏横向可比性；在相同的经营效率下，公司资产规模较大必然会有较大的 EVA 值。出于同样的理由，它对于资产规模发生较大变化的企业（如发生购并的公司）来说也没有太大的参考价值。资本回报率可以衡量微观企业价值创造能力，根据 EVA 的计算原理，资本回报率也可以这样表示：资本回报率＝EVA/总资本。

由此可知，EVA 的计算结果取决于三个基本变量：税后净营业利润、总资本和资本成本率。下面按照国内会计报表核算方法及资本市场情况，分别解释三个基本变量的计算。

(1) 税后净营业利润（$NOPT$）

税后净营业利润等于税后净利润加上利息支出部分（如果税后净利润的计算中已扣除少数股东权益，则应加回），亦即企业的销售收入减去除利息支出以外的全部经营成本和费用（包括所得税费用）后的净值。

税后净营业利润＝ 税后净利 ＋ 利息费用 ＋ 少数股东损益
　　　　　　　＋ 资本化研究开发费用 ＋ 本年商誉摊销
　　　　　　　＋ 递延税项贷方余额的增加 ＋ 其他准备金余额的增加
　　　　　　　－ 资本化研究开发费用在本年的摊销

在我国现行会计制度下,还可以表示为:

税后营业利润 = 营业利润 + 财务费用 + 当期计提坏账准备
　　　　　　　+ 当年计提存货跌价准备 + 当年计提的长短期投资减值准备
　　　　　　　+ 投资收益 − EVA 税收调整

EVA 税收调整 = 利润表上所得税 + 税率 × (财务费用 + 营业外支出
　　　　　　　− 固定资产减值准备 − 营业外收入 − 补贴收入)

因此,它实际上是在不涉及资本结构的情况下企业经营所获得的税后利润,也即全部资本的税后投资收益,反映了企业资产的盈利能力。

在计算中特别需要提及的是,利息支出是计算经济增加值时的一个重要参数。我国上市公司的利润表中仅披露财务费用的项目。根据我国的会计制度,财务费用中除利息费用外还包含利息收入、汇兑损益等项目,因此不能以财务费用代替利息支出。由于上市公司必须编制现金流量表,该表中包括利息支出一项,因此经济增加值计算中利息支出可引用现金流量表中的数据。

因此,净利润实际上是在不考虑资本结构的情况下,公司经营所获得的税后利润,也就是全部资本的税后投资收益,反映了公司资产的盈利能力。此外,还要对部分会计科目的处理方法进行调整,以纠正会计报表对真实情况的扭曲。

(2) 总资本

总资本是指所有投资者投入到企业经营的全部资金的账面价值,是企业经营所占用的资本额,包括债务资本和权益资本。其中债务资本是指债权人提供的短期和长期贷款,不包括应付账款、应付票据,其他应付款等商业信用负债(因此总资本还可理解为企业的全部资产减去商业信用后的净值)。权益资本不仅包括普通股,还包括少数股东权益。在实务中既可以采用年初的资本总额,也可以采用年初与年末资本总额的平均值。

同样,计算资本总额时也需要对部分会计报表科目的处理方法进行调整,以纠正对企业真实投入资本的扭曲。

总资本 = 普通股股权 + 少数股东权益 + 研究开发费用的资本化金额
　　　　+ 累计商誉摊销 + 递延税项贷方余额 + 各种准备金
　　　　+ 短期借款 + 长期借款 + 长期借款中一年内到期的部分

同样，在我国现行会计制度下，

$$资本投入总额 = 债务资本 + 权益资本 + 约当权益资本$$
$$- (现金 + 银行存款) - 在建工程净值$$

其中：

$$债务资本 = 短期借款 + 一年内到期的长期借款 + 长期借款$$

$$约当权益资本 = 存货跌价准备 + 长短期投资减值准备$$
$$+ 固定资产(无形资产)减值准备 + 累计税后营业外支出$$
$$- 累计税后营业外收入 - 累计税后补贴收入$$
$$- 累计税后固定资产(无形资产)减值准备$$

(3) 加权平均资本成本率

用资本资产定价模型确定企业的资本成本并分析各部门的风险特征。企业的资本成本率可通过加权平均资本成本的方法计算，具体的计算方法参见第五章。

4.6.3　EVA 计算项目的调整

根据 EVA 的创造者思腾恩特咨询企业的研究，在计算经济增加值时需要对会计利润和会计资产价值进行适当转换，用以计算经济利润和资产的经济价值的调整多达 160 多项。然而，在实际应用中，企业计算 EVA 时，需要决定进行哪些调整，不进行哪些调整，应在考虑成本效益的基础上，在简便(计算和了解的程度)与准确(掌握真实经济利润的准确性)之间寻找一种平衡。因此，掌握选择调整项目时遵循的原则就十分重要了。根据思腾思特公司的经验，在进行调整时，主要有以下五条原则：

重要性原则，即：拟调整的项目涉及金额比较大，如果不调整会严重扭曲企业的真实情况。

可影响性原则，即：管理层通过决策能够影响被调整项目的相关支出。

可获得原则，即：进行调整所需的有关数据可以获得。

易理解性原则，即：非财务人员能够理解。

现金收支原则，即：尽量反映企业现金收支的实际情况，避免管理人员通过会计方法的选取操纵利润。

大量实践表明,涉及 EVA 调整的主要包括如下四类:① 对稳健会计原则的调整。② 对可能导致盈余管理项目的调整。③ 对非经营利得和损失的调整。④ 弥补指标计算本身固有缺陷的调整。

根据思腾思特公司提出的 EVA 计算原理,应该调整的主要项目主要包括以下几个项目:

(1) 研究与开发费用

财务会计对研究与开发费用的处理方法通常有两种选择:一是计作当期费用;二是将其"资本化",在预期的使用期内逐渐摊销。多数国家现行会计准则出于会计的谨慎性原则,要求对研究与开发费用采用第一种方法,计入发生当期费用。这种做法导致研究与开发费用支出高的企业的报告利润低于研发投资支出少的企业,而且处于研发阶段,可以为企业带来潜在增长和盈利能力的无形资产又不能在资产负债表得以反映,造成在费用的处理上,会计的谨慎性原则与对企业价值的真实评价发生了矛盾,因此对研究与开发费用加以调整。

计算 EVA 时所作的调整就是将研究与开发费用资本化。即将当期发生的研究与开发费用作为企业的一项长期投资加入到资产中,同时根据复式记账法的原则,资本总额也增加相同数量,然后根据企业研发支出的具体情况确定摊销期限,在相关期间摊销记入费用抵减利润。经过调整,企业投入的研究与开发费用不是在当期核销,而是分期摊销,从而不会对经理层的短期业绩产生负面影响,以此鼓励经理层进行研究和市场开拓,为企业长期发展增强后劲。

(2) 商誉

当企业间的兼并采用购买法(Purchasing Method)进行会计处理时,购买价格超过被收购企业净资产公允价值的部分就形成商誉。对商誉的会计处理,大部分国家的会计准则要求将商誉作为无形资产列示在资产负债表上,并在一定的期间内摊销;还有一些国家(如美国)则将其列为资产,不摊销,而是通过定期测试,决定是否计提减值准备。实际上摊销商誉存在不客观之处:

① 商誉主要与被收购企业的产品品牌、声誉、市场地位等有关,这些因素通常不会在短期内消失;

② 商誉摊销会抵减当期的利润,影响经营者的短期业绩,这种情况在收购高科技企业时尤为明显。其结果会驱使管理者在评估购并项目时首先考虑购并后会

计选择方法对利润的影响,而不是首先考虑此并购行为是否会创造高于资本成本的收益,为股东创造价值。

商誉代表的是企业获得超额利润的能力,是企业兼并产生的协同效应,并不是为获得当期收益而付出的代价。因此,如果企业平常把商誉看作是可摊销资产,计算 EVA 时就应将当期摊销的商誉加到营业净利润中,并把以前已摊销的商誉加到资本中。由于财务报表中已经对商誉进行了摊销,在调整时就以特定的累计摊销金额加入资本总额中,同时把本期摊销额加回到税后净营业利润的计算中,从而消除商誉摊销对利润的影响。

(3) 递延税项

如果企业采用纳税影响会计法进行所得税会计处理时,税前会计利润和应纳税所得之间的时间性差异反映为递延税项。递延税项的最大来源通常是折旧。如许多企业在计算会计利润时采用直线法折旧,而在计算应纳税所得时则采用加速折旧法,从而导致折旧费用的确认出现时间性差异。从理论上说,时间性差异形成的递延税项会随时间推延而逐渐返回,但由于企业新旧资产不断交替重置,以及企业规模的扩大,使得递延税项得以继续维持。它形同企业的可运用资本,即约当权益项目。因此计算 EVA 时,递延税项需从负债项中剔除,加回到权益资本,视为运用资本的一部分。计算 EVA 对递延税项的调整时将递延税项的贷方余额加入到资本总额中,如果是借方余额则从资本总额中扣除。同时,当期递延税项的变化加回到税后净营业利润中。也就是说,如果本年递延税项贷方余额增加,就将增加值加到本年的税后净营业利润中,反之则从税后净营业利润中减去。

(4) 各种准备

各种准备包括坏账准备,存款跌价准备,长、短期投资的跌价或减值准备等。根据会计准则的规定,企业要为将来可能发生的损失或减值预先提取准备,准备金余额抵减对应的资产项目,余额的变化计入当期费用冲减利润。财务会计的减值准备是出于谨慎性原则,使企业的不良资产得以适时披露。作为对投资者披露的信息,这种处理方法是非常必要的。但对于企业的管理者而言,这些准备金并非企业当期资产的实际减少,也非当期费用的现金支出。因此,计算 EVA 时应将这些项目的相关金额视为约当权益加至资本中。将准备金账户的余额加入资本总额之中,同时将准备金余额的当期变化加入税后净额。

（5）战略性投资

战略性投资意味着企业的投资要在未来很长的时间后才能获得收益。在计算 EVA 时若将这笔投资作为资本成本扣除，则会大大降低投资初期的 EVA。在使用 EVA 作为业绩评价标准时，结果同样会使经营者倾向于放弃该投资。EVA 倡导者建议对战略性投资采取一种特殊的会计处理，即不计算战略性投资上的资本成本。采用这种方法可以鼓励管理者进行那些能带来长期回报的投资，当然前提必须是确信此投资的回报将超过资本成本。

（6）折旧

计算 NOPAT 时，固定资产的折旧应被扣除。EVA 倡导者认为会计折旧费用代表了资产的经济贬值额，反映固定资产在某一期间经济价值的减少值。使用会计折旧费用节约了每年对固定资产现行经济价值重估以计算与前一年相比经济价值增加或损失的时间和成本。虽然固定资产的折旧金额与实际经济折旧有偏差，但不会在很大程度上影响投资决策。然而在计算 EVA 时，会产生如下情况：每年折旧费用相等，而设备的账面值逐年递减，在其他条件相同的时候，使用旧设备的资本成本明显低于新设备的资本成本，因而会不利于设备的更新，管理者会放弃使用新设备、新技术。EVA 倡导者建议在前几年提取较少的折旧，随后几年逐渐增加，最终使提取的折旧和 EVA 方法扣除的资本成本总额每年保持不变。这样就排除了因计算原因而放弃使用新设备的不利影响。

4.6.4 经济附加值在公司价值评估中的应用

用经济附加值模型评估 A 公司（第五章的价值评估综合案例）的价值。

① 在单元格 C3 中输入公式"=（利润表！D18+利润表！D16）×（1-假设预测！B14）"，计算税后净营业利润。

② 在单元格 C5 中输入公式"=资产负债表！D55+资产负债表！D47+资产负债表！D33+资产负债表！D56+资产负债表！D57+资产负债表！D58-资产负债表！D4-资产负债表！D13"，计算投入的总成本。

③ 在单元格 C6 中输入公式"=C3-C5×C4"，计算出经济附加值。

④ 计算股票的每股价值与 FCFF 模型相同，这里不再累述。

	A	B	C	D	E	F	G	H	I
1	经济附加值估值			分析日期	2006-4-18				
2	经济附加值EVA		2006E	2007E	2008E	2009E	2010E		
3	NOPAT		4 070.66	7 282.17	9 667.30	10 913.51	11 872.05		
4	WACC		9.66%	9.66%	9.66%	9.66%	9.66%		
5	投入资本IC		39 393.41	40 328.29	38 249.29	35 650.49	33 111.03		
6	经济附加值		266.15	3 387.37	5 973.28	7 470.48	8 674.27		
7	假设	数值							
8	第二阶段(2010-2017)年数	8							
9	第二阶段增长率	0.50%							
10	长期增长率	0.00%							
11	第二阶段		2011E	2012E	2013E	2014E	2015E	2016E	2017E
12	AE		8 717.64	8 761.23	8 805.04	8 849.06	8 893.31	8 937.77	8 982.46	9 027.38
13									
14	EVA估值	经济附加值折现值（万元）	价值百分比						
15	第一阶段	20 539.75	23.80%						
16	第二阶段	33 979.59	39.38%						
17	第三阶段（终值）	31 773.31	36.82%						
18	经济附加值现值	86 292.66	100.00%						
19	加：投入资本	39 393.41							
20	减：债务成本	20 196.32							
21	股权资本价值	105 489.74							
22	股本（万股）	6 500.00							
23	每股价值（元）	16.23							

图 4.41

4.6.5 EVA 在公司业绩评估中的应用

所谓公司业绩绩效评价，是指运用数理统计和运筹学原理，采用特定的指标体系，对照统一的标准，按照一定的程序，通过定量与定性的对比分析，对企业一定经营期间的经营效益和经营业绩作出客观、公正的评价。业绩评价的目标是企业战略目标的辅助，通过有效的目标分解和逐步逐层地落实来帮助企业实现预定的战略。企业业绩评价制度是否科学、合理，是否有直接的激励效应，将决定着企业的业绩水平。

通常，一个完整的企业业绩评价系统包括评价主体、评价客体、评价目标、评价指标、评价标准和业绩评价报告等六大要素。企业业绩评价系统的评价主体是指谁需要对客体进行评价。从业绩评价的产生及发展来看，它是为解决经济活动过程中存在的委托－代理矛盾而建立的。企业业绩评价系统的客体，简单说就是指被评价的对象，客体是与主体相对应的矛盾的另一方。业绩评价系统有两个评价对象，一是企业，二是企业管理者，两者既有联系又有区别，评价对象的确定非常重要。公司业绩评价系统的目标是整个系统运行的指南和目的，它服从和服务于公司目标。业绩评价指标是指对评价对象的哪些方面进行评价。业绩评价系统关心的是评价对象与公司目标的相关方面，即所谓的关键成功因素（Kcy success Factors，KSFs），这些关键成功因素具体表现在评价指标上。业绩评价标准是指判断评价对象业绩优劣的基准。选择什么标准作为评价的基准取决于评价的目的。业绩评价分析报告是业绩评价系统的输出信息,也是业绩评价系统的结论性文件。上述六个要素共同组成一个完整的业绩评价系统,它们之间相互联系、相互影响。

企业业绩评价的主要目的是对企业管理者本年度的经营管理能力进行评价和总结,以决定对其的奖惩,并希望通过这些评价指标发现企业经营业绩中的关键因素。通过对这些关键因素的分析,找出存在的问题及其解决的方法。

EVA 是一定时期企业税后净利润与企业投资成本的差额。如果这一差额是正数,表明企业为股东创造了真正的财富,企业价值增加;反之,如果 EVA 小于零,那么即使会计报表上的净利润为正值,也只能意味着股东财富被蚕食,EVA 越小,表明蚕食的程度越深;如果 EVA 为零,则说明企业的利润仅能满足债权人和投资者预期获得的最小报酬即股东资本保值。其核算公式为:EVA=税后营业利润-资本成本总额。当 EVA>0 时,说明企业增加了股东的原有价值;当 EVA=0 时,说明企业维持了股东的原有价值;当 EVA<0 时,说明企业损耗了股东的价值。可见 EVA 是对真实利润而非会计利润的评价,它表示净营运利润与投资者用同样资本投资其他风险相近的有价证券的最低回报相比,超出或低于后者的量值。

本案例所选取的样本为按照中国证券监督管理委员会(CSRC)标准划分的 2003 年以前在上海证交所和深圳证交所上市的日用电子器具制造业,如此选取是由于该行业所涉及的公司都处于稳定发展中,数据具有可得性和完整性。财务报表数据和 β 系数计算数据来源于 CSMAR 数据库软件,并借助于 Excel 工具软件进行 β 系数的回归。最后的计算结果如图 4.42 所示:

	A	B	C	D	E	F	G
1			2003年日用电子器具制造业上市企业EVA排名				
2	股票代码	股票名称	税后净营业利润(元)	资本成本(元)	EVA(元)	EVA排名	净利润(元)
3	600057	夏新电子	715 588 124.70	151 076 988.10	564 511 136.60	1	614 246 637.00
4	000016	深康佳A	458 483 240.20	260 353 613.10	198 129 627.10	2	101 071 037.70
5	600707	彩虹股份	345 192 564.90	166 983 420.90	178 209 144.00	3	21 457 639.30
6	600747	大显股份	232 584 743.20	136 169 475.80	96 415 267.40	4	113 089 970.10
7	000007	深达声A	81 428 661.98	47 705 461.66	33 723 200.32	5	14 968 296.88
8	600261	浙江阳光	81 575 199.95	48 733 000.63	32 842 199.32	6	50 941 649.95
9	600637	广电信息	414 586 908.90	387 512 769.90	27 074 138.98	7	221 342 591.80
10	600083	ST博讯	17 045 387.06	113 146.79	7 932 240.27	8	1 643 390.80
11	000801	ST湖山	7 922 797.94	11 018 542.65	-3 095 744.71	9	4 677 289.16
12	600870	厦华电子	99 890 415.84	122 066 259.80	-22 175 843.96	10	40 946 521.12
13	600203	*ST福日	2 791 477.02	63 652 786.57	-60 861 309.55	11	-96 281 208.59
14	600060	海信电器	107 367 913.90	190 139 756.60	-82 771 842.69	12	41 401 798.66
15	600839	四川长虹	399 809 932.70	1 095 760 844.00	-695 950 910.90	13	241 651 875.00

图 4.42

从图 4.42 可看出：随着 EVA 数值的逐渐下降,净利润并没有呈现出相同的趋势,而是表现出无规则的变化,当净利润为正时,公司并不一定为股东创造了财富。从 EVA 值和净利润来看,夏新电子都处于领先地位,盈利最高,但按照 EVA 排名来看,四川长虹居于末位,仅 2003 年一年就损毁股东财富将近 7 亿元,净利润的结果却并不如此,该年长虹仍然为股东创造了 2 亿元的利润。差别是如此之大,这不能不使人对中国的股市和业绩评价体系进行深思。另外,从 EVA 计算结果可知,毁灭股东财富的公司占到 38%,虽然此数据并不是从大量的统计数字得来的,但从中也可窥见一斑,反映出我国日用电子制造行业并不是十分景气,管理者应剔除不良投资,使现有资金流向盈利性的业务部门,改善经营业绩,为股东创造出真正的财富。

显而易见,用净利润评价企业的经营业绩并不能使管理者看到企业资金运营的实际成果,容易造成股东财富毁灭。比如四川长虹,从净利润来看它是盈利的,这样投资者会不断地投入新资金以期获得更多的回报,同时管理者也会认为自己的经营计划和投资领域是成功的,很有可能会继续原来的投资方案,如此循环只会造成更多的社会财富的浪费;如果用 EVA 来评价经营业绩,"免费午餐"的神话就不复存在了,新的理念和新的经营管理方式将有利于企业提高实际创造价值的能力。相信管理者会认真分析亏损的原因,及时调整经营和投资计划,真正为社会、为股东创造财富。

由于 EVA 受税后净营业利润 NOPAT 和投入资本总额的综合影响,因此一个公司要最大限度地为股东创造财富,就必须使投资收益超过投资的资本成本,同时尽可能在不增加投资的情况下最大限度地提高投资收益或者减少收益低于资本成本的资产占用。传统的评价经营业绩的方法给管理者一种错觉,那就是股东的钱是"免费午餐",所以管理者不重视资本结构的优化,最终会造成高的资本成本。而 EVA 显示了一种新型的企业价值观,为了增加公司的市场价值,经营者就必须表现得比同他们竞逐资本的那些人更好。因此,一旦他们获得资本,他们在资本上获得的收益就必须超过由其他风险相同的资本资金需求者提供的报酬率。如果他们完成了这个目标,企业投资者投入的资本就会获得增值,投资者就会加大投资,其他的潜在投资者也会把他们的资金投向这家公司,从而导致公司股票价格的上升,表明企业的市场价值得到了提高,从而也会形成投资的良性循环。如此看来,EVA 比传统的用净利润评价企业经营业绩的方法更有优势,可以使管理者重视资本结构的优化,降低成本,提高资产使用效率,从而提高经营业绩。

4.6.6 市场增加值(MVA)

(1) MVA 的概念

现代财务理论认为投资者是理性的,他们总是渴望至少能获得最低报酬率,否则他们就会将资金投往别处。只有将公司总价值与投资者总资本之间的差异最大化,才能最终达到股东价值最大化这一目标。思腾思特公司引入市场增加值(Market Value Added,以下简称 MVA)的概念,来衡量这一差异。他们认为这个差异就是市场增加值。市场增加值定义为公司总市值与所投入资本之间的差额。市场增加值是评价财富创造的计算方法,也是外部评价公司管理业绩的最好方法,因为它反映了市场对管理者使用稀缺资源的效率的评价。市场增加值还能反映管理者对公司的长期定位是否恰当,因为市场价值是公司的预期长期收益的现值。用公式表示如下:

$$市场增加值(MVA) = 总市值(MV) - 所投资本(EBA)$$

其中,总市值是负债的账面价值和权益的市值之和,投入的总资本是负债的账面价值和权益的账面价值之和。

MVA 代表一家公司从创立至今,包括保留盈余在内,投资人投入的现金和现在股东以市价出售股份时回报的现金差异。它是一家公司投融资和经营成果的最终评判标准。如果企业有较好的投融资和经营行为(使得公司能以较少的投入产生较多的现金流入),就能让投资人追捧公司的股票,进而增加公司的市场增加值。若 MVA 为正,就是创造价值,因为公司资本(权益和负债)的市场价值大于公司投入的资本。若 MVA 为负,则是毁灭价值。

(2) MVA 与 EVA 的关系

MVA 等于所有未来 EVA 的现值,增加 EVA 就意味着增加公司的 MVA,或者换句话说,增加公司市场价值与账面价值之间的差额。用公式表示为:

$$MVA = \sum_{t=1}^{n} \frac{EVA_t}{(1+WACC)^t}$$

$MVA = $ 所有未来 EVA 的现值
$= EVA_1/(1+WACC)^1 + EVA_2/(1+WACC)^2 + \cdots\cdots + EVA_n/(1+WACC)^n$

式中，$WACC$ 为加权平均资本成本。

MVA 与 EVA 最大的不同在于：MVA 注重衡量的是企业能否创造价值、增加财富，而非关注企业销售量是否增加、利润增长幅度如何。也就是说，EVA 评价的是企业在过去年度是否获得成功，而 MVA 关心企业前景的市场评估，通过经济增值观察企业的未来。由此可见，在市场竞争越来越激烈的今天，企业不仅关注目前或短期内能否获得成功，也开始重视自己能否持久地在竞争中占有一席之地，关注资本是否得到增值。

5 债券与久期

5.1 债券的定价

一切资产之所以有价值,是因为能在将来带来现金流(或可能带来现金流)。债券就是一种能产生稳定现金流的金融工具,所以,对债券的定价就是将其未来的现金流折现。

计债券本金为 PRN,利息为 CPN,各个期限的利率为 r_i, N 年后到期,那么债券的价格就为:

$$P = \sum_{i=1}^{N} \frac{CPN}{(1+r_i)^i} + \frac{PRN}{(1+r_N)^N}$$

我们可以使用下面的函数来计算债券的价值:函数有五个参数,依次为债券的本金、债券的票息率、到期年限、计息频率(如一年付息两次,则 $k=2$)和收益率。

```
Function Bond(PRN As Double, CouponRate As Double, n As Integer, k As Integer, yield As Double)
    Dim i As Integer
    Dim PVTCF As Double

    PVTCF = 0
    For i = 1 To n * k
        PVTCF = PVTCF + ((CouponRate/k) * PRN)/Application.WorksheetFunction.Power(1 + yield/k, i)
```

```
Next i
PVTCF = PVTCF + PRN/Application.WorksheetFunction.Power(1 + yield/k, n * k)
    Bond = PVTCF
End Function
```

5.2 利率期限结构

由于债券的现金流相对比较稳定,所以利率的变化成为影响债券价值的重要因素。在债券的定价公式中,每期现金流要用相应的折现率来折现。因此,对利率期限结构的研究就有重要的意义。

5.2.1 由市场价格导出的期限结构

利率的期限结构反映了利率的走势。我们可以以市场上的债券价格为基础,来建立利率的期限结构。

假设债券本金为 100,一年计息一次,计 P_1, P_2, P_3, …… 依次为一年到期、两年半到期、三年到期……的债券价格,C_1, C_2, C_3, …… 为一年到期、两年半到期、三年到期……的债券息票值,z_1, z_2, z_3, …… 为相应期限的年化收益率。

首先,根据一年到期的债券价格,有

$$P_1 = \frac{100}{1+z_1}$$

从而可以得到

$$z_1 = \frac{100}{P_1}$$

接着,根据两年期到期的债券,有

$$P_2 = \frac{C_2}{1+z_1} + \frac{C_2}{(1+z_2)^2} + \frac{100}{(1+z_2)^2}$$

那么,

$$z_2 = \sqrt{\frac{C_2+100}{P_2-C_2\left(\frac{1}{1+z_1}\right)}} - 1$$

用类似的方法,可以得到

$$z_3 = \left\{\frac{C_3+100}{P_3-C_3\left[\frac{1}{1+z_1}+\frac{1}{(1+z_2)^2}\right]}\right\}^{1/3} - 1$$

将公式推广到一般情况,

$$z_n = \left\{\frac{C_n+100}{P_n-C_n\sum_{i=1}^{n-1}\frac{1}{(1+z_{n-1})^i}}\right\}^{1/n} - 1$$

这种由市场上债券价格来构建利率期限结构的方法叫做 bootstrapping。

【例 5.1 Bootstrapping】

假设市场上有下面这些债券信息。我们在 Excel 里用 bootstrapping 方法来计算各个期限的收益率水平。

表 5.1

期　限	Coupon	Price	Face
1.00	0.000 0	92.19	100
2.00	9.000 0	99.64	100
3.00	9.500 0	99.49	100
4.00	10.000 0	98.72	100
5.00	8.750 0	92.24	100
6.00	11.000 0	99.14	100
7.00	8.250 0	84.24	100
8.00	6.500 0	72.62	100
9.00	13.000 0	104.3	100
10.00	12.500 0	100	100

将数据复制到工作表中 A2 到 D11 区域。我们将在 E 列计算相应的收益率。回顾计算 z_n 的公式为：

$$z_n = \left\{ \frac{C_n + 100}{P_n - C_n \sum_{i=1}^{n-1} \frac{1}{(1+z_{n-1})^i}} \right\}^{1/n} - 1$$

我们在 F 列到 I 列显示计算过程中的一些数据，这样可以使得计算过程更清晰，也方便调试。

	A	B	C	D	E	F	G	H	I
1	期限	Coupon	Price	Face	z	discount	TDF	Pn-CnTDF	Cn+Face
2	1.00	0.0000	92.19	100	8.47%	0.9219	0	92.19	100.0000
3	2.00	9.0000	99.64	100	9.24%	0.838008257	0.9219	91.3429	109.0000
4	3.00	9.5000		100	9.78%	0.75589837	1.759908257	82.77087156	109.5000
5	4.00	10.00		100	10.58%	0.668744852	2.5158		
6	5.00	8.75		100	11.06%	0.591955628	3.1845		
7	6.00	11.0000	99.14	100	11.55%	0.518904701	3.77650		
8	7.00	8.2500	84.24	100	12.05%	0.450834666	4.295411809	48.80285258	108.2500
9	8.00	6.5000	72.62	100	12.41%	0.392200919	4.746246474	41.76939792	106.5000
10	9.00	13.0000	104.3	100	13.04%	0.331860034	5.138447394	37.50018388	113.0000
11	10.00	12.5000	100	100	13.53%	0.281076952	5.470307428	31.62115715	112.5000

其中标注：=POWER(I2/H2,1/A2)-1 和 =SUM($F$2:$F2)

图 5.1

F 列计算折现因子，对应公式中的 $\frac{1}{(1+z_{n-1})^i}$，F2 单元格中的公式为"=1/POWER(1+E2，A2)"。接着，G 列（Total Discount Factor）计算公式中的 $\sum_{i=1}^{n-1} \frac{1}{(1+z_{n-1})^i}$ 部分。在第一期，没有上期的折现因子，所以为0，这一列的数据从第二期开始计算。如图所示，G3 中的公式为"=SUM($F$2：$F2)"。

注：这里有个小技巧，注意公式中第一个"2"前面有个"$"符号，这个符号可以使得我们在向下复制公式时，这个"2"不做变化。于是，G4 中的公式为"=SUM($F$2：$F3)"，G5 中的公式为"=SUM($F$2：$F3)"，依此类推。由于我们不会对这个公式横向复制，所以"F"前的"$"其实可以省略。

H 列计算括号中的分母部分 $P_n - C_n \sum_{i=1}^{n-1} \frac{1}{(1+z_{n-1})^i}$，H2 中公式为"=C2－B2×G2"。I 列计算分子部分 $C_n + 100$，I2 中公式为"=B2+D2"。最后，E 列综合这些数据计算即期利率水平，E2 中公式为"=POWER(I2/H2，1/A2)－1"。

我们可以利用前面得到的即期利率来计算远期利率。第一年远期利率就是即期利率,在以后年份中,

$$f_i = \frac{(1+z_i)^i}{(1+z_{i-1})^{i-1}},$$

在图 5.2 中,对应单元格 C17 中的公式为

"=POWER(1+B18,A18)/POWER(1+B17,A17)-1"。

	A	B	C	D
16	期限	z	f	
17	1.00	8.5%	8.5%	
18	2.00	9.2%	10.0%	
19	3.00	9.8%	10.9%	
20	4.00	10.6%	13.0%	
21	5.00	11.1%	13.0%	
22	6.00	11.6%	14.1%	
23	7.00	12.1%	15.1%	
24	8.00	12.4%	14.9%	
25	9.00	13.0%	18.2%	
26	10.00	13.5%	18.1%	
27				

图 5.2

最后,我们作出利率期限结构的图形。

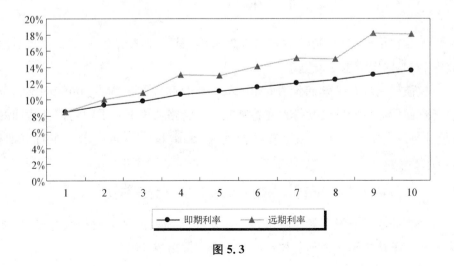

图 5.3

5.2.2 利率的期限结构模型

Vasicek 模型是一个描述短期利率变化的模型。这个模型可以用来为利率衍生产品定价。模型假设利率的变化服从下面这个微分方程：

$$dr_t = a(b-r_t)dt + \sigma dW_t$$

Vasicek 模型是一个均值回归模型。不同于股票或是债券价格，利率不可能无限上升。太高的利率会阻碍经济活动，太低的利率会引发通货膨胀。因此长期来看，利率会维持在一个均衡水平附近，参数 b 即表示这样的一个长期均衡利率水平。

参数 a 描述了回归均值的速度，a 的值一定是非负的。W_t 是一个 Wiener 过程，表示了模型中的随机因素。σ 描述了利率的波动率。

Vasicek 模型的缺点在于可能得出负的利率。Vasicek 模型的扩展——CIR 模型——解决了这一问题。CIR 模型假设利率的变化服从下面这个微分方程：

$$dr_t = a(b-r_t)dt + \sigma\sqrt{r_t}dW_t$$

其中 $2ab > \sigma^2$。

5.3 固定收益债券含权定价

对于含权债权，由于受到内置期权的影响，其未来的现金流有很大的不确定性，所以对其的定价也比较复杂。

含权债权一般有可赎回债券（callable bond）和可回售债券（putable bond）两类。可赎回债券给予债权发行人在将来按一定价格从投资者手中将债券赎回的权利，债券持有人相当于买了一个普通的债权（pure bond），再卖出一个看涨期权。所以有

可赎回债权价值 = 不含权债权价值 − 看涨期权的价值

可回售债券给予投资者在将来按一定价格将债权出售给发行人的权利，债权持有人相当于购买了一个不含权债权和一个看跌期权，所以

可回售债券价值 ＝ 不含权债权价值 ＋ 看跌期权的价值

对于含权债券，用利率二叉树定价是一种最为基本的方法。我们用利率二叉树来模拟利率未来的走势，然后再根据不同的情况来将现金流折现，从而得到含权债权的定价。对于所含的期权，可以再通过上面两个公式求出。我们下面来详细介绍这种方法。

重点：为什么不用 B/S 公式直接为期权定价？

B/S 公式中的期权是基于股票的期权，而这里的期权是基于债权的期权。相对于股票，债券有到期日，而且受利率的影响要更大。因此，直接将 B/S 公式套用在这里不是非常合适。

5.3.1　利率二叉树的结构

利率二叉树就是以某个利率波动率假设为基础的、对随时间演变的一年期远期利率的图形描述。

图 5.4 显示了一例利率二叉树。在此树上，每个节点代表了距其左边节点 1 年后的时点。每个节点都以 N 和一个下标作记号，N 代表了节点，下标表明了一年期远期利率为到达那个节点所采取的路径。

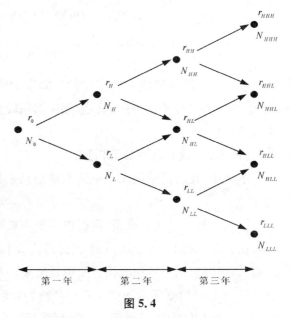

图 5.4

我们记当前一年期的即期利率为 r_0，利率二叉树模型假设一年期远期利率在下一个时期可能取两个值，并且两个远期利率发生的概率相等，其中一个远期利率高于另一个。令 σ 为一年期远期利率的波动率，r_L 为一年后较低的远期利率，r_H 为一年后较高的远期利率。r_L 和 r_H 之间要满足以下的关系：$r_H = r_L e^{2\sigma}$。将这个结构扩展下去，我们可以在图上表示两年期的远期利率、三年期的远期利率……

5.3.2 构建利率二叉树

构建利率二叉树的基本思想与前面所说的 bootstrapping 非常类似,都是通过一年期债券、两年期债券、三年期债券等来依次求出相应期限的利率。

首先,我们可以从一年期的债券价格得出一年期的即期收益率,这样就有了 r_0。然后,我们再来看一年后的远期利率,在这里的求解方法是试错法(我们可以用 Excel 中的单变量求解来计算,见下面的例子)。先假设一个 r_L 值,于是也就有了 r_H 值。观察市场上两年期的债券,将债券第二年支付的票息和本金分别按 r_L 和 r_H 折现到第一年年末,并求出期望值,因为利率二叉树假设上升和下降的概率都为 1/2,因此这个期望值为:

$$\left(\frac{CPN+PRN}{1+r_L}+\frac{CPN+PRN}{1+r_H}\right)/2$$

这个值再加上第一年的票息,用 r_0 折现到当前时点,算出现值:

$$PV=\frac{\left(\frac{CPN+PRN}{1+r_L}+\frac{CPN+PRN}{1+r_H}\right)/2+CPN}{1+r_0}$$

将 PV 与两年期债券价格比较。如果 PV 小于债券价格,则说明我们选取的 r_L 过大,应将其变小后再试;反之,则应选用较大的 r_L。如此这般,直到 PV 正好等于债券价格。

【例 5.2 建立利率二叉树】

本例中,我们使用例 5.1 中的债券信息来建立一个利率二叉树。假设波动率为 10%。

图 5.5 显示了这个模型,我们将一步步来构建利率二叉树。

第一棵树(图上半部门)就是我们将要构建的利率二叉树。第一年利率为 8.47%,可以根据一年期限债券简单算出来。对于以后几年,我们先将最近的那个利率设为 1%(单变量求解要求有一个初始数值),然后,较高的利率为较低的利率乘以 $e^{2\sigma}$,如 C20 中公式所示(注意到我们用"$"符号固定了 B17 单元格,这样在复制 C20 公式到其他地方的时候就不会改变对单元格 B17 的引用)。然后,将 C20 中的公式复制到这棵树的其他区域(最低的那个利率始终为 1%)。

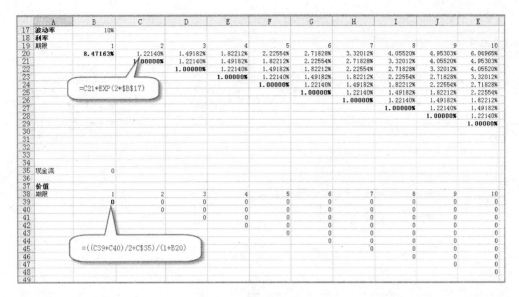

图 5.5

第 35 行中要输入现金流,后来将会说明如何在这一行输入数据。当前时点没有现金流,所以设为 0。

第二棵树(图中下半部分)计算的是现值。单元格 B39 计算的是债券现在的价值,公式为:=((C39+C40)/2+C$35)/(1+B20)。单元格 C39 和 C40 中分别计算在两种利率情形下债券一年后的价值。将这两个数值取平均,加上一年后收到的现金流,再按即期利率折现,即为债券现在的价值。我们将 B39 中的公式复制到这棵树的其他区域。

下一步我们来计算第二年的利率。两年期债券票息为 9。所以在 C35 中输入 9,代表第一年年末会收到票息。D35 中输入本金加票息:109。此时,B39 中的数值变为 107.68,这个数字等于((107.68+107.92)/2+9)/(1+8.47%)。

接下来,在"数据"菜单中选择"模拟分析——单变量求解",将会显示如下对话框。在"目标单元格"中选择 B39,在"目标值"中输入 99.64(两年期债券价值),在"可变单元格"中选择 C21。点击确定,求解器将会求解使得目标单元格中数值等于目标值时的可变单元格的值。

图 5.8 显示了计算结果。这样我们就计算出了第二年的利率。

	A	B	C	D	E	F	G	H	I	J	K
17	波动率		10%								
18	利率										
19	期限	1	2	3	4	5	6	7	8	9	10
20			8.47163%	1.22140%	1.49182%	1.82212%	2.22554%	2.71828%	3.32012%	4.05520%	4.95303%	6.04965%
21				1.00000%	1.22140%	1.49182%	1.82212%	2.22554%	2.71828%	3.32012%	4.05520%	4.95303%
22					1.00000%	1.22140%	1.49182%	1.82212%	2.22554%	2.71828%	3.32012%	4.05520%
23						1.00000%	1.22140%	1.49182%	1.82212%	2.22554%	2.71828%	3.32012%
24							1.00000%	1.22140%	1.49182%	1.82212%	2.22554%	2.71828%
25								1.00000%	1.22140%	1.49182%	1.82212%	2.22554%
26									1.00000%	1.22140%	1.49182%	1.82212%
27										1.00000%	1.22140%	1.49182%
28											1.00000%	1.22140%
29												1.00000%
30												
31												
32												
33												
34												
35	现金流		0	9	109							
36												
37	价值											
38	期限	1	2	3	4	5	6	7	8	9	10
39		107.680468	107.6847357	0	0	0	0	0	0	0	0
40			107.9207921	0	0	0	0	0	0	0	0
41				0	0	0	0	0	0	0	0
42					0	0	0	0	0	0	0
43						0	0	0	0	0	0
44							0	0	0	0	0
45								0	0	0	0
46									0	0	0
47										0	0
48											0

图 5.6

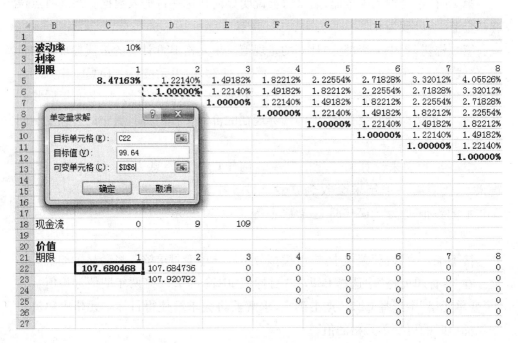

图 5.7

	A	B	C	D	E	F
17	波动率	10%				
18	利率					
19	期限	1	2	3	4	
20		8.47163%	11.01858%	1.49182%	1.82212%	2.22
21			9.02125%	1.22140%	1.49182%	1.82
22				1.00000%	1.22140%	1.49
23					1.00000%	1.22
24						1.000
...						
35	现金流	0	9	109		
36						
37	价值					
38	期限	1	2	3	4	
39		99.6400012	98.18176609	0	0	
40			99.98051005	0	0	
41				0	0	
42					0	

图 5.8

接着,将三年期债券的现金流输入第 35 行,使用同样的方法计算第三年的远期利率,计算结果如图 5.9 所示。

	A	B	C	D	E	F
17	波动率	10%				
18	利率					
19	期限	1	2	3	4	
20		8.47163%	11.01858%	1.49182%	1.82212%	2.2255
21			9.02125%	1.22140%	1.49182%	1.8221
22				1.00000%	1.22140%	1.4918
23					1.00000%	1.2214
24						1.0000
...						
35	现金流	0	9.5	9.5	109.5	
36						
37	价值					
38	期限	1	2	3	4	
39		107.364069	105.8692929	107.8904634	0	
40			108.0498287	108.1787023	0	
41				108.4158416	0	
42					0	

单变量求解
目标单元格(E): B39
目标值(V): 99.49
可变单元格(C): $D$22

图 5.9

	A	B	C	D	E	F
17	波动率	10%				
18	利率					
19	期限	1	2	3	4	5
20		8.47163%	11.01858%	13.17342%	1.82212%	2.22554%
21			9.02125%	10.78549%	1.49182%	1.82212%
22				8.83041%	1.22140%	1.49182%
23					1.00000%	1.22140%
24						1.00000%
35	现金流	0	9.5	9.5	109.5	
37	价值					
38	期限	1	2	3	4	5
39		99.4900012	96.64771119	96.75416566	0	0
40			100.18915	98.83966249	0	0
41				100.6152612	0	0
42					0	0
43						0

图 5.10

重复这一过程,即可建立十年期的利率二叉树(图 5.11)。

	A	B	C	D	E	F	G	H	I	J	K
17	波动率		10%								
18	利率										
19	期限	1	2	3	4	5	6	7	8	9	10
20		8.47163%	11.01858%	13.17342%	17.44048%	19.17843%	23.03035%	27.37505%	30.08866%	40.73236%	45.13922%
21			9.02125%	10.78549%	14.27906%	15.70197%	18.85565%	22.41280%	24.63451%	33.34884%	36.95687%
22				8.83041%	11.69071%	12.85569%	15.43770%	18.35005%	20.16903%	27.30372%	30.25772%
23					9.57154%	10.52535%	12.63932%	15.02375%	16.51300%	22.35439%	24.77293%
24						8.61743%	10.34820%	12.30040%	13.51970%	18.30223%	20.28236%
25							8.47239%	10.07072%	10.06900%	14.98460%	16.60579%
26								8.24521%	9.06253%	12.26835%	13.59567%
27									7.41977%	10.04448%	11.13119%
28										8.22372%	9.11345%
29											7.46146%

图 5.11

5.3.3 为不含权债券定价

对不含权债券定价,只要将持有债券而得到的现金流按相应的利率折现。也可以利用二叉树来定价。事实上,对不含权债券,这两种方法是等价的。通过下面例子可以更直观地看到这一点。

【例 5.3】 (为不含权债券定价)

一个 7 年期的债券,面值 100,票息率为 4.5%,求债券价值。

在例 5.2 中,我们用 bootstrapping 方法求出了相应期限的利率。现在,我们可以使用这个利率来为债券定价。图 5.12 显示了这个模型。

	A	B	C	D	E	F	G	H
1	期限	Coupon	Price	Face	z	DF	CF	PV
2	1.00	0.0000	92.19	100	8.47%	0.9219		0.0000
3	2.00	9.0000	99.64	100	9.24%	0.8380		0.0000
4	3.00	9.5000	99.49	100	9.78%	0.7559		0.0000
5	4.00	10.0000	98.72	100	10.58%	0.6687		0.0000
6	5.00	8.7500	92.24	100	11.06%	0.5920		0.0000
7	6.00	11.0000	99.14	100	11.55%	0.5189		0.0000
8	7.00	8.2500	84.24	100	12.05%	0.4508		0.0000
9	8.00	6.5000	72.62	100	12.41%	0.3922		0.0000
10	9.00	13.0000	104.3	100	13.04%			0.0000
11	10.00	12.5000	100	100	13.53%			0.0000
12								
13							Bond Value=	0.000000

注释:
- =1/POWER(1+E2,A2)
- =F2*G2
- =SUM(H2:H11)

图 5.12

A 列到 E 列为已有的数据。我们在 F 列求出折现因子,G 列将要输入当期的现金流,H 列为 G 列中现金流的现值。在单元格 H13 中求出债券的价值。

图 5.13 显示了两种计算方法。我们可以看到这两种计算方法得到的值基本相同,差别源与舍入误差。

	A	B	C	D	E	F	G	H	I
1	期限	Coupon	Price	Face	z	DF	CF	PV	
2	1.00	0.0000	92.19	100	8.47%	0.9219	4.5	4.1486	
3	2.00	9.0000	99.64	100	9.24%	0.8380	4.5	3.7710	
4	3.00	9.5000	99.49	100	9.78%	0.7559	4.5	3.4015	
5	4.00	10.0000	98.72	100	10.58%	0.6687	4.5	3.0094	
6	5.00	8.7500	92.24	100	11.06%	0.5920	4.5	2.6638	
7	6.00	11.0000	99.14	100	11.55%	0.5189	4.5	2.3351	
8	7.00	8.2500	84.24	100	12.05%	0.4508	104.5	47.1122	
9	8.00	6.5000	72.62	100	12.41%	0.3922		0.0000	
10	9.00	13.0000	104.3	100	13.04%	0.3319		0.0000	
11	10.00	12.5000	100	100	13.53%	0.2811		0.0000	
12									
13							Bond Value=	66.441576	
34									
35	现金流		0	4.5	4.5	4.5	4.5	4.5	104.5
36									
37	价值								
38	期限		1	2	3	4	5	6	7	8
39		66.442314	63.6926655	62.5034538	62.7577116	66.0924183	71.69291093	82.04118309	0
40			71.4494633	69.9179287	69.7168831	72.3135011	76.84290746	85.36689161	0
41				76.8722648	76.2009504	78.0300961	81.49338873	88.29738826	0
42					82.1198496	83.1886619	85.62941619	90.85080466	0
43						87.7713058	89.2596975	93.05398406	0
44							92.41016644	94.93896374	0
45								96.54007097	0
46									

图 5.13

5.3.4 为可赎回债券定价

在这一节中,我们介绍如何使用二叉树为可赎回债券定价,其过程与前面介绍的用二叉树为不含权债券定价的过程基本一致。只有一点例外，那就是在每一个节点，当债券价值大于赎回价格时，我们要改变节点处的债券价值，以反映债券未被赎回时的价值与赎回价格两者中的较低者。用同样的方法可以为可回售债券定价。

回顾前面的公式：

$$可赎回债权价值 = 不含权债权价值 - 看涨期权的价值$$

将公式做一下变换，得到：

$$看涨期权的价值 = 不含权债权价值 - 可赎回债权价值$$

所以，在得到可赎回债权的价值后，我们可以用这个公式来计算内含期权的价值。

【例 5.4】 （为可赎回债券定价）

设有一个五年期债券，票息率为 10%，赎回价格为 100。计算其价值。

我们先用上面章节中的模型为一个五年期票息率为 10% 的不含权债券定价。如图 5.14 所示，债券价值为 96.960 6。

	A	B	C	D	E	F
17	波动率	10%				
18	利率					
19	期限	1	2	3	4	5
20		8.47163%	11.01858%	13.17342%	17.44048%	19.17843%
21			9.02125%	10.78549%	14.27906%	15.70197%
22				8.83041%	11.69071%	12.85569%
23					9.57154%	10.52535%
24						8.61743%
25						
26						
27						
28						
29						
30						
31						
32	Pure Bond					
33						
34						
35	现金流	0	10	10	10	10
36						
37	价值					
38	期限	1	2	3	4	5
39		96.960635	91.7698453	88.9253635	88.2874527	92.298578
40			98.5797271	94.8377899	92.9923008	95.0718439
41				100.107908	97.1407113	97.4696102
42					100.754979	99.5246811
43						101.272884

图 5.14

图 5.15 表示了为可赎回债券定价的模型。

在为可赎回债券的定价模型中,我们要考虑赎回权的影响。例如,C60 单元格中的公式变为"＝MIN($B$55,((D60+D61)/2+D$56)/(1+C20))",表示当价值大于 100 时,债券就会被发行人赎回。B60 中的公式为"＝((C60+C61)/2+C$56)/(1+B20)",不需要使用 MIN 函数。

	A	B	C	D	E	F
17	波动率	10%				
18	利率					
19	期限	1	2	3	4	5
20		8.47163%	11.01858%	13.17342%	17.44048%	19.17843%
21			9.02125%	10.78549%	14.27906%	15.70197%
22				8.83041%	11.69071%	12.85569%
23					9.57154%	10.52535%
24						8.61743%
25						
26						
27						
28						
29						
30						
53	Callable Bond					
54						
55	赎回价格	100				
56	现金流	0	10	10	10	10
57						
58						
59	期限	1	2	3	4	5
60		96.887308	91.7698453	88.9253635	88.2874527	92.298578
61			98.4206477	94.8377899	92.9923008	95.0718439
62				99.7610474	97.1407113	97.4696102
63					100	99.5246811
64						100
65						
66						

图 5.15

可以看到,这个可赎回债券的价值为 96.887 3。那么内含期权的价值为

96.960 6 − 96.887 3 = 0.073 3

5.3.5 期权调整利差(OAS)

定价模型给出了债券的理论价值。假如,我们观察到市场上五年期、票息率 10%、赎回价格 100 的可赎回债券的价格为 96,而不是其理论价值 96.887 3。这说明其市场价值相对便宜了 0.887 3。然而,在债券市场上,投资者不是以价格来衡量便宜与否,而是以利差的形式来表示,利差越高的债券相对来说就越便宜。

利差的度量方式有很多种，包括：标准利差（Normal spread）、零波动率利差（Zero-volatility spread）和期权调整利差（Option-adjusted spread）。

顾名思义，OAS 考虑了债券中内含的期权。在上面的例子中，如果我们在每年的远期利率上加上一个利差，使得债券的价值等于 96，那么这个利差就是 OAS。

对 OAS 的解释依赖于模型中的基准债券。如果基准债券是财政债券，那么 OAS 反映了信用利差、流动性利差和经期权调整的利差。如果基准债券包含了公司债券，那么 OAS 只反映流动性利差和经期权调整的利差，而不反映信用利差。

我们可以利用利率二叉树来计算 OAS。

【例 5.5】（计算期权调整利差）

五年期、票息率 10%、赎回价格 100 的可赎回债券的价格为 96。计算 OAS。

首先，我们有基准利率二叉树，我们在基准利率二叉树的每一个利率上加 OAS 来得到另一个利率二叉树。我们将用这个新的利率二叉树来对现金流折现。如下图所示，OAS 的值存贮在单元格 B48 中。

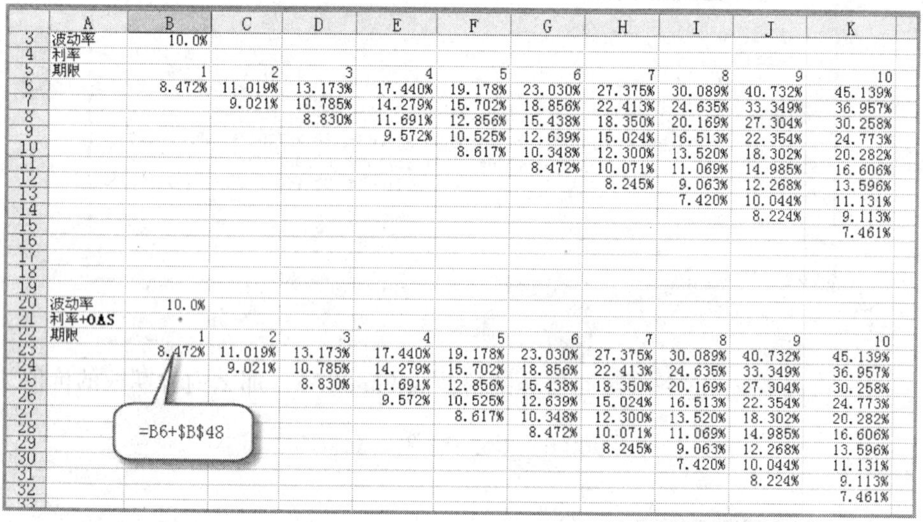

图 5.16

将现金流输入第 38 行，可以看到 B42 中显示了债券的理论价值 96.887 3。我们要计算 OAS 为多少，才能使得单元格 B42 的值等于 96。这就又要用到单变量求解器。如图 5.17 所示，目标单元格为债券价值，目标值为 96，可变单元格为 OAS。

点击确定，即可得到 OAS 为 25.4 个基点。

	A	B	C	D	E	F	G	H
20	波动率	10.0%						
21	利率+OAS							
22	期限	1	2	3	4	5	6	
23		8.472%	11.019%	13.173%	17.440%	19.178%	23.030%	27.3
24			9.021%	10.785%	14.279%	15.702%	18.856%	22.4
25				8.830%	11.691%	12.856%	15.438%	18.3
26					9.572%	10.525%	12.639%	15.0
27						8.617%	10.348%	12.3
28							8.472%	10.0
29								8.2
30								
31								
32								
33								
34								
35	**Callable Bond**							
36								
37	赎回价格	100						
38	现金流	0	10	10	10	10	110	
39								
40	价值							
41	期限	1	2	3	4	5	6	
42		96.88731	91.7698	88.92536	88.287453	92.29858	0	
43			98.4206	94.83779	92.992301	95.07184	0	
44				99.76105	97.140711	97.46961	0	
45					100	99.52468	0	
46						100	0	
47							0	
48	OAS=	0.0000%						

单变量求解
目标单元格(E): B42
目标值(V): 96
可变单元格(C): $B$48

[确定] [取消]

图 5.17

	A	B	C	D	E	F
35	**Callable Bond**					
36						
37	赎回价格	100				
38	现金流	0	10	10	10	10
39						
40	价值					
41	期限	1	2	3	4	5
42		96.00007	91.0583	88.39259	87.924516	92.10199
43			97.6958	94.254	92.599023	94.86328
44				99.26135	96.719994	97.25041
45					99.838068	99.29615
46						100
47						
48	OAS=	0.2544%				

图 5.18

5.4 债券的久期与凸度

正如前面所提到的,利率是影响债券价格的重要因素。在这一章中,我们将讨论债券对利率的敏感测度:久期。

5.4.1 债券的利率敏感性度量——久期

俗话说:夜长梦多。一个债券的到期时间越长,这个债券受到利率变化的敏感程度越高。麦考利久期(Macaulay Duration)就是一个度量债券平均到期时间的指标。数学上,麦考利久期的计算方式为:

$$\text{Macaulay Duration} = \frac{\sum_i t_i \cdot PVCF_i}{PVTCF}$$

其中,$PVCF_{t_i}$为第i个现金流的现值,t_i为第i个现金流发生的时点,$PVTCF$为所有现金流的现值。将公式稍做变换:

$$\text{Macaulay Duration} = \sum_i \frac{PVCF_i}{PVTCF} t_i$$

从这个公式我们可以看到,麦考利久期是以现金流现值为权重的平均到期时间。

我们编写下列VBA函数来计算麦考利久期。函数有四个参数:CouponRate、n、k和yield,分别为债券的票息率、到期年限、计息频率(如一年付息两次,则k=2)和收益率。

```
Function MCLD(CouponRate As Double, n As Integer, k As Integer, yield As Double)
    Dim i As Integer
    Dim PVCF() As Double
    Dim PVTCF As Double
    Dim duration As Double
```

```
ReDim PVCF(1 To n * k)

PVTCF = 0
For i = 1 To n * k
    PVCF(i) = ((CouponRate/k) * 100)/Application.WorksheetFunction.Power(1 + yield/k, i)
    PVTCF = PVTCF + PVCF(i)
Next i
PVCF(n * k) = PVCF(n * k) + 100/Application.WorksheetFunction.Power(1 + yield/k, n * k)
PVTCF = PVTCF + 100/Application.WorksheetFunction.Power(1 + yield/k, n * k)

duration = 0
For i = 1 To n * k
    duration = duration + PVCF(i) * i/k
Next i
duration = duration/PVTCF
MCLD = duration
End Function
```

【例 5.6】（计算麦考利久期）

某债券票息率 14%，期限五年，半年付息一次，以 10% 的收益率发行。计算其麦考利久期。使用前面的 VBA 函数计算，输入公式"=mcld(14%, 5, 2, 10%)"，即得到此债券的麦考利久期为 3.85。

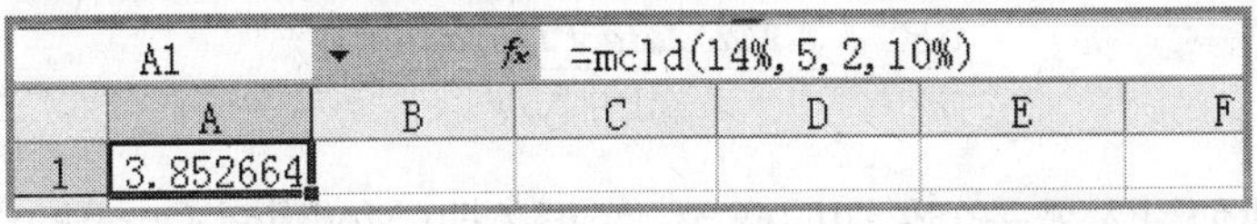

图 5.19

5.4.2 由久期测度的价格变化

麦考利久期度量了债券现金流的平均偿还时间。麦考利久期越长,债券对利率的敏感度越高。如果仅到此为止,麦考利久期也不会有如今这样的地位。事实上,除了是一个平均时间的度量,麦考利久期有着更为重要的意义。

设债券的价格为 P,收益率为 y,一年付息 k 次,n 年到期。我们有如下等式:

$$P = PVTCF = \sum PVCF_i = \sum \frac{CF_i}{(1+y/k)^i}$$

其中的 $\sum$ 都是将 i 从 1 到 $n*k$ 求和。

那么,

$$\frac{\mathrm{d}P}{\mathrm{d}y} = \sum -\frac{CF_i}{(1+y/k)^{2i}} i(1+y/k)^{i-1}(1/k)$$

$$= \sum -\frac{CF_i}{(1+y/k)^i}(1+y/k)^{-1}(i/k)$$

$$= (1+y/k)^{-1} \sum -\frac{CF_i}{(1+y/k)^i}(i/k)$$

$$= -(1+y/k)^{-1} \sum \frac{CF_i}{(1+y/k)^i} t_i$$

$$= -(1+y/k)^{-1} \sum PVCF_i t_i$$

$$= -(1+y/k)^{-1} P \frac{\sum PVCF_i t_i}{PVTCF}$$

$$= -(1+y/k)^{-1} P(Macaulay\ Duration)$$

将上式稍作变换,得到

$$\frac{\mathrm{d}P}{P} = -\frac{Macaulay\ Duration}{1+y/k} \mathrm{d}y$$

这里,我们引入另一个久期的概念:修正久期(Modified Duration),记做 MD。修正久期定义为麦考利久期除以 1 加上期限收益率,即

$$MD = \frac{Macaulay\ Duration}{1+y/k}$$

最后,我们得到

$$\frac{dP}{P} = -MD\,dy$$

这个公式说明了:债券价格变化的百分比等于收益率的变化量乘以负的修正久期。

如果收益率为连续收益率,那么修正久期等于麦考利久期。

修正久期的几何意义:

设债券价格为 P,收益率为 y,作 $\mathrm{Log}(P)$ 关于 y 的函数图像。取 $\mathrm{Log}(P)$ 是因为 $\mathrm{Log}(P)$ 的变化量等于 P 的变化的百分比,所以我们有 $\dfrac{d\mathrm{Log}(P)}{dy}=-MD$。从图形上来说,$-MD$ 就是函数图像的斜率。

计算修正久期的函数如下:

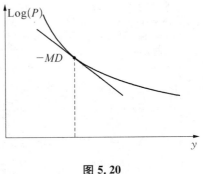

图 5.20

```
Function MD(CouponRate As Double, n As Integer, k As Integer, yield As Double)
MD = MCLD(CouponRate, n, k, yield)/(1 + yield/k)
End Function
```

【例 5.7】 (用久期测度的债券价格变化)

假设一个债券本金为 100,票息率 14%,15 年后到期,一年付息两次,现在以 10% 的收益率发行,我们将考察当收益率发生变化时债券价格的变化。

图 5.21 表示了这个模型。我们首先将数据输入 A1 到 B5 区域,并且定义单元格名称 B1 为"PRN:",B2 为"CR",B3 为"n",B4 为"k",B5 为"y"。B7 中计算这个债券的麦考利久期,公式为"=mcld(CR, n, k, y)",B8 中计算修正久期,公式为"=MD(CR, n, k, y)",B10 中计算债券价值,公式为"=bond(PRN, CR, n, k，y）"。

我们在 D 列中输入一系列收益率。E 列计算的是收益率的变化量，我们是以 10% 作为基准的。F 列计算的是用久期衡量的债权价格的变化百分比，根据这个百分比算出收益率变化后债券的价值。H 列中计算在相应的收益率下债权的理论价值。I 列计算 G 列和 H 列的差。E2 到 I2 的公式如图 5.21 所示。

	A	B	C	D	E	F	G	H	I
1	本金	100		yield	dy	-MD*dy	由久期测度的价值	理论价值	差异
2	票息率	14%		2.00%	-8.00%	57.75%	206.253373	254.8462493	-48.5929
3	到期年限（n）	15		2.50%	-7.50%	54.14%	201.5340836	243.1112108	-41.5771
4	付息频率（k）	2		3.00%	-7.00%	50.53%	196.8148141	232.087109	-35.2723
5	收益率（y）	10%		3.50%	-6.50%	46.92%	192.0955347	221.7257091	-29.6302
6				4.00%	-6.00%	43.31%	187.3762553	211.9822778	-24.606
7	麦考利久期	7.58001		4.50%	-5.50%	39.70%	182.6569758	202.8	-20.2 83
8	修正久期	7.21906		5.00%	-5.00%	36.10%	177.9376964	194.1	86
9				5.50%	-4.50%	32.49%	173.218417	186.0695305	-12.8411
10	债券价值	130.7449		6.00%	-4.00%	28.88%	168.499137	178.4017654	-9.90263
11				6.50%	-3.50%	25.27%	163.77985	171.1821903	-7.40233
12				7.00%	-3.00%	21.66%	159.0605	164.3721589	-5.31158
13				7.50%	-2.50%	18.05%	154.341 2	157.9450467	-3.60375
14				8.00%	-2.00%	14.44%	149.62 8	151.8760999	-2.25408
15				8.50%	-1.50%	10.83	144.9 346	146.1422972	-1.20753
16				9.00%	-1.00%	7.22	140.2 2153	140.7222214	-0.53876
17				9.50%	-0.50%	3.61%	135.4841816	135.5959411	-0.13176
18				10.00%	0.00%	0.00%	130.7449021	130.7449021	0
19				10.50%	0.50%	-3.61%	126.0256226	126.151826	-0.1262
20				11.00%	1.00%	-7.22%	121.3063432	121.8006178	-0.49427
21				11.50%	1.50%	-10.83%	116.5870637	117.6762795	-1.08922
22				12.00%	2.00%	-14.44%	111.8677843	113.7648312	-1.89705
23				12.50%	2.50%	-18.05%	107.1485049	110.053237	-2.90473
24				13.00%	3.00%	-21.66%	102.4292254	106.529338	-4.10011
25				13.50%	3.50%	-25.27%	97.70994601	103.1817888	-5.47184
26				14.00%	4.00%	-28.88%	92.99066658	100	-7.00933
27				14.50%	4.50%	-32.49%	88.27138714	96.97408433	-8.7027
28				15.00%	5.00%	-36.10%	83.55210771	94.09480687	-10.5427
29				15.50%	5.50%	-39.70%	78.83282827	91.35353917	-12.5207
30				16.00%	6.00%	-43.31%	74.11354884	88.74221666	-14.6287
31				16.50%	6.50%	-46.92%	69.3942694	86.25329913	-16.859
32				17.00%	7.00%	-50.53%	64.67498997	83.87973427	-19.2047
33				17.50%	7.50%	-54.14%	59.95571053	81.61492377	-21.6592
34				18.00%	8.00%	-57.75%	55.2364311	79.45269191	-24.2163

标注：=D2-y；= -E2*$B$8；=(1+F2)*$B$10；=bond(PRN,CR,n,k,D2)；=G2-H2

图 5.21

观察 I 列，我们可以发现，当收益率变化幅度不大时，由久期测度的价值接近于理论价值。但是，当收益率变化幅度较大时，由久期测度的价值就与理论价值相差较大。我们也可以通过图 5.22 看到这一点。

可见，当收益率发生变化时，单纯地用久期来衡量债券价格的变化可能不够精确。为了更加精确地度量这种价格的变化，我们又引入凸度（convexity）的概念。

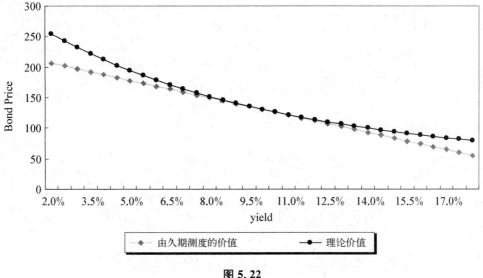

图 5.22

5.4.3 债券凸度

久期只包含了债券价格关于收益率变化的一阶信息。从图 5.22 中可以看出，用久期度量的债权价格呈一条直线。而凸度考虑了债券价格关于收益率变化的二阶信息。为了更好地说明这些关系，我们来看下面这样的一个泰勒展开式：

$$P(y+\mathrm{d}y) = P(y) + P'(y)\mathrm{d}y + (1/2)P''(y)(\mathrm{d}y)^2 + o(\mathrm{d}y)^2$$

省略高阶无穷小，我们有

$$\frac{\mathrm{d}P}{P} = \frac{P(y+\mathrm{d}y)-P(y)}{P} \approx \frac{P'(y)}{P}\mathrm{d}y + (1/2)\frac{P''(y)}{P}(\mathrm{d}y)^2$$

我们已经知道，约等号后面的第一部分与久期有关：

$$\frac{P'(y)}{P}\mathrm{d}y = -MD\mathrm{d}y$$

我们根据约等号后面的第二部分来定义凸度。

债券的凸度是这样定义的：

$$C = \frac{1}{P}\frac{\mathrm{d}^2 P}{\mathrm{d}y^2}$$

有了这样的定义后，

$$\frac{\mathrm{d}P}{P} \approx -MD\,\mathrm{d}y + (1/2)C\,(\mathrm{d}y)^2$$

将凸度的定义式展开：

已知 $\dfrac{\mathrm{d}P}{\mathrm{d}y} = -(1+y/k)^{-1}\sum\dfrac{CF_i}{(1+y/k)^i}t_i$，则

$$\frac{\mathrm{d}^2 P}{\mathrm{d}y^2} = -\left[-\frac{1/k}{(1+y/k)^2}\sum\frac{CF_i t_i}{(1+y/k)^i} - \frac{1}{1+y/k}\sum\frac{CF_i t_i}{(1+y/k)^{2i}}i\,(1+y/k)^{i-1}(1/k)\right]$$

$$= \frac{1/k}{(1+y/k)^2}\sum\frac{CF_i t_i}{(1+y/k)^i} + \frac{1}{(1+y/k)^2}\sum\frac{CF_i t_i^2}{(1+y/k)^i}$$

$$= \frac{1}{(1+y/k)^2}\sum PVCF_i\, t_i(t_i + 1/k)$$

最后我们得到，

$$C = \frac{1}{(1+y/k)^2}\sum\frac{PVCF_i \cdot t_i(t_i + 1/k)}{PVTCF}$$

5.4.4 由久期和凸度共同测度的价格变化

我们通过下面的例子来说明如何用凸度对债权的价格变化做调整。

【例 5.8】（由久期和凸度共同测度的价格变化）

仍然使用上节例子中的债券：本金为 100，票息率 14%，15 年后到期，一年付息两次，现在以 10% 的收益率发行。考虑凸度的影响，计算当收益率发生变化时债券价格的变化。本例的模型如图 5.23 所示。我们在 B12 中计算债券的凸度。在 N 列和 O 列分别计算久期调整部门和凸度调整部门，分别对应于公式中的 $-MD\,\mathrm{d}y$ 与 $(1/2)C\,(\mathrm{d}y)^2$。最后，我们在 Q 列中求出经由久期和凸度共同测度的价格变化，并将其与理论价值比较。

从图 5.24 中可以看出，相对于仅考虑久期的情况，经凸度调整后的价值与理论价值更接近。

5 债券与久期

	A	B	L	M	N	O	P	Q	R	S
1	本金	100	yield	dy	久期调整	凸度调整	由久期测度的价值	经凸度调整的价值	理论价值	差异
2	票息率	14%	2.00%	-8.00%	57.75%	25.25%	206.253373	239.2600231	254.8462493	-15.5862
3	到期年限（n）	15	2.50%	-7.50%	54.14%	22.19%	201.5340936	230.5438446	243.1112108	-12.5674
4	付息频率（k）	2	3.00%	-7.00%	50.53%	19.33%	196.8148141	222.0855306	232.087109	-10.0016
5	收益率（y）		3.50%	-6.50%	46.92%	16.67%	192.0955347	213.885081	221.7257091	-7.84063
6			4.00%	-6.00%	43.31%	14.20%	187.3762553	205.9424959	211.9822778	-6.03978
7	麦考利久期	7.585	4.50%	-5.50%	39.70%	11.93%	182.6569758	198.2577753	202.8153168	-4.55754
8	修正久期	7.219065	5.00%	-5.00%	36.10%	9.86%	177.9376964	190.8309191	194.1863167	-3.3554
9			5.50%	-4.50%	32.49%	7.99%	173.2184169	183.6619375	186.0595305	-2.3976
10	债券价值	130.7449	6.00%	-4.00%	28.88%	6.31%	168.4991375	176.7508417	178.4017654	-1.65097
11			6.50%	-3.50%	25.27%	4.83%	163.7798581	170.0976767	171.1821903	-1.08465
12	凸度	78.89086	7.00%	-3.00%	21.66%	3.55%	159.0605787	163.7023788	164.3721589	-0.67002
13			7.50%	-2.50%	18.05%	2.47%	154.3412992	157.5646049	157.9450467	-0.38044
14			8.00%	-2.00%	14.44%	1.58%	149.6220198	151.6849354	151.8760999	-0.19116
15			8.50%	-1.50%	10.83%	0.89%	144.9027404	146.0631304	146.1422972	-0.07917
16			9.00%	-1.00%	7.22%	0.39%	140.1834609	140.6991898	140.7222214	-0.02303
17			9.50%	-0.50%	3.61%	0.10%	135.4641815	135.5931137	135.5959411	-0.00283
18			10.00%	0.00%	0.00%	0.00%	130.7449021	130.7449021	130.7449021	0
19			10.50%	0.50%	-3.61%	0.10%	126.0256226	126.1545548	126.151826	0.002729
20			11.00%	1.00%	-7.22%	0.39%	121.3063432	121.8220721	121.8006178	0.021454
21			11.50%	1.50%	-10.83%	0.89%	116.5870637	117.7474538	117.6762795	0.071174
22			12.00%	2.00%	-14.44%	1.58%	111.8677843	113.9306999	113.7648312	0.165869
23			12.50%	2.50%	-18.05%	2.47%	107.1485049	110.3718105	110.053237	0.318574
24			13.00%	3.00%	-21.66%	3.55%	102.4292254	107.0707856	106.529338	0.541448
25			13.50%	3.50%	-25.27%	4.83%	97.70994601	104.0276251	103.1817888	0.845836
26			14.00%	4.00%	-28.88%	6.31%	92.99066658	101.2423291	100	1.242329
27			14.50%	4.50%	-32.49%	7.99%	88.27138714	98.71489751	96.97408433	1.740813
28			15.00%	5.00%	-36.10%	9.86%	83.55210771	96.44533038	94.09480687	2.350524
29			15.50%	5.50%	-39.70%	11.93%	78.83282827	94.43362771	91.35353917	3.080089
30			16.00%	6.00%	-43.31%	14.20%	74.11354884	92.67978949	88.74221666	3.937573
31			16.50%	6.50%	-46.92%	16.67%	69.3942694	91.18381573	86.25329913	4.930517
32			17.00%	7.00%	-50.53%	19.33%	64.67498997	89.94570642	83.87973427	6.065972
33			17.50%	7.50%	-54.14%	22.19%	59.95571053	88.96546156	81.61492377	7.350538
34			18.00%	8.00%	-57.75%	25.25%	55.2364311	88.24308115	79.45269191	8.790389

注释：
- =-M2*$B$8
- =0.5*$B$12*POWER(M2,2)
- =(1+N2)*$B$10
- =(1+N2+O2)*$B$10
- =convexity(CR,n,k,y)

图 5.23

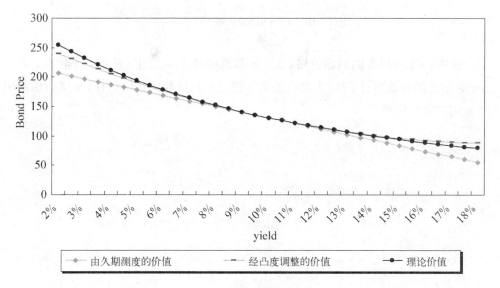

图 5.24

5.4.5 含权债券的久期与凸度

前面所介绍的久期与凸度均是对于不含权债券而言的。对于含权债券，其现金流会随着收益率的变化而变化，因此对于含权债券来说，没有像前面的公式那样来计算其久期与凸度。然而，我们仍然可以从债券对利率的敏感度出发来做定义，这样定义的久期与凸度分别叫做有效久期（Effective Duration）和有效凸度（Effective Convexity）：

$$\text{Effective Duration} = -\frac{1}{P}\frac{dP}{dy}$$

$$\text{Effective Convexity} = \frac{1}{P}\frac{d^2P}{dy^2}$$

计算有效久期的本质就是数值微分：将连续形式的微分用离散形式的差分来近似表示。近似计算的公式为：

$$\text{Effective Duration} \approx \frac{P_- - P_+}{2P_0(\Delta y)}$$

$$\text{Effective Convexity} \approx \frac{P_+ + P_- - 2P_0}{P_0(\Delta y)^2}$$

式中，P_0 为债券的初始价格；Δy 为模拟的收益率变化；P_+ 为当收益率上升 Δy 时债券的价值估计；P_- 为当收益率下降 Δy 时债券的价值估计，这里的估值可以使用二叉树模型。

6 投资组合管理与业绩评估模型

6.1 效用函数与无差异曲线

本节我们介绍基本的经济学概念,如效用、效用函数、平均效用、边际效用、无差异曲线等。西方经济学认为,产品价值的多少,是由该产品的效用大小决定的。效用(Utility),就是指消费者消费物品或劳务所获得的满足程度,并且这种满足程度纯粹是一种消费者主观心理感觉。效用大小可以设想用数字表示并加以计算和比较。我们用数学语言来表示几个基本的概念:X 表示消费品,$U(X)$ 表示消费了 X 后的总效用,$AU(X)=U(X)/X$ 表示平均效用,边际效用表示多消费一个单位的消费品所获得的效用增加值,若用极限符号表示就是:

$$MU(X) = \lim_{\Delta x \to 0} \frac{U(X+\Delta X) - U(X)}{\Delta X} = \frac{dU(X)}{dX}$$

此外,在效用理论中有一个最基本的定律,即边际效用递减规律。我们将在 Excel 中举例展示效用函数的特点,将会举一个离散的例子和一个连续的例子(如图 6.1 所示)。在连续的效用函数中,我们的效用函数表达式为:$U(x) = 10\sqrt{x} - 5$。

再来谈谈无差异曲线的问题。在现实生活中,消费者在消费两种可相互替代的商品 X 和 Y 时,或少消费一点 X 而多消费点 Y,但他得到的效用不变。我们可以构建无数种组合,使得这些组合的效用都相同,由此得到的关于 X 和 Y 的变化曲线就是无差异曲线。同一个消费者的无差异曲线是不会相交的,不同的效用就形成了该消费者的无差异曲线族。不同的消费者就有不同的无差异曲线族。

	A	B	C	D	E	F	G	H	I	J	K
1	Utility Function										
2											
3			Discrete Case					Continuous Case			
4	X	U(X)	AU(X)	MU(X)		X	U(X)	AU(X)	MU(X)		
5	1	1	1.00			1	5.00	5.00	5.00		
6	2	2	1.00	1.00		1.1	5.49	4.99	4.77		
7	3	4	1.33	2.00		1.2	5.95	4.96	4.56		
8	4	7	1.75	3.00		1.3	6.40	4.92	4.39		
9	5	10	2.00	3.00		1.4	6.83	4.88	4.23		
10	6	15	2.50	5.00		1.5	7.25	4.83	4.08		
11	7	20	2.86	5.00		1.6	7.65	4.78	3.95		
12	8	26	3.25	6.00		1.7	8.04	4.73	3.83		
13	9	30	3.33	4.00		1.8	8.42	4.68	3.73		
14	10	33	3.30	3.00		1.9	8.78	4.62	3.63		
15	11	36	3.27	3.00		2	9.14	4.57	3.54		
16	12	38	3.17	2.00		2.1	9.49	4.52	3.45		
17	13	36	2.77	-2.00		2.2	9.83	4.47	3.37		
18	14	34	2.43	-2.00		2.3	10.17	4.42	3.30		
19	15	30	2.00	-4.00		2.4	10.49	4.37	3.23		
20	16	26	1.63	-4.00		2.5	10.81	4.32	3.16		
21						2.6	11.12	4.28	3.10		

图 6.1

在图 6.2 中，我们选取了两个不同的消费者的效用函数表达式，前者是 $U=XY$，后者是 $U=0.5X^2Y$。左图给出的是同一效用函数的无差异曲线，可观察到没有相交之处，而右图给出的是两个不同效用函数的无差异曲线族，可以看到有相交之处。

6.2 投资者的风险偏好与风险溢价的计算

我们把在第一节中介绍的效用函数概念应用到投资学中来，主要的区别就是函数的变量不同罢了。实际上，可以将投资看作是一种不确定的"消费"行为。假定有一个关于投资回报率的效用函数：$U(r)=1+r-1.5r^2$，其中 r 就是投资回报率。由于 r 并不是一个确定的数，而是随机变量，故我们引入"预期效用函数"和

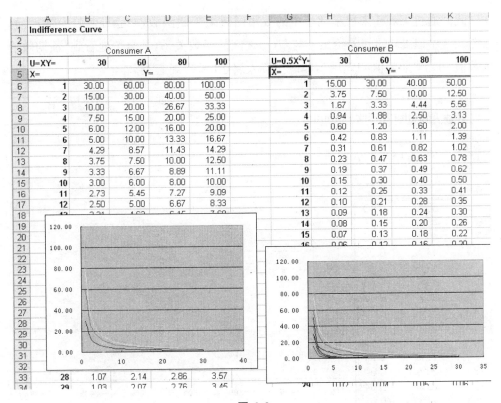

图 6.2

"期望值的效用"两个概念。例如 r 只有两种可能性:-20% 和 20%,其各自的概率分别是 $p=40\%$ 和 $1-p=60\%$。所谓的预期效用函数就是 $E(U(r))=U(-20\%)\times 40\%+U(20\%)\times 60\%$,而所谓的期望值的效用就是 $U(E(r))=U(-20\%\times 40\%+20\%\times 60\%)$,前者是回报率效用的期望而后者是期望回报率的效用。在给出的例子中,我们可以证明两者计算的结果是不同的。至于大小关系,我们根据效用函数的曲线特性,有如下判定:

(1) 若效用函数是严格凸函数(数学上就是二阶导数大于零),则"预期效用函数值"大于"期望值的效用",并称此类投资人属于风险偏好性;

(2) 若效用函数是严格凹函数(数学上就是二阶导数小于零),则"预期效用函数值"小于"期望值的效用",并称此类投资人属于风险规避性;

(3) 若效用函数是线性函数(数学上就是二阶导数为零),则"预期效用函数值"等于"期望值的效用",并称此类投资人属于风险中性(也就是对风险无所谓)。

我们通过 Excel 来展示例子中的效用函数属于凹函数,并验证其具有的性质。在图 6.3 中以 2% 的间隔给出 r 与 $U(r)$ 之间的函数关系,并清楚地看到"预期效用函数值"小于"期望值的效用",即该投资人属于"风险规避类"。

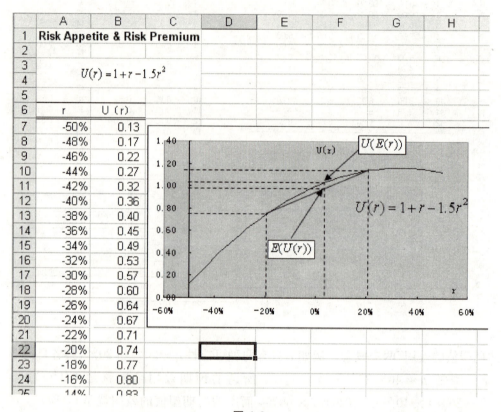

图 6.3

事实上,我们可以允许回报率 r 有更多的变化,即 r 服从某个随机分布,例如 r 服从正态分布 $N(10\%, 5\%^2)$,这里就留给读者自行在 Excel 中求出对应的"预期效用函数值"和"期望值的效用",当作练习。

6.3 现代投资组合理论(MPT)及均值—方差模型

资产组合理论是为了适应金融资产多样化,经济主体必须对金融资产进行选择的需求而产生的。20 世纪 50 年代,哈里·马克维茨(Harry Markowitz)创立了投资组合理论(均值—方差模型)。从此以后,金融学就从经济学中分离出来,成为一门新的学科。马克维茨理论的基本假设是收益率服从正态分布,并用分布的均值代表组合收益率的期望,用它的方差(或标准差)来表示投资组合的风险。均值—方差理论的一个重要特点是:组合的收益与风险关系同均值与方差的关系是一致的。

给定一组风险资产及对应的权重,就可以确定一个投资组合。对于 n 种风险资产,有如下一般公式:投资组合收益:$E(r_p) = \sum w_i E(r_i)$,投资组合方差:

$$\mathrm{Var}(r_p) = \sigma^2 = \sum \sum w_i w_j \mathrm{cov}(i,j)$$

式中,$\mathrm{cov}(i,i) = \sigma_i^2$,$E(r_i)$ 代表第 i 种资产的预期收益;σ_i 代表第 i 种资产的风险(其收益的标准差);元素 $\mathrm{cov}(i,j)$ 则组成了通常所说的资产收益方差—协方差矩阵。

	A	B	C	D	E	F	G	H	I	J	K	L	M
1	Markowitz Theory												
2													
3	Asset	w	return	σ	Covariance Matrix	A	B	C	D	E	F	G	H
4	A	20%	0.38%	1.95%	A	####	###	####	####	####	####	####	####
5	B	10%	0.56%	1.85%	B	####	###	####	####	####	####	####	####
6	C	15%	0.84%	3.90%	C	####	###	####	####	####	####	####	####
7	D	25%	0.31%	1.94%	D	####	###	####	####	####	####	####	####
8	E	5%	0.43%	3.41%	E	####	###	####	####	####	####	####	####
9	F	10%	0.25%	2.83%	F	####	###	####	####	####	####	####	####
10	G	10%	0.36%	3.72%	G	####	###	####	####	####	####	####	####
11	H	5%	0.22%	2.04%	H	####	###	####	####	####	####	####	####
12	portfolio	100%	0.43%	1.58%									
13													
14						=SQRT(MMULT(TRANSPOSE(B4:B11)							
15						),MMULT(F4:M11,B4:B11)))							

图 6.4

在 C4:C11 中用 Excel 的 Average 函数估算 8 只股票的收益率均值,D4:D11 中利用 STDEV 函数估算出它们的标准差,而在 F4:M11 单元格中计量的是 8 只股票日收益率的协方差矩阵(利用菜单"数据"→"数据分析"→"协方差")。而这些股票的原始日收益率数据存放在 O 列至 V 列中。

	O	P	Q	R	S	T	U	V
				stock return				
	A	B	C	D	E	F	G	H
	0.001884	0.022981	-0.00132	0.048587	0.100115	0.009178	0.099628	0.015957
	-0.00549	-0.00074	-0.00133	-0.0219	0.038703	-0.00248	-0.01778	-0.01047
	0.034819	0.015029	0.099602	-0.01206	0.056395	0.033154	-0.00603	-0.01411
	0.026335	0.045154	0.088164	0.02354	0.087703	-0.02888	0.063313	0.076923
	-0.03125	0.016157	-0.01332	0.035775	-0.01928	0.049979	-0.00326	0.006645
	-0.04589	-0.0182	-0.06187	-0.02796	-0.02949	0.041306	-0.04828	-0.01815
	0.009917	-0.03955	-0.03717	-0.04907	-0.07274	-0.04156	-0.08512	-0.05378
	0.019974	-0.00073	0.009963	0.008897	0.008937	-0.05085	0.015977	0.01421
	0.028222	0.023111	0.051788	0.003527	0.022638	-0.00664	0.035153	0.007005
	-0.04507	0.023306	0.036342	0.004394	0.009625	0.009197	0.013405	0.013913
	0.001043	-0.04391	-0.00113	-0.04112	-0.04576	0.028169	-0.06437	-0.0566
	-0.0495	-0.02749	0.007927	0	0.037962	-0.09831	0.03016	-0.00909
	-0.02269	-0.01872	-0.08989	-0.01551	-0.03176	0.00849	-0.07045	-0.01101
	0.011295	-0.00998	-0.09383	0	-0.0994	-0.05804	-0.06594	0
	-0.0104	0.023145	0.06812	-0.00649	-0.01656	0.005174	0.012645	-0.00371
	0.066753	-0.02199	0.085459	-0.01493	-0.0101	0.001404	-0.01873	-0.01304

图 6.5

马克维茨组合理论的最重要结论是：多样化投资可以分散风险，并且资产收益率之间的相关性越低，分散化的作用越好。对于两个特定风险资产而言，不同的权重组合就有不同的组合收益率和组合波动率。将无数的权重组合对应的收益率和波动率连接起来可以得到一条光滑的曲线，并由此可以确定有效边界，即该前沿上的点，对应相同的风险具有最大的收益率，反之则反是。曲线上的点被称为"有效组合"。

接下来，我们要看看如果投资组合中有三个资产（对于三个以上的情况可以类推），它的有效边界又是如何的呢？在技术上，我们不准备用列举法，而是用随机数生成法，得到大量的试验组合，然后将它们描点。

因为在具体的数据生成中采用的是随机模拟，所以读者可以反复地按 F9 来观察图形的变化情况。可以发现，由于无法观察到所有的组合权重，所以我们无法得到整个图形，但大致可以看到一个概貌，并隐约地呈现出一条边界。在这条边界的右侧的部分，我们称为"可行区域"，即组合可以达到的地方。若对组合权重做一些限制条件，那么可行区域将会相应缩小。在下一节中，我们会进一步了解和研究。

6 投资组合管理与业绩评估模型

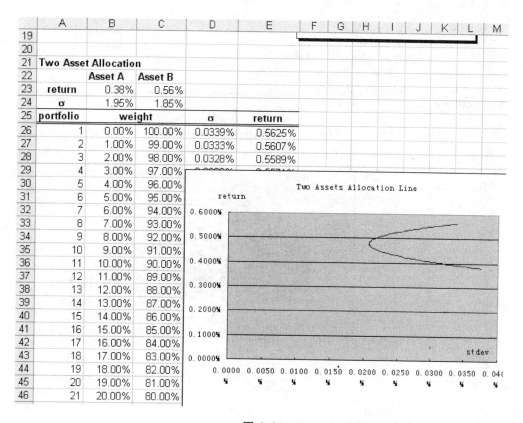

图 6.6

6.4 最优投资组合

上一节中,我们看到了一些基本的投资组合性质,介绍了基本概念,例如有效组合、有效边界、无约束边界等。本节我们将进一步深入,介绍如何利用 Excel 的规划求解工具得到准确的有效点。例如,在上一节的资产投资组合案例中,若要得到日收益率为 0.3% 的有效组合(即对应的标准差最小),理论上我们首先要得到有效边界上收益率与标准差的准确关系式,然后一一对应,才能确定有效组合。但实际上,这就是一个标准的最优化的问题,我们完全可以利用 Excel 中的规划求解方法得到答案。既然投资组合的方差是权重的二次函数,我们将利用规划求解来解决这个二次规划问题。读者可以参阅数量工具章节中的相关规划求解的介绍。

	A	B	C	D	E	F
129	Three Asset Allocation					
130		Asset A	Asset B	Asset C		
131	return	12.00%	11.00%	0.84%		
132	σ	0.03%	0.03%	3.90%		
133	portfolio		weight		σ	return
134	1	3%	80%	17%	0.04%	9.28%
135	2	49%	90%	-39%	0.04%	-1.50%
136	3	1%	81%	18%	0.04%	0.00%
137	4					
138	5					
139	6					
140	7					
141	8					
142	9					
143	10					
144	11					
145	12					
146	13					
147	14					
148	15					
149	16					
150	17					

图 6.7

6.4.1 有效组合的规划求解方法

先把主模板设计妥当。图 6.8 中 A5:G8 存放的是我们已知的数据,包括三个资产的收益率、标准差以及收益率之间的协方差矩阵。而 B12:B14 是用于记录我们的目标有效组合的资产权重(这是我们要求的)。C15 是预期收益率,C16 是对应有效组合的标准差。

在进行规划求解时,需要输入可变单元格、作为最小化前提的目标单元格和规范化的约束条件。这些约束条件是用来控制可变单元格的取值范围的。用规划求解的具体操作过程如下:

第一步:调用规划求解模块。菜单中"数据"→"规划求解"。

第二步:指定规划求解参数:需要最优化的目标单元格是 C16,指定最大化(max)还是最小化(min),并且指定可变单元格。这里我们确定 B12 和 B13 是可变单元格,而 B14 中通过 1−B12−B13 来决定,故 B14 就无需成为可变单元格。

6 投资组合管理与业绩评估模型

	A	B	C	D	E	F	G
1	Effective Portfolio						
2							
3	Programming Solve Approach						
4							
5	Asset	return	σ	Covariance Matrix	A	B	X
6	A	0.38%	1.95%	A	0.0376%	0.0059%	0.0194%
7	B	0.56%	1.85%	B	0.0059%	0.0339%	0.0320%
8	C	0.84%	3.90%	C	0.0194%	0.0320%	0.1506%
9							
10	Effective Portfolio			=1-B12-B13			
11		weights					
12	A	91%					
13	B	45%		=SUMPRODUCT(B12:B14,B6:B8)			
14	C	-36%					
15	Expected Return	0.30%		=SQRT(MMULT(TRANSPOSE(B12:B14),MMULT(E6:G8,B12:B14)))			
16	Standard deviation	1.97%					

图 6.8

图 6.9

第三步：点击"添加"(add)来指定约束条件,然后确定 OK。

图 6.10

第四步：在电子表格中的对应单元格得到最优化的求解结果。

应用规划求解进行计算的结果从表中可以看到,在目标收益率为 0.3％的条件下,最小标准差为 1.97％,对应的资产组合权重分别是资产 A：91％,资产 B：45％,资产 C：−36％。由此就得到了我们所要的目标有效组合。

我们留给读者两个练习以熟悉规划求解的操作过程。练习 1：如何确定全局最小方差组合。练习 2：将可变单元格扩大为 B12:B14,设想一下如何增加约束条件,并验证求解结果和原来的做法是一致的。

6.4.2　带约束的有效前沿

在以上的例子中,我们看到有效组合的权重出现负数,这就是卖空的含义。实际上,我们对资产组合的权重没有作任何限制(即允许做空交易),故理论的有效边界曲线可以无限向后延伸。我们将这条曲线命名为"无约束有效边界"。

若我们在求解有效组合时,要求某些资产配置的权重必须约束在某个范围之内,那么组合的可行区域必然有所变化,从而可能会导致有效边界发生变化。我们同样把这个问题留给读者,只做一些提示。利用规划求解的方法过程中,会让技术人员输入某些约束条件,所以只要将给定的约束条件写成 Excel 中能识别的形式就可以得到带有约束条件下的有效组合。针对不同的收益率目标,就能够利用规划方法得到对应的有效组合,然后就可以画出带约束条件的有效边界。可以想象到,由于有了更多的约束条件,新的有效组合相比于没有约束条件的将更加差一些(即收益率相同的,其标准差可能更大)。

6.4.3 资本市场曲线(CML)

我们知道，Markowitz是将所有的风险资产进行组合，得到一条弯曲的有效边界，但他并没有考虑无风险资产的情况。若存在无风险资产可供组合，那么新的有效边界将变成一条直线，称为CML。我们在Excel中进行展现，将两者进行对比，最后画出CML线。由于我们要得到所有的风险资产可行性不大，故为了体现主要的思想，我们采用8只股票作为资产组合的全部风险资产，并采用规划求解的方法得到有效前沿，然后通过求得无风险资产与原有效边界相切的直线，作为对CML的近似估计，顺便还能够得到最优的"市场组合"，即Sharp Ratio最大化。

	A	B	C	D	E	F	G	H	I	J	K	L	M	N
1	CML													
2														
3	Asset	return	σ	Covariance Matrix	A	B	C	D	E	F	G	H		
4	A	0.38%	1.95%	A	########	########	########	########	########	0.00001140	########	########		
5	B	0.56%	1.85%	B	########	########	########	########	########	0.00007129	########	########		
6	C	0.84%	3.90%	C	########	########	########	########	########	0.00003811	########	########		
7	D	0.31%	1.94%	D	########	########	########	########	########	0.00003366	########	########		
8	E	0.43%	3.41%	E	########	########	########	########	########	0.00000781	########	########		
9	F	0.25%	2.83%	F	########	########	########	########	########	0.00079126	########	########		
10	G	0.36%	3.72%	G	########	########	########	########	########	-0.00003386	########	########		
11	H	0.22%	2.04%	H	########	########	########	########	########	0.00001599	########	########		
12														
13	risk free rate=	0.015%												
14														
15	Effective Portfolio	A	B	C	D	E	F	G	H	weight summation	return	stdev	return target	Sharp ratio
16	1	39%	-41%	-12.437%	42.345%	-7.013%	22.302%	1.616%	54.434%	100%	0.10%	1.5173%	0.10%	0.056019
17	2	39%	-38%	-11.943%	41.465%	-6.886%	21.955%	1.343%	53.114%	100%	0.11%	1.4914%	0.11%	0.063701
18	3	39%	-36%	-11.448%	40.585%	-6.759%	21.608%	1.069%	51.795%	100%	0.12%	1.4661%	0.12%	0.071617
19	4	0.386857	-33%	-10.953%	39.705%	-6.632%	21.261%	0.796%	50.475%	100%	0.13%	1.4417%	0.13%	0.079766
20	5	0.384486	-31%	-10.459%	38.825%	-6.505%	20.914%	0.523%	49.155%	100%	0.14%	1.4182%	0.14%	0.088142
21	6	38%	-28%	-9.964%	37.945%	-6.378%	20.567%	0.249%	47.835%	100%	0.15%	1.3955%	0.15%	0.096741
22	7	38%	-26%	-9.470%	37.065%	-6.251%	20.219%	-0.024%	46.516%	100%	0.16%	1.3737%	0.16%	0.105551
23	8	38%	-24%	-8.975%	36.185%	-6.124%	19.872%	-0.298%	45.196%	100%	0.17%	1.3530%	0.17%	0.114562
24	9	0.375007	-21%	-8.480%	35.305%	-5.998%	19.525%	-0.571%	43.876%	100%	0.18%	1.3332%	0.18%	0.123759

图 6.11

我们的实施逻辑是首先在A3:L11中给出资产组合的基本信息，然后利用规划求解的方法给出有效组合（给定收益率情况下标准差最小的组合）序列，然后将这组序列对（K列和L列）在Excel中作图便可得到有效边界，如图6.12所示。

为了确定最优组合，也就是市场组合（Market Portfolio），我们通过逐点考察Sharp比率来研究，因为有效边界上的点与无风险资产的点连接起来的斜率（Sharp比率）逐步增大，直到遇到最优组合之后逐步减小。我们观察N列中的Sharp比率，发现如下权重组合可以近似地认为是最优组合。

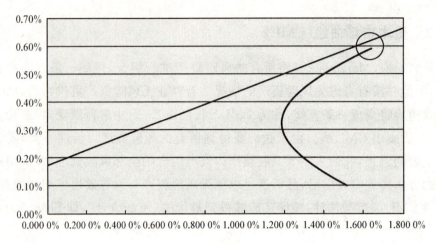

图 6.12

表 6.1

A	B	C	D	E	F	G	H
28.2%	76%	11.302%	0.106%	−0.921%	5.641%	−11.509%	−8.915%

在图 6.13 的右下侧 Sharp Ratio 那一列的最后三个数据中 Sharp 比率从变大再变小，这就是我们的判断依据。

Effective Portfolio	weight summation	return	stdev	return target	Sharp ratio
37	100%	0.46%	1.3231%	0.46%	0.336335
38	100%	0.47%	1.3423%	0.47%	0.338981
39	100%	0.48%	1.3625%	0.48%	0.341289
40	100%	0.49%	1.3837%	0.49%	0.343281
41	100%	0.50%	1.4059%	0.50%	0.344978
42	100%	0.51%	1.4290%	0.51%	0.346401
43	100%	0.52%	1.4529%	0.52%	0.347570
44	100%	0.53%	1.4777%	0.53%	0.348507
45	100%	0.54%	1.5033%	0.54%	0.349230
46	100%	0.55%	1.5296%	0.55%	0.349758
47	100%	0.56%	1.5567%	0.56%	0.350109
48	100%	0.57%	1.5844%	0.57%	**0.350299**
49	100%	0.58%	1.6127%	0.58%	**0.350344**
50	100%	0.59%	1.6416%	0.59%	**0.350258**

图 6.13

6.4.4 最优组合的理论求解

在上一节中，我们在确定最优组合时采用的尝试、枚举的思路结合规划求解的方法，从而观察 Sharp 比率的变化，最终确定最优资产组合。本节我们将给出最优资产组合的理论计算方法，这将更加直接和实用，前提是读者需了解背后的理论知识。这里我们给出一般计算步骤和思路，读者可以据此在 Excel 中逐步实现。

以某资产组合的情况为例说明：已知它们的收益率和标准差以及无风险资产收益率，建立方程如下：

$$\overline{R_1} - R_F = Z_1\sigma_1^2 + Z_2\sigma_{12} + Z_3\sigma_{13}$$

$$\overline{R_2} - R_F = Z_1\sigma_{21} + Z_2\sigma_2^2 + Z_3\sigma_{23}$$

$$\overline{R_3} - R_F = Z_1\sigma_{31} + Z_2\sigma_{23} + Z_3\sigma_3^2$$

由此三元一次方程求出 Z_1, Z_2, Z_3，而后根据 $X_i = \dfrac{Z_i}{\sum_{j=1}^{N} Z_j}$ 逐一确定最优资产组合的分配比例。我们沿用第四节的案例，对资产组合进行最优资产组合求解，并验证其求得的最优 Shape 比率。

单元格 C26 中存放的就是最优 Sharp 比率，和上一节确定出的 Sharp 比例基本是一致的。

6.5 单指数模型

6.5.1 单指数模型介绍

单指数模型是现代金融理论中最早被采用，并且已被事实证明是较好地反映了实际市场情况的一种假设。单指数模型的最基本假设是：证券收益之间的变化主要是由于其受到同一因素的影响。单指数模型认为，各证券收益间之所以具有联系是因为它们对市场变化有共同的反应，对这种共同反应较好的表示方式是把单个股票收益和股票市场指数的收益联系起来。通常，我们选择的股价指数是将所有股票或几个最主要的、最具有影响力的股票组合起来得到的平均加权水平，并

	A	B	C	D	E	F	G	H	I	
1	Optimal Portfolio									
2										
3	Asset	return	s	Covariance	A	B	C	D	E	F
4	A	0.003807	0.019495	A	0.000376	5.9E-05	0.000194	3.85E-05	0.000104	1.1
5	B	0.005625	0.018501	B	5.9E-05	0.000339	0.00032	0.000221	0.000324	7.1
6	C	0.008359	0.039011	C	0.000194	0.00032	0.001506	0.000177	0.000478	3.8
7	D	0.003093	0.019397	D	3.85E-05	0.000221	0.000177	0.000372	0.000328	3.3
8	E	0.004313	0.03405	E	0.000104	0.000324	0.000478	0.000328	0.001148	7.8
9	F	0.002529	0.028273	F	1.14E-05	7.13E-05	3.81E-05	3.37E-05	7.81E-06	0.0
10	G	0.003584	0.037217	G	2.68E-05	0.000373	0.000602	0.000418	0.000876	-3.
11	H	0.002199	0.020376	H	1.09E-05	0.000196	0.000215	0.000173	0.000319	1.
12										
13	Risk Free Rate=			0.015%	(daily)					
14										
15			Optimal Weight			R(i)-R_F	Z(i)	X(i)		
16	A		0.28062			0.366%	6.11482	0.28062		
17	B		0.758563			0.548%	16.52939	0.758563		
18	C		0.112177			0.821%	2.444386	0.112177		
19	D		0.002567			0.294%	0.055935	0.002567		
20	E		-0.009431			0.416%	-0.2055	-0.00943		
21	F		0.057008			0.238%	1.242233	0.057008		
22	G		-0.114617			0.343%	-2.49755	-0.11462		
23	H		-0.086887			0.205%	-1.89331	-0.08689		
24	portfolio return	0.005783			Total		21.79041			
25	portfolio std	0.016078								
26	Optimal Sharp Ratio		0.350346							
27										

图 6.14

根据该指数的变化确定收益率,一般用 M 表示市场指数。

单指数模型基本方程:$R_i = \alpha_i + \beta_i R_m + \varepsilon_i$,其中,$R_m$ 是市场指数的收益率,为随机变量;R_i 是第 i 个证券的收益率,为随机变量;ε_i 是残余项。单指数模型表明个股在某阶段的收益率与同期到市场指数的收益率在统计上存在线性相关关系,由于线性回归模型存在较强的假设,因此单指数模型必须满足一系列假设条件:

① 随机残项的期望值为零,即 $E(\varepsilon_i) = 0$;

② $\text{Cov}(R_m, \varepsilon_i) = 0$,该假设认为市场指数的变化与个股的特定风险无关;

③ $\text{Cov}(\varepsilon_i, \varepsilon_j) = 0, i \neq j$。该假设最为关键,它说明 R_i 和 R_j 之间的相似变化,不是由于其他影响因素,而是由于 R_m 的影响所致。

在单指数模型的基本假设下,我们可以得到单个证券及组合的期望收益率与风险度量。

对于单个证券:$E(R_i) = \alpha_i + \beta_i E(R_m)$,$\sigma_i^2 = \beta_i^2 \sigma_m^2 + \sigma_{i,\varepsilon}^2$,$\sigma_{i,j} = \beta_i \beta_j \sigma_m^2$

对于证券组合 P: $E(R_P) = \sum_{i=1}^{N} w_i \alpha_i + \sum_{i=1}^{N} w_i \beta_i E(R_i) \triangleq \alpha_P + \beta_P E(R_m)$,

$$\sigma_P^2 = \left(\sum_{i=1}^{N} w_i^2 \beta_i^2 \sigma_m^2 + 2\sum_{i=1}^{N}\sum_{j<i}^{N} w_i w_j \beta_i \beta_j \sigma_m^2\right) + \sum_{i=1}^{N} w_i^2 \sigma_{i,\varepsilon}^2 = \beta_P^2 \sigma_m^2 + \sum_{i=1}^{N} w_i^2 \sigma_{i,\varepsilon}^2$$

在以上的最后一项式子中 $\beta_P^2 \sigma_m^2$ 就是组合总风险中的系统风险,而 $\sum_{i=1}^{N} w_i^2 \sigma_{i,\varepsilon}^2$ 就是组合的残余风险,可以证明在组合中资产个数大幅上升后,残余风险将趋于零,也就是通过组合后被几乎完全分散掉。

6.5.2 组合的分散理论

我们通过 Excel 来考察组合后的风险分散情况。我们利用随机函数 Rand() 模拟构造出 40 只股票的 α 和 β 以及残差的波动率 σ,然后逐步增加投资组合中的股票个数(从 1 到 40),观察组合的波动率(即在 H 列中)变化趋势。当然,我们也可以顺便得到组合的 α 和 β。最终在图标中得到了股票个数与组合波动率的变化情况,这就是我们所要的分散化效应(Diversified Effect)。

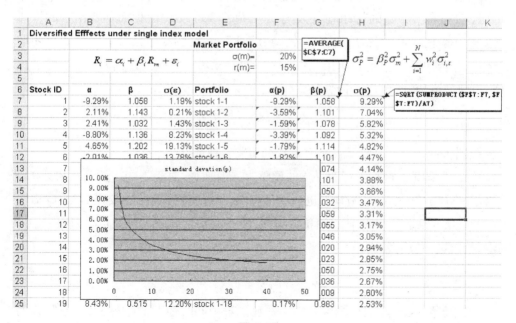

图 6.15

6.5.3 β系数的估计

我们已经知道,单个证券的β系数表示其不可分散化的风险,因此确定单个证券的β系数就是一项非常必要的工作。特别是因为β系数纯系理论上假设模型中的参数,实际证券市场数据并不能直接提供它的值,因此它只能被估计出来。我们在这里提供一些β系数的估计及调整方法。

(1) 利用历史数据估计β

如果某一证券的β系数长期保持不变,那么我们可以通过考察该证券的历史收益率和市场指数历史收益率的关系来估算出β值。用于计算这种事后β系数的统计方法被称为简单线性回归模型,也就是通常的最小二乘法。我们在 Excel 中举例说明如何利用最小二乘对线性模型的系数进行估计,并且得到这些系数的统计分析结果。

(2) 对β的调整

对于β的调整,我们分两步走。

第一种调整:是基于市场平均的调整。根据历史数据估算出来的β在准确性上还存在很多问题,还需要用一些方法对其进行调整。通过调整就能够得出一个更切合实际的β系数的估计值,它处于 1 和完全基于历史数据而估算出来的β值之间。一般情况下,调整后的β系数大约就是用 34% 的权重乘以β系数的市场平均值 1.0 再加上 66% 的权重乘以每一只股票基于历史数据而得到的β系数的估计值,得到最终调整后的β。计量公式如下:

$$\beta_a = a \times 1.0 + b \times \beta_h = (0.34 \times 1.0) + (0.66 \times \beta_h)$$

式中的 β_a 和 β_h 分别是调整β系数和历史β系数。

第二种调整:是基于行业平均的调整。一般来说,对于不同行业公司股票的β系数是不同的,于是行业平均β也会不尽相同。周期性行业特性较强(收益波动性强)的股票β系数往往大于 1,而抗周期性(收益波动性弱)行业的β又往往小于 1。我们给出更一般的公式:

$$\beta_a = a \times \beta_i + b \times \beta_h$$

式中新引入的 β_i 表示行业平均β系数。对于同时经营两个行业的公司,其调整β系数的计算公式可以将上述公式改写成:

$$\beta_a = a \times (w_{i1}\beta_{i1} + w_{i2}\beta_{i2}) + b \times \beta_h$$

式中，w_{i1} 和 w_{i2} 表示公司在行业 1 和行业 2 的收益比重；β_{i1} 和 β_{i2} 分别为这两个行业的 β 系数。当然，我们可以很自然地推广到三个以上的行业模式，这完全依赖于公司的类型与经营范围。

(3) 具有财务杠杆的 β 系数

某一个公司的总资产的 β 系数表示该公司总的综合价值对市场组合价值的敏感程度，它既依赖于市场对公司产品的需求状况，也依赖于公司的经营成本。从概念上讲，公司的每股息税前收益($EBIT/S$)代表了公司整体的盈利情况，而每股净收益(EPS)反映的是股权收益，经过推导，我们有公司债务的 β 系数 β_D 和公司股票的 β 系数 β_E 以及公司 β 系数 β_F 的关系式：

$$\beta_F = \beta_D \times \frac{(1-t)D}{(1-t)D+E} + \beta_E \times \frac{E}{(1-t)D+E}$$

$$\Rightarrow \beta_E = \beta_F + (\beta_F - \beta_D)\frac{D(1-t)}{E}$$

其中的 t 表示公司平均税率。通常 β_D 很小，若小到可以忽略不计时，公式可以进一步简化为：$\beta_E = \beta_F \left(1 + \frac{D(1-t)}{E}\right)$。我们必须注意的是，若债务权益比重发生变化，公司的 β_F 是不变的，但是股权的 β_E 却会相应变化。

6.5.4 利用单指数模型确定有效组合并决定有效边界

在本章单指数模型假设下，我们知道组合的收益率和方差都可以用一个更简单的表达式来表示。因此，我们可以利用单指数模型简化确定有效边界的方法。由于决定有效边界的技术方法有艰深的数学推导过程，这里并不做展开分析。只是给出基本的逻辑过程和算法。我们分允许卖空和不允许卖空两种情况分别介绍：

(1) 允许卖空情景

第一步：确定 $\quad D_i = \dfrac{\overline{R_i} - R_F}{\beta_i}$；

第二步：计算 $\quad C^* = \dfrac{\sigma_m^2 \sum_{j=1}^{N} \dfrac{(\overline{R_i} - R_F)\beta_j}{\sigma_{ej}^2}}{1 + \sigma_m^2 \sum_{j=1}^{N} \dfrac{\beta_j^2}{\sigma_{ej}^2}}$；

第三步：决定最优证券组合构成，$Z_i = \dfrac{\beta_i}{\sigma_{ei}^2}(D_i - C^*)$，显然当 $D_i > C^*$ 时，$Z_i > 0$ 表示证券 i 处于正投资状态（多头）。反之，$D_i < C^*$ 时，$Z_i < 0$ 表示证券 i 处于负投资状态（空头）。当 $Z_i = 0$，表示不投资，即该证券不在最优组合中。

第四步：最终确定资产配置权重 $X_i = \dfrac{Z_i}{\sum\limits_{j=1}^{N} Z_j}$。

	A	B	C	D	E	F	G	H
1	Indentify Optimal Portfolio under single factor model							
2								
3	Risk Free Rate=		5	(%)	σ^2_m=	10	$(\%)^2$	
4								
5	i	R_i(%)	β_i	σ^2_{ei}(%^{2})	D_i	C^*	Z_i	X_i
6	1	15	1	50	10	4.517286	0.109654	615.45%
7	2	17	1.5	40	8	4.517286	0.130602	733.02%
8	3	12	1	20	7	4.517286	0.124136	696.73%
9	4	17	2	10	6	4.517286	0.296543	1664.39%
10	5	11	1	40	6	4.517286	0.037068	208.05%
11	6	11	1.5	30	4	4.517286	-0.02586	-145.17%
12	7	11	2	40	3	4.517286	-0.07586	-425.80%
13	8	7	0.8	16	2.5	4.517286	-0.10086	-566.12%
14	9	7	1	20	2	4.517286	-0.12586	-706.43%
15	10	5.6	0.6	6	1	4.517286	-0.35173	-1974.13%
16						Total	0.017817	1

图 6.16

(2) 不允许卖空情景

对于不允许卖空情景，主要的区别就是在约束条件上，即满足在最优投资组合中所有的 $X_i > 0$，也就是不允许融资买股票。具体步骤如下：

第一步：计算 $D_i = \dfrac{\overline{R_i} - R_F}{\beta_i}$，然后按照 D 值从大到小排列。事实上，若已知某一 D 值对应的证券包括在最优组合中，则比此 D 值大的证券就应当包括在组合内；若某一个 D_i 值的证券不包括在最优组合内，则 D 值小于 D_i 值的证券就都不包括在最优组合之内。

第二步：计算 $C_i = \dfrac{\sigma_m^2 \sum_{j=1}^{i} \dfrac{(\overline{R_i} - R_F)\beta_j}{\sigma_{ej}^2}}{1 + \sigma_m^2 \sum_{j=1}^{i} \dfrac{\beta_j^2}{\sigma_{ej}^2}}$

第三步：将以上经过排列后的 D_i 和 C_i 一一列出，然后找出满足 $D_i > C_i$ 中最小的 i，则以这个 C_i 划分 C_* 值。凡是满足 $D_i > C_*$ 的证券都进入最优组合，反之不进入。

第四步：在决定了哪些证券包括在最优证券组合后，接着就是要决定各种证券投资的比例，其由下列公式决定：$Z_i = \dfrac{\beta_i}{\sigma_{ei}^2}(D_i - C_*)$。

第五步：最终确定资产配置权重 $X_i = \dfrac{Z_i}{\sum_{j=1}^{N} Z_j}$。

	A	B	C	D	E	F	G	H	I	J
1	Identify Optimal Portfolio under single factor model without permission of short selling									
2										
3	Risk Free Rate=		5 (%)		σ_m^2=		10 (%)²	=IF(G6>0,G6/\$G\$16,"/")		
4										
5	i	R_i(%)	β_i	σ_{ei}^2(%²)	D_i	C_i	Z_i	Xi		
6	1	15	1	50	10	1.666667	0.166667	28.48%		
7	2	17	1.5	40	8	3.687943	0.161702	27.63%		
8	3	12	1	20	7	4.41989	0.129006	22.04%		
9	4	17	2	10	6	5.429142	0.114172	19.51%		
10	5	11	1	40	6	5.451056	0.013724	2.34%		
11	6	11	1.5	30	4	5.301205	-0.06506	/		
12	7	11	2	40	3	5.022693	-0.10113	/		
13	8	7	0.8	16	2.5	4.906205	-0.12031	/		
14	9	7	1	20	2	4.747613	-0.13738	/		
15	10	5.6	0.6	6	1	4.517286	-0.35173	/		
16							0.58527	100.00%		
17										
18					=SUMIF(G6:G15,">0",G6:G15)					
19										

图 6.17

6.6 资本资产定价模型（CAPM）和套利定价模型（APT）

William Sharp 在 Markowitz 资产组合理论的基础上进一步将无风险资产纳

入进来,并且提出利用 beta 系数来度量资产的市场风险,研究的是均衡收益率与 beta 之间的关系,并由此提出著名的资本资产定价模型(CAPM)。相对于 MPT 理论中采用收益率的标准差衡量总风险来说,beta 衡量的是系统性风险,因为 CAPM 模型认为投资人承担的非系统性风险是可以通过组合投资进行分散的,而这又是没有成本的,所以投资人只能获得与系统风险相适应的收益率。

资本资产定价模型(CAPM)是一个描述为什么不同的证券具有不同的预期收益率的均衡模型,即证券之所以具有不同的预期收益率是因为它们具有不同的 β 值。另外,一个关于资产均衡定价的模型是由罗斯(Stephen Ross)提出的套利定价理论(APT)。资本资产定价模型有大量的假设条件,其中包括了 Markowitz 最初的均值—方差模型的一些假设。例如每个投资人根据组合的预期收益率和标准差,并使用无差异曲线来选择最优组合。相反,套利定价理论使用较少的假设,其基本假设是投资者都会利用不增加风险的情况下能否增加组合收益率的机会。利用这种机会的做法是:首先假设证券的收益率与某些因素存在线性关系,通过这些因素可以确定证券对因素的敏感度并构造套利组合,在不存在无风险套利的假设下导出套利定价方程。

对于单因素模型,证券收益率有如下表达式:

$$r_i = a_i + b_i F + e_i$$

式中,r_i 表示证券 i 的收益率;F 表示因素值,可以是某个行业产值的预期增长率等;e_i 是随机误差项。在上述方程中,b_i 是证券 i 对因素的敏感性。最终,我们将得到 APT 定价方程:$\overline{r_i} = \lambda_0 + \lambda_1 b_i$。以三资产为例,说明套利空间存在的条件是:存在某个组合 (X_1, X_2, X_3) 使得 $X_1 + X_2 + X_3 = 0$,$X_1 b_1 + X_2 b_2 + X_3 b_3 = 0$,但 $X_1 r_1 + X_2 r_2 + X_3 r_3 > 0$。我们可以在 Excel 中演示如何进行套利,并求出可能的套利组合。如图 6.18 所示,我们给定套利目标收益为 0.3%(单元格 C12)。

6.7 投资组合的业绩评价

6.7.1 收益率计算

(1) 持有期回报率(Holding Periodic Return)

收益率 =(资本利得 + 投资期现金流)/ 初始投资资本

6 投资组合管理与业绩评估模型

	A	B	C	D	E	F	G
1	APT model						
2				$\overline{r_i} = \lambda_0 + \lambda_1 b_i$			
3							
4	λ_0	5%					
5	λ_1	6%	Actual Return		Equibruilium		Unit Vector
6	b_1	1.1	r_1	10%	$E(r_1)$	11.600%	1
7	b_2	1.2	r_2	12%	$E(r_2)$	12.200%	1
8	b_3	0.9	r_3	8%	$E(r_3)$	10.400%	1
9							
10	Condition1:	$X_1+X_2+X_2=0$	0.0000	TRUE	Tested	Arbitrage Opportunity Found	
11	Condition2:	$X_1b_1+X_2b_2+X_3b_3=0$	0.0000	TRUE	Tested		
12	Condition2:	$X_1r_1+X_2r_2+X_3r_3>0$	0.0030	TRUE	Tested		
13	X_1	-45.00%					
14	X_2	30.00%					
15	X_3	15.00%					

=IF(ABS(SUMPRODUCT(B13:B15,G6:G8))<=0.001,"TRUE","FALSE")

=IF(AND(D10="TRUE",D11="TRUE",D12="TRUE"),"Arbitrage Opportunity Found","Arbitrage Opportunity Not Found")

图 6.18

(2) 货币加权回报率(Money Weighted Retrun)

所谓货币加权收益率,就是将追加投入的资金纳入考虑后计算得出的基金投资收益率。其计算公式为:

$$F_n = F_0(1+r)^n + \sum C_i(1+r)^{n-1}$$

式中,r 为货币加权收益率;F_0 为期末基金价值;C_i 为时刻 i 的现金流量。货币加权收益率的概念与项目投资的内部收益率的概念一致,计算方法也相同。

(3) 时间加权回报率(Time Weighted Return)

时间加权收益率是指在每个单位期间计算其金额加权收益率后,计算整个期间收益率的几何平均数。其计算公式为:$r = \{(1+r_1)(1+r_2)\cdots(1+r_3)\}^{1/n}-1$,其中,$r$ 为时间加权收益率,r_i 为每个期间 i 的投资收益率,n 为全部时间的长度。若在某个评估期的期初有外部现金流入,则 $r = \dfrac{MV_1-(MV_0+CF)}{MV_0+CF}$;若现金流发生在期末,则 $r = \dfrac{MV_1-CF-MV_0}{MV_0}$。

我们将在 Excel 中举例说明如何计量货币加权回报率及时间加权回报率,并观察它们的区别。

	A	B	C	D	E	F	G
1	Money weighted return and time weighted return						
2							
3	Stage	1	2	3	4		
4	Value at Begin	100	110	240	250		
5	Cash Flow(happen at the begin of stage)	0	100	80			
6	Total Investment	100	210	320			
7	Value at End	110	240	250		=GEOMEAN(B8:D8)-1	
8	HPY	110.00%	114.29%	78.13%			
9	Time weighted Return		-0.6%				
10	NPV		¥-0.00		discount rate	101%	
11	Money weighted return(IRR)		101%				
12						=-B4+NPV(F10,C5,D5,E4)	
13							
14							

图 6.19

在图 6.19 中,IRR 是通过单变量求解的方法来求出 IRR 的。需要注意的是,在 B10 的公式中我们应用了 NPV 函数,但依然在前面加了一项"-B4",因为 NPV 并不包括期初投资金额,若读者忘记了这点,误将公式写成 NPV(F10,-B3,C5,D5,E4z),那么计算结果将完全不同了。

在 B8:D8 中计量的是 HPY(持有至到期收益率,这是每个阶段实际的投资收益率),在 HPY 计算的基础上,我们才能计算时间加权收益率,其中运用了 GEOMEAN 几何平均数函数。可见三年的平均回报率非常低,但是若按照货币加权,结果竟然有 100% 之多,可见两者并不具有可比性。事实上,对于此类问题,或现金流并非投资人可以完全掌控的情况下,我们总是优先选择时间加权收益率法,因为该方法并不受现金流入和流出的时点影响。

6.7.2 投资组合业绩评估模型

传统的投资组合业绩评估方法主要是通过比较不同投资策略的历史收益率和风险对其进行评估。这些方法大多数以 MPT 理论和 CAPM 模型为基础,相对过时,但目前依然为大多数机构投资人所使用。一般而言,基金业绩评估的实证分析主要集中于两个领域:一是不同基金间的比较;二是基金与市场或指数的比较。前者是投资人选择基金、衡量基金管理人投资能力的主要依据,后者是揭示和评价基金管理是否能跑赢指数,也就是评价主动投资与被动投资之间的区别。我们这里对这些指标模型做一个总结。

(1) Sharpe Ratio

Sharpe Ratio 衡量的是投资组合单位风险的超额收益。Sharpe Ratio 主要是从投资人的角度来考虑,一般对公募基金的证券投资组合进行评价,并用该指标作为判别准则。

$$Sharpe\ Ratio(SR) = \frac{\overline{R_p} - R_f}{\sigma_{r_p}}$$

(2) Treynor Ratio

Treynor Ratio 是由美国学者 Treynor 在 1965 年提出的一种结合风险调整的基金业绩评估指标。在该评估指标中,他利用投资组合的市场风险度量 β_P 对基金的投资收益进行调整。公式如下:

$$Treynor\ Ratio(TR) = \frac{\overline{R_p} - R_f}{\beta_P}$$

(3) Jensen α

Jensen α 是 Jensen 给出的一个绝对指标。当基金经理有较强的预测投资能力时,则 $\alpha > 0$,反之 $\alpha < 0$:

$$Jensen\ \alpha = \overline{R_p} - [R_f + \beta_P(R_m - R_f)]$$

(4) Appraisal Ratio

估计比率方法是指用资产组合的 α 值除以非系统风险,它测算的是非系统风险所带来的超额收益。

$$Appraisal\ Ratio = \frac{\alpha_P}{\sigma_{e_p}}$$

(5) Total α

Fama 将 Sharpe 采用的总风险调整方法与 Jensen 采用的收益率表现形式相结合,提出了基金绩效评估总风险调整 α(Total risk-adjusted Alpha)。

$$TRA = \overline{R_p} - \left[R_f + \frac{\overline{R_m} - R_f}{\sigma_m}\sigma_P\right]$$

(6) Information Ratio

信息比率可以说是一种基于 benchmark 的业绩评估指标,它衡量的是相对于指定基准指数，投资组合的表现情况。从某种意义上说，它是 Appraisal Ratio 的推广形式。

$$Information\ Ratio(IR) = \frac{\overline{R_P - R_B}}{\sigma_{R_P - R_B}}$$

式中，R_B 就是基准指标的收益率（通常基准在投资前就会确定），我们通常把公式中的分子 $\overline{R_P - R_B}$ 称为 Active Return，把分母 $\sigma_{R_P-R_B}$ 称为寻迹误差或风险（tracking error 或 tracking risk）。

(7) M^2 measure

M^2 measure 指标是用于和市场收益率进行比较，若它大于市场收益率，则说明组合的业绩评价好于市场指数，反之则落后市场指数。

$$M_P^2 = R_f + \frac{\overline{R_P - R_f}}{\sigma_P}\sigma_m$$

基于这 7 项投资业绩评估指标，我们在市场中选择 5 只开放式基金，对其业绩表现进行全面的评估与分析，并与沪深 300 指数进行比较。为了能够得到大样本数据，我们选择日收益率为单位进行分析研究。

	A	B	C	D	E	F	G	H	I	J	K
1	Performance Evaluation										
2											
3	risk free rate	0.0090%	(daily)								
4	Ratios	华夏大盘	景顺增长	上投优势	添富优势	融通巨潮	上证指数		日期	华夏大盘	景顺
5	daily return	0.452%	0.359%	0.178%	0.213%	0.179%	0.469%		2009-8-3	1.663%	0.29
6	daily std	1.396%	1.413%	0.630%	0.848%	0.639%	1.781%		2009-7-31	2.524%	1.56
7	β estimated	0.715	0.735	0.341	0.409	0.349	1.000		2009-7-30	1.770%	1.48
8	Sharpe Ratio	0.317	0.248	0.269	0.241	0.266	0.259		2009-7-29	-4.179%	-4.4
9	Treynor Ratio	0.00619	0.00477	0.00497	0.00499	0.00488	0.00460		2009-7-28	0.705%	-0.4
10	Jensen α	0.114%	0.012%	0.013%	0.016%	0.010%	0.000%		2009-7-27	1.317%	1.11
11	Appraisal Ratio	0.19762	0.02293	0.07410	0.03617	0.06335	N.A.		2009-7-24	-0.400%	0.98
12	Total α	0.082%	-0.015%	0.007%	-0.015%	-0.005%	0.000%		2009-7-23	0.458%	1.48
13	M^2	0.356%	0.287%	0.069%	0.106%	0.070%	0.469%		2009-7-22	2.005%	2.31
14					D10/STEYX(L5:L146,$O$5:$O$14				2009-7-21	-1.437%	-1.3
15									2009-7-28	1.643%	2.00
16									2009-7-17	0.528%	1.18
17									2009-7-16	-0.172%	0.55
18									2009-7-15	1.938%	1.68
19									2009-7-14	2.772%	2.35

图 6.20

在图 6.20 中，我们根据 2009 年 1 月初至 2009 年 8 月初的基金累计净值求出的日收益率对"华夏大盘基金"、"景顺增长基金"、"上投优势基金"、"添富优势基金"、"融通巨潮基金"和"上证指数"进行了业绩评估，从传统的 7 项指标的计算结果，我们可以得到一个明显结论,即华夏大盘基金业绩表现卓著,并且相对于其他基金而言有较为显著的优势,虽然它的系统性风险相对较高。根据此表,我们还能够得到更多有趣的结论,例如仅考察 Sharpe Ratio 和 Treynor Ratio 两项指标,可以发现除了华夏大盘基金外,虽然添富优势的 Sharpe Ratio 最低,但是它的 Treynor Ratio 却最高,对此我们分析认为其承担了较小的系统性风险,而承担了较高的非系统性风险,所以它的分散化水平并不显著,同时我们也就不难解释为何添富优势的 Jensen α 除了华夏大盘外是最高的,因为它通过承担了大量的非系统性风险去获得超额收益。

6.7.3 业绩归因分析模型

在基金业绩评估领域中,我们不仅要了解基金的业务水平是高了还是低了、风险是高还是低,更重要的是我们希望了解证券投资基金获得收益的原因是什么。虽然投资方法实属商业机密,而且我们通常无法从对基金经理的采访中准确得知其投资风格与投资技巧,但是在理论上我们却可以根据其业绩表现等有关投资的数据间接地评估出基金经理获取收益的大致原因。另一方面,大多数公募基金在募集资金前都会披露基本的投资策略和投资风格,我们完全可以通过对基金业绩的分析来判断,基金是否严格地遵守了投资策略说明书的要求。可见,业绩归因分析作为一种投资事后分析有其非常重要的一面。大体上,我们将从三个方面阐述业绩归因分析模型。

(1) 组合业绩的组成

某一个组合的收益率在某种程度上可以分解成三个成分:市场收益(market)、风格收益(style)、积极管理收益(active management),即 $P = M + S + A$。这里的 P 表示投资经理的组合收益,M 表示市场指数,S 表示投资经理的投资风格收益,A 代表积极管理决策带来的收益。进一步,$P = M + (B - M) + (P - B)$,其中 B 代表某一项投资评估基准。该模型非常简单明了且实用性强,模型的缺陷就是业绩评估的精细程度远远不够。

(2) 宏观归因分析

宏观归因分析可以分为六大层次:① 净投入(net contribution);② 无风险资产(risk free asset);③ 资产分类(asset categories);④ 基准(benchmark);⑤ 投资经理(investment manager);⑥ 资产配置效应(allocation effects)。通常,我们从净贡献度开始逐层分解。通过度量不同层次之间的增量收益,我们来决定每一个层次对组合收益率的贡献度。

Level1：净投入；

Level2：R_f；

Level3：$R_{AC} - R_f = (\sum_{i}^{n} w_i R_i) - R_f = \sum_{i}^{n} w_i (R_i - R_f)$；

Level4：$R_B - R_{AC} = (\sum_{i=1}^{n} w_i R_{B,i}) - R_{AC} = \sum_{i=1}^{n} w_i (R_{B,i} - R_i) = \sum_{i=1}^{n} w_i (\sum_{j=1}^{m} w_{i,j} R_{B,i,j} - R_i) = \sum_{i=1}^{n} w_i (\sum_{j=1}^{m} w_{i,j} (R_{B,i,j} - R_i))$；

Level5：$R_{IM} - R_B = \sum_{i=1}^{n} w_i (\sum_{j=1}^{m} w_{i,j} R_{i,j}) - R_B = \sum_{i=1}^{n} w_i (\sum_{j=1}^{m} w_{i,j} R_{i,j}) - w_i R_{B,i} = \sum_{i=1}^{n} w_i (\sum_{j=1}^{m} w_{i,j} R_{i,j} - R_{B,i}) = \sum_{i=1}^{n} \sum_{j=1}^{m} w_i w_{i,j} (R_{i,j} - R_{B,i})$；

Level6：该层次反映的是投资基金的终值与Level5（投资经理层）的收益率之间的差异。它主要是由于投资策略分配发生微调引起的。

	A	B	C	D	E	F
1	Performance Attribution(Macro Factor Model)					
2						
3	Level	Fund Value	Incremental return contribution	Incremental Value Contribution		
4	Beginning Value	$447,406,572				
5	Net Contribution	$449,686,572	0.5096%	$2,280,000.00		
6	Risk-free asset	$463,177,169	3.0000%	$13,490,597.16		
7	Asset Category	$453,463,939	-2.0971%	($9,713,229.96)		
8	Benchmarks	$452,034,498	-0.3152%	($1,429,441.19)		
9	Investment managers	$452,417,856	0.0848%	$383,357.80		
10	Allocation effects	$452,056,339	-0.0799%	($361,516.53)		
11	Ending Value	$452,056,339				
12						
13	Risk Free Rate=	3%	Level 2			
14						
15	Asset Category(i)	Category Return				
16	1	1.50%				
17	2	1.10%				
18	3	-1.80%				
19	4	2.30%				
20	5	2%				
21	R(AC)=	0.84%	Level 3			
22						
23	R(P)					
24	Investment Manager(j) Asset Category(i)	1	2	3	Policy R(i)	Real R(i)
25	1	1.75%	1.65%	2.80%	1.97%	1.92%
26	2	0.70%	0.06%	1.05%	0.93%	0.92%
27	3	-2.80%	-1.90%	-3%	-2.61%	-2.64%
28	4	1%	1.40%	1.25%	1.26%	1.27%
29	5	1.98%	2.08%	2.78%	2.36%	2.36%
30				R(IM)=	0.61%	0.53%
31					Level 5	Level 6

图 6.21

	A	B	C	D	E
31					Level 5
32					
33	R(B) Investment Manager(j)	1	2	3	R(B,i)
34	Asset Category(i)				
35	1	2%	1.50%	1.20%	1.58%
36	2	1%	0.90%	1.50%	1.25%
37	3	-3%	-3%	-2%	-2.48%
38	4	0.80%	1.05%	0.75%	0.90%
39	5	1.60%	2%	2.50%	2.09%
40				R(B)=	0.52% Level 4
41					
42	Policy weight(i,j) Investment Manager(j)	1	2	3	Policy w(i)
43	Asset Category(i)				
44	1	30%	45%	25%	15.00%
45	2	20%	25%	55%	20.00%
46	3	30%	30%	40%	25.00%
47	4	25%	45%	30%	15.00%
48	5	35%	20%	45%	25.00%
49					
50	Actual weight(i,j) Investment Manager(j)	1	2	3	Actual w(i)
51	Asset Category(i)				
52	1	32%	47%	21%	17.00%
53	2	22%	28%	50%	19.00%
54	3	31%	27%	42%	26.00%
55	4	20%	49%	31%	17.00%
56	5	36%	19%	45%	21.00%
57					

图 6.22

(3) 微观归因分析

微观归因分析考虑的是相对于指定的基准收益个体组合的业绩情况。增值收益部分(组合收益率减去基准收益率)能够分解成三部分：① 纯板块配置效应(Pure sector components)；② 配置—选择交互作用(allocation-selection interaction)；③ 板块内选择效应(within sector selection)。

$$R_V = R_P - R_B = \sum_{j=1}^{N}(w_{p,j} - w_{B,j})(R_{B,j} - R_B) + \sum_{j=1}^{N}(w_{p,j} - w_{B,j})(R_{P,j} - R_{B,j}) + \sum_{j=1}^{N}w_{B,j}(R_{P,j} - R_{B,j})$$

其中：$Pure\ Sector\ allocation = \sum_{j=1}^{N}(w_{P,j} - w_{B,j})(R_{B,j} - R_B)$

$allocation/selection\ interation = \sum_{j=1}^{N}(w_{P,j} - w_{B,j})(R_{B,j} - R_B)$

$$\text{within-sector selection} = \sum_{j=1}^{N} w_{B,j}(R_{P,j} - R_{B,j})$$

式中，R_V 为增值收益；$w_{P,j}$ 为组合板块 j 的权重；$w_{B,j}$ 为组合板块 j 的基准指数的权重；$R_{P,j}$ 为板块 j 的组合收益率；$R_{B,j}$ 为板块 j 的基准收益率；R_B 为组合基准的收益率；J 为板块个数。

	A	B	C	D	E	F	G	H
1	Performance Attribution(Micro Factor Model)							
2						Pure Sector allocation	allocation/selection interaction	within-sector selection
3	Economic Sectors	Portfolio Sector Weight w(P,j)	Benchmark Sector weight w(B,j)	Portfolio Sector Return R(P,j)	Benchmark Sector Return R(B,j)	[w(p,j)-w(B,j)]* [R(B,j)-R(B)]	[w(p,j)-w(B,j)]* [R(P,j)-R(B,j)]	w(B,j)* [R(p,j)-R(B,j)]
4	Agricultural	6.77%	6.45%	-0.82%	-0.7300%	-0.0041%	-0.0003%	-0.0058%
5	Capital goods	8.52%	8.99%	-3.28%	-4.4300%	0.0234%	-0.0054%	0.1034%
6	Consumer durables	36.22%	37.36%	1.96%	1.9800%	-0.0163%	0.0002%	-0.0075%
7	Energy	5.24%	4.65%	0.44%	0.2400%	-0.0018%	0.0012%	0.0093%
8	Financial	18.53%	16.56%	2.98%	2.2200%	0.0328%	0.0150%	0.1259%
9	Technology	14.46%	18.87%	2.32%	-0.4800%	0.0455%	-0.1235%	0.5284%
10	Utilities	9.22%	7.12%	0.54%	-0.4200%	-0.0204%	0.0202%	0.0684%
11	Cash and equivalents	1.04%	0.00%	0.17%	0.0000%	-0.0057%	0.0018%	0.0000%
12	Portfolio+cash	100.00%	100.00%	1.3372%	0.5527%	0.0534%	-0.0909%	0.8220%
13					R(V)=R-R(B)=	0.7845%		0.7845%
14								
15					=D12-E12		=SUM(F12:H12)	
16								
17								

图 6.23

7 固定收益类产品的估值模型

7.1 利率期限结构

利率期限结构描述了利率与债券到期之间的关系。利率的期限结构是根据市场上不同到期期限债券的价格估计出来的。其中大部分债券含有一系列的利息支付(一般是每年两次)并在到期时支付本金。但是也有一部分债券在发行期间不支付票息,这就是我们熟知的零息票债券。

即期收益率曲线

所谓即期收益率曲线,就是指从当前时刻算起给定时间的到期收益率。通常它可由零息债券的价格推出。

1 年期的远期收益率曲线

首先我们要给出在已知即期收益率曲线的条件下,如何求得 1 年期远期收益率曲线以及如何求得平值收益率曲线的理论解释和求解过程。

设:R_i 表示到期日是 i 年的即期收益率,$F_{T-1,T}$ 表示从 $T-1$ 时刻开始算起,T 时刻经过 1 年的远期利率,对于 1 年期利率、2 年期利率以及 1 年后 1 年期远期利率之间一定的关系,即 $(1+R_2)^2 = (1+R_1)(1+F_{1,2})$。更一般地讲,$(1+R_T)^T = (1+R_1)(1+F_{1,2})\cdots(1+F_{T-1,T})$。

平值收益率曲线

我们设 C_T 表示平值债券的收益率(或票息),则根据债券定价公式有:

$$F = \frac{C_T F}{1+R_1} + \frac{C_T F}{(1+R_2)^2} + \cdots + \frac{C_T F + F}{(1+R_T)^T}$$

即有:

$$1 = \frac{C_T}{1+R_1} + \frac{C_T}{(1+R_2)^2} + \cdots + \frac{C_T + 1}{(1+R_T)^T}$$

于是 $C_T = \dfrac{1 - \dfrac{1}{(1+R_T)^T}}{\dfrac{1}{1+R_1} + \dfrac{1}{(1+R_2)^2} + \cdots + \dfrac{1}{(1+R_T)^T}}$。我们利用此公式就可以根据即期的收益率曲线推出不同期限的平值收益率曲线。我们不妨编辑一个简单的 VBA 程序来实现它。程序以即期收益率曲线的期限结构为输入参数，以平值收益率曲线的期限结构为输出结果。

```
Function Spot_to_Par_Yield(R As Variant) As Variant
Dim i As Integer, j As Integer, N As Integer, temp As Double, Middle As Variant, s As Variant
Middle = R
s = R
For i = LBound(Middle) To UBound(Middle)
    temp = 0
    For j = LBound(Middle) To i
        temp = temp + 1/(1 + Middle(j, 1)) ^ j
    Next j
    s(i, 1) = (1 - 1/(1 + Middle(i, 1)) ^ i)/temp
Next i
Spot_to_Par_Yield = s
End Function
```

图 7.1 在给定期限以及零息债券价格的条件下，给出了我们所希望的利率期限结构，并通过作图画出了即期收益率曲线、1 年期远期利率曲线以及平值收益率曲线。它们三者的关系是显而易见的。需要说明的是，无论是即期收益率、远期利率还是平值收益率，均通过公式或函数来求得的。

请读者思考一个问题：如何在当前确定 1 年后的即期期限结构？并试着在 Excel 中实现它。

7 固定收益类产品的估值模型

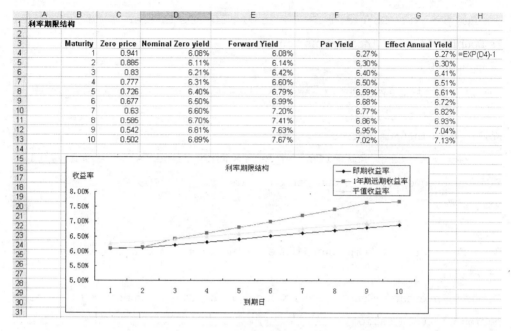

图 7.1

7.2 到期收益率计算

我们通常知道某个特定发行人债券的市场价值 P，并了解该债券的交易条款即支付情况，例如剩余期限、票息率、支付频率（通常是一年2次）。有了这些数据之后，我们可以计算债券的到期收益率。到期收益率有一个基本的假设，即再投资收益率等于到期收益率。事实上，到期收益率是该债券的即期收益率曲线的某一种平均。必须清楚到期收益率和上一节所提到的平值收益率是不一样的概念。请读者注意区别。

我们将通过VBA求解给定条件下的债券的到期收益率计算函数。首先自定义一个债券定价函数 Bond_Clean_Price，这个函数求到的是债券的净价，而后再自定义到期收益率函数 YTM，求到的是给定债券及交易价格下对应的到期收益率。

```
Function Bond_Clean_Price(Face_Value As Double, Coupon_Rate As Double, YTM
As Double, Time_to_Maturity As Double, Pay_Frequency As Integer)
```

```vb
Dim num_period As Double, temp_sum As Double, i As Integer, Bond_Full_Price As Double, Accrual_Interest As Double
temp_sum = 0
num_period = Pay_Frequency * Time_to_Maturity

For i = 0 To Int(num_period)
    temp_sum = temp_sum + (Coupon_Rate × Face_Value/Pay_Frequency)/(1 + YTM/Pay_Frequency) ^ (i + num_period - Int(num_period))
Next i

Bond_Full_Price = temp_sum + Face_Value/(1 + YTM/Pay_Frequency) ^ num_period
Accrual_Interest = Coupon_Rate × Face_Value/Pay_Frequency * (1 - num_period + Int(num_period))
Bond_Clean_Price = Bond_Full_Price - Accrual_Interest
End Function
========================
Function YTM(Face_Value As Double, Trading_Price As Double, Coupon_Rate As Double, Time_to_Maturity As Double, Pay_Frequency As Integer)
Dim yield As Double, left_yield As Double, right_yield As Double, n As Integer
left_yield = 0
right_yield = 2

Do
yield = 0.5 × (left_yield + right_yield)
If Bond_Clean_Price(Face_Value, Coupon_Rate, yield, Time_to_Maturity, Pay_Frequency) > Trading_Price Then
    left_yield = yield
Else
```

```
            right_yield = yield
        End If
    Loop While Abs(Bond_Clean_Price(Face_Value, Coupon_Rate, yield, Time_to_Maturity, Pay_Frequency) - Trading_Price) > 0.005
    YTM = yield
End Function
```

图 7.2 就是利用 YTM 函数得到的不同债券交易价格（净价）对应的到期收益率计算结果。

	A	B	C	D	E	F
1	债券到期收益率计算					
2						
3		Term		Trading Price	YTM	
4		Face value	100	95	9.39%	
5		Coupon rate	8.00%	96	9.10%	
6		Time to Maturity	4.5	97	8.82%	
7		Pay Frequency	2	98	8.54%	
8				99	8.27%	
9				100	8.00%	
10				101	7.73%	
11				102	7.47%	
12				103	7.21%	
13				104	6.95%	
14						
15						
16						
17						

图 7.2

7.3 单因素利率模型

本节主要介绍如何通过利率模型给零息票债券定价。该方法假定短期利率的变化可以通过随机模型来描述。此随机模型产生一个零息票债券价格的期限结构。通过利率模型，可以得到一个零息票债券价格的解析解。

7.3.1 单因素模型(One Factor Model)

单因素模型通常是用来模拟短期瞬时利率的,那么我们用 $r(t)$ 表示在不同时刻的短期瞬时利率。$dr_t = \beta(t, r_t)dt + \gamma(t, r_t)d\tilde{z}_t$ 是用来描述短期利率变动的一般随机过程,这里的 $\gamma(t, r_t)$ 是利率的漂移项,$\beta(t, r_t)$ 是利率的扩散项,$d\tilde{z}_t$ 是风险中性概率下的布朗运动,均值为 0,方差是 dt。选取不同的 $\beta(t, r_t)$ 或 $\gamma(t, r_t)$ 就可以得到不同的利率随机过程。短期利率 $r(t)$ 被假设为 t 时刻的连续复利率瞬时利率。

记:$P(t, T)$ 表示 T 时刻到期支付面值 1、当前时刻是 t 的债券价格,可以分析得到:$P(t, T) = \tilde{E}[e^{-\int_t^T r(s)ds} 1]$,这就是零息债券的定价,而事实上一旦这个零息债券的价格确定了之后,我们就可以定义出介于时间 t 和 T 之间的收益率为:$Y(t, T) = -\dfrac{1}{T-t}\log P(t, T)$。例如从当前看未来 30 年的到期收益率就是 $Y(0, 30) = -\dfrac{1}{30}\log P(0, 30)$,于是任意时间长度的到期收益率就能够确定下来。

以上 30 年正好是一个长期利率的例子。我们必须注意到,如果我们采用了瞬时利率模型,那么任意期限的长期利率也就被上面的公式所确定了,实际上我们是无法单独地来对长期利率进行建模的。由于 $r(t)$ 由一个随机微分方程给出,它就是一个马尔可夫过程,我们必须有:$P(t, T) = f(t, r(t))$,换言之,债券的价格可以写成一个关于当前时刻与当前瞬时利率的函数。我们可以得到一个关于债券价格 $P(t, T) = f(t, r(t))$ 满足的偏微分方程:

$$f_t(t, r) + \beta(r, r)f_r(t, r) + \frac{1}{2}\gamma^2(t, r)f_{rr}(t, r) = rf(t, r), f(T, r) = 1, \forall r$$

我们首先引入这样的一组均衡模型:$dr(t) = a(b - r(t))dt + \sigma r(t)^\lambda d\tilde{z}$

(i) 当 $\lambda = 0, dr(t) = a(b - r(t))dt + \sigma d\tilde{z}$,就是经典的 Vasicek Model;

(ii) 当 $\lambda = 0.5, dr(t) = a(b - r(t))dt + \sigma \sqrt{r_t} d\tilde{z}$,就是经典的 CIR Model;

(iii) 当 $\lambda = 1, dr(t) = a(b - r(t))dt + \sigma r_t d\tilde{z}$,就是经典的 LogNormal Model。

下面,我们将在 Excel 中模拟这些利率模型。

7.3.2　Vasicek 模型

Vasicek 模型中,在时间增量 dr 过程中,短期利率的微小变动 dr 以 a 的速率回复到一个长期的均值水平 b。这样的性质被称为均值回归性(mean reverting)。具体来讲,当利率高于 b 时,模型呈现一个负的漂移项,有将其拉回到水平 b 的趋势;反之,当利率低于 b 时,模型呈现一个正的漂移项,也有将其拉回到水平 b 的趋势。但 Vasicek model 也有问题,就是当初始利率较低时,它有可能导致出现负利率的可能,这与现实情况不符。而且波动项是一个常数,不依赖于具体的利率水平,这也是不符合实际情况的,但 Vasicek 模型最大的优点就是它具有解析解:

$$r(t) = r(0)e^{-at} + b(1-e^{-at}) + \sigma e^{-at}\int_0^t e^{as}\mathrm{d}z_s$$

于是我们就有:

$$E[r_t] = r_0 e^{-at} + b(1-e^{-at})$$

$$\mathrm{Var}(r_t) = \frac{\sigma^2}{2a}(1-e^{-2at}), \lim_{t\to\infty}E(r(t)) = b, \lim_{t\to\infty}\mathrm{Var}(r(t)) = \frac{\sigma^2}{2a}$$

我们在 Excel 中用两种方法来模拟出瞬时利率走势图。第一种:利用随机过程的差分形式来递归。第二种:利用解析表达式。观察 $r(t)$ 的解析解,我们发现,在表达式最后一项中含有积分符号,在 Excel 中我们并没有直接的函数来应用求解,所以若要利用公式来较为准确地模拟出瞬时利率变动,就必须自定义一个用于计算随机积分的函数 $\int_0^t e^{as}\mathrm{d}z_s$,如下:

```
Function Integrate(a As Double, t As Double, step As Double) As Double
Dim sum As Double, i As Integer
sum = 0
For i = 0 To Int(t/step) - 1
    sum = sum + Exp(a * step * i) * Application.WorksheetFunction.NormSInv(Rnd()) * Sqr(step)
Next i
Integrate = sum
End Function
```

第三种：事实上，它的解还可以表示为：$r(t) = r(0)e^{-at} + b(1 - e^{-at}) + \frac{\sigma}{\sqrt{2\theta}} Z(e^{2\theta t} - 1)e^{-at}$，这个公式更为简便，因为它不含积分项。

我们将三种方法模拟出的利率，放在同一张 Excel 表格中。如图 7.3 所示：

	A	B	C	D	E	F	G	H	I	J	K	L	M
1	利率期限结构模型-Vasicek Model												
2													
3					$dr(t)=a(b-r(t))dt+\sigma d\tilde{z}$		$r(t)=r(0)e^{-at}+b(1-e^{-at})+\sigma e^{-at}\int_0^t e^{at}dz_s$			$r(t)=r(0)e^{-at}+b(1-e^{-at})+\frac{\sigma}{\sqrt{2a}}Z(e^{2at}-1)e^{-at}$			
4		a	1										
5		b	0.03		Method-1:		Method-2:			Method-3			
6		σ	0.03		Difference		Formula-I			Formula-II			
7		r(0)	0.01		t	r(t)		r(t)		r(t)			
8		dt	0.01		0	0.01		0.01		0.01			
9		T	1		0.01	0.023888348		0.00987194		0.01112653			
10					0.02	0.030800322		0.009698509		0.01778921			
11					0.03	0.030147832		0.009945468		0.01100213			
12					0.04	0.027837734		0.009834585		0.00999875			
13					0.05	0.031379388		0.016248605		0.00513017			
14					0.06	0.03410476		0.012760656		0.01596069			
15					0.07	0.03110778		0.015951585		0.02323075			
16					0.08	0.033763016		0.013677555		0.0217559			
17					0.09	0.028139223		-0.002586948		0.00665483			
18					0.1	0.03157014		0.010101383		0.01605539			
19					0.11	0.030867617		0.006163482		0.00358328			
20					0.12	0.031534958		0.002218041		0.01676178			
21					0.13	0.031787174		0.005382244		0.02003307			
22					0.14	0.03205326		0.007782382		0.00697777			
23					0.15	0.027448612		-0.00119695		0.02093037			
24					0.16	0.029385916		0.009330992		0.00185272			
25					0.17	0.031607195		-0.002257333		0.01201958			
26					0.18	0.02671083		0.008801828		0.03570571			
27					0.19	0.031438668		-0.000372188		0.02727881			
28					0.2	0.031967247		0.016929465		-0.0004037			
29					0.21	0.030532049		0.02623061		0.00314113			

图 7.3

在 Vasicek 模型假定下，既然已经解出积分的解析解，故可给出零息票债券的价格，即：

$$P(t, s) = A(t, s)\exp(-B(t, s)r(t))$$

其中，$B(t, s) = \{1 - \exp[-a(s-t)]\}/a$

$A(t, s) = \exp(\{[B(t, s) - (s-t)](a^2 b - \sigma_r^2/2)\}/a^2 - \sigma_r^2 B(t, s)^2/4a)$

有了零息债券的定价公式，再结合 $Y(t, T) = -\frac{1}{T-t}\log P(t, T)$ 就可以得到利率的期限结构曲线。我们在 Excel 中实现这个目标，因为这些计算过程都是很容易进行的。Vasieck 模型要求短期利率 r 的三个参数 (a, b, σ) 必须根据历史数据估算出来，这里我们假定 $a = 0.18$，潜在的利率回复水平为 $b = 0.08$，扩散项的波动率为 $\sigma = 2.00\%$，且初始利率是 6.00%。

请读者试着运用模拟运算表，计算不同的 s 值(0～30)所对应的零息债券收益

7 固定收益类产品的估值模型

	L	M	N	O	P	Q	R
1							
2							
3	$=Z(e^{2\alpha t}-1)e^{-\alpha t}$						
4							
5							
6							
7	Model:	dr=a(b-r)dt+σdz					
8							
9	a	0.18		zero coupon bond price			
10	b	0.08		P(0,s)		0.503537	=M17*EXP(-M16*M11)
11	r(0)	6.00%					
12	σ	2.00%		zero yield		6.86%	=-LN(P10)/M15
13	now	0					
14	s(years)	10		zero yield(infinite maturi		7.38%	
15	Life	10					
16	B(0,s)	4.637228					
17	A(0,s)	0.665069					
18							
19							

图 7.4

率。然后作图，便能够画出利率期限结构图。期限结构图可以出现三种可能的形状(包括单调上升、驼峰和单调下降)，主要是依赖于初始的短期利率。读者选择适当的 $r(0)$，并将三个不同类型的收益率曲线画在同一张图内。

7.3.3 CIR 模型

$$dr(t) = a(b-r(t))dt + \sigma\sqrt{r_t}d\tilde{z}$$

Vasicek 模型与 CIR 模型的主要不同之处就是短期利率波动性的表达形式不一致。在 CIR 模型中，波动率还取决于短期利率的开方，这样模型方能保证短期利率不会出现负数。在 CIR 模型中，短期利率的风险中性随机过程如下：

$$dr(t) = a(b-r(t))dt + \sigma\sqrt{r_t}d\tilde{z}$$

可见，这里的短期利率的波动率 $\sigma_r = \sigma\sqrt{r_t}$ 随着短期利率开方的增加而增加。这个模型防止了负利率的出现(只要参数满足关系 $2ab \geqslant \sigma^2$)。读者可以模仿 Vasicek 模型的建立过程来模拟利率走势。并利用以下的公式来给出零息债券的定价。

$$B(t,r) = e^{-rC(t,T)-A(t,T)}$$

$$C(t,T) = \frac{\sinh(\gamma(T-t))}{\gamma\cosh(\gamma(T-t)) + \frac{1}{2}a\sinh(\gamma(T-t))}$$

$$A(t, T) = -\frac{2ab}{\sigma^2}\ln\left[\frac{\gamma e^{\frac{1}{2}a(T-t)}}{\gamma\cosh(\gamma(T-t)) + \frac{1}{2}a\sinh(\gamma(T-t))}\right]$$

$$\gamma = \frac{1}{2}\sqrt{a^2 + 2\sigma^2}, \sinh(u) = \frac{e^u - e^{-u}}{2}, \sinh(u) = \frac{e^u + e^{-u}}{2}$$

7.3.4 无套利模型

由于模型有一些缺点，例如可能出现负利率的情况是不符合实际情况的。相比而言，无套利模型更能够符合现实的情况。最早的模型应该是：其一，Ho and Lee Model；其二，将此模型推广到包含均值回归情况下的 Hull and White Model；其三，假定波动率也是时间的函数，就得到 Heath, Jarrow and Morton Model。

(1) Ho and Lee Model：$dr(t) = \theta(t)dt + \sigma d\widetilde{z}_t$

$$B(t, r) = e^{-r(T-t)-\int_t^T \theta(s)(T-s)-\frac{1}{2}\sigma^2(T-s)^2 ds}$$

(2) Hull and White Model：$dr(t) = a(t) - b(t)r(t)dt + \sigma(t)d\widetilde{z}_t$；其中 $a(t)$，$b(t)$，$\sigma(t)$ 都是关于时间的正的非随机函数。

$$B(t, r) = e^{-rC(t, T) - A(t, T)}$$

$$C(t, T) = \int_t^T e^{-\int_t^s b(v)dv} ds$$

$$A(t, T) = \int_t^T a(s)C(s, T) - \frac{1}{2}\sigma^2(s)C^2(s, T)ds$$

(3) Heath, Jarrow and Morton model：$dr(t) = [\theta(t) - ar(t)]dt + \sigma(t)d\widetilde{z}_t$

7.4 固定收益债券估值

任何金融工具的价格均等于预期现金流量的现值，由此，价格的确定要求有：预期现金流量的估计值以及贴现率的估计值。对某些金融工具而言，预期现金流量比较容易计算，而有些金融工具的预期现金流量却难以计算。计算现值贴现率常常利用市场上可比证券的收益率，有时候用市场利率。

债券的价格是由其未来现金流入量的现值决定的。由于债券未来现金收入由

各期利息收入和到期时债券的变现价值两部分组成,故债券的价格为:

$$P = \frac{I}{(1+r)} + \frac{I}{(1+r)^2} + \cdots + \frac{I+B}{(1+r)^n} = \sum_{t=1}^{n} \frac{I}{(1+r)^t} + \frac{B}{(1+r)^n}$$

式中,I 为各期利息收入,B 为债券到期时的变现价值(如果债券投资者一直将债券持有至到期日,则 B 即为债券的面值;如果债券投资者在债券到期前将债券转让,则 B 为债券转让价格),n 为债券的付息期数,r 为市场利率。

7.5 固定收益债券含权定价(可转换债券的估值)

可转债的所有者可以把债券转换为债券发行人的股票。所以,可转债有一个隐含的赎回权。但是这个赎回权同含有赎回权的债券中赎回权不同:首先,可转债的赎回权的基础资产是债券发行人的股票,而含有赎回权的债券的基础资产是债券;其次,债券发行人的股票的价格是变动的,而不是一个固定的行权价。

转换率(conversion ratio),即每一份可转债可以购买股票的数量。例如,某可转债的转换率是10,意味着每1 000 美元的债券可以转换为10 股的股票。

有的可转债含有回售权。如果债券价值比行权价低,期权就会被行使。如果隐含的回售权要求发行人以现金方式重新认购债券,这就是硬回售权(hard put)。如果要求发行人以支付选择(现金、普通股、次级债)方式重新认购债券,这就是软回售权(soft put)。

转换价格(conversion value)是发行价格除去转换率,转换价值是债券转成的股票的价值。计算公式为:

$$\text{转换价值} = \text{股票市价} \times \text{转换率}$$

直接价值(straight value),或叫投资价值(investment value)就是假设债券在不可转换的情况下,根据可转换债券的现金流量确定的债券价值,即不含转换权的公司债券价值。

可转债的最低价值(minimum value of a convertible bond)必须是债券的转换价值与直接价值中的较高者,否则存在套利机会。

8 期权、期货及衍生品定价模型分析

8.1 衍生品简介

衍生品定义：一种金融工具，其价值或收益依附于其他更基本的标的变量，例如股价、利率、汇率等。

① 交易所交易：固定的交易地点、固定的交易时间、合约标准化、交易信息全部公开、交易活跃流动性好、保证金操作基本无违约风险。

② 柜台交易（场外交易 over-the-counter）：无固定的交易地点和固定的交易时间、对交易的约束规则较少、交易条款自由商定、交易信息不公开、流动性不好、存在违约可能。

衍生品分类：

远期合约：交易双方约定在未来某时刻按规定的价格买入或卖出某项资产的协议。双方既有权利又有义务进行交易，属于场外交易。远期契约包括远期合约、期货合约、互换。

期货合约：在交易所进行交易的标准化的远期合约，交易时间、地点、交割方式、标的资产质量等级等条件均由交易所详细规定。

互换：双方达成协议，在将来以事先约定的方式相互交换一系列现金流。前面几种衍生产品都是在到期时交换一次现金流，而互换合约是交换一系列现金流。互换协议由双方商定具体交易条件，不在交易所里进行。

期权：期权持有者在未来某一确定时刻可以按合约规定价格买入（卖出）标的资产的权利。一般是在交易所里进行交易的标准化合约。

购买期权（看涨期权）：当标的资产价格上涨到某一位置时，可以较低的价格买入，从而盈利。若标的资产价格并未上涨到可赢利的价位，则可选择不执行这项权利。

出售期权(看跌期权)：当标的资产价格下跌到某一位置时,可以较高的价格卖出,从而盈利。若标的资产价格并未下跌到可赢利的价位,则可选择不执行这项权利。

8.2 远期合约及其价值模型

8.2.1 远期合约

远期合约是在将来一个确定的时点按确定的价格购买或出售某项资产的协议。远期合约规定合约双方交易的资产、交换日期、交换价格等主要内容,具体条款可由交易双方协商确定。远期合约不在规范的交易所内进行交易。从技术上说,它是其他各种金融衍生工具的基础。

远期合约中,在未来买入标的资产的一方被称为多头,在未来卖出标的资产的一方被称为空头。

我们用一个短期国债远期合约的例子来说明远期合约的基本原理。注意现实交易中短期国债远期合约的标价都是按短期国债面值的折价进行标价的,但这里为了简单,直接用美元进行标价。

在一个短期国债远期合约中,A 同意在 30 天后从 B 那里以 990 美元的价格买入还有 90 天到期的面值为 1 000 美元的国债。A 是多头,B 是空头。双方都通过远期合约把价格风险转移了出去,从而实现避险的目的。在 30 天后如果标的国债市场价格为 992 美元,空头就必须以 990 美元的价格卖出标的国债;如果标的国债市场价格为 988 美元,多头就必须以 990 美元的价格买入标的国债。

远期合约的履约没有保证,信用风险较高。因为远期合约的履行仅以签约双方的信誉为担保。因为它不像期货合约的履行那样是由交易所或清算公司提供担保的。期货交易的信用风险几乎为零。远期合约的信用风险主要取决于交易对家的信用度,签约前必须充分了解对方的信誉和实力等。

远期合约损益：单位资产远期合约多头的损益是：合约到期时资产的即期价格减去交割价格;而单位资产远期合约空头的损益是：交割价格减去合约到期时资产的即期价格。这是因为合约的持有者有义务用执行价格在市场上购买资产。因此,这些损益可能是正的,也可能是负的。

8.2.2 远期合约定价

(1) 无套利原理

现实金融合约中交易标价都是采用一个比率来标价，如国债远期合约或期货采用面值的百分比；对债券标价常采用到期收益率；对远期利率约定(FRA)通常采用 LIBOR 标价；对外汇远期常采用汇率标价。但无论如何，收益率标价法和美元标价本质上是一样的。

无套利原理表明市场中不应该存在无风险的获利机会。它的基本假设：① 无交易成本；② 无卖空限制；③ 在无风险利率下可以任意借贷任何数额的资金。

(2) 应用无套利原理进行远期合约定价

我们先来考察零息债券，它的一般定价公式是：

$$FP = S_0 \times (1+R_f)^T \text{ 或者 } S_0 = \frac{FP}{(1+R_f)^T}$$

式中，FP＝无套利的远期合约约定价格；

S_0＝标的资产即期价格；

R_f＝无风险年利率；

T＝到期时间(以年表示)。

例：计算 3 个月到期，标的资产是面值为 1 000 美元、现价为 500 美元的零息债券，假设无风险年利率为 6%。求无套利的远期合约约定价格。

$$T = 3/12 = 0.25$$
$$FP = 500 \times 1.06^{0.25} = 507.34(\text{美元})$$

下面来具体看无套利原理对远期合约的定价过程：构建两种投资组合，让其终值相等，则其现值一定相等；否则就可以进行套利，即卖出现值较高的投资组合，买入现值较低的投资组合，并持有到期末，套利者就可赚取无风险收益。众多套利者这样做的结果，将使较高现值的投资组合价格下降，而较低现值的投资组合价格上升，直至套利机会消失，此时两种组合的现值相等。这样，我们就可根据两种组合现值相等的关系求出远期价格。

为了给无收益资产的远期定价，我们构建两种组合：

组合 A：一份远期合约多头加上一笔数额为 $FP/(1+R_f)^T$ 的现金；

组合 B：一单位标的资产。

在组合 A 中，$FP/(1+R_f)^T$ 的现金以无风险利率 R_f 投资，投资期为 T。到期时，其金额将达到 FP。这是因为：$FP/(1+R_f)^T \times (1+R_f)^T = FP$。在远期合约到期时，这笔现金刚好可用于交割，以换得一单位标的资产。这样，在 T 时刻，两种组合都等于一单位标的资产。根据无套利原则：终值相等，则其现值一定相等。所以这两种组合在 t 时刻的价值必须相等。即：

$$FP = S_0 \times (1+R_f)^T \text{ 或 } S_0 = FP/(1+R_f)^T$$

该公式表明，无收益资产远期合约多头的价值等于标的资产现货价格与交割价格现值的差额。或者说，一单位无收益资产远期合约多头可由一单位标的资产多头和 $FP/(1+R_f)^T$ 单位无风险负债组成。

若 $FP > S_0 \times (1+R_f)^T$，即交割价格大于现货价格的终值。在这种情况下，套利者可以按无风险利率 R_f 借入 S_0 现金，期限为 T。然后用 S_0 购买一单位标的资产，同时卖出一份该资产的远期合约，交割价格为 FP。在 T 时刻，该套利者就可将一单位标的资产用于交割换来 FP 现金，并归还借款本息 $S_0 \times (1+R_f)^T$，这就实现了 $FP - S_0 \times (1+R_f)^T$ 的无风险利润。

若 $FP < S_0 \times (1+R_f)^T$，即交割价值小于现货价格的终值。套利者就可进行反向操作，即卖空标的资产，将所得收入以无风险利率进行投资，期限为 T，同时买进一份该标的资产的远期合约，交割价为 FP。在 T 时刻，套利者收到投资本息 $S_0 \times (1+R_f)^T$，并以 FP 现金购买一单位标的资产，用于归还卖空时借入的标的资产，从而实现 $S_0 \times (1+R_f)^T - FP$ 的利润。

8.3 期货合约及其定价模型

8.3.1 期货合约

期货合约与远期合约十分相似。它们的相似性有以下几点：

(1) 两种合约都是契约交易，均为交易双方约定为未来某一日期以约定价格买或卖一定数量商品的契约。

(2) 都是可以现金结算合约。在截止日期前均以现金作为支付手段。

(3) 两种合约在投资者进入合约开始,均定价为零值。

(4) 它们之间还有很多不同之处。

(5) 期货是每个交易日都采取逐日盯市;远期则不用。

(6) 远期是私下订立合同并且不需要在交易所进行;而期货合约则必须在交易所进行。

(7) 远期合约是根据交易双方需求而协商确定的;而期货合约则是高度标准化合约。

(8) 远期合约是交易对手之间的合约;而期货合约则是通过清算所来结算的。

(9) 远期合约不受政府监管;而期货市场要受政府监管。

8.3.2 定价模型

期货合约定价模型:和远期合约一样,无套利定价原理也被用来进行期货合约的定价:

$$FP = S_0 \times (1+R_f)^T \text{ 或者 } S_0: \frac{FP}{(1+R_f)^T}$$

式中,FP:无套利的远期合约约定价格;

S_0:标的资产即期价格。

8.4 期货价格与交付日现货价格趋同性的原因

商品或金融资产的现货(现金)价格是立即交割的价格。期货价格则是当日价格为交割时的预测价格。基差就是现货价格与期货价格之差。

$$基差 = 现货价格 - 期货价格$$

越接近交付日,基差就越趋近于零。在到期日,现货价格就必须等同于期货价格,因为期货价格此时已经是其交割价格了,即现货价格。套利促使两者价格在合约终止前趋同。

假设当前白银的现货价格为 $4.65。套利理论表明,只有一分钟就到期的白银期货价格必然等于白银现货价格。

假设期货价格为$4.70。此时购买白银的现货价格为$4.65,卖掉期货合约,在$4.70的价格下交割白银。此时的利润就为$4.70-$4.65=$0.05。因为合约还有一分钟就要到期了,所以此时的套利交易实际上没有任何风险。

假设取而代之,白银的期货价格为$4.61。现在我们想买进其合约,交割价为$4.61,然后以现价$4.65卖出。利润即为$4.65-$4.61=$0.04。同样的,这也是套利交易中风险较小的一种。

因此,为了防止套利,期货价格在合约到期前应定为$4.65。

期货保证金和逐日盯市

期货市场的保证金是一种履约担保。空头或多头都需存放资金。其中不包括借贷,因此,没有利息。每个交易所都有一个清算所。清算所保证了交易者们在期货市场的交易合法化。交易双方互无关系,都只以清算所作为交易对手。为了保证清算所交易,任何交易都要求交易者提供保证金并在交易过程中维持一个最低保证金水平。在交易前,交易者必须向经纪人提供保证金。

逐日盯市是指在每个交易日结束之后,交易所结算部门先计算出当日各期货合约结算价格,然后据此调节保证金以达到初始保证金水平。在特殊情况下逐日盯市是期货市场更为普遍的做法。

8.5 期货合约价值

期货合约在合同初期并无价值。不同于远期合约的是,期货合约不会根据合约条款来累积调整价值变动。一旦期货账户进入逐日盯市阶段,其保证金后的合约价值通常就根据每日的盈亏调整为零。期货合约的价值仅仅通过交易期间的逐日盯市而实现。

期货合约的价值 = 当前期货价格 - 上一个逐日盯市的期货价格

如果期货价格上涨,多头的价值也随之上涨。在每一个逐日盯市阶段通过每日结算其价值都会最终回落为零。

8.6 二叉树模型

金融衍生产品有非常丰富的定价模型,可以参考很多专业的书籍。这里我们需要掌握的是如何在 Excel 中应用那些常用的技术对相对简单的衍生品进行定价或估值。所谓的技术，主要就是二叉树模型技术、蒙特卡罗模拟技术、数值积分技术等。需要说明的一点是，如果是放在教科书里，这些方法的理解是比较直接、简单的，现在的困难是如何将这些数学语言载入 Excel 的表格中去，并有效地进行计算和风险分析。

先要解决一个技术上的问题，即如何在 Excel 中构建二叉树。有三种不同的二叉树模型（使用的是不同的参数），并将它们用提出者的名字来命名：JR 树，Jarrow 和拉德(Jarrow and Rudd)；CRR 树，考克斯、罗斯和鲁宾斯坦；LR 树，莱森和莱默(Leisen and Reimer)。JR 树假设股价向上和向下运行的概率相同（即 $p=0.5$），CRR 树则假设股价向上与向下运动幅度的乘积为 1（即 $d=1/u$）。不同的参数就能够产生不同的价格树。

下面举例说明如何构建 JR 树。假定初始价格为 10，准备建立 9 期的 JR 树，在每一期，股票价格以相同的概率向上或向下运动，并确保在第 9 期末终止的分布近似的均值为 10、方差为 1。

	A	B	C	D	E	F	G	H	I	J	K
1	JR二叉树分布										
2	nstep	9									
3	step size	0.333333									
4	p	0.5									
5											
6			0	1	2	3	4	5	6	7	8	9
7	9										13.00
8	8										12.67	12.33
9	7									12.33	12.00	11.67
10	6								12.00	11.67	11.33	11.00
11	5							11.67	11.33	11.00	10.67	10.33
12	4						11.33	11.00	10.67	10.33	10.00	9.67
13	3					11.00	10.67	10.33	10.00	9.67	9.33	9.00
14	2				10.67	10.33	10.00	9.67	9.33	9.00	8.67	8.33
15	1			10.33	10.00	9.67	9.33	9.00	8.67	8.33	8.00	7.67
16	0	10	9.67	9.33	9.00	8.67	8.33	8.00	7.67	7.33	7.00
17												
18												
19			0	1	2	3	4	5	6	7	8	9
20	0	10	10.33	10.67	11.00	11.33	11.67	12.00	12.33	12.67	13.00
21	1		9.67	10.00	10.33	10.67	11.00	11.33	11.67	12.00	12.33
22	2			9.33	9.67	10.00	10.33	10.67	11.00	11.33	11.67
23	3				9.00	9.33	9.67	10.00	10.33	10.67	11.00
24	4					8.67	9.00	9.33	9.67	10.00	10.33
25	5						8.33	8.67	9.00	9.33	9.67
26	6							8.00	8.33	8.67	9.00
27	7								7.67	8.00	8.33
28	8									7.33	7.67
29	9										7.00

图 8.1

一个 JR 树的基本参数有初始值、期数、向上和向下运动的幅度(相同的幅度)以及概率(均为 0.5)。根据以上例子的要求,确保均值为 10 是简单的,因为只要向上和向下的概率相同且幅度相同就能够保证;要确保期末的分布方差为 1,我们需要进行一些简单的计算。我们将每一次运动看作是一个服从二项分布的随机变量 Z,则 $9\text{Var}(Z)=1$,及可得向上或向下的运动幅度为 $1/3$。至此,所有的参数都已经确定,下面请读者观察在 Excel 中如何生成 JR 树。

如果不是在 Excel 中,我们做出的二叉树一定是向右侧展开的一棵树。而在 Excel 中这样设置是比较困难且没有必要的。为了能将树放入一个方格中,树的版面必须被压缩。在图 8.1 中我们给出了两种放置模式。对于第一个模式:价格的上升将沿着对角线方向移动,价格的下降将沿着特定的行向左移动。因为可以观察到,在第 16 行中,每个数据都比前一期数据要少 $1/3$,而沿着对角线的方向,每个数据都比前一期数据要多 $1/3$。单元格 C16 中的公式使用了条件语句 IF 来判断单元格是否落在了对角线上。如果在对角线上,则该单元格的值就等于对角线上前一个单元格的值加 $1/3$;如果不在对角线上,则该单元格的值就等于左边单元格的值减 $1/3$。价格单元格的相对位置由 OFFSET 函数来处理。单元格 C16 的公式为:

IF($A16<C$6, OFFSET(C16, 0, −1)−$B$3), IF($A16=C$6, OFFSET(C16, 1, −1)+$B$3)。可以发现这是一个 IF 语句的嵌套,之所以这么写是为了便于 Excel 的自动填充。在条件表达式后,第一个表达式表示如果价格下跌,将比它最近的左单元格(同一行中)的数值少 $1/3$(在单元格 C5 中)。如果价格上涨,那么将比其相邻对角线上的值多 $1/3$。OFFSET 函数指向相对位移的单元格(先按行,后按列)。请读者观察第二个模式的规律,写出相应的公式并进行快速的填充。

8.7 期权定价模型

8.7.1 欧式期权

欧式期权是最简单的期权,期权持有人有权在到期日以固定的执行价向卖方购买股票。欧式期权的最大特点就是只有在到期日可以行权。对这个特点的进一步解释是:期权的到期价值是路径独立的,也就是说,到期的价值只和到期时的价格相关,与从初始价值是如何演变为那个到期价格的路径是没有关系的。对于这样的期权，蒙特卡罗模拟以及二叉树模型都是可行的。

在引言中，我们基本上已经了解了如何在 Excel 中构建一个二叉树。但如果我们对 JR 树的生成稍做修改，如股票价格的变化是一个乘数，而不是一个加数，那么就能够得到一个新的 JR 二叉树。在实际应用中，新的 JR 树参数表示为：

$$u = e^{(r-q-\frac{1}{2}\sigma^2)\delta t + \sigma\sqrt{\delta t}}, d = e^{(r-q-\frac{1}{2}\sigma^2)\delta t - \sigma\sqrt{\delta t}}$$

其中，r 是无风险复利率，q 是股票的连续股利率，σ 是年化的波动率，δt 是时间步长。我们可以发现，在 JR 树中的股价变动由两项组成：第一项是风险中性的漂移项(drift term)，第二项则是基于简单的二叉树波动项(volatility)。事实上，可以证明这样生成的价格树是风险中性的，且股票最终价格分布在期限非常多的情况下会趋近对数正态分布。

下面我们就举一个比较完整的例子来说明如何利用新的 JR 二叉树对欧式期权进行定价。

假设股票价格的现值 S 为 100，波动率为 20%（年化），期权为欧式看涨期权，它的执行价为 95，有效期为 0.5 年。还假设股票每年有 3% 的红利，无风险连续复利为 8%。希望利用 JR 二叉树模型对该欧式期权定价。下面将构造九期二叉树来定价。参数及二叉树如图 8.2 所示：

	A	B	C	D	E	F	G	H	I	J	K	L	M
1	Option Pricing												
2	JR欧式期权定价												
3													
4	Share Price(S)		100		JR Parameters								
5	Exercise price(X)		95		δt	0.055556							
6	Interest rate (r)		8%										
7	Dividend yield (q)		3%		u	1.050018							
8	Time(now)		0		d	0.955545							
9	Time maturity		0.5										
10	Option life		0.5		p	0.5							
11	Volatility		20%		p*	0.5							
12													
13	Steps in tree		9										
14	option type		Call		JR Value	9.745296	=EXP(-C6*C10)*SUMPRODUCT(L20:L29,M20:M29)						
15	iopt		1										
16													
17													
18	JR 二叉树												
19		0	1	2	3	4	5	6	7	8	9	Payoff	Prob.
20	9										155.16	60.16	0.0020
21	8									147.77	141.20	46.20	0.0176
22	7								140.73	134.47	128.49	33.49	0.0703
23	6							134.02	128.07	122.37	116.93	21.93	0.1641
24	5						127.64	121.96	116.54	111.36	106.41	11.41	0.2461
25	4					121.56	116.15	110.99	106.06	101.34	96.84	1.84	0.2461
26	3				115.77	110.62	105.70	101.01	96.51	92.22	88.12	0.00	0.1641
27	2			110.25	105.35	100.67	96.19	91.92	87.83	83.93	80.20	0.00	0.0703
28	1		105.00	100.33	95.87	91.61	87.54	83.65	79.93	76.38	72.98	0.00	0.0176
29	0	100	95.55	91.31	87.25	83.37	79.66	76.12	72.74	69.50	66.41	0.00	0.0020
30													

图 8.2

事实上，由于讨论的是欧式期权，故只需关注股价的终值，即 K 列中的值。可以通过下面的公式得到看涨期权对应于每个中期价格的期权价值：

$V = \text{Max}((S-X), 0)$，其中 X 就是执行价（放在 A5 中），S 就是每一个中期的股票价格（这里共有 10 个，放在 K20～K29 中），而计算的结果放在了 L20～L29。

下一步就是要计算看涨期权收益的期望值，并将其用无风险收益率折现。因此需要看涨期权的每一种收益发生的概率，实际上也就是从初始价格演变到最终价格的概率，这些值放在 M20～M29 中，其中 M20 中的公式是：=COMBIN($C$13, A20)*$F$10^$C$13。最后的两项给出了任一序列的概率（1/2^9），COMBIN 函数给出了每一个看涨期权收益的路径数。于是 10 个中期收益以及其相关概率如下：

表 8.1

期权到期价值	60.16	46.20	33.49	21.93	11.41	1.84	0.00	0.00	0.00	0.00
概率	0.00	0.02	0.07	0.16	0.25	0.25	0.16	0.07	0.02	0.00

期权收益的期望值是各个收益的加权平均，并用无风险利率折现得到风险中性定价。因此，在单元格 F14 中通过公式"=EXP(−C6*C10)*SUMPRODUCT(L20:L29, M20:M29)"给出看涨期权的当前价值。

利用该模型同样可以计算欧式看跌期权。只要将 L20～L29 中的公式修改成：

$V = \text{Max}(X-S, 0)$。我们通过 C15 中的一个参数 iopt 将看涨及看跌期权的到期价值统一为一个表达式：$V = \text{Max}(\text{iopt} * (X-S), 0)$。那么 L20 实际表达式就是：=MAX((K20−$C$5)*$C$15, 0)。

问题：考克斯、罗斯和鲁宾斯坦(CRR)提出了参数的可选择性，从而创建了一个风险中性的环境。价格乘数 u 和 d 只依赖于波动率 σ 和时间步长 δt，而与漂移项无关：

$$u = e^{\sigma\sqrt{\delta t}}, d = e^{-\sigma\sqrt{\delta t}}$$

这些参数反映的是 δt 期间内的股票价格变化波动率，关键是要能够计算出风险中性下上涨的概率和下跌的概率。请读者在理解上面例子的基础上试着模仿表格计算同样的一个欧式期权当期价值。

8.7.2 美式期权

本节,我们将利用 CRR 模型对美式期权进行定价。由于二叉树定价模型不仅可以处理在到期日执行的情况,也可以处理在中间节点执行的情况。因此,它是美式期权定价的重要数值方法。对于美式看跌期权来说,提前执行常常会增加看跌期权的价值。从理论上讲,在股票的红利为 0 的情况下,对于美式看涨期权而言,提前是允许的,但提前执行是没有意义也没有必要的。可以证明和发现,只有在红利相当大的情况下,美式看涨期权和欧式看涨期权的价格才会出现明显的差异。

下面,我们将展示利用 CRR 二叉树模型给美式看跌期权定价。为了给美式期权定价,不仅需要知道在第 9 期执行时的收益,还需要知道中间任一阶段的期权收益。可以用终期期权收益计算第 8 期的期望期权价格,但必须要用无风险利率对其进行折现,且计算期望值时使用 CRR 概率以确保风险中性的假设成立。

第一步:定义并求解美式期权各项参数。

图 8.3 是关于该美式看跌期权(见 C15:iopt=-1 即表示看跌期权)各项条款及定价参数信息。

	A	B	C	D	E	F	G	H
1								
2	CRR美式期权定价							
3								
4	Share Price(S)		100		Cox,Ross&Rubinstein (CRR)			
5	Exercise price(X)		95		δt	0.055556		
6	Interest rate (r)		8%		u	1.048269		
7	Dividend yield (q)		3%		d	0.953953		
8	Time(now)		0					
9	Time maturity		0.5					
10	Option life		0.5		p	0.51771		
11	Volatility		20%		p*	0.48229		
12								
13	Steps in tree		9					
14	option type		Call		CRR Amer Value	2.567061		
15	iopt		-1					
16								

图 8.3

第二步：生成股价的 CRR 二叉树。

该二叉树的具体构建过程实际上就是上一节最后我们所提出的"问题"，图8.4直接给出结果。

	A	B	C	D	E	F	G	H	I	J	K
17											
18	CRR 二叉树										
19			0	1	2	3	4	5	6	7	8	9
20	9										152.85
21	8										145.81	139.09
22	7									139.09	132.69	126.58
23	6								132.69	126.58	120.75	115.19
24	5							126.58	120.75	115.19	109.89	104.83
25	4						120.75	115.19	109.89	104.83	100.00	95.40
26	3					115.19	109.89	104.83	100.00	95.40	91.00	86.81
27	2				109.89	104.83	100.00	95.40	91.00	86.81	82.81	79.00
28	1			104.83	100.00	95.40	91.00	86.81	82.81	79.00	75.36	71.89
29	0		100	95.40	91.00	86.81	82.81	79.00	75.36	71.89	68.58	65.43

图 8.4

第三步：生成期权收益的二叉树（Payoff 二叉树）。

只要利用公式：$Payoff = Max(iopt * (S - K), 0)$，其中 S 是 CRR 二叉树（图8.4）中的每个节点的股价，K 是执行价，由于是考虑看跌期权，所以 $iopt = -1$。所谓 Payoff 二叉树，即给出每一个树节点的内在价值，即立即执行可获得的收益。

	A	B	C	D	E	F	G	H	I	J	K
31	期权收益	Payoff二叉树									
32			0	1	2	3	4	5	6	7	8	9
33	9											0
34	8										0	0
35	7									0	0	0
36	6								0	0	0	0
37	5							0	0	0	0	0
38	4						0	0	0	0	0	0
39	3					0	0	0	0	0	0	3.99729	8.187655
40	2				0.00	0	0	0	3.99729	8.187655	12.18507	15.99841
41	1			0	0	0	3.99729	8.187655	12.18507	15.99841	19.63617	23.10642
42	0		0	0	3.99729	8.187655	12.18507	15.99841	19.63617	23.10642	26.41687	29.57489

图 8.5

第四步：利用"Backwardation"生成期权价值树，最终得到当期的期权价值。

所谓的"Backwardation"方法，即在 Payoff 二叉树先将最后一期的期权 Payoff 按照风险中性概率计算上下相邻两个 Payoff 的期望，并利用无风险利率进行折现，从而得到前一期的每一个节点的 Payoff 期望值，然后将该值与 Payoff 二叉树中对应的内在价值进行比较，选择其中较大的作为期权价值树中对应节点上的值。

从后往前,依此类推,得到第 0 期的价值,即为所求。图 8.6 中的 B55 即该欧式期权的理论价值。

	A	B	C	D	E	F	G	H	I	J	K
43											
44	期权价值	Value二叉树									
45			0	1	2	3	4	5	6	7	8	9
46	9										0
47	8										0
48	7									0	
49	6								0		
50	5							0			
51	4						0				
52	3				0.102867	0.213882	0.444705	0.924634	1.922506	3.99729	8.187655
53	2			0.47624	0.87978	1.599657	2.848657	4.930411	8.187655	12.18507	15.99841
54	1		1.268743	2.126766	3.477598	5.513513	8.405878	12.18507	15.99841	19.63617	23.10642
55	0	2.567061	3.975534	5.983005	8.706919	12.18507	15.99841	19.63617	23.10642	26.41687	29.57489
56											

图 8.6

8.7.3 BS 定价公式及期权的希腊字母 Greeks 的计算

综上所述,我们利用了各种二叉树模型对欧式或美式的看涨或看跌期权进行了定价。尽管二叉树提供了一种容易理解期权定价原理的方法,但有封闭解的 Black-Sholes 公式仍然是欧式期权定价理论的核心内容。一方面,我们知道,在一定条件下各种二叉树定价的结果随着步长的缩短逼近于由 BS 公式的定价结果;另一方面,有了定价的解析表达式,对于各种定量分析都带来了极大的便利。可是试想,对于美式看跌期权我们是无法利用 BS 公式进行定价的,只能借助二叉树或盟特卡罗模拟等其他模型。单单是进行期权定价就可能会耗费不少时间,如果进一步希望进行参变量敏感性分析的话,对计算机空间与时间的要求就都会提出一定的挑战。那么对于欧式期权而言,我们就完全没有必要在二叉树的框架下进行这些分析了。

首先,我们给出原始的 BS 公式:

$$C = SN(d_1) - X\exp(-rT)N(d_2)$$
$$d_1 = [\ln(S/X) + (r+0.5\sigma^2)T]/\sigma\sqrt{T}$$
$$d_2 = [\ln(S/X) + (r-0.5\sigma^2)T]/\sigma\sqrt{T}$$

之后,经过 Merton 的扩展,将红利因素纳入了考虑范围,并用于给其他期权定价,如外汇期权等。只需将初始的 BS 公式中的股票即期价格 S 用 $S\exp(-qT)$ 代替就行了，d_1 和 d_2 的表达式也作相应的修改。

然后，我们希望在对 Black-Scholes 公式有一定了解的基础上，对其各种定价参数进行敏感性分析，从而得出欧式期权的各种 Greeks。BS 公式的输入参变量有股票现值 S、利率 r、期权有效期限、波动率等。Delta(Δ，描述股价变化对期权价值的影响)，rho(ρ，描述利率变化对期权价值的影响)，theta(θ，描述期权有效期变化对期权价值的影响)，vega(ν，描述波动率变化对期权价值的影响)；Gamma(γ，描述股票价格变化对 delta 的影响，实际上期权价值是对股价的二阶偏导数。事实上，BS 所满足的偏微分方程将这些 Greeks 联系在了一起：$\theta + rS\Delta + 0.5\sigma^2 S^2 \gamma = rC(t, S, \sigma)$，其中的 $C(t, S, \sigma)$ 表示欧式看涨期权的价值(读者不妨将 BS 公式带入该方程中进行验证看其是否成立)。这些希腊系数的计算公式如下：

$$\Delta = N(d_1)$$

$$\gamma = \frac{1}{\sqrt{2\pi}} e^{-\frac{d_1^2}{2}} \frac{1}{S\sigma\sqrt{T}}$$

$$\nu = S\sqrt{T}\, \frac{1}{\sqrt{2\pi}} e^{-\frac{d_1^2}{2}}$$

$$\theta = rC(t, S, \sigma) - rS\Delta - 0.5\sigma^2 S^2 \gamma$$

下面的 Excel 表将给出各种 Greeks 的计算结果。

注：需要讲述如何在 Excel 中输入希腊字母。要在 Excel 中输入希腊字母，首先需要了解这些希腊字母的等价字母，例如 m 和 s 的小写就是 μ 和 σ，而 S 和 D 又是 ε 和 Δ(Delta)的大写。若希望在 Excel 或 Word 中输入 μ，只要先输入 m，选中 m 并通过字体选项将字体从 Arial 更改为 Symbol 就可以了。

在图 8.7 中，我们给出了欧式看涨期权的 Greeks 计算过程。事实上读者必须事先了解这些希腊字母在表外的计算公式，只要在 Excel 中根据计算公式直接打入公式即可。

8.7.4 希腊字母的图像(Greeks Curve)

我们已经有了计算 Greeks 的基础，并在理论上已经了解到这些 Greeks 并非常数，而是与股票的价格、利率、波动率等诸多市场参数或期权条款的参数相关。

	A	B	C
1	Greeks Calculation	Call Option	
2			
3	Share price(S)	100	
4	Exercise price(X)	95	
5	Continuous Interet rate(r)	8%	
6	Time now(0,years)	0	
7	Time maturity(T,years)	0.5	
8	Option life(T,years)	0.5	
9	Volatility(δ)	20.00%	
10	d1	0.51107129	=(LOG(B3/B4)+(B5+0.5*B9^2)*B8)/(B9*SQRT(B8))
11	N(d1)	0.69534943	=NORMSDIST(B10)
12	d2	0.36964993	=(LOG(B3/B4)+(B5-0.5*B9^2)*B8)/(B9*SQRT(B8))
13	N(d2)	0.64417833	=NORMSDIST(B12)
14	BSValue	10.73756813	=B11*B3-B4*EXP(-B5*B8)*B13
15			
16	delta	0.69534943	=B11
17	gramma	0.02475583	=1/SQRT(2*PI())*EXP(-0.5*B10^2)/(B3*B9*SQRT(B8))
18	rho	29.39868744	=B4*B8*EXP(-B5*B8)*B13
19	theta	-9.65495656	=B5*B14-B5*B3*B16-0.5*B9^2*B3^2*B17
20	vega	21.8482848	=B3*SQRT(B8)*1/SQRT(2*PI())*EXP(-B10/2)
21			

图 8.7

那么我们就自然而然地关心这些 Greeks 是如何变化的,尤其是随着时间、基础价格的改变如何演变。

依然将第四节中的看涨期权案例作为背景。由于我们给出了计算 Delta 或 Gamma 等的公式,那么只要不管如何改变基础价格 S 而保持其他变量不发生变化,就可以得到一组股价与 Greeks 之间的函数对应关系,最后我们利用图标将这些关系表示出来,看看和理论上的观点是否一致。

我们在图 8.8 中隐藏无用信息(不变量,除股价以外所有的参数均保持不变),因为我们的重点是希望观察 Greeks 和 S 之间的关系。

从图 8.8 中的 Delta Curve 中,我们选择股价从 40 至 140 进行变化,Delta 对股价变换呈现的是"S"型曲线,这和理论结果是一致的。同样我们也可以得到 Gamma 对 S 的曲线。

Gammar 曲线呈现对称的山峰状态,由于 Gammar 是 Delta 对 S 再求一次导数,其实就是 Delta 曲线上每一点的斜率。对于"S"型曲线而言,在它的拐点处的斜率就是 Gammar 曲线的峰值。我们还想考察这些希腊字母与剩余到期时间的变换关系,图 8.10 中的小图就是 Gammar 和 Time to Maturity 之间的关系图。可见在快要到期的时候,Gammar 变得比期初要高 5 倍左右,也就是说期权快要到期时 Gammar 风险会突然放大。

8 期权、期货及衍生品定价模型分析

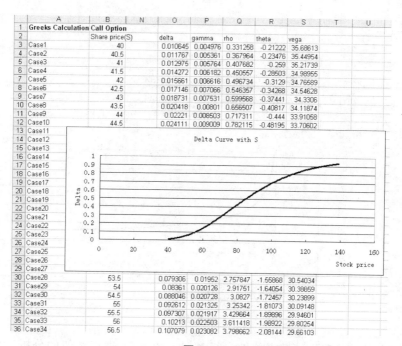

图 8.8

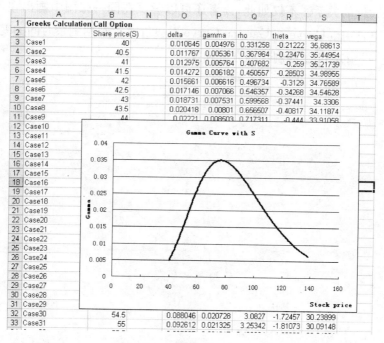

图 8.9

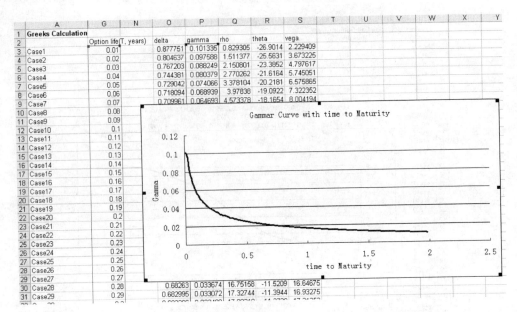

图 8.10

思考与操作：我们请读者能够自行对 rho 和 vega 进行类似的分析工作，来考察它们与股价的关系。不仅如此，读者还可以尝试在同一张图中画出在不同执行价的情况下，Delta Curve 与 Gamma Curve 对股价或者到期剩余时间的变化关系，其中涉及一些 Excel 图标制作的方法和技巧。

9 风险管理

9.1 市场风险度量

9.1.1 久期

(1) 麦考莱久期及修正的麦考莱久期

久期是测量债券价格相对于收益率变动的敏感性指标。其中最重要的一种久期就是1938年费雷里克·麦考莱首次提出的麦考莱久期,其次是修正的麦考莱久期。假设市场中存在某种无内含选择权的债券,1年支付 m 次。那么其定价公式为:

$$P = \sum_{i=1}^{n \times m} \frac{c \times F/m}{(1+y/m)^i} + \frac{F}{(1+y/m)^{n \times m}}$$

式中,P 为债券价格,c 为一年的票息率,y 为到期收益率,n 为债券到期年数,m 为每年支付的次数。

$$\frac{dP}{dy} = \sum_{i=1}^{n \times m}(-i) \times \frac{c \times F}{(1+y/m)^{i+1}} - n \times \frac{F}{(1+y/m)^{n \times m+1}}$$

$$= -\frac{1}{1+y/m}\left[\sum_{i=1}^{n \times m}(-i) \times \frac{c \times F}{(1+y/m)^i} + n \times \frac{F}{(1+y/m)^{n \times m}}\right]$$

$$\frac{dP}{dy}/P = -\frac{1}{1+y/m}\left[\sum_{i=1}^{n \times m} i \times \frac{c \times F/P}{(1+y/m)^i} + n \times \frac{F/P}{(1+y/m)^{n \times m}}\right]$$

我们将括号内的部分 $\sum_{i=1}^{n \times m} i \times \frac{c \times F/P}{(1+y/m)^i} + n \times \frac{F/P}{(1+y/m)^{n \times m}}$ 称为麦考莱久期。

将麦考莱久期与 $(1+y/m)$ 的比值称为修正的麦考莱久期。

附息债券的麦考莱久期和修正的麦考莱久期均小于其到期期限。对于零息债券而言,麦考莱久期就是到期期限。我们知道,在所有其他因素不变的情况下,到期期限越长,债券价格的波动性越大。对于普通债券而言,当其他因素不变时,票面利率越低,麦考莱久期及修正的麦考莱久期就越大。同时,假设其他因素不变,久期越大,债券的价格波动性就越大。

从前面的公式可知,麦考莱久期表示的是每笔现金流量的期限按其现值占总现金流现值的比重计算出的加权平均数,它能够体现利率弹性的大小。因此,具有相同的麦考莱久期的债券,其利率风险是相同的。

我们在 Excel 中展示某个特定债券的价格与收益率关系曲线并计算麦考莱久期及修正的麦考莱久期。该特定债券的基本信息见 Excel 表的 A3:B6,在 D 列中放入的是到期收益率的数值,E 列放入的是对应的债券价格,其中对债券价格的计算是通过 Excel 内嵌的函数 Price(Settlement, Maturity, ytm, redemption, frequency,[basis])。债券定价函数的各参数的含义参见 Excel 的帮助说明。

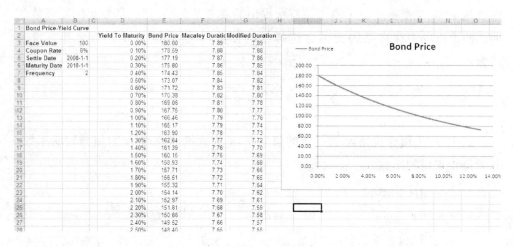

图 9.1

在以上的结果中,我们可以验证关于久期的一些基本结论:利率下降,价格上升,久期增加;利率上升,价格下降,久期降低。请读者试着借用这个 Excel 模板,验证票息下降、久期增加以及到期日增加、久期增加这两个结论。

(2) 有效久期

某些债券由于含权性,在到期日之前赋予了债券发行人按照某一个价格赎回债券的权利或是赋予投资人将债券回售给发行人的权利。由于这种或有情况的出现,使得债券的定价会发生变化,于是前面计算的麦考莱久期及修正久期均不适用了。

对于有效久期的计算,我们希望能够放到可转换债券的风险计量中进行,因为可转换债券就是一种含权债券,所以标准的麦考莱久期及修正久期不能被应用,只有通过计算有效久期才能对债券的利率风险进行准确计量。

(3) 组合久期

在债券的投资组合管理中,我们通常还要关心利率变动对投资组合价值的影响,也就是要衡量某些债券投资组合的利率风险,即计量各种组合的久期。我们假设某组合 P 中含有 3 只债券,分别为 $P1, P2, P3$,用 V 来表示组合 P 的债券价值,$V1, V2, V3$ 分别表示这三只债券的价值,那么就有 $V = V1 + V2 + V3$。设 D 表示组合 P 的组合久期,$D1, D2, D3$ 分别表示 $P1, P2, P3$ 的久期,且 $w1, w2, w3$ 分别是三只债券占组合的价值比重,那么我们有:

$$D \cdot V = D1 \cdot V1 + D2 \cdot V2 + D3 \cdot V3$$

$$\Rightarrow D = \frac{V1}{V}D1 + \frac{V2}{V}D2 + \frac{V3}{V}D3$$

$$\Rightarrow D = w1 D1 + w2 D2 + w3 D3$$

(4) 关键利率久期

所谓关键利率久期,是指债券或债券投资组合在期限曲线上仅有某一年期的利率发生变化的情况下,债券价格的敏感性。其与久期的不同之处仅在于价格的改变是仅由某一年期的利率所引起。关键久期可以精确说明每一个年期利率发生变动后对债券价格的影响程度。我们在一个债券投资组合的框架下来讨论关键利率久期的问题。当我们已知影响该债券投资组合的全部关键利率的期限时,我们关心的是每一个关键利率的变动对投资组合头寸价值变动的影响情况。假定该投资组合有 7 个关键期限的利率,那么我们利用久期的定义方法来计算每一个关键利率变动 1‰后投资组合的价值变动情况,即计算出每一个关键利率久期。我们有一个简单的结论,即将所有的关键利率久期求和应该恰好正是该组合的久期。

我们在 Excel 中展示计算关键利率久期的过程,并验证以上结论。通过一个例子来讲解。假定某投资组合 P,有债券 1~债券 3,它们的基本信息如表 9.1 所示。

表 9.1

	债券 1	债券 2	债券 3
平价面值	1 000	2 000	1 500
剩余期限	1.2	2.2	1
支付频率	Semi-annually	Semi-annually	Semi-annually
票息率	4%	5%	3.4%

同时给出市场数据,即债券的即期收益率曲线(Spot Yield Curve)数据。

	A	B	C	D	E	F	G	H	I	J
1					Par Amount	1000	2000	1500		
2	Coupon Frequency (per Year)			2	Coupon Rate	4%	5%	3.40%		
3					Cash Flow					
4	Time to Maturity(y)	Spot Rate	Discount Factor		Bond 1	Bond 2	Bond 3	Total	PV	Key Rate Duration
5	0.2	1.20%	0.997610032		20	50		70	69.83270223	0.002973358
6	0.5	1.30%	0.993541977				25.5	25.5	25.33532042	0.002696837
7	0.7	2.00%	0.986166117		20	50		70	69.03162817	0.010287373
8	1	2.20%	0.978357748				1525.5	1525.5	1492.484745	0.317737337
9	1.2	2.21%	0.973970223		1020	50		1070	1042.148139	0.266237394
10	1.7	2.25%	0.962677856			50		50	48.13389282	0.017420405
11	2.2	2.28%	0.951347154			2050		2050	1950.261665	0.913427149
12				PV	1033.125151	2146.282876	1517.820063	4697.228092	4697.228092	
13				Duration	1.171142062	2.085155437	0.991654044	1.530779854		1.530779854
14										
15										
16										

图 9.2

在 J 列计算的是关键利率久期,而 J13 是 J5:J11 中 7 个关键利率久期的和,H13 存放的是从组合久期。可见,两者是一致的,这就恰好验证了我们之前的结论。

9.1.2 理论凸度与有效凸度

债券的凸度从理论上讲是收益率曲线的二阶变化,而之前我们研究的久期反映的是债券价格相对于到期收益率之间的一阶变化。在利率波动较小的情况下,债券利率敏感性的大部分可以被久期所解释,但如果利率波幅较大的话,那么用久期去反映利率风险就显得不够充分,于是我们就寻求二阶变化(也叫做曲率变化)来补充反映。理论凸度的计算公式如下:

$$Convexity = \frac{1 \times 2 \times PVCF_1 + 2 \times 3 \times PVCF_2 + \cdots\cdots + n(n+1)PVCF_n}{PVTCF(1+y/f)^2 f^2}$$

式中,$PVCF$ 表示当期每笔现金流量的现值;

$PVTCF$ 表示当期所有现金流量的现值总和;

Y 表示到期收益率；

f 表示每年的利息支付频率。

对于零息债而言，其凸度可以简化为：

$$Convexity = \frac{n(n+1)}{(1+y)^2}$$

对于一个含权债而言，其理论凸度在某些利率点变得不适用，因为正的凸度通常会变成负数。正凸度对投资人是有利的，利率上升幅度和下降幅度相同，债券价格下降的幅度要小于价格上升的幅度；反之，负凸度是对投资人不利的，利率上升幅度和下降幅度相同，债券价格下降的幅度要大于价格上升的幅度。我们通过凸度的原始定义出发来计算所谓的有效凸度：

$$Convexity = \lim_{\Delta r \to \infty} \frac{P_{+\Delta r} + P_{-\Delta r} - 2P_0}{P_0 (\Delta r)^2}$$

至于有效凸度，与有效久期一样，我们也希望将它放在可转换债券中进行讨论和分析。利用第一节例子中的债券作为案例。由于 Excel 中并没有现成的关于 Convexity 的计算公式，所以我们不妨在 VBA 中事先编辑一个 CONVEXITY 的函数。

```
Function CONVEXITY(settlement As Date, maturity As Date, coupon As Double, yield As Double, frequency As Integer) As Double
Dim num_period As Double, delta_time As Double, second_order As Double, i As Integer, Bond_Price As Double

num_period = frequency × (maturity - settlement)/365
delta_time = num_period - Int(num_period)
second_order = 0

For i = 0 To Int(num_period)
    second_order = second_order + (i + delta_time) × (i + delta_time + 1) × (coupon × 100/frequency)/(1 + yield/frequency) ^ (i + delta_time + 2)
Next i
```

```
second_order = (second_order + num_period × (num_period + 1) × 100/(1 +
yield/frequency)^(num_period + 2))/frequency^2
Bond_Price = Bond_Clean_Price(100, coupon, yield, (maturity -
settlement)/365, frequency)
CONVEXITY = second_order/Bond_Price
End Function
```

在以下 Excel 表中的 H 列中是利用 CONVEXITY 函数对凸度进行的计算，I 列是应用了有效凸度的计量方法进行计量，可以发现两者区别并不大，这是由于我们所计算的债券并不含有期权性质所致。若债券含权，则只能应用有效凸度的计量方法(基于凸度的定义)。

	A	B	C	D	E	F	G	H	I
1	凸度计算				Yield To Maturity	Bond Price	Macaley Duration	Convexity	Effective Convexity
2		Face Value	100		0.00%	180.00	7.89		
3		Coupon Rate	8%		0.10%	178.59	7.88	75.36	75.25
4		Settle Date	2008-1-1		0.20%	177.19	7.87	75.16	75.06
5		Maturity Date	2018-1-1		0.30%	175.80	7.86	74.97	74.86
6		Frequency	2		0.40%	174.43	7.85	74.77	74.67
7					0.50%	173.07	7.84	74.58	74.48
8					0.60%	171.72	7.83	74.38	74.28
9					0.70%	170.38	7.82	74.19	74.09
10					0.80%	169.06	7.81	74.00	73.89
11					0.90%	167.75	7.80	73.80	73.70
12					1.00%	166.46	7.79	73.61	73.51
13					1.10%	165.17	7.79	73.41	73.31
14					1.20%	163.90	7.78	73.22	73.12
15					1.30%	162.64	7.77	73.03	72.93
16					1.40%	161.39	7.76	72.83	72.73
17					1.50%	160.15	7.75	72.64	72.54
18					1.60%	158.93	7.74	72.45	72.35
19					1.70%	157.71	7.73	72.25	72.15
20					1.80%	156.51	7.72	72.06	71.96
21					1.90%	155.32	7.71	71.86	71.77
22					2.00%	154.14	7.70	71.67	71.57

图 9.3

在以上的结果中，我们可以验证关于久期的一些基本结论：利率下降，凸度增加；利率上升，凸度降低。请读者试着借用这个 Excel 模板，验证票息下降、凸度增加以及到期日增加、凸度增加这两个结论，并观察凸度随着到期日增加的速度如何变化。

9.1.3 久期与凸度的应用与比较

我们已经在 Excel 中展示了如何计算理论凸度，本节将比较久期、凸度来反映利率变化对债券价格的影响情况的实际效果。将 Duration 一阶拟合、Duration-

Convexity 二阶拟合、Full Valuation 等三个方法来做一个比较。其中所谓 Full Valuation 是重定价的方法，能反映全部的利率风险，Duration 方法反映的是一阶利率风险，Duration-Convexity 方法反映的是一阶与二阶利率风险。

	A	B	C	D	E	F	G	H	I	J	K	L
1	久期与凸度的应用											
2		Face Value	100									
3		Coupon Rate	8%									
4		Settle Date	2008-1-1			Duration Effects= Duration*δy			Convexity Effects =0.5*Convexity*(δy)^2		Full Effects = Bond Price(at y+δy)	
5		Maturity Date	2018-1-1									
6		Frequency	2									
7												
8	Yield To Maturity	δy	Bond Price(at y)	Duration	Convexity	Price with Duration	Price with Duration& Convexity	Duration Effects	Convexity Effects	Bond Price(at y+δy)	Full Effects	Residual Effects
9	9.00%	0.05%	93.4960	6.6550	58.3879	93.1849	93.1856	(0.3111)	0.0007	93.1856	(0.3104)	(0.0000)
10	9.00%	0.10%	93.4960	6.6550	58.3879	92.8738	92.8765	(0.6222)	0.0027	92.8765	(0.6195)	(0.0000)
11	9.00%	0.20%	93.4960	6.6550	58.3879	92.2516	92.2625	(1.2444)	0.0109	92.2624	(1.2336)	(0.0001)
12	9.00%	0.30%	93.4960	6.6550	58.3879	91.6294	91.6539	(1.8667)	0.0246	91.6537	(1.8424)	(0.0003)
13	9.00%	0.40%	93.4960	6.6550	58.3879	91.0072	91.0508	(2.4889)	0.0437	91.0502	(2.4458)	(0.0006)
14	9.00%	0.50%	93.4960	6.6550	58.3879	90.3849	90.4532	(3.1111)	0.0682	90.4520	(3.0440)	(0.0012)
15	9.00%	1.00%	93.4960	6.6550	58.3879	87.2739	87.5468	(6.2222)	0.2730	87.5378	(5.9582)	(0.0090)
16	9.00%	2.00%	93.4960	6.6550	58.3879	81.0517	82.1435	(12.4444)	1.0918	82.0744	(11.4216)	(0.0691)
17	9.00%	-0.05%	93.4960	6.6550	58.3879	93.8071	93.8078	0.3111	0.0007	93.8078	0.3118	0.0000
18	9.00%	-0.10%	93.4960	6.6550	58.3879	94.1182	94.1210	0.6222	0.0027	94.1210	0.6250	0.0000
19	9.00%	-0.20%	93.4960	6.6550	58.3879	94.7405	94.7514	1.2444	0.0109	94.7514	1.2554	0.0001
20	9.00%	-0.30%	93.4960	6.6550	58.3879	95.3627	95.3873	1.8667	0.0246	95.3875	1.8914	0.0002
21	9.00%	-0.40%	93.4960	6.6550	58.3879	95.9849	96.0286	2.4889	0.0437	96.0291	2.5331	0.0005
22	9.00%	-0.50%	93.4960	6.6550	58.3879	96.6071	96.6754	3.1111	0.0682	96.6764	3.1804	0.0010
23	9.00%	-1.00%	93.4960	6.6550	58.3879	99.7182	99.9912	6.2222	0.2730	100.0000	6.5040	0.0088
24	9.00%	-2.00%	93.4960	6.6550	58.3879	105.9404	107.0322	12.4444	1.0918	107.1062	13.6102	0.0740

图 9.4

在图 9.4 中，我们看到了 Duration Effect 和 Convexity Effects，也比较了利用久期与凸度来反映利率风险。L 列中反映的是除了 Duration 和 Convexity 以外的其他效果。随着 y 从小到大的变化，Convexity 的作用就越明显，因为 Duration 仅仅在利率微小变动的情况下才有较好的作用。加入了 Convexity Effects 之后，我们发现 Residual Effects 是较小的，只有当 y 很大的时候，Residual Effects 才比较显著些。

9.1.4 基点价值的计量

在固定收益的投资领域，衡量投资风险的更直接的指标还有 DV01（或等价地 PVBP），Dollar Duration 等。总体上说，这些指标既考虑久期的因素，也考虑了债券投资价值。它们衡量的是当收益率变动一个基点时，投资价值会有多大的变化。

有了之前的久期和凸度的概念和计算基础，基点价值的计量就容易得多，而且是直接的。需要说明的是，DV01 是基于重定价的，包括了 Duration 和 Convexity 以及其他的效应。而 Dollar Duration 是一个近似的计算，仅仅包括了 Duration Effects。请读者自己完成，并给出计算及比较结果。

9.1.5 溢价、平价与折价债券的利率风险度量指标与期限的关系之重要结论

我们将在 Excel 中综合地验证关于债券几个基本定理和重要事实，并利用图像展示比较结果。

（1）Diagram of Macaulay Duration with different coupon rate against Maturity

在图 9.5 中，B 列与 C 列利用了基本结论，而 D10:F35 内使用了 Excel 自带的 Duration 函数，各种参数取自基本信息。然后通过序列作图的方法将它们进行比较。可以得到一个基本的结论：在期限相同的情况下，除了 Perpetuity 以外，票息越高的债券对应的 Macaulay Duration 越高。

	A	B	C	D	E	F
1	Relationship between Macaulay Duration, Coupon Rate and Maturity					
2		Perpetuity	Zero Coupon	Deep Discount Bond	Par Bond	Premium Bond
3	Face Value	100	100	100	100	100
4	Coupon Rate	5%	0%	1%	5%	12%
5	Date base	365	365	365	365	365
6	Yield	5.00%	5.00%	5.00%	5.00%	5.00%
7	Settlement Date	2009-1-1	2009-1-1	2009-1-1	2009-1-1	2009-1-1
8	Frequency	2	2	2	2	2
9	Maturity			Macaulay Duration		
10	1	20	1	0.997463185	0.9878049	0.972581364
11	2	20	2	1.984430949	1.9280118	1.847330174
12	3	20	3	2.960198181	2.8229142	2.643685976
13	4	20	4	3.921269445	3.6719175	3.373113914
14	5	20	5	4.872472408	4.482655	4.051849534
15	6	20	6	5.810293723	5.2543266	4.685286243
16	7	20	7	6.733992902	5.9888147	5.279787456
17	8	20	8	7.642827519	6.6879111	5.840387431
18	9	20	9	8.536056371	7.3533211	6.371125649
19	10	20	10	9.412942832	7.9866679	6.875285222
20	11	20	11	10.27275836	8.5894965	7.355566005
21	12	20	12	11.11200835	9.1604997	7.811434558
22	13	20	13	11.93554702	9.7066327	8.250330922
23	14	20	14	12.73991453	10.22645	8.671074546
24	15	20	15	13.52445199	10.721219	9.075031167
25	16	20	16	14.28574977	11.18937	9.460600499
26	17	20	17	15.02876244	11.637607	9.834361412
27	18	20	18	15.75014587	12.064245	10.19443205
28	19	20	19	16.44937201	12.470326	10.54160247
29	20	20	20	17.12317683	12.854061	10.87379633
30	21	20	21	17.77667469	13.219527	11.19719606
31	22	20	22	18.4066948	13.572112	11.50958757
32	23	20	23	19.01289506	13.905401	11.81148077
33	24	20	24	19.59220898	14.219852	12.10056178
34	25	20	25	20.14995897	14.521796	12.38281044
35	26	20	26	20.68319137	14.80919	12.65583908

图 9.5

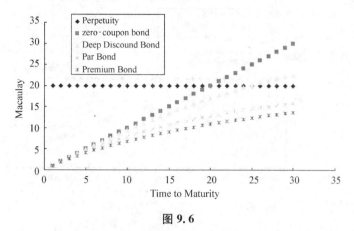

图 9.6

(2) Diagram of DV01 with different coupon rate against Maturity

	A	B	C	D	E	F
1	Relationship between DV01, Coupon Rate and Maturity					
2		Perpetuity	Zero Coupon	Deep Discount Bond	Par Bond	Premium Bond
3	Face Value	100	100	100	100	100
4	Coupon Rate	5%	0%	1%	5%	12%
5	Date base	365	365	365	365	365
6	Yield	5.00%	5.00%	5.00%	5.00%	5.00%
7	Settlement Date	2009-1-1	2009-1-1	2009-1-1	2009-1-1	2009-1-1
8	Frequency	2	2	2	2	2
9	Maturity			DV01		
10	1	0.2	0.010	0.010	0.010	0.010
11	2	0.2	0.018	0.018	0.019	0.021
12	3	0.2	0.026	0.026	0.028	0.032
13	4	0.2	0.033	0.034	0.037	0.042
14	5	0.2	0.039	0.040	0.045	0.053
15	6	0.2	0.045	0.046	0.053	0.064
16	7	0.2	0.050	0.052	0.060	0.074
17	8	0.2	0.054	0.056	0.067	0.085
18	9	0.2	0.058	0.061	0.074	0.096
19	10	0.2	0.061	0.065	0.080	0.106
20	11	0.2	0.064	0.068	0.086	0.117
21	12	0.2	0.066	0.071	0.092	0.127
22	13	0.2	0.068	0.074	0.097	0.137
23	14	0.2	0.070	0.077	0.102	0.147
24	15	0.2	0.072	0.079	0.107	0.157
25	16	0.2	0.073	0.080	0.112	0.167
26	17	0.2	0.073	0.082	0.116	0.177
27	18	0.2	0.074	0.083	0.121	0.186
28	19	0.2	0.074	0.084	0.125	0.195
29	20	0.2	0.074	0.085	0.129	0.204
30	21	0.2	0.074	0.086	0.132	0.213
31	22	0.2	0.074	0.087	0.136	0.222
32	23	0.2	0.074	0.087	0.139	0.230
33	24	0.2	0.073	0.087	0.142	0.239
34	25	0.2	0.073	0.087	0.145	0.247
35	26	0.2	0.072	0.087	0.148	0.255
36	27	0.2	0.071	0.087	0.151	0.262
37	28	0.2	0.070	0.087	0.153	0.270
38	29	0.2	0.069	0.087	0.156	0.277
39	30	0.2	0.068	0.086	0.158	0.284

图 9.7

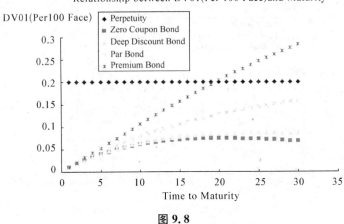

图 9.8

9.1.6 几个重要的债券投资组合策略(Bullet、Barbell、Ladder)的风险特性

在债券的投资组合中,投资经理往往有这样三种投资策略:Bullet Strategy:所有的债券集中在收益率曲线的某一点;BarBell Strategy:投资集中在短期和长期两个债券品种;Ladder Strategy:投资均匀地分布在短期、中期和长期品种。

下面,我们要利用 Excel 来验证一个重要的结论:当 BarBell 策略与 Bullet 策略具有相同的久期时,BarBell 策略的凸度更大。

假定:投资组合 1 是 BarBell 策略中只有两只零息票据债券,到期面值都是 100。

表 9.2

	投资组合1		投资组合2
投资策略类型	哑铃型		子弹型
	债券1	债券2	债券3
票息	0	0	0
面值	100	100	100
投资份额(一手=10份)	50×10	50×10	与投资组合1相同的市值
到期日	1.5	10	与投资组合1相同的久期到期日
有效久期	1.5	10	与投资组合1相同的久期

我们把以上的基本信息输入 Excel 中,并计算出两个组合的 Convexity,最终可见子弹组合的凸度为 15.53,小于哑铃组合的凸度 20.46。我们首先构建 Portfolio-A,Portfolio-B 的久期是根据 Portfolio-A 确定的,然后根据久期再倒算出单元格 D7 中的 Time to Maturity 值,由此再计算 D16 中的凸度(注意:一个组合的凸度与其总投资的价值无关,只和组合中每一只债券的占比以及各自的凸度有关)。

	A	B	C	D
1	投资组合策略比较			
2		Portfolio-A		Portfolio-B
3		Bond-1	Bond-2	Bond-3
4	Face Value	100	100	100
5	Coupon Rate	0	0	0
6	Bond Equivalent Yield	2.60%	2.60%	2.60%
7	Time to Maturity	1.5	6	3.75
8	Amout	500	500	1000
9	Par Amount	50000	50000	100000
10	Bond Value	49358.34	49358.34	90767.25
11	Portfolio Value	98716.68		90767.25
12	Macaulay Duration	1.48	5.92	3.70
13	Modified Duration(MD)	1.5	6	3.75
14	Convexity	2.92	38.01	15.53
15	Portfolio Modified Duration	3.75		3.75
16	Portfolio Convexity	20.46		15.53
17				

图 9.9

9.1.7 权益类金融工具的风险度量

(1) Beta 风险系数的估计

在股票定价过程中,有著名的资本资产定价理论,即 CAPM 模型。我们在资产定价的章节中会重点介绍。这里,我们将注意力放在风险计量上。股票的风险分成两个部分,即系统风险部分、非系统风险(特定风险)部分。系统风险部分用 Beta 来计量,它是相对于市场组合风险的一个相对量,衡量了某只股票相对于整个市场组合的风险有多少。若其值为 1,则表示它与市场具有相同的风险;若大于 1,则表示其风险大于市场风险;若小于 1,则表示其风险弱于市场风险。非系统风险(特定风险)就是股票自身所特有的风险,与市场风险无关,是可以通过组合进行分散的风险。两个风险加总后就可以得到总风险。对于一个风险完全市场化的投资者而言,影响股票预期超额收益的唯一因素就是股票的系统风险(用 beta 衡量)。

我们简记:R_i 表示股票 i 的收益率,R_f 表示无风险收益率,R_M 表示市场组合的收益率,e_i 表示股票 i 与市场组合不相关的误差项目,其期望为 0,α_i 为特定收益,于是有:

$$E(R_i - R_f) = \alpha_i + \beta_i E(R_M - R_f) + e_i$$

在市场是完全有效的情况下,α_i 为 0,但在目前的市场中,它通常显著地不为 0。我们将利用该公式,以及股票市场中的数据,对股票的 beta 系统值进行估计。我们在数量工具一章中介绍了线性回归估计 beta 系数的方法,请读者参照并练习。由于是单因素模型,故我们也可以用 $Cov(R_i, R_m)/Cov(R_m, R_m)$ 来作为 beta 的估计值。

(2) 组合风险计量

对于股票的组合投资,计算方差与协方差矩阵是重要的。在度量当前时刻投资组合的总风险时,我们首先需要获得每个资产之间的协方差矩阵,以及当前时候投资组合中各资产的市值权重,然后将权重作为列向量,利用矩阵的乘法求得资产组合的总风险。

下面,我们要将我们的设想付诸实践。在"数量工具"章节中,我们曾要求读者自行尝试用 VBA 编一个求解协方差矩阵的函数。若读者已经有了自己的函数并经过验证,那很好,现在就可以直接使用了。但我们还是要给出我们的自定义函数 VCV (matrix):

```
Function VCV(matrix)
Dim num_colum As Integer, num_row As Integer, i As Integer, j As Integer
Dim vcvmatrix() As Variant
num_colum = matrix.Columns.Count
num_row = matrix.Rows.Count
ReDim vcvmatrix(1 To num_colum, 1 To num_colum)
For i = 1 To num_colum
    For j = 1 To num_colum
```

```
        vcvmatrix(i, j) = Application.WorksheetFunction.Covar(matrix.
Columns(i), matrix.Columns(j))
    Next j
    Next i
    VCV = vcvmatrix
End Function
```

以上自定义函数的输入参数是相关序列,计算的是列方向上变量的协方差矩阵。请读者在此基础上稍作修改将其变为相关性矩阵。

对于此函数,我们发现,如果所选择的区域不是连续的,那么 VCV 函数是不适用的,于是需要对这个函数进行改造和完善。在改造后的函数中我们应用了 ParamArray 来定义参数数组,这一概念在 VBA 的自定义函数中是重要的。以下的 VCV_New() 推广了 VCV() 的适用范围,请读者尝试着去理解这个函数,并在 Excel 中进行验证。

```
Function VCV_New(ParamArray matrix())
Dim num_colum As Integer, num_row As Integer, i As Integer, j As
Integer, m As Integer
Dim vcvmatrix() As Variant
Dim num As Integer

num = UBound(matrix()) - LBound(matrix()) + 1
num_colum = matrix(UBound(matrix())).Columns.Count
ReDim vcvmatrix(1 To num * num_colum, 1 To num × num_colum)

For m = LBound(matrix()) To UBound(matrix())
For n = LBound(matrix()) To UBound(matrix())
    For i = 1 To matrix(m).Columns.Count
    For j = 1 To matrix(n).Columns.Count
        vcvmatrix(m + i, n + j) = _
```

```
                Application.WorksheetFunction.Covar(matrix(m).Columns(i),
matrix(n).Columns(j))
                    Next j
                    Next i
        Next n
        Next m


        VCV_New = vcvmatrix
        End Function
```

有了这个函数作为基础,我们在 Excel 中来求解组合的方差和标准差等问题就会迎刃而解。下面是应用 Excel 衡量某个股票投资组合相关指标的应用:

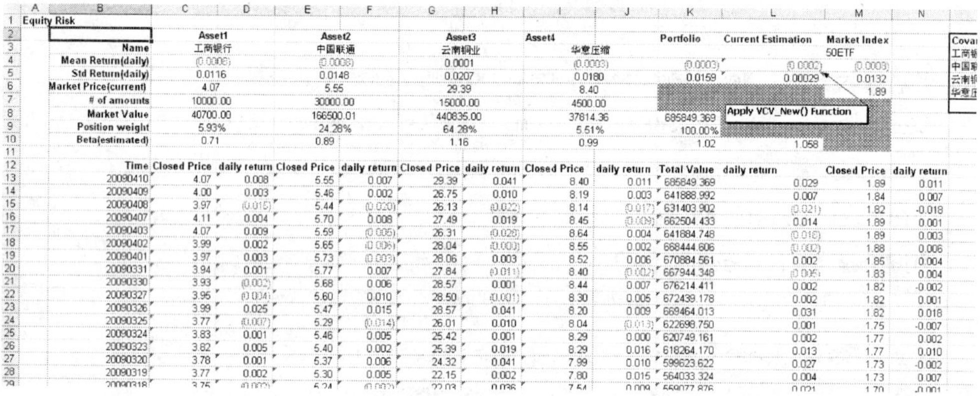

图 9.10

9.1.8 期货风险管理的基本应用

(1) 期货交易的套利定价及套利机会的识别

我们设 t 时刻的现货价格为 S_t,$F_{t,T}$ 表示 t 时刻交易、T 时刻到期的期货价格,r_f 为无风险利率。假定现货 S 在 t 到 T 之内没有额外的现金流,那么应该有期货无套利定价公式:

$$F_{t,T} = S_t \left(1+r_f\right)^{T-t}$$

卖出套期法(Cash and Carry)

该方法的思路是：投资者在现货市场上以无风险利率的成本融资买入现货，而在期货市场上卖出期货，到期之后将卖得的现金偿还到期的本利和。在全过程中投资人没有投入任何自有资金，所以在期货到期时应该没有任何收益，否则存在套利的可能性。若 $F_{t,T} > S_t\left(1+r_f\right)^{T-t}$，则存在套利空间，只要在现货市场上买入现货，并卖出 T 时刻的期货，只要投资人将现货持有至到期就能够获得无风险套利。

买入套期法定价(reverse cash and carry)

该方法的思路和卖出套期法类似。若 $F_{t,T} < S_t\left(1+r_f\right)^{T-t}$，那么在现货市场上买空现货资产，并将获得的现金投入到无风险市场中，然后在对应的期货市场上以 $F_{t,T}$ 的价格买入期货资产，到期之后投资人交割后将资产抵补原先的现货空头，就能够获得无风险套利。我们在 Excel 中将模拟同一个资产的在现货市场以及期货市场上的两个价格走势，并运用 Excel 的基本函数来识别出套利机会并给出套利方法。

	A	B	C	D	E	F	G	H
1	Futures Arbitrage Oportunity							
2								
3	Principle	￥1,000,000.00	t(day)	S(t)	F(t,T)	Status	Arbitrage Method	Gains at t
4	risk free rate	8%	0	10.00	10.30	1	Long Spot Short Futures	256655.91
5	t=	0	1	9.92	9.96	0	NULL	0
6	T=	20	2	9.74	9.78	0	NULL	0
7	volatility of S	20%	3	9.82	9.86	0	NULL	0
8	drift of S	0	4	9.73	9.77	0	NULL	0
9			5	9.56	9.59	0	NULL	0
10			6	9.47	9.50	0	NULL	0
11			7	9.62	9.97	1	Long Spot Short Futures	323160.97
12			8	9.71	9.74	0	NULL	0
13			9	9.68	9.71	0	NULL	0
14			10	9.82	9.84	0	NULL	0
15			11	9.58	9.60	0	NULL	0
16			12	9.57	9.58	0	NULL	0
17			13	9.63	9.60	1	Short Spot Long Futures	46649.454
18			14	9.72	9.73	0	NULL	0
19			15	9.87	9.88	0	NULL	0
20			16	9.99	10.00	0	NULL	0
21			17	10.03	10.02	1	Short Spot Long Futures	15568.789
22			18	10.04	10.04	0	NULL	0
23			19	10.18	10.19	0	NULL	0
24			20	10.16	10.16	0	NULL	0

图 9.11

D 列中是现货资产的价格；E 列对应资产的期货价格；F 列表示是否存在套利空间，1 表示存在，0 表示不存在；G 列显示的是，若存在套利可能，Excel 自动给出采用何种方法进行套利；H 列给出套利的收益。其背后的逻辑就是利用套利定价原理判断是否存在套利可能，然后按照相应的套利策略进行无风险获利计算。若读者能够利用更多的信息给出期货价格的无套利区间，即意味着若期货价格在无套利区间之内，则投资人没有动力进行套利交易；若落在套利区间之外，则投资人可以采取套利策略进行套利。

（2）应用股指期货控制股权投资组合的风险

在应用股指期货对冲和控制股权投资组合的风险时，我们遵循的是最优对冲比例的思想。我们举一个例子来说明。设有某市场基准组合 M，将其收益率记为 R_M，另有某股票组合 P，其收益率记为 R_P，投资人希望能够对冲该组合的市场风险，于是在市场上寻找合适的对冲工具，恰好市场上存在对应市场组合 M 的指数期货 F，该指数期货 F 的收益率记为 R_F，在这个市场上我们无法做空市场组合 M 来直接对冲股票组合 P，但却通过其对应的期货合约 F 来间接地完成这一目标。我们有如下两个关系：

$$R_P = \alpha_P + \beta_P R_M + \varepsilon_F, \quad R_F = \alpha_F + \beta_F R_M + \varepsilon_F$$

它们给出了组合 P 以及期货 F 与市场组合的回归关系（单因子模型），$\beta_P = 1.4$ 和 $\beta_F = 1.05$ 分别表征了它们的市场风险 beta 系数。同时，假设当前组合 P 的市值为 $V_P = 20$ million，且一张股指期货合约的价值为 $V_F = 2$ million，我们的问题是：如何控制组合 P 的市场风险，1. 使其 beta 系数降低为原来的一半；2. 使其 beta 系数降为零。分别应该采取怎样的投资策略。

基本思路是：通过做空股指期货 F 来对冲组合 P 的市场风险。针对问题 1 和问题 2，假设做空 N 张期货合约 F，则做空后的投资组合 $P - N \times F$，该组合的市场风险 beta 系数为：

$$\begin{aligned}
\beta_{\text{target}} &= \text{cov}((V_P R_P - V_F N \times R_F)/V_P, R_M)/\sigma_M^2 \\
&= \text{cov}(R_P, R_M)/\sigma_M^2 - NV_F/V_P \text{cov}(R_F, R_M)/\sigma_M^2 \\
&= \beta_P - NV_F/V_P \beta_F
\end{aligned}$$

由此得到，$N=\dfrac{V_P(\beta_P-\beta_{\text{target}})}{V_F\beta_F}$。于是对于问题 1：$N_1=\dfrac{20(1.4-0.7)}{2\times 1.05}=6.7$ 张；对于问题 2：$N_2=\dfrac{20(1.4-0)}{2\times 1.05}=13.3$ 张。

我们将计算过程在 Excel 中公式化。

	A	B	C	D	E	F	G
1	Equity Index Futures to hedge equity portfolio risk						
2							
3	V_P=	20,000,000		V_F=	2,000,000		
4	return information			Beta Information			Strategies
5	R_m	R_F	R_P	$Beta_F$	$Beta_P$	$Beta_{target}$	Number of Contract of Futures(including sign)
6	1.03%	1.10%	2.09%	1.03	1.61	1	-5.95
7	1.11%	1.08%	1.56%			0.8	-7.88
8	-0.66%	-0.70%	-1.02%			0.6	-9.82
9	-1.20%	-1.03%	-3.09%			0.4	-11.76
10	0.51%	0.37%	1.08%			0.2	-13.70
11	1.61%	1.90%	2.09%			0	-15.63
12	5.12%	6.10%	10.00%				
13	-2.03%	-2.09%	-3.00%				
14	-0.25%	0.23%	-2.09%				
15	1.34%	1.04%	2.09%				
16	0.45%	-0.12%	-0.80%				
17	0.67%	0.98%	-0.91%				
18	1.01%	0.90%	-0.09%				
19	-2.09%	-1.87%	0.09%				
20	0.90%	0.59%	3.20%				
21	1.09%	0.98%	2.89%				
22	-0.67%	-0.80%	-1.80%				
23	-0.93%	-1.05%	-2.98%				
24	0.87%	0.56%	0.05%				
25	1.08%	1.67%	2.45%				

=COVAR(A5:A24,C5:C24)/VAR(A5:A24)

=COVAR(A5:A24,B5:B24)/VAR(A5:A24)

图 9.12

(3) 应用股指期货调整股权投资配置

相对于问题 2，我们的要求将更进一步。假设我们有股票组合 V，该组合是大盘蓝筹型股票组合，市场上有大盘蓝筹股组合的期货 F1，也有小盘股组合对应的期货 F2，投资经理希望在不抛售现有组合的情况下，从当前的风险暴露换仓至小盘股的风险暴露，因为大肆抛售股票短时间内将无法完成并且会带来大量的冲击成本和流动性风险。我们的问题是：如何利用期货合约交易来达到该投资经理的交易目的。

对于这样的问题，借用问题 2 的思路，我们首先利用 F1 期货合约将原组合的风险 beta 系数调整为 0，然后再利用 F2 期货合约将组合调整为小盘股风险暴露。请读者仿造问题 2 的方法在 Excel 中完成。

(4) 选择合适的投资组合复制股指期货及其应用

例如某标准的股指期货标的股票由 15 只股票组成,但由于投资能力的限制,我们希望能够从中选择部分的股票重新构建指数,使得与原股指期货相关性达到较高的程度(视要求而定)。我们希望确定某 5 只具有代表性的股票,采用给定的加权办法构建指数。检验怎样的组合具有较好的复制性,一个角度就是要看新构建的组合指数与被复制的指数之间的相关性有多高,另一个角度就是看回归的系数是否接近于 1。可以设想最完美的复制就是两个指数走势完全相同,也即任一时刻的指数收益率均相同。事实上,相关性反映了拟合程度的好坏,而回归系数的好坏相对次要,因为我们可以通过杠杆倍数来调整此系数。在 Excel 表中,我们将选择与被复制指数相关性最高的 5 只股票来作为组织的样本股,通过价格加权的方法来构建新的指数,最后计算出新老指数之间的相关性。下图所示,在 B 列中存放的是原始指数,C 列存放指数的累计回报率,D 列存放每日回报率。S1、S2、S3、……存放的是 15 只股票的价格、对应的累计回报率和每日回报。在计算过程中,我们利用到了相关性系数函数和标准差函数等基本的统计函数。带背景的单元格是被筛选出的 5 只股票样本。

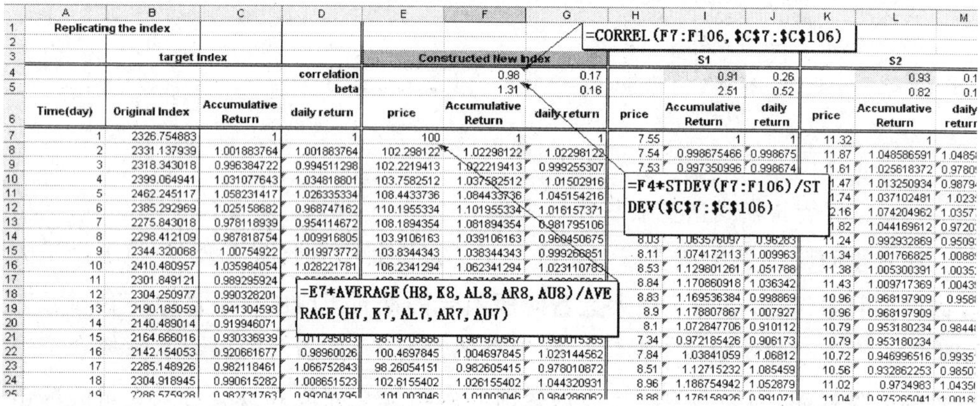

图 9.13

细心的读者会有疑问:为何同时计算了累计回报率和单日回报率,利用这种回报计算得到的相关性与 beta 有何本质上的不同?理论上讲,利用累计回报率的假设条件是线性回归方程的常数项限制为 0,而利用单日回报率则没有这样的限制。(这里有很多关于 beta 的计算理论,不再展开)

9.1.9 期权的组合策略

关于期权的组合策略,我们主要通过组合的到期支付函数或价值函数来展现其策略的内涵。这主要是因为我们这里讲的策略都是静态策略,即组合不随时间而变化。

(1) Protective Put

该策略是由一份正股和一份看跌期权组成。其支付函数表达式为:$S+\text{Max}(K-S,0)$。

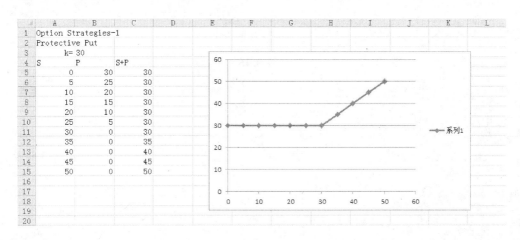

图 9.14

(2) Covered Call

该策略是由一份多头看涨期权和一份正股组成。其支付函数表达式为:$S-\text{Max}(S-K,0)$。

(3) Bull & Bear Spread

对于 Bull Spread 策略,其由买入一份执行价较低的看涨期权和卖出一份执行价较高的看涨期权。其支付函数表达式为:$\text{Max}(S-KL,0)-\text{Max}(S-KH,0)$。

对于 Bear Spread 策略,其由买入一份执行价较低的看跌期权和卖出一份执行价较高的看跌期权。其支付函数的表达式为:$\text{Max}(KL-S,0)-\text{Max}(KH-S,0)$。

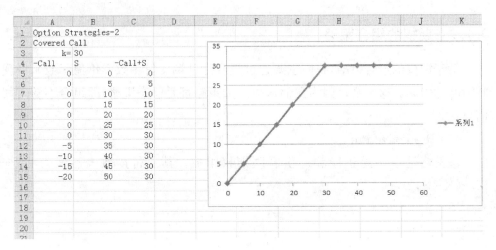

图 9.15

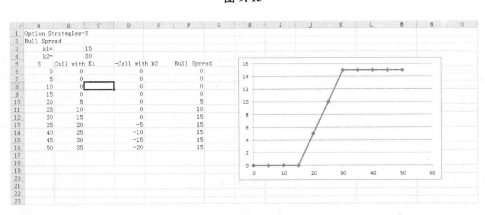

图 9.16

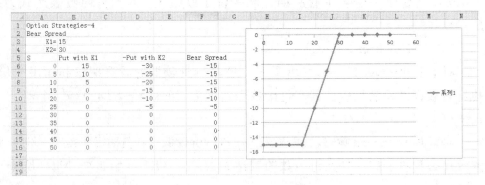

图 9.17

（4）Butterfly Spread

对于看涨期权正向蝶式差价组合策略：1份看涨期权多头＋2份看涨期权空头＋1份看涨期权多头（若是要获得"反向"蝶式组合，只需将多空变换即可）。

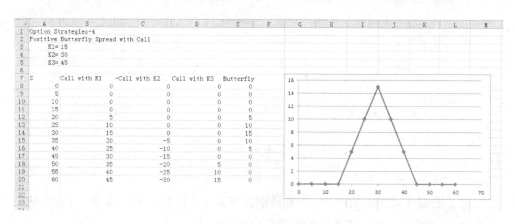

图9.18

对于看跌期权正向蝶式差价组合策略：1份看跌期权多头＋2份看涨跌期权空头＋1份看跌期权多头（若是要获得"反向"蝶式组合，只需将多空变换即可）。

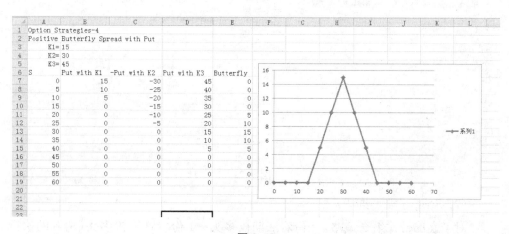

图9.19

（5）Straddle（跨式组合）

对于底部跨式组合策略：1份看涨期权多头＋1份看跌期权多头（两者的执行价相同）。

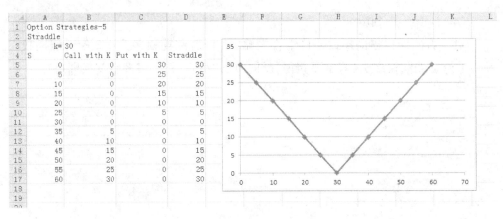

图 9.20

(6) Strips(条式组合)

对于底部条式组合策略：1份看涨期权多头＋2份看跌期权多头(两者的执行价相同)。相应地，顶部组合只要改变多空头寸即可。

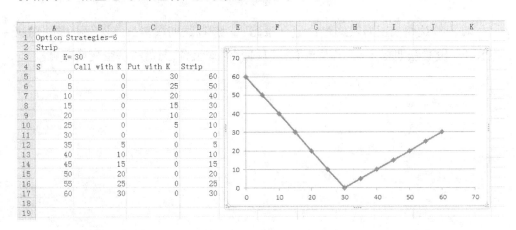

图 9.21

(7) Straps(带式组合)

对于底部带式组合策略：2份看涨期权多头＋1份看跌期权多头(两者的执行价相同)。相应地，顶部组合只要改变多空头寸即可。

(8) Strangles(宽跨式组合)

对于宽跨式组合策略：1份看涨期权多头＋1份看跌期权多头(两者执行价不同)。

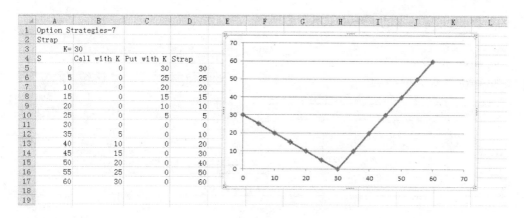

图 9.22

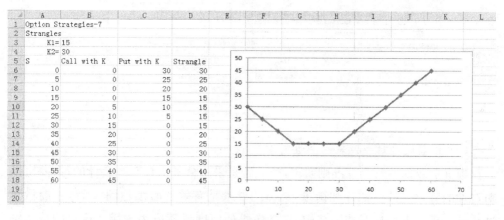

图 9.23

9.1.10 外汇风险管理

(1) 外汇敞口的计量

外汇敞口,也称外汇风险敞口,是用以度量汇率风险的最直接工具。我们通过测算企业资产负债表中的外汇净敞口,可以评估当某外汇币种贬值一定比例之后会给企业产生多少的折算损益。通过以下在 Excel 中的实例,我们简单介绍如何计量外汇敞口。举例说明:现有某家公司资产负债表的一部分外汇敞口明细清单,请统计外汇风险敞口大小,并按照对应的汇率折算成本币(人民币),最后分析外汇风险。在本案例中,我们将应用到如何通过列表选择参数、如何查询搜索对应的数据、求和等基本的 Excel 应用。

	A	B	C	D	E	F	G	H	I
1	FX expoosure measurement								
2									
3	Company A	Part of the Balance Sheet				FX rate	CNY/ccy	FX change	New FX
4						EUR	10.5	10%	11.55
5	account no.	amount	accounting prope	currency		HKD	0.95	-10%	0.855
6	1	4,000.00	Asset	USD		JPY	0.13	5%	0.1365
7	2	30,000.00	Asset	HKD		USD	6.84	-5%	6.498
8	3	2,000.00	Asset	USD					
9	4	1,500,000.00	Liability	JPY					
10	5	24,000.00	Liability	JPY					
11	6	23,445.00	Asset	HKD					
12	7	3,460.00	Liability	EUR					
13	8	4,590.00	Asset	EUR					
14	9	50,000.00	Asset	JPY					
15	10	13,400.00	Liability	EUR					
16	11	1,200,000.00	Liability	JPY					
17	12	15,000.00	Asset	USD					
18	13	4,500.00	Liability	USD					
19	14	2,850.00	Liability	HKD					
20	15	1,287,700.00	Liability	HKD					
21	16	65,000.00	Asset	JPY					
22	17	34,000.00	Asset	JPY					
23	18	12,900.00	Liability	EUR		=D28*VLOOKUP(A28, $F$4:$G$7, 2, TRUE)			
24	19	458,000.00	=SUMPRODUCT((($C$6:$C$25=$B$27)*($D$6:$D$25=$A28)*($B$6:$B$25))					=E28*F28	
25	20	36,000.00							
26									
27		Asset	Liability	Net Exposure	Net Exposure in CNY	FX change	Value Change in CNY		
28	HKD	53,445.00	1,290,550.00	-1,237,105.00	-1,175,249.75	10%	-117,524.98		
29	USD	479,000.00	4,500.00	474,500.00	3,245,580.00	-10%	-324,558.00		
30	JPY	149,000.00	2,724,000.00	-2,575,000.00	-334,750.00	5%	-16,737.50		
31	EUR	4,590.00	65,760.00	-61,170.00	-642,285.00	-5%	32,114.25		

图 9.24

(2) 外汇风险对冲及其有效性的度量

根据财政部的新会计准则要求,企业若是采用金融工具对冲会计的,需要定期对对冲的有效性进行估计和衡量,具体的要求是有效性必须达到 80%,才能做对冲会计。理论上存在对冲的结构,实际效果如何度量就成为关键。这里的技术细节非常多,我们介绍一种简单的对冲有效性的计量方法。

例如,某中国的贸易企业有一笔应收账款 900 万美元的头寸,预期半年后收到。为了对冲美元贬值风险,该企业在外汇市场上与银行做了一笔远期协议,以 6.75CNY/USD 的价格卖出 900 万美元。Excel 中的 B 列存放的是该笔应收账款的价值,同时 C 列存放用于对冲外汇风险的卖空合约,E 列是两者之和。我们发现,若没有对冲合约,那么应收账款的价值随汇率的波动而波动,然而在对冲之后总价值的变化非常平稳,其价值逐步下降,这主要是由于时间价值的流失所造成的(中美两国的利率不同,见 B2 和 B3)。在表格中的 B30 计算了未对冲情况下的价值波动,E30 计算了对冲后的价值波动,E31=(B30-E30)/B30 反映了对冲的有效比率。

	A	B	C	D	E
1	Hedging Effectiveness Measurement				
2	rate in USD	3%	Maturity	6M	
3	rate in CNY	2.70%	Forward Price	6.76	
4	time(week)	Accounts Receivable(0000CNY)	FX Forward Contract	Fx rate	total value in CNY
5	0	6093	0	6.77	6093
6	1	6098.848018	-6.130287902	6.776497798	6092.71773
7	2	6084.243272	7.906812435	6.760270302	6092.150084
8	3	6094.274174	-2.355669786	6.771415749	6091.918504
9	4	6091.21848	0.293804196	6.768020533	6091.512284
10	5	6101.007593	-9.747922802	6.778897325	6091.25967
11	6	6087.255026	3.477309588	6.763616696	6090.732336
12	7	6100.533819	-10.02868126	6.77837091	6090.505138
13	8	6099.020118	-8.90576592	6.77668902	6090.114352
14	9	6097.54412	-7.819224786	6.775049022	6089.724895
15	10	6092.245598	-2.942384365	6.769161775	6089.303214
16	11	6094.787202	-5.836849864	6.77198578	6088.950352
17	12	6097.069578	-8.478023562	6.774521754	6088.591555
18	13	6099.148118	-10.92044759	6.776831242	6088.22767
19	14	6099.468201	-11.61878939	6.77718689	6087.849412
20	15	6087.094135	0.304727262	6.763437928	6087.398862
21	16	6090.828242	-3.78537859	6.767586936	6087.042864
22	17	6093.8854	-7.206994231	6.770983778	6086.678406
23	18	6093.776912	-7.479472927	6.770863235	6086.297439
24	19	6101.763574	-15.82264563	6.779737305	6085.940929
25	20	6088.209134	-2.68926041	6.764676816	6085.519874
26	21	6094.172578	-9.021268884	6.771302864	6085.151309
27	22	6089.648636	-4.887315664	6.766276262	6084.76132
28	23	6095.449003	-11.06648417	6.772721115	6084.382519
29	24	6085.634165	-1.638598102	6.761815738	6083.995567
30	variance	25.61495701		variance	7.646352371
31				hedging ratio	0.701488768
32					

图 9.25

9.2 信用风险度量

9.2.1 基本概念介绍

本节我们将介绍如何应用 Excel 对信用风险进行计量。我们对构成信用损失的三个主要成分分别予以介绍，即信用敞口(Credit Exposure)、违约率(Probability Default)、损失率 Loss Given Default(或回收率 Recovery Rate)。理论上，针对某一信用事件的预期损失(Expected Loss)就是以上三者的乘积($EL=EC\times PD\times LGD=EC\times PD\times(1-RR)$)，而本质上它们中的任何一个变量都可认为是随机变量(Random Variable)。本节我们将遇到大量的统计应用，因为有了数量工具一章的基础，这些将显得非常直接。只是在具体应用过程中，需要读者与金融实务相结合，并最终在 Excel 中展现。下面，我们给出一些基本定义和概念。

所谓违约风险,是指交易对手无法兑现债务偿付义务。对于大型金融机构而言,主要的违约风险源于贷款、债券、场外的衍生交易支付。所谓损失分布,是指在给定的时间期限内,某笔交易发生的损失概率分布。预期损失就是该损失分布的期望值,而非预期损失可以定义为损失分布的标准差,或者在某一小概率下的损失分位数与预期损失的差。

(1) 信用敞口度量(Credit Exposure)

① 信用敞口的概念。信用敞口,也可称为违约敞口(Exposure at Default, i. e. EAD)。首先,我们知道信用敞口的来源主要有三种,分别是:a. 固定敞口,即那些发放的贷款或债券授信(也是一种贷款),这些是比较直接的、明显的。b. 承诺,Commitment。例如,类似于信用证、信用卡等潜在的信用敞口。c. 可变的敞口,这主要是指在参与到OTC交易的产品过程中,合约的价值会随着标的利率、汇率的变化而变化,从而形成某个交易方的信用敞口。关于OTC交易中引出的信用风险敞口,在第二节中有更详细的说明。

标准的债务型敞口通常是非常直接的,最简单的例子就是子弹型的债券或贷款,它们在到期日支付固定的金额。例如,有一笔10年期的债券,本金100万美元,每年的利息5%。我们在Excel中作出对应的风险敞口图,如图9.26所示。

图9.26基本反映了信用敞口的变化过程。在利息支付前后敞口出现跳跃,在两次利息支付期间均匀变化,这体现了时间价值,在最后一刻本金偿付之后敞口瞬间变为零。事实上,每一个点的信用敞口正是未来现金流的现值,读者不妨更改一下单元格B7中到期收益率的数值,观察一下信用敞口图形的变化。

留给读者一个问题:有一笔按揭的住房抵押贷款80万元人民币,期限20年,贷款利率4.83%,试做出银行按月度的信用风险敞口图。

9.2.2 交易对手信用风险管理

伴随着衍生金融工具的出现,交易对手信用风险一直成为学术领域的主要课题。尤其是OTC市场上的产品缺乏严格监管,充斥着交易对手风险。与债券或贷款不同的是,这些信用敞口不仅有时间依赖,而且还受到市场上各种风险因子的影响,如利率期限结构、汇率等。关于交易对手的信用敞口,一般为正,通常分为Current Exposure(CE),Potential Future Exposure(PFE)。前者是指当前可观测

	A	B	C	D
1	Credit Exposure			
2				
3	Notional Amount	1,000,000		
4	Currency	USD		
5	Coupon Rate	5%		
6	Maturity	10		
7	Yield	5%		
8	Pay frequency	annually		
9				
10				
11	time(end mode)	Credit Exposure		
12	0	¥1,000,000.00	Initial Day	
13	1	¥1,050,000.00	before coupon	
14	1	¥1,000,000.00	after coupon	
15	2	¥1,050,000.00	before coupon	
16	2	¥1,000,000.00	after coupon	
17	3	¥1,050,000.00	before coupon	
18	3	¥1,000,000.00	after coupon	
19	4	¥1,050,000.00	before coupon	
20	4	¥1,000,000.00	after coupon	
21	5	¥1,050,000.00	before coupon	
22	5	¥1,000,000.00	after coupon	
23	6	¥1,050,000.00	before coupon	
24	6	¥1,000,000.00	after coupon	
25	7	¥1,050,000.00	before coupon	
26	7	¥1,000,000.00	after coupon	
27	8	¥1,050,000.00	before coupon	
28	8	¥1,000,000.00	after coupon	
29	9	¥1,050,000.00	before coupon	
30	9	¥1,000,000.00	after coupon	
31	10	¥1,050,000.00	before coupon	
32	10	¥0.00	after coupon and principle	

图 9.26

到的信用敞口,根据 Mark to Market 的盯市估值可以在每一个时刻确认所持头位的敞口大小,以此确定 CE 的值, $CE(t) = \text{Max}(V(t), 0)$。后者是未来潜在的风险敞口,是随机的,可以用概率密度函数来描述它。实际上,在未来的每一个时点 $t(t > 0)$ 上,信用风险敞口都存在一个概率分布 $f(x_t)$。确定了这个分布,我们就可以确定如下两个指标,即 Expected Credit Exposure 和 Worst(Largest) Credit Exposure。

$$ECE_t = \int_{-\infty}^{\infty} \text{Max}(x_t, 0) f(x_t) \mathrm{d}x_t$$

$$1 - p = \int_{WCE}^{\infty} f(x_t) \mathrm{d}x_t$$

WCE 是在一定概率下才有意义,它类似于 VaR 的概念(关于 VaR 的应用请参见风险价值与经济资本的应用章节)。

若是从时间轴上看,可以确定一列 ECE_t,于是也就引出了所谓 Average Expected Credit Exposure(AECE)的概念,表达式为 $AECE = (1/T)\int_{t=0}^{T} ECE_t \mathrm{d}t$。对应地有所谓的 Expected Worst Credit Exposure(AWCE),定义为 $AWCE = (1/T)\int_{t=0}^{T} WCE_t \mathrm{d}t$。

下面,我们将通过利率互换(Interest Rate Swap)和货币互换(Currency Swap)两个例子来说明如何求解以上六大指标(CE,PFE,ECE,WCE,AECE,AWCE),并寻找它们的特点和规律。

案例:Bank A 和 Bank B 直接做了一笔利率互换协议,协议持续 4 年,名义本金 100 万美金,规定每年末 Bank A 向 Bank B 支付固定利息,Bank B 向 Bank A 支付浮动利息(由每一期的期初确定浮动利率)。我们给出签订协议初的利率期限结构,首先确定利率互换的价格(固定利率),然后计算相应的信用风险敞口指标。

表 9.3

Time	1	2	3	4
LIBOR	2.5%	2.8%	3.6%	4.1%

对于 Bank B 而言,其价值 V 等价于持有一笔固息债券的多头和一般浮息债券空头。为简单考虑,我们假定浮息债券的价值固定为 1。那么互换协议的价值之唯一风险因子就是这笔虚拟的固息债券的到期收益率。为能够考察利率互换协议的未来价值的波动情况,就必须对其价值的风险因子指定所服从的随机过程。为了说明问题,我们定义其服从某个均值回复的利率随机过程,如下:

$$\mathrm{d}r_t = (0.04 - r_t)\mathrm{d}t + 0.005 r_t \mathrm{d}z_t$$

在 Excel 中,我们应用了 VBA 自定义函数 ECE_vasicek,将 ECE 的数据存在 C 列中,并作图显出了 ECE 的变化趋势。

```
Function ECE_vasicek(k As Double, theta As Double, sigma As Double,
gammar As Double, t As Integer, r0 As Double) As Double
```

9 风险管理

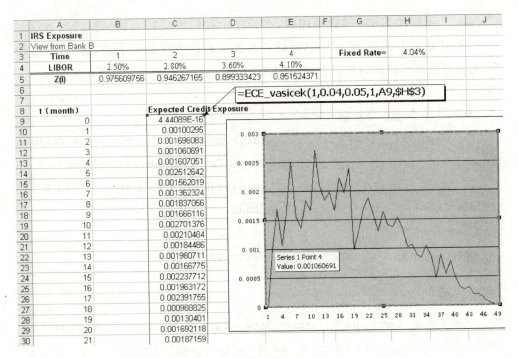

图 9.27

```
    Dim m As Integer, n As Integer, value_pay_fix() As Double, r() As
Double, rr() As Double
ReDim r(0 To t), rr(1 To 50)
r(0) = r0
For m = 1 To 50
    For n = 1 To t
        r(n) = r(n - 1) + k * (theta - r(n - 1)) * 1/12 + sigma * r(n - 1) ^
gammar * Sqr(1/12) * Application.WorksheetFunction.NormSInv(Rnd())
    Next n
    rr(m) = WorksheetFunction.Max(Bond_Clean_Price(1, r0, r(t), (48 - t)/
12, 1) - 1, 0)
Next m
ECE_vasicek = Application.WorksheetFunction.Average(rr)
End Function
```

363

注：为了加快 Excel 的计算速度，在程序中我们将蒙特卡罗模拟的次数定为 50 次，尽管非常小，但在图标中已经能够看到大致的变化趋势了。请读者修改程序，大幅度提高模拟次数可以看见更为光滑的曲线。

```vba
＝＝以下是债券定价函数＝＝
Function Bond_Clean_Price(Face_Value As Double, Coupon_Rate As Double, YTM As Double, Time_to_Maturity As Double, Pay_Frequency As Integer)
    Dim num_period As Double, temp_sum As Double, i As Integer, Bond_Full_Price As Double, Accrual_Interest As Double
temp_sum = 0
num_period = Pay_Frequency * Time_to_Maturity

For i = 0 To Int(num_period)
    temp_sum = temp_sum + (Coupon_Rate * Face_Value/Pay_Frequency)/(1 + YTM/Pay_Frequency) ^ (i + num_period - Int(num_period))
Next i

Bond_Full_Price = temp_sum + Face_Value/(1 + YTM/Pay_Frequency) ^ num_period
Accrual_Interest = Coupon_Rate * Face_Value/Pay_Frequency * (1 - num_period + Int(num_period))
Bond_Clean_Price = Bond_Full_Price - Accrual_Interest
End Function
```

请读者仿造以上的函数过程，自定义求解 WCE 的函数，其中涉及如何获得给定数组的分位数问题。

9.2.3 信用敞口缓释工具

长期以来，人们发明了很多信用敞口缓释制度和工具，例如有逐日盯市制度（Mark to Market）之每日结算、净额结算（Netting agreement）、保证金制度

(Margin Rules)、抵押品(Collateral)、第三方保证(Third-party guarantees)、信用触发器(Credit Trigger)、敞口限额(Exposure Limit)、协议终止条款(Termination rights)、信用衍生工具等。

其中,最为重要的工具就是净额结算(Netting agreement)。它大大降低了交易对手信用风险敞口。针对某个交易对手,记 V_i 为第 i 笔交易的价值,在没有净额结算协议的情况下,其总的信用风险敞口为: $Total\ Exposure = \sum Max(V_i, 0)$。若存在净额结算协议,则总的信用敞口变为: $Total\ Exposure = Max(\sum V_i, 0)$。我们将举例说明,净额结算如何大幅降低了信用敞口,并在 Excel 中演示计算过程。

	A	B	C	D	E	F
1	Netting Agreement					
2						
3	Contract No.	Value of Contract	Counterparty Credit Exposure			
4	1	90	90			
5	2	-80	0			
6	3	78	78			
7	4	34	34			
8	5	10	10			
9	6	-17	0			
10	7	34	34			
11	8	78	78			
12	9	12	12			
13	10	-123	0			
14	11	-14	0			
15	12	45	45			
16	13	100	100			
17	14	10	10			=SUM(C4:C18)
18	15	-69	0			
19	Gross total Exposure without netting		491			
20	Gross total Exposure netting		188			=MAX(SUM(B4:B18),0)
21		difference	303			
22						

图 9.28

在以上的 Excel Spreadsheet 中,我们看到,采用净额结算与不采用信用风险敞口相比,其下降了 303。若是还有抵押品抵扣的话,只需要再减去抵押品的价值即可得到最终的信用风险敞口了。

9.2.4 违约率与违约期限结构

违约率指债务人违约的概率(default rate)。通常,我们讲违约率都会给定一个时间长度,1 年或半年等。

先考虑离散的情况,若已知 3 年中每一年的违约率情况,那么就可以求得 3 年累计的违约率或存活率。与利率期间结构类似,若我们可以知道任意时期内的违约率,那么就可以得到一个所谓的违约期限结构。更具体地说,关于违约率有几个术语:(1) 边际违约率(marginal default rate),也就是上面提高的某一年年内的违约率,记为 d_i。(2) 存活率(survival rate),与违约率相对应,记为 $S_N = \Pi_i(1-d_i)$。(3) 从开始直到第 T 年才违约的概率(marginal default rate from start to year T),记为 $k_N = S_{N-1}d_N$。(4) 累计违约率(cumulative default rate),记为 $C_N = k_1 + k_2 + \cdots + k_N = 1 - S_N$。(5) 平均违约率(average default rate),记为 d,有 $(1-d)^N = \Pi_i(1-d_i)$。

我们将在 Excel 中展示如何计量这些违约率或存活率。各个时期的边际违约率是已知的。请读者注意 Excel 中运算公式的写法。

	A	B	C	D	E	F
1	Default rate and default term structure					
2				=(1-B6)*C5	=C5*B6	=1-(PRODUCT($C$4:C5))^(1/$A$13)
3	Time	marginal default rate	survival rate	marginal default rate from start to year T	cumulative default rate	ave
4	(N)	d(N)	S(N)	k(N)	C(N)	d
5	1	1%	99%	1.00%	1.00%	0.10%
6	2	1.40%	97.61%	1.39%	2.39%	0.34%
7	3	1.30%	96.35%	1.27%	3.65%	0.71%
8	4	2%	94.42%	1.93%	5.58%	1.28%
9	5	2.90%	91.68%	2.74%	8.32%	2.13%
10	6	1.60%	90.21%	1.47%	9.79%	3.14%
11	7	2.00%	88.41%	1.80%	11.59%	4.32%
12	8	1.50%	87.08%	1.33%	12.92%	5.64%
13	9	2.00%	85.34%	1.74%	14.66%	7.12%
14	10	3%	82.78%	2.56%	17.22%	8.86%

图 9.29

就像市场利率模型一样,我们还可以构建违约率随机过程,从而再求得违约率期限结构。其做法完全相同,请读者参考相关市场风险度量章节,通过已知的随机过程建立违约率期限结构。

9.2.5 信用评级模型

金融机构通过内部或外部评级(rating)来表征贷款人的信用质量。一些公开的专业评级机构使用"字母"来做信用评级,这样的公司有 S&P, Moody, Fitch 等。有了信用评级之后,我们还希望能够将这些字母定量地映射到违约率上。在这方面,有一些比较成熟的方法或工具可以应用,如信用迁移矩阵、打分卡评级模型、Logistic 模型和 probit 模型、Merton&KMV 模型、市场隐含违约率模型等。我们将分别介绍如何在 Excel 中应用它们,其中将用到一些数量分析工具,如矩阵的应用、多元线性回归、期权定价模型等。

(1) 信用迁移矩阵的应用(Credit Migration Matrix)

转移矩阵给出的是在某一段时间内,债券发行人或贷款人从一个信用等级迁移到另一个信用等级的概率信息,通常记为 $P=(P_{ij})$,其中 P_{ij} 表示从 i 等级迁移到 j 等级的概率,这样的矩阵一般并不对称,例如从 AAA 级降级到 AA 的概率与 AA 级升到 AAA 级的概率并不一致。在多个时间段情况下,我们总是简单地假设目标机构或个体的信用变化满足马氏规则,即下一期的信用等级仅与当前的信用等级相关。于是通过转移矩阵,我们就可以得到任意长度期限内的转移矩阵,也即信用变化信息,更妙的是由此还能够得到违约期限结构。表 9.4 给出了一年实际平均信用转移矩阵:

表 9.4

(%)	AAA	AA	A	BBB	BB	B	CCC	D
AAA	89.1	9.63	0.78	0.19	0.3	0	0	0
AA	0.86	90.1	7.47	0.99	0.29	0.29	0	0
A	0.09	2.91	88.94	6.49	1.01	0.45	0	0.09
BBB	0.06	0.43	6.56	84.27	6.44	1.6	0.18	0.45
BB	0.04	0.22	0.79	7.19	77.64	10.43	1.27	2.41
B	0	0.19	0.31	0.66	5.17	82.46	4.35	6.85
CCC	0	0	1.16	1.16	2.03	7.54	64.93	23.19
D	0	0	0	0	0	0	0	100

在表 9.4 中,我们可以看到,从 AAA 到 BB 的概率为 0.19%,而从 BB 到 AAA 的概率为 0.04%。我们的问题通常是给定这个转移矩阵,如何获得三年内某评级为 AA 的公司的信用等级信息。这可以通过矩阵乘积的方式求得,下面我们在 Excel 中展示,其中应用到了数量工具章节中介绍的矩阵应用等基本函数。

在 C16:J23 中存放的是两年内的信用等级迁移矩阵,而 C27:J34 中计算的是五年内的信用等级迁移矩阵,运用到了我们在数量工具章节中自定义的矩阵幂函数,函数程序重新表述如下:

Credit Transition Matrix Application

Over One Year

(%)	AAA	AA	A	BBB	BB	B	CCC	D
AAA	89.1	9.63	0.78	0.19	0.3	0	0	0
AA	0.86	90.1	7.47	0.99	0.29	0.29	0	0
A	0.09	2.91	88.94	6.49	1.01	0.45	0	0.09
BBB	0.06	0.43	6.56	84.27	6.44	1.6	0.18	0.45
BB	0.04	0.22	0.79	7.19	77.64	10.43	1.27	2.41
B	0	0.19	0.31	0.66	5.17	82.46	4.35	6.85
CCC	0	0	1.16	1.16	2.03	7.54	64.93	23.19
D	0	0	0	0	0	0	0	100

Over Two Year ={MMULT(C5:J12,C5:J12)/100}

(%)	AAA	AA	A	BBB	BB	B	CCC	D
AAA	79.47	17.28	2.12	0.50	0.55	0.07	0.00	0.01
AA	1.55	81.49	13.45	2.24	0.64	0.58	0.02	0.04
A	0.19	5.25	79.76	11.35	2.13	0.99	0.04	0.25
BBB	0.12	0.96	11.45	71.92	10.58	3.38	0.42	1.14
BB	0.07	0.45	1.85	11.78	61.32	16.91	2.28	5.32
B	0.00	0.35	0.68	1.54	8.41	68.88	6.48	13.64
CCC	0.00	0.06	1.90	2.00	3.37	11.35	42.51	38.82
D	0.00	0.00	0.00	0.00	0.00	0.00	0.00	100.00

Over Five Year =MatrixPower(C5:J12,5)/100^4

(%)	AAA	AA	A	BBB	BB	B	CCC	D
AAA	56.76	31.45	7.82	2.06	1.21	0.51	0.05	0.14
AA	2.85	61.64	24.96	6.47	1.98	1.52	0.14	0.43
A	0.50	9.81	60.25	19.50	5.30	2.93	0.32	1.30
BBB	0.27	2.76	19.65	48.08	15.43	8.10	1.19	4.47
BB	0.15	1.17	5.28	17.04	33.69	23.47	3.81	15.34
B	0.03	0.74	1.94	4.18	11.76	42.75	7.12	31.42
CCC	0.02	0.35	2.92	3.42	4.95	12.94	12.91	62.50
D	0.00	0.00	0.00	0.00	0.00	0.00	0.00	100.00

图 9.30

```
Function MatrixPower(Matrix As Range, p As Integer)
    Dim n As Integer, i As Integer, j As Integer, E()
    n = Matrix.Rows.Count
    Select Case p
    Case -1
        MatrixPower = Application.WorksheetFunction.MInverse(Matrix)
    Case 0
        ReDim E(1 To n, 1 To n)
        For i = 1 To n
            E(i, i) = 1
```

```
        Next i
        MatrixPower = E
    Case Else
        MatrixPower = Matrix
        For j = 1 To p - 1
            MatrixPower = Application.WorksheetFunction.MMult(MatrixPower, Matrix)
        Next j
    End Select
End Function
```

我们留给读者一个问题：若是已知1年的信用迁移矩阵，如何求得更短时间内的信用迁移矩阵，例如半年，或者1个月等。这是先前问题的反问题，在代数上实际上是要求求解矩阵的 N 次根的问题。

（2）打分模型（Scoring model）

打分模型的思路是：通过给贷款人打分的方式来进行贷款评级，分数高的人信用质量较高。该模型最早是由 Altman(1968)发明的。如此的信用打分模型通常依赖于一些会计数据，类似于 EBIT/Total Asset(息税前收益/总资产)、Sales/Total Asset(总资产周转率)等。Altman 认为，应使用如下的打分模型来为贷款机构进行打分：

$$Z^{(i)} = 1.2X_1^{(i)} + 1.4X_2^{(i)} + 3.3X_3^{(i)} + 0.6X_4^{(i)} + 1.0X_5^{(i)}$$

其中，

X1	Working Capital/Total Assets
X2	Retained Earnings/Total Assets
X3	EBIT/Total Assets
X4	Market Capitalisation/Assets
X5	Sales/Total Assets

于是我们可以根据以上的打分模型来给所有的贷款机构进行信用打分,然后根据分数进行排序。分数越高,其信用质量越高。同时,Altman 经过统计分析后给出了一个分界点 1.8,即若打分值小于 1.8,则借贷人违约的可能性很大,贷款应当拒绝。我们通过 Excel 举例说明如何应用该模型来为贷款进行决策。

	A	B	C	D	E	F	G	H	I	J
1	Credit Scoring Model									
2	$Z^{(i)} = 1.2 X_1^{(i)} + 1.4 X_2^{(i)} + 3.3 X_3^{(i)} + 0.6 X_4^{(i)} + 1.0 X_5^{(i)}$									
3										
4		V		Meanings			Coefficients			
5		X1	Working Capital/Total Assets				1.2			
6		X2	Retained Earnings/Total Assets				1.4			
7		X3	EBIT/Total Assets				3.3			
8		X4	Market Capitalisation/Assets				0.6			=IF(H13<1.8,"Deny","accept")
9		X5	Sales/Total Assets				1			
10										
11				=MMULT(C13:G13,$G$5:$G$9)						
12	Candidate	X1	X2	X3	X4	X5		Score	Rank	Loan Decision
13	1	20%	30%	10%	150%	140%		3.29	3	accept
14	2	-10%	5%	-8%	80%	160%		1.766	9	Deny
15	3	15%	12%	10.60%	106.70%	120%		2.538	7	accept
16	4	30%	40%	35%	230%	176%		5.215	1	accept
17	5	50%	25%	2%	130%	90%		2.696	6	accept
18	6	45%	15%	6%	106%	115%		2.734	5	accept
19	7	-30%	13%	15%	90%	100%		1.857	8	accept
20	8	20%	29%	20%	120%	128%		3.306	2	accept
21	9	40%	39%	-12%	67%	200%		3.032	4	accept
22	10	6%	24%	-16%	60%	120%		1.44	10	Deny
23										

图 9.31

表格中的计算都是直接的,值得注意的几个技巧是:其一,H13:H22 的打分结果应用了 MMULT 函数,读者需要熟悉向量乘积这种方法(而非通常的简单加和公式);其二,I 列存放了按照打分高低的排名,最高分列第 1 名,依此类推。在具体计算时有多种方法:

方法一,在空白处将打分进行降序排列,然后在旁边一列给予 1—10 的排名,最后利用 Vlookup 函数来填写 Rank 一列的排名。

方法二,见如下分解:

第一步:将打分值编号(尚未排名)。

第二步:选择菜单中的"数据—>排列",参数改为 value 列,Desceding 降序→OK 确定。

no	value	rank
1	3.29	
2	1.766	
3	2.538	
4	5.215	
5	2.696	
6	2.734	
7	1.857	
8	3.306	
9	3.032	
10	1.44	

图 9.32

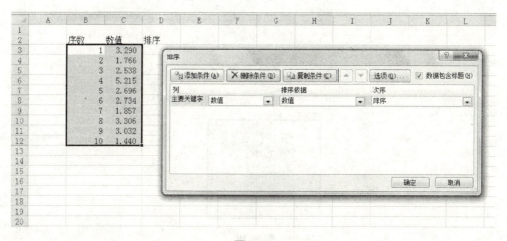

图 9.33

第三步：根据 value 列从高到低在 rank 列中进行排名。

	A	B	序数	数值	排序	E	F
			4	5.215	1		
			8	3.306	2		
			1	3.290	3		
			9	3.032	4		
			6	2.734	5		
			5	2.696	6		
			3	2.538	7		
			7	1.857	8		
			2	1.766	9		
			10	1.440	10		

图 9.34

第四步：选中 no、value、rank 三列数据，再按照 no 升序排列，得到最终所要的结果。

图 9.35

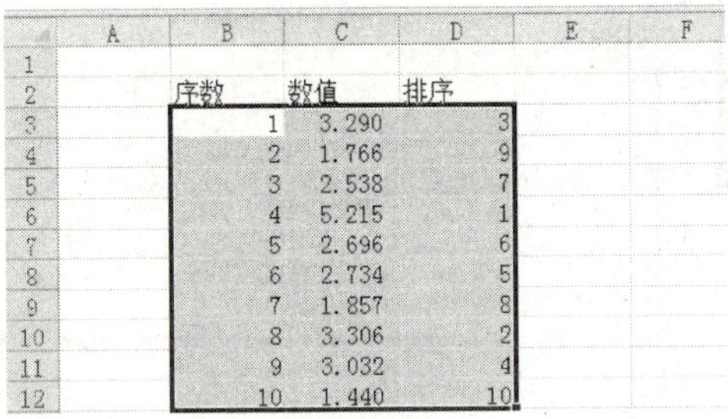

图 9.36

(3) Logit & Probit 模型

对于 Probit 模型，它假定贷款人的违约率可以写成 $p_i = \psi(\beta_0 + \beta_1 X_1^{(i)} + \cdots + \beta_N X_N^{(i)})$，其中 $\psi(\cdot)$ 是正态分布的累计分布函数，β_i 是统计估计参数，$X_j^{(i)}$ 是一些可以解释违约率的会计比率。该模型和 Scoring 模型类似，但不同的是：打分模型中分数越高，违约率越小，但在 Probit 模型中，恰好相反。

Logit 模型和 Probit 模型的唯一不同之处在于：Logit 模型并不使用正态分布的累计分布函数将打分对应到违约率，而是使用 Logistic 函数，即：

$$p_i = \frac{1}{1 + \exp\{\beta_0 + \beta_1 X_1^{(i)} + \cdots + \beta_N X_N^{(i)}\}}$$

本质上，Logit 和 Probit 模型与 Scoring 模型并没有多大区别，所以应用 Excel 的过程是完全类似的。

9.2.6　市场隐含违约率模型（Market Implied Model）

(1) 公司债价格隐含违约率

市场隐含违约率模型的思路是：利用市场上交易的债券价格或信用违约互换（CDS）的价格倒算出标的公司的违约率。因为只要交易是活跃的，那么可以认为市场价格中吸收了投资人对公司违约率的估计。特别地，对于债券而言，信用利差（Credit Spread）就是隐含违约率的最直接反应。

假设 1 年期的零息债券，本金面值 100 元，交易价格为 P 元。投资人持有到期，债券可能违约也可能不违约，若违约也可以部分收回，设 f 为收回率（recovery rate）。在风险中性定价模型中，令 d 表示风险中性违约率，无风险利率为 y，而 y^* 表示到期收益率，则有如下的关系：

$$P = \frac{100}{1+y^*} = \left[\frac{100}{1+y}\right] \times (1-\pi) + \left[\frac{f \times 100}{1+y}\right] \times \pi$$

$$(1+y) = (1+y^*)[1-\pi(1-f)]$$

$$\pi = \frac{1}{1-f}\left[1 - \frac{1+y}{1+y^*}\right]$$

在 Excel 中，我们应用 Seek 函数来求解隐含的风险中性违约率。关于 Seek 函数的使用请读者参考数量工具章节的有关内容。

以上我们使用了风险中性定价的方法，得到的是风险中性违约概率，而非实际的违约概率。若要获得实际的违约率，我们就必须引入风险溢价。若设 π' 表示实际违约率，r_p 表示风险溢价，则可以证明 $\pi(1-f) = \pi'(1-f) + r_p$。那么只要能够确定风险溢价，就可以得到实际的违约率。以上的隐含违约率的计算方法可以很自然地推广到多期限的情况，理论上只要利用对应期限的零息债券就可以。

$$(1+y)^T = (1+y^*)^T\{(1-\pi)^T + f[1-(1-\pi)^T]\}$$

隐含违约率的另一个重要应用是：利用各个期限的零息债券交易价格推导出各个期限的违约率，然后再得到远期的边际违约率。例如，已知两年期的违约率 π_2 和一年期的违约率 π_1，记远期边际违约率为 d_2，则有 $(1-\pi_2)^2 = (1-\pi_1)(1-$

基于 Excel & VBA 的高级金融建模

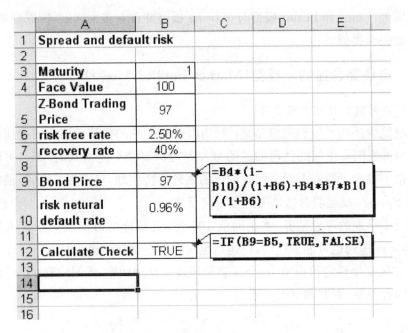

图 9.37

d_2)。我们在 Excel 中展示如何求得远期的边际违约率序列。

图 9.38

(2) Merton 模型

在 Merton 模型中,我们假定公司的所有权结构是简单的,由到期日唯一的零息债券和普通股组成。基于这样的条件,就可以认为若公司总资产 V 的价值在债券到期时低于债券面值,则公司处于技术性违约状态(资不抵债)。在模型中,假设公司价值 V 服从几何布朗运动,$\mathrm{d}V = \mu V \mathrm{d}t + \sigma V \mathrm{d}z$,而公司的股票价值为 S_t,债券价值为 S_t,则满足 $V_t = S_t + B_t$。套用期权定价公式,我们可以得到股票价值与资产价值在任一时刻的联系:$S_t = V_t N(d_1) - K e^{-r(T-t)} N(d_2)$,其中 r 是无风险利率,K 是负债(债券或银行贷款)的面值 B_F,边界条件是 $B_T = \mathrm{Min}(V_T, B_F)$。Merton 模型还给出了以下的几个推论或应用:

① 该公司债券的价值:$B_t = V_t - S_t = K e^{-r(T-t)} N(d_2) + V_t [1 - N(d_1)]$

② 该公司的杠杆率:$L_t = B_F e^{-r(T-t)}/V_t = K e^{-r(T-t)}/V_t N(d_2) + [1 - N(d_1)]$

③ 该公司到期违约的风险中性概率为 $1 - N(d_2) = N(-d_2)$

④ 该公司债券的预期损失 ECL(Expected Credit Loss),也就是信用违约互换(CDS)的价格:$ECL_t = Put = B_F e^{-r(T-t)} - B_t = -V_t N(-d_1) + N(-d_2) K e^{-r(T-t)}$,将以上公式变型并取 $t = T$(即到期)后得到 $ECL_T = N(-d_2) K [1 - V_t e^{r(T-t)}/K \times N(-d_1)/N(-d_2)]$,对应 ECL=PB×Credit Exposure×LGD,我们还可以顺带得到 $LGD = 1 - V_t e^{r(T-t)}/K \times N(-d_1)/N(-d_2)$,及 $recover\ rate = V_t/K \times N(-d_1)/N(-d_2)$

⑤ 由 $\mathrm{d}S = \frac{\partial S}{\partial V}\mathrm{d}V = N(d_1)\mathrm{d}V \Rightarrow \frac{\mathrm{d}S}{S} = N(d_1)\frac{V}{S}\frac{\mathrm{d}V}{V}$ 可以估计出股票价值收益率的波动率与公司资产价值回报率的波动之间的关系。若我们定义 $\sigma_S = Volatility(S/\mathrm{d}S)$,那么就有 $\sigma_S = N(d_1) V/S \sigma_V$。

我们将以上的这些结果,通过 Excel 全部展示出来,其中涉及应用正态分布的累计分布函数,其他的计算函数都是直接的。

需要提醒读者注意的是:风险中性违约率和实际违约率是不同的。所谓风险中性违约率是指在 BS 公式中应用的 $N(-d_2)$,其中使用的是无风险利率(单元格 B_4),而非实际的漂移率(单元格 B10)。

留给读者一个问题:如何根据 Merton 模型求解公司债券的信用利差(Credit Spread),并利用股票市场价格来估计公司的价值。

(3) KMV 模型

KMV 模型是 KMV 公司在 Merton 模型的基础上发展的方法。它的目标主要就是计算出每个公司的预期违约率 EDFs(Expected Default Frequencies)。相

	A	B	C	D	E	F	G
1	Merton Model						
2							
3	B(F)	500		Under risk netural Probability			
4	risk free rate	3%		d1	1.6098		
5	current time	2015-1-1		d2	1.1625		
6	Maturity	2020-1-1		N(d1)	0.94628386	N(-d1)	0.053716
7	B(0)	420.57		N(d2)	0.87748506	N(-d2)	0.122515
8							
9	V(0)	800		Under Actual Probability			
10	μ	15%		d1	2.9519		
11	σ	20%		d2	2.5045		
12				N(d1)	0.99842062	N(-d1)	0.001579
13	S(0)	379.43		N(d2)	0.99386902	N(-d2)	0.006131
14	σ(0)	42.17%					
15				risk neutral PB	12.25%		
16				Actual PB	0.61%		
17	Leverage Ratio	52.57%					
18	Credit Put Option	9.75					
19	LGD(T)	0.18					
20	Recovery Rate(T)	0.82					

图 9.39

比于 Merton 模型，KMV 模型更加灵活一些，它允许较为复杂的资本结构，例如有长期债券和短期债券。这里的 EDF 应当是公司实际的违约概率。我们这里并不过多地讲述模型细节，而是应用模型的结果来解决问题。

KMV 模型中提出了违约距离（Default Distance）的概念。简单地说，就是公司的价值同违约点的"距离"。这里的违约点（Default Point）被定义为短期债券＋长期债券的一半，即 $STD+0.5\times LTD$。若公司一年后的预期价值是 $E(V)$，σ 是公司的资产回报率，则违约距离 $DD=(E(V)-DPT)/\sigma$。若公司的价值服从对数正态分布，那么更准确的违约距离是：

$$DD = \frac{\text{Ln}(V_0/DPT_T) - \left(\mu + \frac{1}{2}\sigma^2\right)T}{\sigma\sqrt{T}}$$

μ 是公司资产的预期回报率，一般假设就是 ROA（Return on Asset）。然后，KMV 公司再将 DD 映射到对应期限的违约率和评级。

在以上的 Spreadsheet 中，我们在单元格 D8、D9、D10 中分别计算了违约距离、预期违约率以及根据评级系统映射的信用评级，并且在 E8、E9、E10 中给出了计算的公式。

	C	D	E	F	G	H
1	KMV Model					
2						
3	μ	20%	Short Term Debt	1000		
4	σ	30%	Long Term Debt	4000		
5	Default Point	3000	Maturity	5		
6	Asset Value	8000				
7						
8	Default Distance	2.6174	=(LN(D6/D5)+(D3-0.5*D4^2)*F5)/(D4*SQRT(F5))			
9	EDF	0.4430%	=1-NORMDIST(D8,0,1,TRUE)			
10	Rating Mapped	A	=VLOOKUP(D9,C14:D20,2)			
11						
12						
13	Rating System(Maturity =5)					
14		0.10%	AAA			
15		0.30%	AA			
16		0.40%	A			
17		1%	BBB			
18		2%	BB			
19		4%	B			
20		6%	CCC			
21						

图 9.40

9.2.7 损失率估计

我们知道,在预期损失的计算公式中,回收率(Recovery Rate)或损失率(LGD)是重要的一项。影响它们的主要因素有:抵押品、优先偿付级、破产法律、公司所处的行业、信用评级、商业周期等。尽管我们已经知道了那么多因素,但估计损失率依然是一个非常复杂和不确定的过程。我们在这里只是给出一个经验的、大家普遍使用的数学模型来估计回收率,应用 beta 分布来近似描述回收率,即 $f(x) = cx^a(1-x)^b$, $x \in [0,1]$, x 是代表回收率的随机变量,在 $0 \sim 1$ 之间变化。a、b、c 都是该分布的参数(但它们之间有一个约束关系,要保持概率分布的面积为 1)。

我们将在 Excel 中展示不同参数下的 beta 分布函数图像,并利用观测到的损失率样本数据来寻找最匹配的分布函数,然后将实际的损失率分布与拟合的分布进行比较,检验分布拟合情况。需要提醒的是,我们这里给的 beta 分布与 Excel 内置的 beta 函数的参数标的略有不同,在 Excel 中 beta 分布是 $f(x) = cx^{a-1}(1-x)^{b-1}$, $x \in [0,1]$,所以在应用过程中我们需要做一些调整。

	A	B	C	D	E	F	G
1	Recovery Rate						
2					$f(x)=cx^a(1-x)^b, \quad x\in[0,1]$		
3	Beta Distribution Application						
4			case 1	case 2	case 3	case 4	case 5
5	Parameters	a	1	2	1	2	3
6		b	1	1	2	3	2
7		c	6	12	12	60	60
8	=C$7*$A12^C$5*(1-$A12)^C$6						
9							
10	recovery rate=X				f(X)		
11	0		0	0	0	0	0
12	0.01		0.0594	0.001188	0.117612	0.005822	5.88E-05
13	0.02		0.1176	0.004704	0.230496	0.022589	0.000461
14	0.03		0.1746	0.010476	0.338724	0.049284	0.001524
15	0.04		0.2304	0.018432	0.442368	0.084935	0.003539
16	0.05		0.285	0.0285	0.5415	0.128606	0.006769
17	0.06		0.3384	0.040608	0.636192	0.179406	0.011451
18	0.07		0.3906	0.054684	0.726516	0.236481	0.0178
19	0.08		0.4416	0.070656	0.812544	0.299016	0.026001
20	0.09		0.4914	0.088452	0.894348	0.366236	0.036221
21	0.1		0.54	0.108	0.972	0.4374	0.0486

图 9.41

图 9.41 中,我们列举了五种分布情况。图 9.42 是五种情况的密度分布函数图像的汇总。

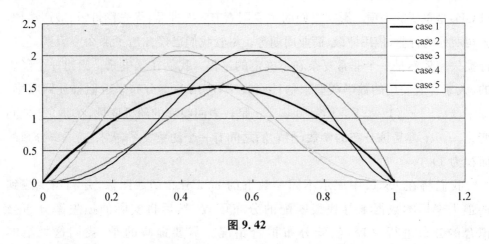

图 9.42

我们这里留一个问题给读者去解决。在图 9.41 中,C7:G7 存在的是参数 c 的数值。由于 a、b、c 之间存在约束关系,所以 c 是我们事先在表外算好的。我们请读者思考:如何应用 Excel 来根据给定的 a 和 b 来近似估计出 c 的大小以满足约束关系？我们这里的约束关系就是：$\int_0^1 cx^{a-1}(1-x)^{b-1}dx$。Excel 中并没有积分的函数，但请读者试着用数值近似的方法，或者是运用 Seek 函数来倒算出 c 值。

人们一般会应用 beta 函数，假设给定了一系列回收率样本值，如何寻找最匹配的 beta 分布函数来拟合实际情况？通常利用观测到的回收率均值和标准差来估计分布参数，以下是估计表达式：

$$a = \frac{\mu^2(1-\mu)}{\sigma^2}, \quad b = \frac{\mu(1-\mu)^2}{\sigma^2}$$

9.3 操作风险度量

9.3.1 操作风险概念介绍

（1）操作风险定义

操作风险没有明确的定义。根据不同的金融机构的业务组合、内部文化、风险偏好，会有不同的定义范围。但是，也有一些共性特征。最早的操作风险定义是由于外部事件、内部控制缺陷或信息系统的故障所导致的经济损失的可能性（无论该损失是否被预期到或是非预期到的）。Basel I 对操作风险的定义是：由于内部过程的不充分或失败、人员、系统或外部事件所直接或间接导致的损失。进一步，Basel II 明确提出操作风险不包括策略风险和声誉风险。

（2）操作风险分类与矩阵

巴塞尔委员会根据损失的来源将操作风险带来的损失分成了八条标准的业务线：企业金融；交易销售；零售银行；商业银行；支付结算；代理服务；资产管理和零售经纪。然后在每条业务条线中又分为七类操作风险：内部欺诈；外部欺诈；员工操作和工作安全；客户、产品和业务实践；资产的物理损失；业务破产和系统瘫痪；执行、传递和流程管理。

9.3.2 操作风险识别

管理操作风险的第一步就是要识别操作风险，并要求每一个业务单元（或操作单元）运用所谓的"风险目录"来识别所有与业务单元相关的风险。通常有三大目录：人、流程、技术。每个目录下有多种风险因子，风险人员可以制作风险识别卡片，来给每个特定的业务单元确定它们的风险因子。

	A	B	C	D	E	F
1	Risk Catalogue					
2						
3	People Risk					
4		Incompetency	√			
5		InadequateHeadCounts				
6		Key Personnel	√			
7		Management	√			
8		Communication	√			
9						
10	Process Risk					
11		A. model risk			C.Operations Control Risk	
12		Model or Methdology Error	√		Limit Exceedances	
13		Pricing or Mark-to-Model Error	√		Volume Risk	√
14		Availability of loss reserves			Security Risk	
15		Model Complexity			Position Reporting Risk	√
16		Internal Politics,Conflict of Interest,Lack of Cooperation	√		Profit and Loss Reporting Risk	√
17		Collusion and connivance				
18		Fraud				
19						
20	B.Transaction Risk					
21		Execution Error	√			
22		Booking Error				
23		Collateral Confirmation	√			
24		Matching,and netting Error				
25		Product Complexity	√			
26						
27	Technology Risk					
28		Systems Failure	√			
29		Network Failure	√			
30		Systems Inadequacy				
31		Compatibility Risk	√			
32		Supplier/Vendor Risk				

图 9.43

9.3.3　损失分布

（1）损失频率与损失严重度

在一段时间内的损失分布可以分解成两个随机变量来决定：其一，损失频率（Frequency），反映的是这段时期内发生损失的次数。其二，损失严重程度（Severity），反映的是每次财务损失的严重程度。最终应用卷积获得损失分布。

我们举例说明如何应用 Excel 来求得损失分布。图 9.44 是某金融机构 3 年的损失情况。

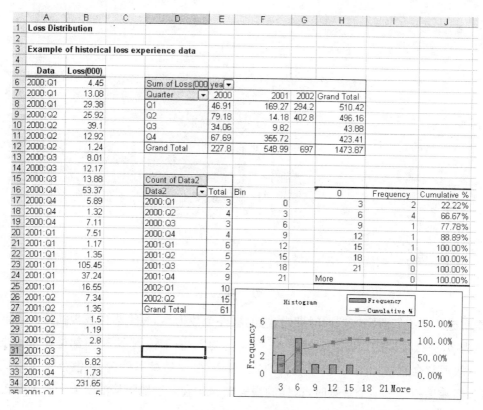

图 9.44

根据以上的损失情况清单,我们首先作出损失频率的分布,然后作出损失严重性的分布,最后作出损失分布。具体操作中,我们在 Excel 中对所给数据信息进行整理,使其符合我们处理数据的规范,然后应用分类汇总的统计工具和数据分析中的直方图工具(这在前面的章节中已经介绍过)进行分析、作图。图 9.44 中,D6:H12 中对损失按照年份和季节两个纬度对损失的大小进行"加和"汇总。在 D15:E27 中对损失在每个季度中发生的次数做了统计。在 H16:J24 中是应用了"数据分析"→"直方图"工具进行的作图分析。

类似地,利用"数据分析"→"直方图"工具,根据所给的损失情况,作出了损失严重度分布(见图 9.45 所示)。

(2) 损失理论分布的应用

理论上,对于一段时期内损失分布由损失的频率分布与损失的严重度分布卷

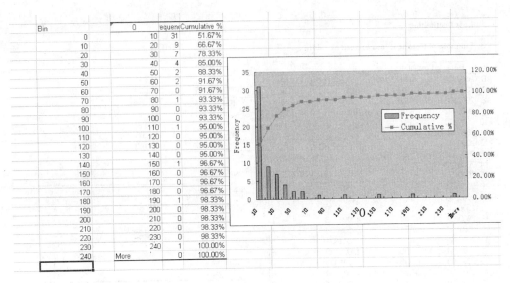

图 9.45

积而成。若我们假定在这段时期内,总的事件个数为 N,每个事件发生损失的可能性为 p,那么预期的损失频率就为 $N \times p$,记为 λ。由于预测 N 和 p 都是非常困难的,故通常会直接预测 λ。根据统计原理,当 N 很大却难以确定、p 很小也难以确定,但乘积稳定于某个常数时,这样的损失频率就会渐近地服从泊松分布。而该分布具有如下的密度函数:

$$f(n) = \frac{\lambda^n \exp(-\lambda)}{n!}$$

若经验的密度函数无法较好地模拟现实的损失频率,也可以应用更一般的密度函数,如负二项分布。关于损失严重度的分布,一般而言,若是高频率的损失,一般具有对数正态分布特性;若是高频率的损失,则通常应用 Gamma 密度函数。

新资本协议建议银行使用内部度量方法(Internal measurement approach)。基本的风险资本计算公式是:

$$ORC = gamma \times expected\ annual\ loss = \gamma \times NpL$$

这里的 N 代表了操作事件的个数,p 是预期损失的概率,L 是事件损失大小,γ 乘数依赖于操作风险的类型。若损失频率服从泊松分布,那么 $Np = \lambda$,于是 $ORC = \gamma \times \lambda \times L$。然而,我们又知道,操作风险资本通常通过 VaR 值来计量,要么是非预期的损失,要么就是 99.9^{th} 分位数,前者是在预期损失已经得到了拨备的情况下,而后者是没有得到拨备。我们将操作风险资本写成标准差的倍数:$ORC = \eta \times \sigma_{annual\,loss}$,实际上:

$$\eta = \begin{cases} (99.9\%th - \mu)/\sigma & when\ expected\ losses\ are\ provisioned \\ 99.9\%th/\sigma & otherwise \end{cases}$$

结合 $ORC = \gamma \times \lambda \times L$ 就得到,$\gamma \times \mu = \eta \times \sigma$,即 $\gamma = \eta \times \sigma/\mu$。若损失频率服从泊松分布,那么均值和方差都是 λ,于是 $\gamma = \eta/\sqrt{\lambda}$。我们在 Excel 中展示在不同泊松分布假设下操作风险资本要求的有关数据关系:

λ	99.9th percentile	η	γ
100	132	0.9991	0.099906
50	73	0.9991	0.141296
40	61	0.9992	0.157994
30	48	0.9991	0.182412
20	35	0.9992	0.223427
10	21	0.9993	0.316007
8	18	0.9993	0.353323
6	15	0.9995	0.40804
5	13	0.9993	0.446901
4	11	0.9991	0.499542
3	9	0.9989	0.576714
2	7	0.9989	0.706331
1	5	0.9994	0.999406

(Poisson Distribution; =C4/SQRT(A4))

图 9.46

(3) 极值理论介绍

我们知道,操作风险资本主要由分布的尾部所决定,所以损失分布的尾部特征尤其关键。而极值理论通常是用于研究尾部事件的主要工具。极值理论告诉我们,很多时候,无论是什么分布,某些极端值的行为具有某种共性。极值理论有两类模型:

首先,Block Maxima 模型。该模型下尾部累计分布服从如下分布:

$$\exp\left\{-\left(1 + \frac{\xi(x-\mu)}{\sigma}\right)^{-\frac{1}{\xi}}\right\}$$

根据参数 ξ 的取值不同,归于不同的分布族群,给予不同的命名:

$\xi = 0$: Gumbel distribution

$\xi < 0$: Weibull distribution

$\xi > 0$: Frechet distribution

我们在 Excel 中选择不同的参数,画出这些分布图,以考察它们的区别。

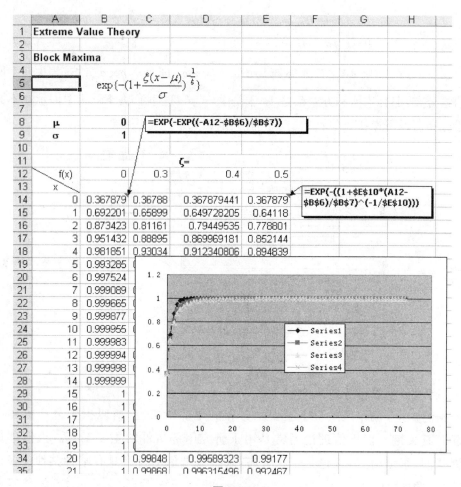

图 9.47

其次,在一般情况下,只有某些极端的损失会得到披露,所以有理由相信我们得到的损失数据应当服从某种条件概率分布。于是建立了所谓的 POT 模型,它设定某个门槛值,损失变量服从以下条件分布(称为 Generalized Pareto distribution(GPD)):

$$G_n(y) = \text{prob}(X - u < y \mid X > u) = [F(y+u) - F(u)/[1 - F(u)]]$$

$$G_n(y) = \begin{cases} 1-\exp(-y/\beta), & \xi = 0 \\ 1-(1+\xi y/\beta)^{-1/\xi}, & \xi \neq 0 \end{cases}$$

当 u 很大时,选择某些 $F(x)$ 就能够得到特定的 GPD。它有三个参数:u 是门槛值,ξ 是形状参数,β 是尺度参数。我们在 Excel 中观察 GPD 的特点:

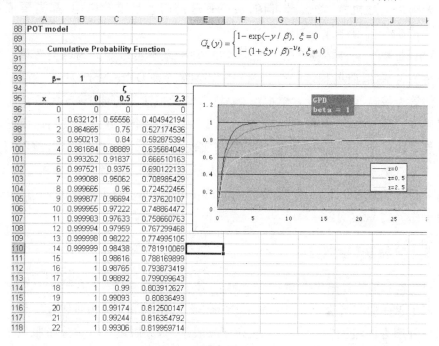

图 9.48

9.4 VaR 的计量与应用

9.4.1 VaR 的基本概念与方法论介绍

什么是 VaR? VaR 是一种用于衡量金融风险的统计工具或方法。较为准确的定义是:VaR 是在正常的市场环境下,给定一定的时间区间和置信水平下最大可能的损失。VaR 是建立在科学的、可靠的统计学基础上,为人们提供金融市场风险的综合性度量。VaR 的用途非常广泛,主要用途有:① 信息披露。VaR 可以在较高层次上评估交易及投资过程中的风险状况,同时以一种非技术的形式向股东传达公司面临的风险大小。② 资本配置。VaR 为金融机构提供了一种对各种交易产品可比较的风险度量方法,根据不同业务部门所承担的不同的 VaR 增加值来合理、有效地分配资源。③ 绩效评价。VaR 可用于衡量风险调整后的交易的绩效水平。

无论是金融机构、非金融机构、资产管理部门或是监管机构,都需要依赖于 VaR 以准确分析与评价金融风险。

VaR 提供了一种结构性的方法来度量风险,基本可以划分为两类。第一类以局部估值为基础,典型代表是分析法(也称参数法或 Delta-Normal 法);第二类以完全估值为基础,包括:历史模拟法、蒙特卡罗模拟法。总体上,三大方法也仅仅是提供了三种方法论,具体到每种方法论下又有多种计算方式或技巧。由于本书的重点是如何在 Excel 中应用有关函数来实现金融、投资分析与管理,故不对具体的方法做深入介绍和研究。对 VaR 的方法有兴趣的读者可以参考《Value at Risk——The New Benchmark for Controlling Derivatives Risk》(Philippe Jorion)等有关著作。

9.4.2 分析法(参数法)

(1) 单个风险因子的 Delta-Normal VaR

对于单一的风险资产,应用 Delta-Normal VaR 计量风险相对比较容易。以股票风险资产为例,假定 100 万美元投资于某股票 A,并假设其收益分布服从正态分布,那么只要知道了该分布的均值与方差,我们就可以得到在给定时间长度及置信水平下所谓的 Delta-Normal VaR 值。我们在 Excel 中建立相应的模型,通过选择不同的分析参数来计算有关 VaR 值。

该模型分成三个模块。第一个模块在 A5:E9 中对计算参数进行设定,包括时间长度、置信水平、置信的单双尾(通常计量 VaR 都讲单尾),而第 9 行中计算的是在给定正态分布假设和置信参数下的左侧分位数(我们保留了负号),应用了标准正态分布的逆函数 NORMSINV。

A11:E13 中记录的是分布的有关参数、均值和标准差。A15:E16 计算了相对 VaR 值和绝对 VaR 值。所谓相对 VaR 值是指忽略持有期内的收益率,而绝对 VaR 值考虑持有期内的收益率,在其他条件相同而时间长度较短的情况下,两者的差异并不大。但若时间长度较长或收益率相对于波动率较大,那么两者差异就

	A	B	C	D	E	F
1	Single Risk Factor Delta-Normal VaR					
2						
3	Capital Amount	$1,000,000.00	=IF((B8="Two-Sided"),NORMSINV((1-B7)/2),NORMSINV(1-B7))			
4						
5	Days Convention	250				
6	Time Horizon(days)	10	60	120	250	
7	Confidence Level	90%	95%	99%	99.90%	
8	Single or Two Side	Single-Sided	Single-Sided	Single-Sided	Single-Sided	
9	Z-critical Value	-1.282	-1.645	-2.326	-3.090	
10						
11	Distribution Assumption	Normal				
12	Mean of distribution(μ)	15% annually				
13	Standard Deviation of distribution(σ)	30% annually	=B9*$B$13*SQRT(B6/$B$5)*$B$3			
14						
15	Relative VaR	-$76,893.09	-$241,743.13	-$483,522.33	-$927,069.69	
16	Absolute VaR	-$70,893.09	-$205,743.13	-$411,522.33	-$777,069.69	
17						
18			=($B$12*B6/$B$5+B9*$B$13*SQRT(B6/$B$5))*$B$3			

图 9.49

会有所显现。用数学公式表达如下：

$$Relative\ VaR = -z_\alpha \times \sigma \times \sqrt{t/T} \times P$$

$$Absolute\ VaR = (r \times t/T - z_\alpha \times \sigma \times \sqrt{t/T}) \times P$$

留给读者一些问题：在我们已经做好的模型基础上，请进一步完善模型，例如考虑其他的分布函数，并且允许用户选择不同的分布假设，并自动计算出给定分布下的有关 VaR 值。

（2）投资组合的 Delta Normal VaR

投资组合就是对一定数量的风险因素持有量的组合。当把它进行分解后，投资组合的收益就是各种基础资产收益的线性组合，每种资产的权重由最初对该资产投资的金额决定。于是投资组合的 VaR 可以由其所包含的各种有价证券的风险组合得出：

$R_{p,t} = \sum_{i=1}^{N} w_{i,t} R_{i,t}$，这里的权重系数 $w_{i,t}$ 在最初 t 时刻的起初就得以确定，其和为 1。于是我们可以得组合 P 的均值和方差的表达式：

$$\mu_{p,t} = \sum_{i=1}^{N} w_{i,t} \mu_{i,t}$$

$$V(R_{p,t}) = \sigma_{p,t}^2 = \sum_{i=1}^{N} \bar{\omega}_{i,t}^2 \sigma_{i,t}^2 + \sum_{i=1}^{N}\sum_{j=1, i\neq j}^{N} w_{i,t} w_{j,t} \sigma_{ij,t}$$

$$= \sum_{i=1}^{N} \bar{\omega}_{i,t}^2 \sigma_{i,t}^2 + 2\sum_{i=1}^{N}\sum_{j<i}^{N} w_{i,t} w_{j,t} \sigma_{ij,t}$$

该表达式不仅说明了个别证券的风险 $\sigma_{i,t}^2$，而且也说明了任何两个不同资产交叉项的风险，总共有 $N(N-1)/2$ 个不同的协方差。随着风险因子的数量增加，把所有的协方差都写下来显得很困难，此时采用矩阵的方式就会简单得多。用矩阵表示的方差为：

$$\sigma_p^2 = [w_{1,t}, \cdots\cdots, w_{N,t}] \begin{bmatrix} \sigma_{1,t}^2 & \sigma_{12,t} & \sigma_{13,t} & \vdots & \sigma_{1N,t} \\ \vdots & & & & \\ \sigma_{N1,t} & \sigma_{N2,t} & \sigma_{N3,t} & \vdots & \sigma_{N,t}^2 \end{bmatrix} \begin{bmatrix} w_{1,t} \\ \vdots \\ w_{N,t} \end{bmatrix}$$

记上式中间的协方差矩阵为 Σ，于是投资组合的方差可以简写为：$\sigma_p^2 = \bar{\omega}'\Sigma\bar{\omega}$。同样的，我们采用 Delta-Normal 的方法计量 VaR 值。在 Excel 的应用中，最核心、最关键的就是如何求得协方差矩阵 Σ。我们采用历史数据来估计股票收益率的波动率情况。

	K	L	M	N	O	P	Q	R	S
1									
2									
3		Portfolio Asset Historical Return Serial							
4									
5	time(d)	Asset1	Asset2	Asset3	Asset4	Asset5	Asset6	Asset7	Asset8
6	1	-0.13%	4.86%	10.01%	0.92%	9.96%	1.60%	2.23%	-1.65%
7	2	-0.13%	-2.19%	3.87%	-0.25%	-1.78%	-1.05%	-0.84%	5.38%
8	3	9.96%	-1.21%	5.64%	3.32%	-0.60%	-1.41%	-1.52%	-0.96%
9	4	8.82%	2.35%	8.77%	-2.89%	6.33%	7.69%	-1.89%	2.68%
10	5	-1.33%	3.58%	-1.93%	5.00%	-0.33%	0.66%	2.28%	1.25%
11	6	-6.19%	-2.80%	-2.95%	4.13%	-4.83%	-1.82%	9.93%	-4.64%
12	7	-3.72%	-4.91%	-7.27%	-4.16%	-8.51%	-5.38%	-5.30%	-4.76%
13	8	1.00%	0.89%	0.89%	-5.08%	1.60%	1.42%	-5.59%	0.23%
14	9	5.18%	0.35%	2.26%	-0.66%	3.52%	0.70%	4.18%	3.85%
15	10	3.63%	0.44%	0.96%	0.92%	1.34%	1.39%	1.34%	1.53%
16	11	-0.11%	-4.11%	-4.58%	2.82%	-6.44%	-5.66%	-0.17%	-5.59%
17	12	0.79%	0.00%	3.80%	-9.83%	3.02%	-0.91%	-5.62%	-1.59%
18	13	-8.99%	-1.55%	-3.18%	0.85%	-7.04%	-1.10%	-1.58%	-5.44%
19	14	-9.38%	0.00%	-9.94%	-5.80%	-6.59%	0.00%	-3.74%	-0.49%
20	15	6.81%	-0.65%	-1.66%	0.52%	1.26%	-0.37%	-2.96%	0.25%
21	16	8.55%	-1.49%	-1.01%	0.14%	-1.87%	-1.30%	1.90%	-0.25%
22	17	5.29%	4.36%	8.96%	-1.50%	7.10%	5.28%	4.67%	5.17%
23	18	-0.89%	0.18%	0.52%	8.97%	4.16%	0.18%	-0.18%	-0.23%
24	19	9.01%	-1.90%	-2.80%	-0.04%	-2.00%	-3.04%	-1.61%	0.82%
25	20	5.58%	2.22%	3.94%	0.00%	5.14%	2.95%	3.00%	1.95%

图 9.50

单元格 K6:S104 中存在的是 8 只股票的历史每日收益率数据。

我们运用了在市场风险度量章节中自定义的求解协方差矩阵的函数 VCV() 求解该给定 8 只股票资产的每日协方差矩阵,同时估计出它们的每日收益率的均值。根据 $\sigma_p^2 = \omega'\Sigma\omega$,利用 MMULT() 的矩阵乘积函数得到组合的总方差及标准差。接下来的步骤就与上一节单个风险因子的 Delta-Normal VaR 的计算过程类似了,只是在计量 VaR 时小心应用平方根法则来求解 10 天的 VaR 值,并比较相对 VaR 与绝对 VaR 的差异。

(3) 风险因子映射技术(Risk Mapping)

对那些只投资于原始因子(例如股票、零息债券、外汇、商品等)市场的投资组合而言,VaR 可以通过所投资的因子的协方差矩阵和头寸的向量直接进行计量。事实上,第(2)节中就是直接投资于股票风险因子的资产组合。而在更多的场合中,投资组合包括更为复杂的资产。我们通过所谓的风险因子映射技术将证券分解成与原始风险因子相对应的含有 Delta 系数的资产组合,然后利用原始风险因子各自的波动率来估计投资组合的 VaR 值。我们通过两个例子来分析如何进行风险因子的映射:

第一个例子:当前有一个简化的零息债券剩余到期日为 2.75 年。我们希望能够生成两股现金流,一个是 2 年到期,另一个 3 年到期,并且分解后的组合风险与原来的零息债券风险等价。

这里所谓的风险等价即指无论 2 年期或 3 年期的即期利率发生任何微小变化,分解后的组合的现值变化与原来的组合现值变化相同,也就是两者的。

在这个例子中,我们对于在 2 年与 3 年之间的即期利率采用了线性插值(Linear Interpolate)的方法,在这个方法下我们假设无论 2 年期或 3 年期的利率如何变化,分解后的组合现值变化与原来的债券价值变化相同。但需要注意的是,满足以上条件,并不代表分解的两个债券的价值之和等于被映射的债券。单元格 F14:F15 计量的就是分解出的两个债券到期现金流。C8:D8 计量的是这两个债券的现值(PV),很明显其与 B8 中原始债券的现值不同。

第二个例子:比前一个例子更为复杂一些。我们有某个债券投资组合,有较多不同期限的现金流。我们的问题是:如何求解得到风险等价的零息债券投资组合?方法上应当与前一例子相同,只要将原始债券投资组合的现金流根据到期日进行汇总,每一个到期现金流均可以风险等价地分解为其相邻两个风险因

基于 Excel & VBA 的高级金融建模
Jiyu Excel & VBA De Gaoji Jinrong Jianmo

	A	B	C	D	E	F	G	H	I
1	Portfolio Delta Normal VaR								
2									
3	Variance-Covariance Matrix		={VCV(L6:S104)*SQRT(250)}						
4									
5		Asset1	Asset2	Asset3	Asset4	Asset5	Asset6	Asset7	Asset8
6	Asset1	0.0015065	0.00017724	0.000477535	3.8113E-05	0.000601931	0.00022	0.00012	0.000359652
7	Asset2	0.000177237	0.00037243	0.00032838	3.366E-05	0.000417763	0.00017	0.00013	0.000174947
8	Asset3	0.000477535	0.00032838	0.001147699	7.80827E-06	0.000875959	0.00032	0.00031	0.000323599
9	Asset4	3.8113E-05	3.366E-05	7.80827E-06	0.00079126	-3.38629E-05	1.6E-05	0.00029	-6.21602E-08
10	Asset5	0.000601931	0.00041776	0.000875959	-3.38629E-05	0.00137113	0.00039	0.00023	0.000419429
11	Asset6	0.000215369	0.0001732	0.000318621	1.59931E-05	0.000390668	0.00041	9.8E-05	0.000236897
12	Asset7	0.000120742	0.00012743	0.000306908	0.000291829	0.000231746	9.8E-05	0.00061	0.000146438
13	Asset8	0.000359652	0.00017495	0.000323599	-6.21602E-08	0.000419429	0.00024	0.00015	0.000419789
14									
15	Mean Vectors	Asset1	Asset2	Asset3	Asset4	Asset5	Asset6	Asset7	Asset8
16	mean estimat	0.84%	0.31%	0.43%	0.25%	0.36%	0.22%	0.26%	0.09%
17									
18	Current Weights								
19	Total Value	Asset1	Asset2	Asset3	Asset4	Asset5	Asset6	Asset7	Asset8
20	6000	600	600	1000	1000	800	800	600	600
21	weights	Asset1	Asset2	Asset3	Asset4	Asset5	Asset6	Asset7	Asset8
22	100%	10.00%	10.00%	16.67%	16.67%	13.33%	13.33%	10.00%	10.00%
23						=MMULT(MMULT(B19:I19,B6:I13),TRANSPOSE(B19:I19))				
24	Portfolio Variance		0.00032722	daily					
25	Standard deviation		0.01808927	daily					
26	Mean		0.00340797	daily					
27						=IF((B8="Two-Sided"),NORMSINV((1-B7)/2),NORMSINV(1-B7))				
28									
29	Days Convention		250						
30	Time Horizon(days)		10	10	10	10			
31	Confidence Level		90%	95%	99%	99.90%			
32	Single or Two Side		Single-Sided	Single-Sided	Single-Sided	Single-Sided			
33	Z-critical Value		-1.282	-1.645	-2.326	-3.090			
34									
35	Relative VaR		-$439.85	-$564.55	-$798.45	-$1,060.63			
36	Absolute VaR		-$235.38	-$360.07	-$593.97	-$856.15			
37									
38		=$C$25*SQRT(C30)*C33*$A$20				=($C$26*C30 +$C$25*C33*SQRT(C30))*$A$20				

图 9.51

	A	B	C	D	E	F
1	Risk Mapping					
2						
3		Mapped Bond	Zero Bond-1	Zero Bond-2		
4	Maturity(year)	2.75	2	3		
5						
6	Spot rate	0.06375	6%	6.50%		
7	Amount	$1,000,000.00	x	y		
8	PV	$839,194.73	$288,492.12	$576,973.42		
9						
10	Case-1	0.063775	6.01%	6.50%		
11	Case-2	0.063825	6%	6.51%		
12						
13			k1	k2		
14	Change under Case1	$57.69	1.77E-04	0	x=	$325,197.29
15	Change under Case2	$173.07	0	2.47E-04	y=	$701,202.14
16						

图 9.52

子的现金流组合。在 Excel 中的应用，需要我们设计一个较好的、较直观的模型。

	A	B	C	D	E	F	G	H	I
1	Risk Mapping								
2									
3				Zero Bond Portfolio					
4			Bond1	Bond2	Bond3	Bond4	Bond5		
5		Face Amount	$6,000.00	$5,000.00	$4,000.00	$5,000.00	$100,000.00		
6		Remaining Maturity	2.75	3.6	7.9	12.5	10.5		
7									
8	Maturity	Spot Rate			Equivalent Cash Flow			Total	PV
9	1	1.80%						$0.00	$0.00
10	2	2%	$2,011.08					$2,011.08	$1,932.22
11	3	2.50%	$4,165.35	$2,349.18				$6,514.53	$6,043.81
12	4	2.80%		$2,742.48				$2,742.48	$2,451.90
13	5	3.10%						$0.00	$0.00
14	7	4.50%			$2,301.34			$2,301.34	$1,679.49
15	9	5.50%			$1,753.56			$1,753.56	$1,068.92
16	10	5.87%				$2,675.46	$91,634.45	$94,309.91	$52,435.63
17	15	6.01%				$2,443.44	$9,302.54	$11,745.98	$4,768.40
18	20	6.15%						$0.00	$0.00
19	30	6.30%						$0.00	$0.00

图 9.53

操作思路是这样的：例如对于 Bond 2，其到期期限为 3.6 年，那么就应当确定要分解映射的风险因子是相邻的两个期限，即 3 年和 4 年，然后确定到对应的单元格 D11：D12 中，按照第一个例子中的算法求得风险等价的两股到期现金流（即对应零息债券面值）。为了在 Excel 中处理方便起见，我们自定义了风险因子映射的函数，面对较为复杂的且难以利用 Excel 固有的格式批量完成的问题，读者应当熟悉并练习自定义函数解决。RiskMap 的具体代码如下：

```
Function RiskMap(principle, mapped_maturity, map1_maturity, map1_rate,
map2_maturity, map2_rate)
Dim mapped_rate As Double, mapped_temp As Double, cash(1 To 2, 1 To 1)
As Double
mapped_rate = ((map2_maturity − mapped_maturity) * map1_rate + (mapped_
maturity − map1_maturity) * map2_rate)/(map2_maturity − map1_maturity)

mapped_temp = ((map2_maturity − mapped_maturity) * (map1_rate + 0.0001) +
(mapped_maturity − map1_maturity) * map2_rate)/(map2_maturity − map1_
```

maturity)

cash(1, 1) = (principle * Exp(- mapped_rate * mapped_maturity) - principle * Exp(- mapped_temp * mapped_maturity))/(Exp(- map1_rate * map1_maturity) - Exp(- (map1_rate + 0.0001) * map1_maturity))

mapped_temp = ((map2_maturity - mapped_maturity) * (map1_rate) + (mapped_maturity - map1_maturity) * (map2_rate + 0.0001))/(map2_maturity - map1_maturity)

cash(2, 1) = (principle × Exp(- mapped_rate × mapped_maturity) - principle × Exp(- mapped_temp × mapped_maturity))/(Exp(- map2_rate × map2_maturity) - Exp(- (map2_rate + 0.0001) × map2_maturity))

RiskMap = cash

End Function

通过以上的两个例子,我们已大致了解如何进行风险因子的分解与映射。我们接着看第二个例子,来为大家展示如何进一步计量投资组合的 VaR。本质上和第(2)节的方法相似,只不过这里的组合换成了零息债券。对于零息债券而言,其风险因子可以确定为到期收益率,也就是所谓 Spot Rate。零息债券的价格变化率与 spot rate 的变化之间仅仅差了一个久期,而零息债券的久期几乎可以近似地用到期日来替代。

理论上,零息债券的投资组合的价格波动可以表示为:

$$d(P) = \sum_{i=1}^{N} d(B_i) = \sum_{i=1}^{N} B_i D_i dy_i$$

其中,B_i 代表零息债券的现值,D_i 代表债券的久期,y_i 代表对应的 Spot Rate。若 dy_i 服从正态分布,那么其线性组合后的 $d(P)$ 也服从正态分布。经过这样的分解,我们发现就和股票投资组合的情况完全相同了。为了估计 $d(P)$ 的波动率,则只要估计 dy_i 的波动率及不同 dy_i 之间的相关性矩阵 Σ,然后乘以对应置信水平的关键系数并调整持续期即可。

$$VaR(dP)^2 = [B_1 D_1 VaR(dy_1), \cdots B_N D_N VaR(dy_N)](\varepsilon)$$

$$[B_1D_1VaR(dy_1), \cdots B_ND_NVaR(dy_N)]'$$

该 VaR 值的持续期与 dy_i 的期限相同。下面的 Excel 表格中,我们基于风险因子分解的结果计量了原来债券组合的 VaR 值。

	Correlation Matrix								
21									
22	Maturity	2	3	4	5	7	9	10	15
23	2	1	0.897	0.886	0.866	0.855	0.825	0.796	0.788
24	3	0.897	1	0.897	0.886	0.866	0.855	0.825	0.796
25	4	0.886	0.991	1	0.994	0.988	0.965	0.942	0.937
26	5	0.866	0.976	0.994	1	0.998	0.982	0.964	0.959
27	7	0.855	0.966	0.988	0.998	1	0.99	0.975	0.971
28	9	0.825	0.936	0.965	0.982	0.99	1	0.996	0.994
29	10	0.796	0.909	0.942	0.964	0.975	0.996	1	0.999
30	15	0.788	0.903	0.937	0.959	0.971	0.994	0.999	1

	Maturity	Duration	PV	Volatility of dy	Zero Bond VaR	z-critical		1.644853627	
32									
33	2	2	$1,932.22	0.95%	$60.39	Confidence		95%	
34	3	3	$6,043.81	1.04%	$310.17	Portfolio VaR		$20,453.06	
35	4	4	$2,451.90	1.06%	$171.00				
36	5	5	$0.00	1.60%	$0.00				
37	7	7	$1,679.49	1.74%	$336.48	=SQRT(MMULT(TRANSPOSE(E33:E40),MMULT(B23:I30,E33:E40)))			
38	9	9	$1,068.92	1.90%	$300.65				
39	10	10	$52,435.63	1.98%	$17,077.29				
40	15	15	$4,768.40	1.93%	$2,270.64				

图 9.54

(4) Delta-Gammar 近似方法

Delta-Normal 法的最大缺陷就是除了 Delta 线性风险外,忽略了所有其他的风险类型。对于期权(我们以欧式看涨期权 C 为例)这样的具有非对称支付函数的金融工具而言,若是希望捕捉到 Gammar 二阶风险,则可以在其泰勒展开式中将对应的风险项列出:

$$dC = \Delta dS + \frac{1}{2}\Gamma dS^2 \cdots\cdots$$

其中的 Δ、Γ 是总的期权投资组合的净值,而且这些期权是针对同一项基础资产的。同时,期权组合对应的 VaR 值由下式确定:

$$VaR(C) = z_\alpha |\Delta|\sigma S - \frac{1}{2}\Gamma(z_\alpha \sigma S)^2 \cdots\cdots$$

可见当期权组合的 Γ 净值大于零时,有缓释 VaR 值的作用;反之,若 Γ 净值小于零,则增加 VaR 值。

	A	B	C	D	E	F	G	H	I
1	Delta-Gammar VaR								
2									
3	Items	Call1	Call2	Call3	Call4				
4	S	50	50	50	50				
5	Strike Price	60	54	49	45				
6	volatility	30%	30%	30%	30%				
7	Maturity	2.5	0.75	1.5	1				
8	risk free rate	5.00%	5.00%	5.00%	5.00%				
9	d1	0.116326	-0.02198	0.442821	0.667868				
10	N(d1)	0.546303	0.491231	0.671052	0.747891				
11	d2	-0.35802	-0.28179	0.075397	0.367868				
12	N(d2)	0.360166	0.389052	0.530051	0.643514				
13	quoted price	8.244433	4.32597	9.456812	9.848721				
14	delta	0.55	0.49	0.67	0.75	=$G$19*$B$6*1/SQRT(250)*$B$4*			
15	gammar	0.016707	0.030703	0.019688	0.021279	SUMPRODUCT(B16:E16,B14:E14)			
16	contracts #	200	-100	350	-50				
17	total value	1648.887	-432.597	3309.884	-492.436				
18	Delta-Normal VaR	170.4952	76.65394	366.4991	58.35216	Confidence	95%		
19	Delta-Gammar VaR	166.4269	80.39203	358.1098	59.64754	z-value	1.644854		
20	Total Delta VaR			401.9881912		Horizon	1d		
21	Tota Deltal-Gammar VaR			394.5640789					

=$B$20-0.5*SUMPRODUCT(B16:E16,B15:E15)*($G$19*$B$6/SQRT(250)*$B$4)^2

图 9.55

9.4.3 历史模拟法(Historical Simulation)

历史模拟法的理念是对当前所有影响组合价值的风险因子模拟历史上某一段或某几段时间的变化情况,构造出完整的价值序列,然后求得在一定置信度下的VaR值。本质上,历史模拟法是一种简单的完全估值的实施工具。历史模拟法的最大优势就是不需要像分析法那样对风险因子的变化率作出某种分布假设,而且由于采用的是完全估值法,所以能充分捕捉到除 Delta 风险外的其他风险,如Gammar 和 Vega 等。简单地说,历史模拟法就是把历史数据应用到当前的头寸上,重现历史。

历史模拟法的思想非常简单,但具体操作上存在很多技巧和变数。不同的开发人员针对不同的金融机构或不同的投资组合结构往往会采用不同的历史模拟法。我们遵循一个原则:对于组合中所有的金融工具,若是有市场的历史交易价格,则直接采用交易价格作为历史数据;若没有准确的历史交易数据,但有定价估值模型的,则通过确定风险因子的历史数据再确定金融工具的历史模拟价值。

这里,我们利用 Excel 为大家展示两个历史模拟法的例子。我们只针对股票投资举例说明,但在例子中我们将运用多种不同的技巧来实现对历史模拟 VaR 的计量。

time(from past to near)	Stock-1	daily return	Stock-2	daily return	Stock-3	daily return	Stock-4	daily return	Stock-5	daily return
1	11.32		8.69		23.97		10.74		9.08	
2	11.87	4.86%	9.56	10.01%	24.19	0.92%	11.81	9.96%	8.93	-1.65%
3	11.61	-2.19%	9.93	3.87%	24.13	-0.25%	11.6	-1.78%	9.41	5.38%
4	11.47	-1.21%	10.49	5.64%	24.93	3.32%	11.53	-0.60%	9.32	-0.96%
5	11.74	2.35%	11.41	8.77%	24.21	-2.89%	12.26	6.33%	9.57	2.68%
6	12.16	3.58%	11.19	-1.93%	25.42	5.00%	12.22	-0.33%	9.69	1.25%
7	11.82	-2.80%	10.86	-2.95%	26.47	4.13%	11.63	-4.83%	9.24	-4.64%
8	11.24	-4.91%	10.07	-7.27%	25.37	-4.16%	10.64	-8.51%	8.8	-4.76%
9	11.34	0.89%	10.16	0.89%	24.08	-5.08%	10.81	1.60%	8.82	0.23%
10	11.38	0.35%	10.39	2.26%	23.92	-0.66%	11.19	3.52%	9.16	3.85%
11	11.43	0.44%	10.49	0.96%	24.14	0.92%	11.34	1.34%	9.3	1.53%
12	10.96	-4.11%	10.01	-4.58%	24.82	2.82%	10.61	-6.44%	8.78	-5.59%
13	10.96	0.00%	10.39	3.80%	22.38	-9.83%	10.93	3.02%	8.64	-1.59%
14	10.79	-1.55%	10.06	-3.18%	22.57	0.85%	10.16	-7.04%	8.17	-5.44%
15	10.79	0.00%	9.06	-9.94%	21.26	-5.80%	9.49	-6.59%	8.13	-0.49%
16	10.72	-0.65%	8.91	-1.66%	21.37	0.52%	9.61	1.26%	8.15	0.25%
17	10.56	-1.49%	8.82	-1.01%	21.4	0.14%	9.43	-1.87%	8.13	-0.25%
18	11.02	4.36%	9.61	8.96%	21.08	-1.50%	10.1	7.10%	8.55	5.17%
19	11.04	0.18%	9.66	0.52%	22.97	8.97%	10.52	4.16%	8.53	-0.23%
20	10.83	-1.90%	9.39	-2.80%	22.96	-0.04%	10.31	-2.00%	8.6	0.82%
21	10.59	-2.22%	9.02	-3.94%	22.94	-0.09%	9.78	-5.14%	8.51	-1.05%
22	10.79	1.89%	9.18	1.77%	21.25	-7.37%	10.76	10.02%	8.62	1.29%
23	10.69	-0.93%	9.1	-0.87%	21.84	2.78%	10.52	-2.23%	8.59	-0.35%
24	10.62	-0.65%	9.09	-0.11%	21.83	-0.05%	10.32	-1.90%	8.46	-1.51%
25	10.61	-0.09%	9.1	0.11%	21.67	-0.73%	10.39	0.68%	8.27	-2.25%
26	10.66	0.47%	9.37	2.97%	21.3	-1.71%	10.38	-0.10%	8.53	3.14%

图 9.56

图 9.56 是计量并存放股票投资组合中 5 只股票的历史上 100 天的绝对收益率情况(采用的是价格的直接回报率)。

图 9.57 中 A6:E10 单元格中存放的是当前股票投资组合的情况,D17:D115 单元格是根据这五只股票历史单日收益率的数据,以当前头寸为基础测算的估值变化,B16:B115 中是在当前组合价值的基础上结合历史回报率得到的组合价值。我们在得到 D17:D115 中的值后,需要对其中的数据进行排列找出 5% 下侧分位数,这里有几个办法可以做到。方法 1:手工进行排序,利用 Excel 工具菜单中的

基于 Excel & VBA 的高级金融建模

	A	B	C	D	E	F	G	H
1	Historical VaR			Absolute Change Methodology				
2								
3	Current Investment Value							
4	$668,760.00							
5		Price	Amount	Subtotal	weight	time(from past to near)	Stock-1	daily return
6	Stock-1	10.01	$5,000.00	$50,050.00	7.48%			
7	Stock-2	9.56	$6,000.00	$57,360.00	8.58%	1	11.32	
8	Stock-3	6.9	$10,000.00	$69,000.00	10.32%	2	11.87	4.86%
9	Stock-4	90.45	$3,000.00	=VLOOKUP(5%,'Historical VaR-Percentile'!C2:D100,2)		3	11.61	-2.19%
10	Stock-5	22.1	$10,000.00			4	11.47	-1.21%
11			total	$668,760.00	100.00%	5	11.74	2.35%
12						6	12.16	3.58%
13	Confidence		95%	Historical VaR	-4.28%	7	11.82	-2.80%
14						8	11.24	-4.91%
15	#		Portfolio Value	Value Change rerange		9	11.34	0.89%
16		0	$668,760.00			10	11.38	0.35%
17		1	$700,950.74	4.81%		11	11.43	0.44%
18		2	$676,766.58	=$B$16*(1+D17) 1.20%		12	10.96	-4.11%
19		3	$669,927.70	0.17%		13	10.96	0.00%
20		4	$696,084.13	4.09%		14	10.79	-1.55%
21		5	$674,778.98	=$E$6*H8+$E$7*J8+$E$8*L8+$E$9*N8+$E$10*P8		15	10.79	0.00%
22		6	$645,154.77			16	10.72	-0.65%
23		7	$625,641.71	-0.45%		17	10.56	-1.49%
24		8	$671,047.20	0.34%		18	11.02	4.36%
25		9	$687,834.50	2.85%		19	11.04	0.18%
26		10	$677,181.73	1.26%		20	10.83	-1.90%
27		11	$636,196.08	-4.87%		21	10.59	-2.22%

图 9.57

Sort 函数。方法 2：利用 Excel 在"工具"菜单中的"数据分析"→"直方图"工具，此方法我们在数量工具章节中已经详细分析过，请读者自己练习。方法 3：也是我们这里要介绍的，应用 Excel 在"工具"菜单中的"数据分析"→"排列与分位数"工具。

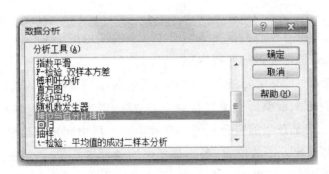

图 9.58

选中 Rank and Percentile 项目后,按 OK 确定,得到:

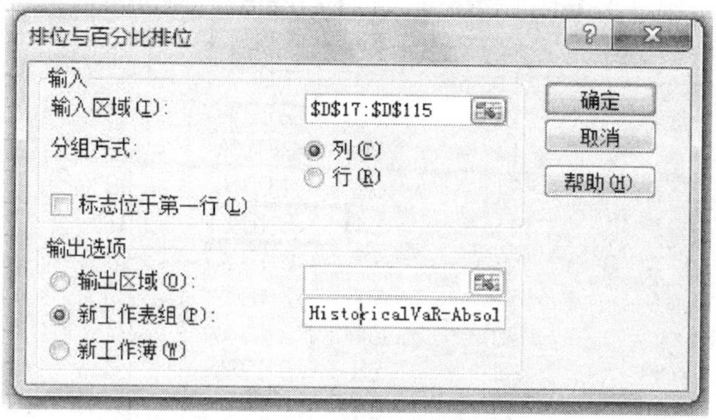

图 9.59

在 Grouped By 中选择 Columns,同时在 New Worksheet Ply: 对应的空白处输入要存放的新的工作表名。按 OK 确定,得到:

	A	B	C	D
1	Point	Column1	Rank	Percent
2	44	5.88%	1	100.00%
3	17	5.53%	2	98.90%
4	1	4.81%	3	97.90%
5	4	4.09%	4	96.90%
6	21	4.03%	5	95.90%
7	33	3.84%	6	94.80%
8	49	3.80%	7	93.80%
9	58	3.33%	8	92.80%
10	28	3.25%	9	91.80%
11	26	3.16%	10	90.80%
12	76	2.90%	11	89.70%
13	9	2.85%	12	88.70%
14	18	2.59%	13	87.70%
15	30	2.56%	14	86.70%
16	77	2.54%	15	85.70%

图 9.60

经过适当调整后,得到下图样式,其中将分位数放在 C 列,对应的收益率放在 D 列,将 C 列升序排列,然后在先前的 Historical VaR Absolute Change Methodology 主表中应用 Vlookup 函数确定 5% 下侧分位数,即 -4.28%,乘以组合的当前价值就可以得到历史模拟法下的 VaR 值。这里需要提醒的细节是:根据 Vlookup 函数的规律我们知道,若忽略其逻辑参数,那么它返回的就是不大于目标数值的最大数,所以这里不是 -3.97%,而是 -4.28%。

	A	B	C	D
1	Point	Rank	Percent	Column1
2	7	99	0.00%	-6.45%
3	13	98	1.00%	-4.96%
4	11	97	2.00%	-4.87%
5	14	96	3.00%	-4.29%
6	51	95	4.00%	-4.28%
7	41	94	5.10%	-3.97%
8	6	93	6.10%	-3.53%
9	32	92	7.10%	-3.35%
10	20	91	8.10%	-2.94%
11	54	90	9.10%	-2.84%
12	63	89	10.20%	-2.61%
13	71	88	11.20%	-2.58%
14	48	87	12.20%	-2.49%
15	53	86	13.20%	-2.29%
16	84	85	14.20%	-2.11%
17	39	84	15.30%	-1.87%
18	35	83	16.30%	-1.60%

图 9.61

作为练习,请读者模仿以上的操作流程,开发其他的历史模拟法。例如,计量波动率调整后的历史 VaR。简述该方法的思想:在已知历史收益率 r_i 的同时,设法获得对应的波动率 σ_i,我们估计下一个交易日的波动率为 σ',于是波动率调整后收益率为 $r' = \dfrac{\sigma'}{\sigma_i} r_i$。重复这样的步骤,将给定的历史收益率与波动率序列全部进行调整,最后计量历史 VaR 值。

9.4.4　蒙特卡罗模拟法(结构蒙特卡罗模拟 Stucture Monte Calo Simulation)

"蒙特卡罗"名字取自 1862 年建立的位于法国南部的著名赌场。可见随机模拟法与赌博业的渊源很深。在金融与证券市场的研究中,大家常常利用蒙特卡罗法模拟出投资组合在指定日期的各种不同价格走势,然后根据由这些模拟价格导出的投资组合在指定日期的价格分布,最后从分布中自然地解读出投资组合的 VaR 值。可以说蒙特卡罗的适用性很强,应用极其广泛,所以它是计量投资组合 VaR 值的最有效、最强大的工具。它可以计量风险的范围,包括市场风险、信用风险、波动率风险等,甚至还能够度量最为隐蔽的一种风险:模型风险。"蒙特卡罗"

的基本思路是：重复多次地模拟金融变量的随机走势，以求涵盖其各种各样的价格变化情况。所以随机模拟的过程就是重塑投资组合价值分布的过程。在数量工具章节中，我们已经介绍过有关的技术细节与应用方法，所以本节不做更详细的技术分析。

(1) 单风险因子的蒙特卡罗模拟

我们从单风险因子入手，展示如何应用蒙特卡罗模拟法计量 VaR。基本步骤如下：第一步，确定风险因子及其服从的随机过程。第二步，计算机模拟风险因子的未来走势。第三步，确定未来某一个交易日的风险因子分布情况。第四步，根据风险因子的分布确定资产的价值分布，由此确定 VaR 值。

我们以投资某只股票为例，按部就班地计算 VaR。假设我们的目标是计量持续期为 10 个交易日的 VaR。

第一步：股票价格服从几何布朗运动 $dS_t = \mu S_t dt + \sigma S_t dz_t$，其中 dz_t 服从均值为 0、方差为 dt 的正态分布。我们用 Δt 来近似替代微分变量 dt，于是 $\Delta S_t = S_{t-1}(\mu \Delta t + \sigma \varepsilon \sqrt{\Delta t})$，其中 ε 服从均值为 0、标准差为 1 的标准正态分布。

我们模拟 10 个交易日的股票价格情况，并且每一天的模拟次数达到 500 次，当然可以更多。

在得到第 10 个交易日的股票资产价值变化后，利用菜单"工具"→"数据分析"→"排列与分位数"获得损益数据的分布情况，最后再次利用 Excel 的 Vlookup() 函数求得 95% 置信水平的 VaR 值。根据计算结果，我们有 99% 的把握得出以下结论：30 000 元的股票投资（30×1 000），10 个交易日后的最大损失不超过 2 877 元。

我们需要强调的是，蒙特卡罗模拟中选择的随机模型若是与实际价格走势不符，那么据此计算出的 VaR 也不可信，所以随机模型的确定极其重要。

(2) 多风险因子的蒙特卡罗模拟

我们把上面的问题深入一步，现有投资人投资于两只股票，假定这两只股票分别服从所谓的几何布朗运动：

$$dS_t^1 = \mu_1 S_t^1 dt + \sigma_1 S_t^1 dz_t^1$$
$$dS_t^2 = \mu_2 S_t^2 dt + \sigma_2 S_t^2 dz_t^2$$

基于 Excel & VBA 的高级金融建模

	A	B	C	D	E	F	G	H	I
1	Monte Calo Simulation							=VLOOKUP(1-	
2				$dS_t = \mu S_t dt + \sigma S_t dz_t$				I6,Q9:R508,2)	
3	Single Risk Factor								
4									
5	stock A price	$30		μ	15%	(annually)		VaR	-2877.209
6	# of contracts	1000		σ	20%	(annually)		confidence	99%
7									
8	t(day)	0	1	2	3	4	5	6	7
9	simulated 1	$30	$30.33	$29.98	$29.70	$29.70	$29.28	$28.82	$28.61
10	simulated 2	$30	$29.89	$29.57	$29.47	$30.23	$29.90	$29.87	$29.52
11	simulated 3	$30	$31.04	$31.20	$31.77	$31.83	$31.80	$32.03	$31.94
12	simulated 4	$30	$29.65	$30.06	$30.28	$29.92	$29.59	$29.84	$29.80
13	simulated 5	$30				$29.30	$29.09	$28.70	$27.93
14	simulated 6		=B9+B9*($D$5*1/250+$D$6*SQRT(1/250)*NORMSINV(RAND()))				$31.11	$30.92	$30.87	$31.04
15	simulated 7						$30.88	$30.47	$30.20	$30.43
16	simulated 8						$29.79	$30.18	$30.16	$29.97
17	simulated 9	$30	$30.23	$29.95	$29.80	$29.16	$29.69	$29.91	$29.54
18	simulated 10	$30	$29.98	$30.47	$30.18	$29.76	$29.62	$29.83	$30.32
19	simulated 11	$30	$30.27	$30.12	$30.34	$30.55	$30.72	$31.23	$31.05
20	simulated 12	$30	$29.98	$29.96	$30.73	$30.42	$30.23	$29.80	$29.06
21	simulated 13	$30	$29.58	$29.90	$29.23	$29.69	$29.50	$29.18	$29.47
22	simulated 14	$30	$29.45	$29.31	$29.90	$29.87	$30.60	$30.95	$30.86

图 9.62

K	L	M	N	O	P	Q	R
9	10	value change		Point	Rank	Percent	Column1
$27.80	$27.02	($2,978.67)		418	500	0.00%	($3,189.23)
$30.70	$30.57	$574.24		149	499	0.20%	($3,134.17)
$32.06	$32.53	$2,534.85		1	498	0.40%	($2,978.67)
$29.43	$29.45	($545.12)		269	497	0.60%	($2,948.59)
$28.43	$28.03	($1,973.04)		55	496	0.80%	($2,895.05)
$31.07	$30.96	$964.27		203	495	1.00%	($2,877.21)
$30.50	$31.54	$1,536.15		241	494	1.20%	($2,800.21)
$29.76	$29.13	($865.23)		349	493	1.40%	($2,775.98)
$29.30	$29.56	($435.24)		500	492	1.60%	($2,770.37)
$30.52	$30.67	$667.48		231	491	1.80%	($2,657.16)
$31.32	$31.37	$1,372.73		212	490	2.00%	($2,455.29)
$28.55	$28.32	($1,677.20)		37	489	2.20%	($2,444.80)
$28.94	$28.56	($1,443.52)		119	488	2.40%	($2,099.40)
$31.26	$31.58	$1,575.55		164	487	2.60%	($2,078.86)

图 9.63

9 风险管理

且 dz_t^1 和 dz_t^2 具有相关性 cc。若相关系数不等于 0,那么在模拟生成股价的时候,随机数 z_t^1 和 z_t^2 就不能够独立变化了。下面我们首先验证一个事实:

令:
$$z_1 = \varepsilon^1$$
$$z_2 = \rho\varepsilon^1 + (1-\rho^2)^{1/2}\varepsilon^2$$,其中 ε^1 与 ε^2 互相独立,那么,

$$\text{Var}(z_2) = \rho^2\text{Var}(\varepsilon^1) + [(1-\rho^2)^{1/2}]^2\text{Var}(\varepsilon^2) = 1, 且$$

$$\text{Cov}(z_1, z_2) = \text{Cov}(\varepsilon^1, \rho\varepsilon^1 + (1-\rho^2)^{1/2}\varepsilon^2) = \rho\text{Cov}(\varepsilon^1, \varepsilon^1) = \rho$$

我们发现经过变换之后,由两个独立的随机变量得到了相关系数为 ρ 的两个随机变量,这正是我们想要的。在下面的 Excel 表中,给出有关模型参数。

	A	B	C	D	E	F	G	H	I	J	K
1	Monte Calo Simulation										
2											
3	Multi Risk Factors Case										
4		Price	μ	σ	# of stock	ρ	VaR	-1807.2018			
5	stock A	30	20%	30%	500	0.5	Horizon	1D			
6	stock B	60	15%	40%	600		Confidenc	95%			
7											
8			A	B	ε1	ε2	A	B	portfolio value	Percent	Column1
9	t		0				1				
10	simulated 1	30	60	0.01523	-0.06279	30.03267	59.96502	-4.6553938			
11	simulated 2	30	60	0.043689	-0.42177	30.04887	59.51472	-206.73232		0.00%	-2777.07
12	simulated 3	30	60	-0.6836				-455.37758			
13	simulated 4	30	60	-0.81379				-757.67042			
14	simulated 5	30	60	-0.3323				-449.91493		0.60%	-2619.46
15	simulated 6	30	60	-0.17723						0.80%	-2499.32
16	simulated 7	30	60	-0.30621						1.00%	-2376.33
17	simulated 8	30	60	0.398118						1.20%	-2309.44
18	simulated 9	30	60	-0.82489	0.039626	29.55447	59.46204	-545.54018		1.40%	-2302.74
19	simulated 10	30	60	-0.43603	-0.14308	29.77581	59.51699	-401.9031		1.60%	-2253.75
20	simulated 11	30	60	-0.07569	-0.71098	29.98092	59.04395	-583.1713		1.80%	-2251.71
21	simulated 12	30	60	-0.48363	-0.25487	29.74871	59.33391	-525.29997		2.00%	-2229.89
22	simulated 13	30	60	-0.20409	0.666405	29.90783	60.75712	408.188474		2.20%	-2197.89
23	simulated 14	30	60	-1.27067	1.199429	29.30072	60.64832	39.3547145		2.40%	-2138.02
24	simulated 15	30	60	-1.44525	-0.34893	29.20135	58.48045	-1311.0539		2.60%	-2123.93
25	simulated 16	30	60	0.981525	-0.11989	30.58269	60.62333	665.344707		2.80%	-2104.89
26	simulated 17	30	60	-0.73501	0.306257	29.60563	59.88075	-268.734064		3.00%	-2102.83
27	simulated 18	30	60	1.599311	0.406266	30.93434	61.78384	1537.47736		3.20%	-2095.31
28	simulated 19	30	60	1.730954	0.284961	31.00928	61.72429	1539.21381		3.40%	-2028.35
29	simulated 20	30	60	-0.25493	-2.51417	29.87889	56.53756	-2138.0188		3.60%	-2017.73

注释:
- H4: =VLOOKUP(1-I6,J11:K510,2)
- D12: =B10+B10*($C$5/250+$D$5*1/SQRT(250)*D10)
- F15: =C10+C10*($C$6/250+$D$6*1/SQRT(250)*($F$5*D10+SQRT(1-$F$5^2)*E10))
- H列: =(F10-B10)*$E$5+(G10-C10)*$E$6
- $z_1 = \varepsilon^1$
- $z_2 = \rho\varepsilon^1 + (1-\rho^2)^{1/2}\varepsilon^2$

图 9.64

我们要求计量 1 天的 VaR 值,置信水平为 95%,A4:F6 中存放基本信息资料,而在 D 列和 E 列中给出的是互相独立的随机正态变量,F 列和 G 列计量的是在给定相关性系数为 0.5 的情况下 1 天之后的股票 A 和 B 相应的模拟价格。H 列给出的是 1 天之后投资组合的价值变化值,然后利用菜单"工具"→"数据分析"→"排列和分位数"工具得到 J 列和 K 列的排列结果,最后再次借助 Vlookup 函数寻找到 95%分位数对应的组合 VaR 值。

我们留给读者两个问题：(1) 请尝试建立三个股票组合的 VaR 值计量模板，请回顾在数量工具章节中介绍过的实对称矩阵的 Cholesky 分解技术，考虑如何利用该技术获得多风险因子的带有相关性的随机数据模拟。(2) 自定义函数。输入变量是股价、波动率、飘移率、终止日、模拟次数等必要参数，输出变量是一定置信水平下的 VaR 值，并将该函数扩展到多股票组合情形。

9.4.5　VaR 的应用

(1) 边际 VaR(Marginal VaR) 和成分 VaR(Component VaR)

所谓边际 VaR(Marginal VaR) 是指对某些交易头寸额外增加 1 个单位的投资后原投资组合的 VaR 值变化多少。它的计量数学公式是：

$$Marginal\ VaR = MVAR_i = \frac{\partial VaR}{\partial monetary\ investment\ in\ i} = z_\alpha \frac{\partial \sigma_P}{\partial w_i} = z_\alpha \frac{cov(R_i, R_P)}{\sigma_P}$$

又因为我们知道某个资产相对于组合的系统性风险可以用 $\beta_i = \frac{cov(R_i, R_P)}{\sigma_P^2}$ 表示，故以上的边际 VaR 也就可以表示为：$MVAR_i = \frac{VaR}{P} \times \beta_i$。

所谓成分 VaR(Component VaR) 是指某个投资组合去掉某个头寸后，VaR 值将变化多少。对于大型的投资组合而言，有非常多的不同的头寸，成分就可以近似地表示为边际 VaR 值乘以头寸 i 的市值，即：$CVaR_i = MVAR_i \times w_i \times P = VaR \times \beta_i \times w_i$，于是整体的 VaR 值就可以进行分解：$VaR = \sum_{i=1}^{N} CVaR_i = VaR(\sum_{i=1}^{N} \beta_i \times w_i)$，显然就有 $\sum_{i=1}^{N} \beta_i \times w_i = 1$。

我们在 Excel 中以股票的投资组合为例展示如何计量边际 VaR 值和相应的成分 VaR。

(2) 增量 VaR(Incremental VaR)

所谓增量 VaR(Incremental VaR) 是指在原有的投资组合中添加一个新的头寸后 VaR 值的变化量，即 $Incremental\ VaR = VaR(P+a) - VaR(P)$。当 $a=1$ 的时候，增量 VaR 和边际 VaR 几乎相同。而在大多数情况下，增量 VaR 和边际 VaR 不同，主要是由于它采用的是全局估值的方法，包括了非线性关系，而边际 VaR 会将其忽略。

9 风险管理

	A	B	C	D	E	F	G	H	I
1		Marginal and Component VaR							
2									
3	# of stock	100		200		150			
4	t	stock-1	return	stock-2	return	stock-3	return	portfolio	return
5	1(current)	11.32	/	8.69	/	23.97	/	6465.5	/
6	2	11.87	4.86%	9.56	10.01%	24.19	0.92%	6727.5	4.05%
7	3	11.61	-2.19%	9.93	3.87%	24.13	-0.25%	6766.5	0.58%
8	4	11.47	-1.21%	10.49	5.64%	24.93	3.32%	6984.5	3.22%
9	5	11.74	2.35%	11.41	8.77%	24.21	-2.89%	7087.5	1.47%
10	6	12.16	3.58%	11.19	-1.93%	25.42	5.00%	7267	2.53%
11	7	11.82	-2.80%	10.86	-2.95%	26.47	4.13%	7324.5	0.79%
12	8	11.24	-4.91%	10.07	-7.27%	25.37	-4.16%	6943.5	-5.20%
13	9	11.34	0.89%	10.16	0.89%	24.08	-5.08%	6778	-2.38%
14	10	11.38	0.35%	10.39	2.26%	23.92	-0.66%	6804	0.38%
15	11	11.43	0.44%	10.49	0.96%	24.14	0.92%	6862	0.85%
16	12	10.96	-4.11%	10.01	-4.58%	24.82	2.82%	6821	-0.60%
17	13	10.96	0.00%	10.39	3.80%	22.38	-9.83%	6531	-4.25%
18	14	10.79	-1.55%	10.06	-3.18%	22.57	0.85%	6476.5	-0.83%
19	15	10.79	0.00%	9.06	-9.94%	21.26	-5.80%	6080	-6.12%

图 9.65

J	K	L	M	N
	stock-1	stock-2	stock-3	portfolio
beta	0.4735	1.0653	1.1327	1
volatility	1.93%	3.39%	2.81%	1.94%
weight	17.51%	26.88%	55.61%	100%
Marginal VaR	0.015137	0.034058	0.036214	
Component VaR	17.13542	59.19255	130.206	
total var				206.7034
confidence level	95%			
horizon	1day			

图 9.66

具体操作上,只需要在计算 VaR 的 Spreadsheet 中修改一下仓位大小,然后将 VaR 值的结果直接做对比即可。我们把这项任务留给读者去完成。

(3) Credit VaR

对于银行的一些信贷业务,面临的是客户的信用风险,尤其是面对大量信贷组合的时候,客户之间的违约率情况不尽相同。所谓信用 VaR(Credit VaR)就是用以度量因信用违约而可能产生的损失风险大小。对某一项贷款而言,到期日只有两种可能性:还款或违约。无法重复也无法统计分析,所以度量单一信用敞口的信用 VaR 往往比较困难，然而度量多项贷款组合，却能够在统计意义上让信用 VaR 值具有意义。

	A	B	C	D	E	F	G	H	I	J	K	L	M
1	Credit VaR												
2		confidence	95%		EL	188.51							
3		defautlt correlation =0			Credit VaR	-700							
4													
5	Loan Portfolio	Loan 1	Loan 2	Loan 3	Loan 4	Loan 5	Loan 6	Loan 7	Loan 8				
6	Exposure	2000	1500	800	1000	5000	4500	2500	3200				
7	Default rate	0.80%	1.00%	2.50%	1.34%	2.15%	0.92%	0.60%	1.05%				
8	Recovery rate	30.00%	20.00%	15.00%	30.00%	40.00%	15.00%	40.00%	10.00%				
9	Loss Simulation									total loss		Percent	Column1
10	Simulated-1	0	0	0	0	0	0	0	0			0.00%	-5880
11	Simulated-2	0	0	0	0	0	0	0	0			0.20%	-3825
12	Simulated-3	0	0	0	0	0	0	0	0			0.20%	-3825
13	Simulated-4	0	0	=IF(RAND()<B$7,-B$6*(1-B$8),0)	0	0	0	0			0.70%	-3000
14	Simulated-5	0	0	0	0	0	0	0	0			0.70%	-3000
15	Simulated-6	0	0	0	0	0	0	0	0			0.70%	-3000
16	Simulated-7	0	0	0	0	0	0	0	0			0.70%	-3000
17	Simulated-8	0	0	0	0	0	0	0	0			0.70%	-3000
18	Simulated-9	0	0	0	0	0	0	0	0			0.70%	-3000
19	Simulated-10	0	0	0	0	0	0	0	0			2.00%	-2880
20	Simulated-11	0	0	0	0	0	0	0	0			2.00%	-2880
21	Simulated-12	0	0	0	0	0	0	0	0			2.00%	-2880
22	Simulated-13	0	0	0	0	0	0	0	0			3.00%	-1400
23	Simulated-14	0	0	0	0	0	0	0	0			3.00%	-1400
24	Simulated-15	0	0	0	0	-3000	0	-2880	-5880			3.00%	-1400
25	Simulated-16	0	0	0	0	0	0	0	0			3.00%	-1400
26	Simulated-17	0	0	0	0	0	0	0	0			3.00%	-1400

图 9.67

在以上的电子表格中，我们给出了信用风险敞口以及相关的违约率及回收率，并通过 500 次随机模拟贷款到期后偿付情况。在 J 列中汇总全部损失，最后设法找到全部损失的 5% 下侧分位数，即 Credit VaR。

9.5 压力测试

简单地说，情景分析就是在给定头寸的情况下，根据不同的市场情景考察其估值与风险状况，而压力测试就是选取极端的情景，分析投资组合在极端的市场状况下可能会发生怎样的损失。压力测试是 VaR 值的补充，因为 VaR 值无法反映出极端市场的影响，而压力测试能够充分考虑任何极端情景下风险因子可能的变化以及对损益的冲击。应当说，这是一项技术性非常强的工作，通常一套完整的压力测试需要的工具、数据量非常大。根据金融机构投资组合的不同，风险因子的选择亦不同。在具体实施时，需要考虑的因素非常多，例如压力情景的可行性问题、情景的合理性问题、情景中风险因子之间的相关性选取、压力情景是否带有约束条件。

9.5.1 历史情景法

所谓历史情景法,即选取历史上某一段时期内风险因子的水平、波动率,将它们作用到当前的投资组合中,分析对投资组合的影响。事实上,就是让历史重演。为了向大家展示如何做简单的压力测试,我们设计了一些金融工具投资组合,根据这些组合的情况,选择风险因子,然后实施压力测试。假设投资组合中,有 2 只股票、1 笔利率互换交易、2 只债券,并持有一些外汇现货头寸。

	A	B	C	D	E	F	G	H	I
1	Stress test								
2									
3		Stock			Bond		Interest rate swap		FX spot
4	code	A(CNY)	B(CNY)	code	C(USD)	code	D(CNY)	code	E(USD)
5	# of contract	4000	6000	YTM	4.60%	principle	1000000	currency	USD
6	beta	1.2	1.6	credit spread	0.67%	currency	USD	Fx rate	6.83
7	price	10.5	15.6	coupon rate	3.50%	receive fix	3.20%	# of USD	$3,000
8	risk free rate	5%	5%	maturity	5	pay float	2.85%		
9	value	42000	93600	payfrequency	semiannual	maturity	1		
10				# of contracts	200	pay frequency	4		
11				value	18462.34891	3M LIBOR	2.85%		
12						6M LIBOR	3.50%		
13						9M LIBOR	3.70%		
14						12M LIBOR	4%		
15									
16	Risk Factor	current		senario I		Senario II		Senario III	
17	stock market index	100		80		70		60	
18	YTM	4.60%		6.60%		7.60%		8.60%	
19	credit sread	0.67%		1.67%		=$B$25*(1+$B$8+$B$6*(D17/$B$17-1-$B$8))		3.67%	
20	3M LIBOR	2.85%		3.85%				5.85%	
21	6M LIBOR	3.50%	B24*$E$10*PRICE(TODAY(),TODAY()+365*$E$8,$E$7,818+B19100,2,3)	6.00%				8.00%	
22	9M LIBOR	3.70%		6.70%				8.20%	
23	12M LIBOR	4%		6.50%				9.50%	
24	CNY/USD	6.83		6		5.5		5	
25	Value (A)	$42,000		$31,500		$26,460		$21,420	
26	Value (B)	$93,600		$60,840		$45,864		$30,888	
27	Value (C)	$126,098		$96,952		$81,447		$67,944	
28	Value (D)	($7,179)		($30,213)		($39,102)		($56,339)	
29	Value (E)	$20,490		$18,000		$16,500		$15,000	
30	Total Value(CNY)	$275,008		$177,079		$131,170		$78,913	
31	=- $G$5+$G$5*($G$7/$G$10/(1+B20*1/$G$10)+$G$7/$G$10/(1+B21*2/$G$10)+$G$7/$G$10/(1+B22*3/$G$10)+(1+$G$7/$G$10)/(1+B23*4/$G$10))			loss	($97,930)	loss	($143,839)	loss	($196,095)
32				percentage	-35.61%	percentage	-52.30%	percentage	-71.31%

图 9.68

在图 9.68 中,我们给出了三个情景,它们对组合头寸的估值压力逐步增大:在轻度压力(Senario I)下,组合的损失可能达 $97 930,即相比于当前亏损 35.61%;在中度压力(Senario II)下,组合的损失可能达到 $143 839,即亏损 52.30%;在重度压力(Senario III)下,组合的损失可能达到 $196 096,即亏损 71.31%。这些分析结果在单元格 D31:H32 中可以得到。值得一提的是,在 B27 单元格中运用了 Excel 内部的

405

函数 PRICE()专门用于债券定价,而在单元格 B28 中给出的是一笔简单的利率互换头寸的估值,点开该单元格的公式,发现并没有运用相关函数,而是直接套用估值公式。这里就再留给读者一个课题,即如何自定义利率互换估值函数,请试着完成。

9.5.2 假设情景法

假设情景在操作上与历史情景法几乎相同。只不过在假设情景前,必须仔细研究并分析情景的合理性与压力性。在 Excel 中实现的方式都是类似的,读者可以模仿历史情景法的模板进行分析。

9.6 经济资本与监管资本

9.6.1 经济资本与监管资本的计量

通常,我们对资本是如此定义的:将资产负债表中的所有资产的公允价值减去负债的公允价值就得到了公司的资本,当资本降低到零以下,则公司存在倒闭的可能,需要进行破产保护。

经济资本的含义与资本不同。经济资本(Economic Capital)提供了对信用风险、市场风险和操作风险等可能带来的损失的一种保护,使得即使发生了那些损失也不至于会让公司债权人遭受损失而致使公司破产或重组。简单地说,经济资本就是保证即使发生了最坏可能的情况,也不至于让公司出现资不抵债的情况。可见,经济资本的概念属于风险资本的范畴,而资本是会计上的一个运算结果,是一个时点的数据而已。一般而言,会计上的资本应当大于经济资本,才能保证公司正常运作并能够获得足够的信用评级。对于金融机构而言,若其承担的风险资产越大、风险越大,那么需要的经济资本就越多。

风险资本是另外一些经济学家提出的概念,即风险资本就是可以用以确保公司净资产足以抵补损失的最小投入。风险资本的概念与经济资本的概念本质上并没有区别。

再来谈谈银行业的监管资本。监管资本是监管部门要求银行部门至少要具备的资本要求,监管部门通常要求银行计算资本充足率,并要求最低不低于 8%,且核心资本充足率不低于 4%。目前监管资本与经济资本有趋同之势。

9 风险管理

经济资本一般是通过 VaR 来体现的,我们忽略严格的经济资本的理论推导和基本假设,可以得出一个简单的结论,即经济资本就是风险资产在给定置信水平下,最大可能的损失与预期损失(Expected Loss,EL)之差,即未预期损失(Unexpected Loss,EL)。

计量经济资本通常有两个方法。第一,自上而下法(Top-Down)。具体来说,有收益率波动模型、BSM 模型等,但这些方法有非常多的局限性,而且假设不够合理,缺乏实际操作意义。第二,自下而上法(Bottom-Up)。该方法的理念就是为每一笔交易和业务分别估计其经济资本,然后运用统计组合模型和压力测试等方法整合这些经济资本,得到公司整体的经济资本。该方法不仅可以区分银行所承担的信用风险资本、市场风险资本和操作风险资本,而且可以被借助用于资本分配(下一节我们将介绍如何分配经济资本)。

基于以上这些原因,我们将在 Excel 中进行应用——计量经济资本,并同时简单做一做监管资本的计量。为方便起见,我们假设某个金融机构只面对信用风险,由一些信贷资产组成。我们首先从内部的业务管理角度计算经济资本,然后从外部监管的角度来计算监管资本(标准法)。

	A	B	C	D	E	F
1	Economic Capital & Regulated Capital					
2						
3		Credit Asset-1	Credit Asset-2	Credit Asset-3	Credit Asset-4	Credit Asset-5
4	Adjusted Exposure	$50,000.00	$20,000.00	$15,000.00	$25,000.00	$60,000.00
5	Expected Default Freque	1.50%	2%	2.30%	2.90%	3%
6	σ(EDF)	0.50%	1%	1.50%	1.80%	1.40%
7	LGD	30%	=B4*B5*B7		30%	60%
8	σ(LGD)	20%	25%	20%	25%	30%
9	Expected Loss	$225.00			$217.50	$1,080.00
10	Unexpected Loss	$1,227.04	B4*SQRT(B5*B8^2+B7^2*B6^2)		$1,072.86	$3,158.17
11	Economic Capital	$1,227.04			$1,072.86	$3,158.17
13	Risk Weighted	40%	80%	50%	100%	150%
14	Risk Weighted Asset	20000	16000	7500	25000	90000
15	Regulated Capital	$1,600.00	$1,280.00	$600.00	$2,000.00	$7,200.00
16						
17	Total Economci Capital	$6,638.36	=B4*B13*8%			
18	Total Regulated Capital	$12,680.00				

图 9.69

在图 9.69 中,我们给出了 10 笔信用贷款的基本信息,并且将未预期损失作为经济资本计提。在 B10:F10 单元格中计量的未预期损失,我们不经推导地给出计算公式:

$$UL = AE \times \sqrt{EDF \times \sigma_{LGD}^2 + LGD^2 \times \sigma_{EDF}^2}$$

而监管资本(标准法)的计量方式较为简单：Regualted Capital = Adjusted Exposure×Risk Weight×8%。我们希望读者能够根据 Basel 委员会对信用风险资本的计量原理自定义 Risk Weight 函数，输入相关信贷资产的参数以得出风险加权系数。

9.6.2 经济资本的分配

在上一节中我们从每一笔交易业务出发计算各自的经济资本，然后再加总得到总体的经济资本，这个逻辑就是所谓的"自下而上法"(Bottom Up)。本节我们将讨论如何将公司层面或组合层面的经济资本分解到子组合或逐笔业务。我们知道，将每份资产或业务条线的独立经济资本加总并不等于组合的经济资本，因为有分散化作用的存在。故若是已知组合整体的经济资本，那么在分解的时候就应当充分考虑分散化的效应。我们有三种基本的分解方法：① 独立经济资本贡献法(Stand Alone EC Contribution)；② 新增经济资本贡献法(Incremental EC Contribution)；③ 边际经济资本贡献法(Marginal EC Contribution)。我们对此稍作解释：① 所谓"独立经济资本法"，就是独立地计量每个条线业务的经济资本。② 所谓"新增经济资本贡献法"，即每一个条线的新增经济资本等于将组合的经济资本减去移除该业务条线后的经济资本，实际上新增经济资本就是该资产业务出售之后释放出的经济资本。③ 所谓"边际经济资本法"，有时候也称为分散化的经济资本贡献法。本质上，该方法可以将组合的分散化效果分解到各个业务单元和活动中去。

三种方法各有利弊。普遍运用的是边际经济资本法，因为独立经济资本法没有考虑分散化效果，而新增经济资本法又被学者证明所有业务的新增经济资本的总和往往会小于组合的经济资本要求，即该方法不具有可加性。唯有边际经济资本法是可加的，而且考虑了分散效应的分配问题。它的计算原理和边际 VaR (Marginal VaR)是一致的。它的可加性表现为 $EC = \sum_i EC_i$（其中的 EC_i 就代表了每个业务的边际经济资本），还可以计算出经济资本贡献率，即 $EC\ Contribution_i = \frac{EC_i}{EC} \times 100\%$。此外，我们可以证明若经济资本的计量是基于波动率风险的，那么 $EC_i = \frac{\partial EC(x)}{\partial x_i} x_i$（其中，$x_i$ 代表业务单元的大小），而且经济资本贡献率有解析表达 $EC\ Contribution_i = Cov(L_i, L)/\sigma^2(L)$。

接着，我们将以上这些概念通过一个例子总结在 Excel 的 Spreadsheet 中向读者展示。

	A	B	C	D	E	F	G	H	I
1	Capital Allocation								
2						=H8-			
3				=B5*C5*$G$3		SQRT(MMULT(TRANSPOSE(D6:D7			
4						),MMULT(B19:C20,D6:D7)))			
5		confidence level		95%		z-critical=	1.64		
6		size	σ(L)	Stand-alone EC	%Stand-alone Contribution	Incremental EC	%Incremental EC	Marginal EC	%Marginal EC
7	Business1	100	15%	24.67	18.29%	1.429898189	1.84%	4.644215	4.92%
8	Business2	200	20%	65.79	48.78%	58.79142008	75.66%	63.41361	67.19%
9	Business3	150	18%	44.41	32.93%	17.48803373	22.50%	26.31722	27.89%
10			Total	134.88	100.00%	77.71	100.00%	94.37504	100.00%
11			%EC	142.92%					
12									
13		Correlation Matrix				stand alone		=D5/$H$8*MMULT(B	
14		1	1	0.3	-0.6	24.67	=SQRT(MMULT(TRANSPOSE(D5:	12:D12,$D$5:$D$7)	
15		1	0.3	1	0.4	65.79	D7),MMULT(B12:D14,D5:D7)))		
16		1	-0.6	0.4	1	44.41			
17									
18		1	1	0.3		24.67			
19		1	0.3	1		65.79			
20									
21		1	1	0.4		65.79			
22		1	0.4	1		44.41			
23									
24		1	1	-0.6		24.67			
25		1	-0.6	1		44.41			

图 9.70

简述一下该表的内容与制表过程。该表格中包含了以上我们所讨论的三种分配资本的方法。在单元格 A6:C9 中给出了原始数据，三个业务条线上的量级和损失波动率数据。第一步：在 D7:D9 中计量出独立的经济资本，然后在 E 列对应位置直接给出贡献率。第二步：必须事先在 H10 中计量出组合后的经济资本。可以从公式中看到我们应用了相关性矩阵(B14:D16 单元格)与 Excel 中矩阵的乘法函数 MMULT(请读者回顾数量工具章节中的矩阵运算有关基本函数)。第三步：根据边际 $EC\ Contribution_i = \text{Cov}(L_i, L)/\sigma^2(L)$ 计量出 H7:H9 中的边际经济资本（计算技巧：我们在 A14:A25 中存入了单位列向量，目的是希望应用矩阵的乘法来求解出 $\text{Cov}(L_i, L)/\sigma^2(L) = (\sum_k L_i L_k \rho_{i,k})/(\sum_{i,j} L_i L_j \rho_{i,j})$，而不是一个单元一个单元地按部就班地计算，这里需要读者对矩阵的 fanruizhen 运算比较熟悉，并且能够将其与 $\text{Cov}(L_i, L)/\sigma^2(L)$ 的展开式结合在一起）。第四步：计量新增经济资本。例如业务条线 1 的新增经济资本就是：假设不存在业务条线 1 计量出总的经济资本，然后用原来三个业务条线计量的总经济资本减去它就可以得到相应的新增经济资本。以此类推得到业务条线 2 和业务条线 3 的新增经济资本。

后　　记

金融是现代经济的核心，在经济全球化趋势下全球金融市场正以不可逆转的趋势走向一体化，并在全球范围内发挥引导资本流动、为资产定价、优化资源配置和提高经济运行效率的作用。因而，掌握全球金融市场基础知识和基本原理，熟悉金融市场组织架构、交易工具、运作机制和规律，是现代市场经济条件下所有已经从事和准备从事金融工作的人员应该具备的知识。

《注册金融分析师系列》丛书终于写完了，这不仅仅是一套写给中国CFA考生的辅导教材，更是一套帮助有志于金融的人士、金融专业学生系统学习金融，帮助金融从业人员、企业中高级管理者提升业务能力的参考书目。

写书是一项系统工程，从书的策划到最终脱稿，从框架体系到具体内容，从第一稿到最后成稿，反复地讨论，不断地争执，不知有多少人投入了多少精力，花费了多少心血，即使看到最后的清样，我们还是诚惶诚恐，担心任何一个遗漏的错误会辜负大家对金程的期望，对承诺的期望，我们知道我们担负的是责任、是信任、是托付。

我们知道我们是在多少人的关爱、重托和信任下成长，一本书或一套书的出版是众多人的心血智慧和殷切希望。借此机会，我们首先要感谢培养我们成长的那些孜孜不倦的师长、对我们寄予厚望的家人和对我们充满期待的读者，没有这种鞭策、期待和信任就没有我们的今天、没有我们的成长和这套丛书的出版。

其次，要感谢活跃在教学第一线、专注热情和全心投入的上海金程国际金融专修学院CFA教学团队，团队的全情投入、对培训事业一如既往的关注，是促成本系列丛书再版的关键——其总结教学过程中方方面面，不断为丛书注入新内容、添入更有价值的信息。

再次，我们要感谢在本书编撰过程中默默付出，对本书的进行反复校稿的金程金融研究院的研究员，其加班加点、忍受孤独，互相包容，困难时彼此鼓励。一起纵情歌唱,任何一份努力、任何一份成长都是一项完美工作中不可或缺的组成部分。正是这种辛勤工作,对书稿的反复核对,确保了丛书的正确性和可读性,作为本系列丛书的"把关员",以其专注和投入,尽职尽责地守护读者信任。

最后,我们要感谢养育和培养我们的父母,关注我们成长的兄弟姐妹和朋友,没有这种关注、鼓励和支持,就没有我们今天的胸怀天下、为人诚恳和踏实做事的态度。

总而言之,我们希望我们的努力能够回报社会,能够帮助读者,我们的不足能够得到大家的原谅和帮助,因为我们是诚意的、我们是努力的、我们是向上的。

汤震宇　博士　CFA FRM CTP CAIA CMA
2013 年 3 月于上海

全程教育 Excel & VBA 推荐课程

Excel 金融建模已经越来越多地运用到金融投资、财务、风险管理工作的方方面面，其与 VBA 的结合更进一步发挥了 Excel 的特色，通过数据运算模拟，直接演示出分布结果。经过多年总结和实践，金程金融研究院开发了一系列教程，分别以 Excel 金融建模为工具，以投资估值、风险管理、财务管理、金融工程为专业方向，帮助金融工作者在学会使用现成金融模型的同时，尝试自己搭建 Excel 金融模型。

金程教育 Excel 金融建模系列：

1. 财务分析与投资估值；
2. 金融工程；
3. 风险管理与控制；
4. 办公技能提高。

Excel 金融建模：财务分析与投资估值

通过本课程可以熟练掌握国外的投资银行以及国内的证券公司所应用的 Excel 财务估值建模的方法，为进军投行或者提升投行工作技能打下坚实的基础。

第一模块：用 Excel 建立估值模型的技巧

1. Excel 常用快捷键
2. Excel 中常用函数

第二模块：估值方法介绍

1. 价值的基本概念
2. 绝对估值法

第三模块：相对估值方法

1. 相对估值法及其他估值方法

第四模块：建模前的准备
1. 建模前的思考
2. 历史数据的来源及整理
3. 预测假设数据来源

Excel 金融建模系列——金融工程

Excel 建模与金融工程是运用现代金融经济理论和现代数学分析原理、工具和方法，在现有的金融产品、金融工具和金融方法的基础上，为金融市场参与者发现金融资本价格和规避风险，发掘新的金融机会。该课程将 Excel 与金融工程建模完美结合，运用 Excel 操作属性实现金融工程建模的多重效应分析，课程操作性强，理论与实践紧密结合。

第一模块：Excel 的高级技术
第二模块：投资组合管理
第三模块：期权期货及其他衍生品定价的应用
第四模块：债券与期限结构

Excel 金融建模——风险管理与控制

在国内，风险管理正日益受到国家金融监管机构以及各家金融机构的重视，金融机构及各大型企业集团的财会与稽核部门对金融风险管理专业人才的需求随之急剧增加。Excel 建模与风险管理课程，将帮助大家掌握最前沿的模型实际应用，本课程涵盖众多领域，包括数量分析、市场风险、信用风险、操作风险、基金投资风险等模型的 Excel 实际操作。

第一模块：风险管理的数量工具
1.1　矩阵的应用
1.2　基本统计的应用
1.3　基础概率的应用
1.4　回归分析
1.5　时间序列分析
1.6　蒙特卡罗模拟技术
第二模块：风险的确认与度量

2.1 市场风险度量

2.2 信用风险度量

2.3 操作风险度量

第三模块：全面风险管理

3.1 在险值的应用(VaR)

3.2 风险因素映射技术

3.3 风险贡献度的计量

3.4 资本金的分配

3.5 风险资本与经济资本的计算

第四模块：案例

案例1：金融危机的模拟

案例2：全公司的压力测试

案例3：基金的业绩度量

Excel 高效办公之提高篇

工作效率低下的原因，在很大程度上是因为没有掌握合理的工作方法，这一现象在 Excel 操作的过程中尤为普遍。作为一款功能性强大的软件，Excel 可以实现包括数据、绘图、公式等一系列功能，本课程将从 Excel 的基本使用着手，深入挖掘其功能，加强使用者对软件的熟悉及运用能力。

第一模块：掌握 Excel 2007 新用户界面

第二模块：全面领略新特性

第三模块：相对估值方法

第四模块：建模前的准备

更多信息请登录 excel.gfedu.net 或拨打：400-700-9596

即 将 出 版

金程教育 CFA OnePass 系列

CFA 一级

OnePass·金程教育 CFA 一级学习指南与课堂笔记

OnePass·金程教育 CFA 一级冲刺宝典

CFA 二级

OnePass·金程教育 CFA 二级学习指南与课堂笔记

OnePass·金程教育 CFA 二级冲刺宝典

CFA 三级

OnePass·金程教育 CFA 三级学习指南与课堂笔记

OnePass·金程教育 CFA 三级冲刺宝典

OnePass·金程教育 CFA 三级 IPS 写作快速突破

金程教育 FRM OnePass 系列

OnePass·金程教育 FRM 冲刺宝典

OnePass·金程教育 FRM 习题集

金程·锐勤 OnePass 系列

会计和财务系列

OnePass·金程锐勤会计快速突破法

手机在线学习平台
"学习天空"
studysky.com 学习天空

扫描二维码获取学习资源

金程教育 CFA OnePass 系列（英文）

CFA 一级

OnePass · Golden Future Easy Card For CFA Level I

OnePass · Golden Future Condensed For CFA Level I

OnePass · Golden Future Knowledge Map For CFA Level I

OnePass · Golden Future CentiSpect For CFA Level I

CFA 二级

OnePass · Golden Future Easy Card For CFA Level II

OnePass · Golden Future Condensed For CFA Level II

OnePass · Golden Future Knowledge Map For CFA Level II

OnePass · Golden Future CentiSpect For CFA Level II

CFA 三级

OnePass · Golden Future Easy Card For CFA Level III

OnePass · Golden Future Condensed For CFA Level III

OnePass · Golden Future Knowledge Map For CFA Level III

金融建模系列

OnePass·金程锐勤基于 Excel&VBA 的金融建模

更多新品
敬请期待   www.gfedu.net

图书在版编目(CIP)数据

基于Excel&VBA的高级金融建模/李斯克等编著. —上海：复旦大学出版社，2013.6(2019.7 重印)
(注册金融分析师系列)
ISBN 978-7-309-09416-9

Ⅰ.基… Ⅱ.李… Ⅲ.表处理软件-应用-金融-经济模型 Ⅳ.F830-39

中国版本图书馆 CIP 数据核字(2012)第 307857 号

基于 Excel&VBA 的高级金融建模
李斯克　等 编著
责任编辑/徐惠平

复旦大学出版社有限公司出版发行
上海市国权路 579 号　邮编：200433
网址：fupnet@fudanpress.com　　http://www.fudanpress.com
门市零售：86-21-65642857　　团体订购：86-21-65118853
外埠邮购：86-21-65109143　　出版部电话：86-21-65642845
上海春秋印刷厂

开本 787 × 960　1/16　印张 26.75　字数 427 千
2019 年 7 月第 1 版第 3 次印刷

ISBN 978-7-309-09416-9/F·1897
定价：48.00 元

如有印装质量问题，请向复旦大学出版社有限公司出版部调换。
版权所有　　侵权必究